Thinking
Geographically

Space, Theory and Contemporary
Human Geography

現代人文地理学の
理論と実践

世界を読み解く地理学的思考

フィル・ハバード
ロブ・キチン
ブレンダン・バートレイ
ダンカン・フラー
〈著〉

山本正三
菅野峰明
〈訳〉

明石書店

Thinking Geographically: Space, Theory and Contemporary Human Geography
by Phil Hubbard, Rob Kitchin, Brendan Bartley and Duncan Fuller
© Phil Hubbard, Rob Kitchin, Brendan Bartley and Duncan Fuller, 2002

This translation is published by arrangement with Bloomsbury Publishing Plc
through Tuttle-Mori Agency, Inc., Tokyo.

日本語版へのはしがき

　本書 Thinking Geographically: Space, Theory and Contemporary Human Geography は、広範な社会科学が地理学的諸事象に対する関心を高めつつあった 21 世紀の初期に書かれたものである。いわゆる「空間論的転回」は多くの社会学者、文化理論家、歴史学者、法律家、とりわけ経済学者が地理学において発展しつつあったさまざまな理論と考えに対する関心を高め、その数を増やしたことによって証明された。地理学は（少なくともイギリスとアメリカ合衆国では）伝統的に新しい考えとインスピレーションの源泉ではなく、他の学問分野からの考えを総合する学問分野と見なされてきた。一部、この空間論的転回は、1980 年代と 1990 年代になされた地理学の理論的展開と転回の影響を受けたように見えた。この時期には地理学は立地の問題への表面的な関心よりも、空間の生産についての特別の意味を持った説明を発展させた。同時に、場所と景観と地域という地理学の中心的概念も見直した。既存のスケールの考え方は疑問視され、地理学者が新マルクス主義、フェミニズム、ポスト・コロニアリズム、ポスト構造主義、クィア理論によって触発されてポスト・モダンの見方を発展させたときに、流れ（flow）と移動性（mobility）を概念化する新しい方法が出現した。地理学的理論への学際的関心は、地理学の「言語学的」転回を反映した。すなわち、空間

理論が社会科学で目立ったものになりつつあったと思われるのは、(人文) 地理学が表象と権力とアイデンティティについての考えに関わることでその見方が一層学際的になりつつあった時であった。

　本書出版後、他の専門分野が地理学の考えと理論へ関心を示す傾向は消滅しなかった。それどころか、ますます増進してきたようにみえる。その大きな理由の1つは、社会科学と人文科学で盛んになってきた生気論 (vitalism) と実在性 (materiality) に対する関心が拡大したことである。言語や言説についてのアイディアを探究するより、世界の有り余る実在性を重視し始めた研究が数多く出現するようになった。社会生活が自然の世界とは無縁のものと考えられることはめったにないことである。社会的なものと自然的なものの共同構成を探る人びとのために複雑さを増す有用な概念的武装が次第に増加している。これらのいくつかは、本書ではアクター・ネットワーク理論と非表象的アプローチについての議論で予示されていた。本書の出版後、これらの衝動は強烈になり、地理学者が人新世 (anthropocene)〔訳注：人間が地球の生態や気候に大きな影響を及ぼすようになった、18世紀後半の産業革命以降の時期を指す、化学者パウル・クルッツェンによる造語〕の特徴である空間と社会と自然の絡み合いを理解しようとする他の人々と並んで研究し続けるにつれて、研究を新しい方向に導いた。

　これは、「地理学的に考える (think geographically)」ように努めるのは地理学者だけではないということであった。本書は地理学の初学者のために書かれたものであるが、地理学者のように考える仕方を正確に理解しようとするさまざまな読者にとって有益であったと実感している。これは、おそらく、本書が地理学の理論と哲学についての従来のアプローチを避けたからである。すなわち、一般的な方法論や認識論、空間、場所、景観、地域などの関連する考えなどの概略を説明するのではなく、むしろ、空間的に考えることが社会科学的研究の中心となる一連の多少なりとも実在の対象あるいは領域、すなわち身体、テクスト、貨幣、ガバナンス、グローバリゼーションに生気を与える理由を考えることによって、地理学を考えることとは何か、そして**地理学は何をするのか**を明確にしようと努めた。私たちが示そうとしたこれらのことは、空間的につく

日本語版へのはしがき

り出され、共同構成されているものとして理解されうるものである。したがって、その地理学と空間性を考慮しない視角からはほとんど考えられないものである。

　もし、本書を今日書くとしたら、私たちはきっと別の主題あるいは現象、たとえば移動性、サイバースペース、インフラストラクチャー、自然などを選択したであろう。私たちはまた、現在の人文地理学が取り組んでいる生気論や実在性についての新しい考えのいくつかを含むように本書を更新し、発展させなければならないだろう。しかし、本書の核心は元のままに残されるであろう。それは地理学的に考えることが何を意味するかを示すことを目的とする人文地理学の入門書であるためであり、もし私たちの住む社会と自然界の複雑性を公正に評価しようとするならば、地理学的に考えることが不可欠であると主張するためである。私たちは、この中心的な意図が本書の日本語版でよく理解されることを望んでいる。また、読者が本書の日本語版での主要な議論を論じる時に読者と関わり合うことを楽しみにしている。しかし、まことに残念なことは、本書の共著者のダンカン・フラー（Duncan Fuller）がこれらの議論に加わることができなくなったことである。彼は2009年に若くして痛ましい死を遂げたのである。日本語版を彼の思い出に捧げる。

　　2018年6月

　　　　　　　　　　　　　　　　　フィル・ハバード（Phil Hubbard）
　　　　　　　　　　　　　　　　　ロブ・キチン（Rob Kitchin）
　　　　　　　　　　　　　　　　　ブレンダン・バートレイ（Brendan Bartley）

はしがき

　私たちは大学の教員として、次の2つの傾向をともに実感してきた。第一は、学部の地理学専攻生の大部分は理論を学ぶことを敬遠しており、理論の重要性を理解せず、その価値を認めようともしないことである。世界の「諸事実」は結構であるが、世界の仕組みについての考え方は親しみやすいものではなく、扱いにくく、分かりにくい。それゆえ、学生は理論的なものよりも経験的なもの、また抽象的な思想や命題の世界よりも、目に見える世界の方が好きだとしばしば主張する。第二は、第一のことに関連して、学生諸君に「地理学的に考える」ように奨励することは困難で、報われない仕事となってしまうことである。理論の**価値**と、**なぜ**理論に関わらなければならないのか、その理由を分かりやすく説明する教科書が手に入らないことが、その仕事を一層難しくしている。普通の教科書は一般に理論を抽象的な形で説明しているだけで、考え方の異なる学派の歴史を細かく分類しているが、その考え方が地理学的知識の形成にどのように影響を与えるかを説明していることはめったにない。

　本書は、このような観察に基づいて、**地理学的に考えること**についての意義を伝えるために書かれた。簡単に言うと、本書の目的は、理論が地理学的知識の生産を**どのように**規定するかを示すことで、理論を取り上げることが**なぜ**重要であるかを説明することである。私たちは学生に「地理学的に考える」さまざまな方法に広く関心をもつよう促し、地理学の「活動」における理論の重要性を認識させたいと思っているので、われわれの主たる目的は「地理学思想の歴史」に関わる教科書を執筆することでも、人文地理学における現代の理論的伝統を広く概観することでも**ない**。本書は、現代の地理学思想について権威のある見方を提供しようという試みではないし、変化に富んだ地理学の歴史を特徴づけてきたさまざまな個人の協力と対立に注目しての地理学の発展の歴史で

もない。その代わり、理論とその歴史を理解することが、なぜ地理学者となるために重要で、不可欠で、刺激的部分であるのかを説明することに努める。したがって、本書は地理学の理論を学生に伝えようとする他の教科書とは異なる構成になっている。本書は、グレゴリー（Gregory, 1997）が「〇〇学」と「〇〇主義」アプローチと名づけた、考え方の差異の哲学的意味を中心にして構成したものとは異なり、2つの部分からなり、それぞれ学部学生が理解しやすいように書かれている。

　第1部の**人文地理学の理論化**では、人文地理学における理論の役割とさまざまな理論的伝統を概観しようとする。第1章では、理論と知識の生産を紹介し、地理学におけるその価値を論じ、さまざまな概念、つまり空間、場所、自然が根本的に異なる方法で考察される仕方の事例をまず説明する。次に第2章は、広く歴史的視点から、第二次世界大戦後の**アングロアメリカ**の人文地理学を形作ってきたさまざまな理論的伝統を**簡潔**に紹介する。異なる時期にさまざまな空間理論がどのようにして発展してきたかを探り、これらの理論が広範な学問的思考と流行によってどのように知れわたったかを示す。人文地理学の変化しつつある特徴を概説することによって、地理学者が考える方法が常に進化し（かつ、異議が唱えられ）ていることと、ある思考方法は特定のタイプの地理学と結びつけられてきたということを示す。次に第3章では、今日の地理学を形づくり、21世紀の初期に地理的知識の生産に影響を与えると予想される出現しつつある概念のいくつかを紹介する。これらの諸章が一緒になって、地理学は他の科学や社会科学や人文科学から理論的構成概念を導入することで進化しつつあり、発展している学問分野であることを示す。

　第2部の**理論地理学の実践**では、さまざまな理論的アプローチが、身体、テクスト、貨幣、ガバナンスおよびグローバリゼーションの5つの概念にどのように影響を与えてきたかを示す。これらはいずれも経済地理学、社会地理学、文化地理学および政治地理学の中心にある。重要な地理学的概念の網羅的なリストから大きくかけ離れているが、これらの5つの概念に関する章はそれぞれ、本書の前半の3つの章で紹介される諸理論と考え方が、地理学者が特定の概念

はしがき

を検証し、独自の地理学を記述するようになるにつれて、どのように**実践されてきたか**を示そうとしている。その焦点は主として地理学研究であるけれども、これらの諸章は他の学問に由来する概念がどのように地理学者によって援用され、発展してきたかを示そうとしている。ここでは、地理学的知識を生み出す際に特定の考えが明白に貢献してきたことを明らかにするため、適切な事例と研究を用いている。それらの諸章はそれぞれ、経済地理学、社会地理学、文化地理学、政治地理学における重要な問題が、根本的に異質で競合するさまざまなアプローチから理論化されることを明らかにする。一方、全体として、これらの諸章は、「地理学的に考える」ことは必然的に理論的に考えることであることを明らかにする。第1部と第2部を別々に読んでもかまわないが、それらはお互いに「話が通じる」ように構成されていて、理論と実践の対話から、（最終的に）その関係の特質を問題にするよう意図されている。

本書はその主張を説明するため、また特定の文献を紹介するために、多くの理論家のプロフィールをコラムとして掲載している。研究分野と組織の複雑な相互作用のネットワークから現われてくる多様な思想を唯1人の理論家で代表させざるを得ない場合には、その選択が偏ることを認めざるを得ない。しかし本書は紙幅が限られているので、理論家の選択は事例研究に関する模範となるような理論家と、何らかの意味で人文地理学の理論的地平を拡大したと認められる人びとに限定した。コラムはこれらの理論家たちが成し遂げた業績の複雑さと視野に対する評価に公正を欠いていると感じられる人がいるかもしれない。しかし、本書の目的は、読者にこれらの理論家を簡潔に紹介すること、地理学への理論の影響を要約することであって、最も重要なことは、彼らの思想のさらに立ち入った理解に至る文献を紹介することにある。この入門指向は本書が全体で維持しようとしていることである。文献は控えめに利用されているが、読者は、地理学的に考える方法を探り、広く活用できる最近の文献のいくつかに向かって誘導される。私たちが期待していることは、本書が学生諸君のさらなる読書を促すことだけである。

謝　辞

　本書は当初の企画段階から完成に至るまで全くの共同執筆である。私たちはそれぞれ、特定の章に対して主たる責任を負っているが、どの章も最終的に共同で執筆されており、最終原稿はすべて共同で編集された。それは楽しい経験であり、私たちは、その結果、本書が部分の合計以上の著作になり、個人では完成させることができない作品になったと感じている。

　どんな著書でもそうであるが、名前が表紙に表れていない、多数の方々がさまざまな点で本書に貢献して下さった。とくに、次の方々に感謝しなければならない。Cora Collins、Una Crowley、Marcus Doel、Paddy Duffy、Mike Gane、the Globalization and World Cities group (Loughborough)、Jamie Gough、Lewis Holloway、Sarah Holloway、Keith Lilley、James Monagle、Kasey Treadwell Shine、Rob Wilton。さらに本書を利用しやすくするために貴重なコメントをしてくれたアイルランド国立大学メイヌース校の地理学学生諸君に感謝したい。また、電子メールを開発した Ray Tomlinson にも感謝したい。われわれは4回にわたって会合を開いたが、彼の努力がなかったならば、本書は執筆にもっと長い時間を要したであろう。

　最後に、Continuum 社の Tristan Palmer にとくに感謝したい。人文地理学における現代の理論について本書を執筆するということは、ほとんど彼のアイディアである。もちろん本書の構成と内容についてはすべて私たちに責任がある。彼がわれわれに本書を執筆する機会を与えてくれたことに感謝しなければならない。

現代人文地理学の理論と実践
世界を読み解く地理学的思考

◎

目　次

日本語版へのはしがき　　iii
はしがき　　vii
謝　辞　　x

第1部　　人文地理学の理論化

第1章　理論への導入
1.1　はじめに 2
1.2　知識の生産 9
1.3　人文地理学の理論化 13
　　コラム 1.1　　アンリ・ルフェーブル　　20
　　コラム 1.2　　ドリーン・マッシー　　24
　　コラム 1.3　　ダナ・ハラウェイ　　28
1.4　本章のまとめ 29

第2章　地理学思想史の概観
2.1　地理学の歴史 30
2.2　(空間)科学としての地理学 37
　　コラム 2.1　　ピーター・ハゲット　　45
2.3　「人間中心」理論の発展 46
　　コラム 2.2　　レジナルド・ゴレッジ　　51
　　コラム 2.3　　イーフー・トゥアン　　57
2.4　構造理論とラディカルな反応 58
　　コラム 2.4　　カール・マルクス　　71
　　コラム 2.5　　女性と地理学研究グループ　　77
2.5　本章のまとめ：知的戦場？ 78

第3章　新しい理論、新しい地理学？

- 3.1　はじめに ……………………………………………………………… 80
- 3.2　新しい用語、新しい世界 …………………………………………… 81
  - コラム 3.1　ピーター・ジャクソン　87
- 3.3　批判地理学 …………………………………………………………… 88
  - コラム 3.2　ニール・スミス　97
  - コラム 3.3　アントニオ・グラムシ　103
- 3.4　ポスト・モダン地理学 ……………………………………………… 104
  - コラム 3.4　マイケル・ディア　111
  - コラム 3.5　ジュディス・バトラー　119
  - コラム 3.6　エドワード・サイード　120
- 3.5　ポスト構造主義地理学 ……………………………………………… 121
  - コラム 3.7　ジャック・デリダ　132
  - コラム 3.8　ジル・ドゥルーズ　133
- 3.6　本章のまとめ ………………………………………………………… 134

第2部　理論地理学の実践

第4章　身体の地理学

- 4.1　序説、身体 …………………………………………………………… 138
- 4.2　移動と休息と出会い ………………………………………………… 142
  - コラム 4.1　モーリス・メルロ＝ポンティ　148
- 4.3　身体の洗練と規律 …………………………………………………… 149
  - コラム 4.2　ミシェル・フーコー　155
- 4.4　文化資本と身体投射 ………………………………………………… 156
  - コラム 4.3　ピエール・ブルデュー　162
- 4.5　性的身体と性的魅力のある身体 …………………………………… 163
  - コラム 4.4　ジル・バレンタイン　170

4.6　身体の他者化 ··· 171
　　コラム 4.5　デイヴィッド・シブレー　　178
4.7　本章のまとめ ··· 178

第5章　テクストの地理学
5.1　テクストの意味 ··· 180
5.2　言語と文学の地理学 ··· 184
　　コラム 5.1　レイモンド・ウィリアムズ　　190
5.3　映画の空間 ··· 195
　　コラム 5.2　ロラン・バルト　　203
5.4　景観の理論化 ·· 204
　　コラム 5.3　デニス・コスグローヴ　　211
　　コラム 5.4　ジャン・ボードリヤール　　212
5.5　本章のまとめ ·· 213

第6章　貨幣の地理学
6.1　はじめに ·· 214
6.2　貨幣の思想 ··· 217
　　コラム 6.1　ゲオルク・ジンメル　　227
6.3　貨幣の政治経済学 ·· 228
　　コラム 6.2　デイヴィッド・ハーヴェイ　　233
6.4　ネットワーク、組織体、パフォーマンス ······························· 234
　　コラム 6.3　ナイジェル・スリフト　　245
　　コラム 6.4　リンダ・マクドウェル　　246
6.5　排除、包摂、抵抗 ·· 247
　　コラム 6.5　アンドリュー・レイスホン　　254
6.6　本章のまとめ ·· 255

第 7 章　ガバナンスの地理学

- 7.1　ガバナンスの意味 ………………………………………………………… 257
- 7.2　変わるガバナンスの様式 ………………………………………………… 260
- 7.3　連携と体制(レジーム) …………………………………………………… 265
    - コラム 7.1　クラレンス・ストーン　272
- 7.4　レギュラシオン理論 ……………………………………………………… 273
    - コラム 7.2　ボブ・ジェソップ　280
    - コラム 7.3　アッシュ・アミン　281
- 7.5　行為者(アクター)と政策ネットワーク ………………………………… 282
    - コラム 7.4　ブリュノ・ラトゥール　287
- 7.6　市民権とガバナンスと社会的公正 ……………………………………… 288
    - コラム 7.5　デイヴィッド・M・スミス　297
- 7.7　本章のまとめ ……………………………………………………………… 297

第 8 章　グローバリゼーションの地理学

- 8.1　はじめに …………………………………………………………………… 300
- 8.2　空間と時間と移動性 ……………………………………………………… 302
    - コラム 8.1　ポール・ヴィリリオ　307
- 8.3　グローバル化する経済の地理学 ………………………………………… 313
    - コラム 8.2　イマニュエル・ウォーラーステイン　322
- 8.4　場所のグローバル的意味 ………………………………………………… 323
    - コラム 8.3　ハーバート・マーシャル・マクルーハン　325
- 8.5　流れ(フロー)の地理学に向かって ……………………………………… 332
    - コラム 8.4　マニュエル・カステル　338
- 8.6　本章のまとめ ……………………………………………………………… 339

第3部　　結　論

第9章　結　び
9.1　地理学的に考えること……………………………………………344
9.2　将来の地理学的思考とは？…………………………………………353

用語解説（訳者作成）　　355

参考文献　　363

索　引　　403

訳者あとがき　　409

凡　例

- 原著の本文には、強調として斜体字（強調語句および書籍タイトル）と太字（同一節内にコラムがある思想家の名前）が用いられている。本書の訳文では、前者のうち強調語句を**中太字**、後者を**極太字**とした。
- 原文の一重引用符（' '）は「　」、二重引用符（" "）は『　』で置き換えた（後述の書籍・論文タイトルを除く）。
- 訳文中の（　）や──は、原文の字句を（　）内に併記したものを除き、すべて原文のものである。ただし、原文にある（　）や──を用いずに訳出している箇所もある。
- 訳者による注釈や補足には〔　〕を用いた。また読者の便に供するため本文後に訳者による用語解説を設け、本文中の訳注を再録したものもある。
- コラム内では、原著の斜体字のうち強調語句を**太字**とした。
- 書籍・論文のタイトルは、邦訳が刊行されているものは邦題を『　』（書籍）または「　」（論文）で括って示した。
- 原著が他書から引用している部分は、邦訳や英語以外の原典が存在する場合は参考にしつつも、用語や文体の統一のため、原著の英文から新たに訳出している。
- 引用部分を含めページ番号を示しているものは、原文のままである。書誌情報を含め巻末の参考文献リストを参照されたい。

第 1 部
人文地理学の理論化

第1部　人文地理学の理論化

第1章

理論への導入

1.1　はじめに

　半世紀あまり前には、地理学は理論のない学問だと見なされることが多かった。今日では、このような批判はめったに聞かれないし、変化は別の方向に進んでいて、実証研究を犠牲にして過度に理論的になっていると指摘する人もいる。これは地理学を学ぶ学部学生が発する非難であって、彼らはしばしば理論を嫌悪するばかりではなく、抽象的とか概念的と言い、理論の抽象的価値と意義に疑問があると主張する。本書は地理学の理論の価値と効用に疑いを持っている学生に説明するために書かれている。本書はそのような主旨で書かれているので、われわれを取り巻く世界が地理学の見地からどのように理論化されるか、なぜさまざまな競合する理論があるのか、そして、なぜ理論と理論の人気が時とともに変化するのかを説明するのがねらいである。

　率直に言って、地理学の**理論**は世界がどのように動いているかについての考え方であって、それによって地理学者が世界の諸相を記述し、説明し、予測しようとする手段である。ハーヴェイは、理論を地図に例えており、地図には多種類の有用な機能が備わっている、と詳しく説明している（Harvey, 1969, 1972）。地図は景観（landscape）についての知識を貯える倉庫として役立つ。景観の基本的パターンとその諸々の特性間の関係を示しており、その地域における情報のツール（用具）となり、地図の利用者は地図によってその地域を迷わずにたどって行くことができる。理論は類似の機能を果たし、世界についての詳細な知識を記述し、データ間の関係を伝えてくれる。地図と理論はともに、変化に富ん

でいる複雑な景観を明確に詳細に描写するように考案されたより抜きの記述法なのである。両者は知識を組み立て、貯え、そして伝達するために特有の言語を用いる。たとえば、地図は判りやすくするために、凡例、投影法、縮尺、方位などの記号を用いる。そして、地図にはさまざまな縮尺でデータを示す種々の地図（等高線図、コロプレス地図など）があるように、理論にもさまざまな種類がある。地図と理論はどんな場合にも、それらの創出にあたって一貫した矛盾のない規則が用いられるので、矛盾と誤謬はほとんどなくなる。創造の技術と同様に、地図の利用と解釈は習得が容易でなく、時間をかけて学び、経験を積んで身につけるべきものであり、その点は理論も同じである。理論を理解し、解釈するのは当然難しい。というのはその理論の構成は常に直感的に理解できるものではないし、その核となる考え方と根底にある構成概念を学ばなければならないからである。

しかし、地図と同様、理論はそれがどのように構築され、解釈され、利用されるかが一度理解されると、世界の理解に深く関わる貴重な手段となる。つまり理論は研究を始める実際の手段となる（Thrift, 1999, p.334）。それゆえ、理論と**実践**とは密接に結びついている。実践は、理論が研究や教育、討議や論争を通してどのように実行に移されるかに関与する。それゆえ、理論は難しそうなので無視されたり、敬遠されたりする傾向があるが、本書の最も重要な主張は、現代の地理学研究は理論を**避けることができない**ということである。要するに、理論は学問としての地理学の研究に考え方を吹き込んでいるのである。常識的にであれ、非学問的にであれ、われわれを取り巻く世間を理解しようとするときには（たとえば、選挙で誰が当選するかを予想したり、ある商品はどこで買えるかを知ろうとしたりする時でさえ）、われわれは常に理論的手段を用いるし、世界がどのように動くか、そしてその中で自分自身の立場を判断するために理論を援用している。ハーヴェイが述べているように、「理論めいた思いつきはどんなものでも、ある種の理論と見なされよう」（Harvey, 1969, p.87）。さまざまな方法で、学者たちは日常的にそして直観的に理論構築を広げて、世界の理解を発展させ、深めようとしている。彼らは、現象と状況を記述し、説明するために理論を構

第1部　人文地理学の理論化

築し、検証し、精緻化する。しばしば、この理論の構築には、たとえば社会理論や経済理論や政治理論など、他の学問分野の考えを援用することが含まれている。こうした他の学問分野の考えの援用はなじみの薄いものをよく知ったものにすることに役立つとともに、地理学者が新しい方法で世界を考えることに役立つ。

　当然のことながら、人が特定の現象や行動やものの見方や概念について考え、そして研究課題にどのように取り組むべきか、ということについては、非常に多くの意見がある。このことがわれわれを**哲学**の諸問題に関わらせる。ごく簡単に言うと、哲学とは理論についての理論と言われるものである。哲学は、世界について根本的、普遍的な分析を進め、それを知ろうとする。

> 哲学は思想を論理的に明確にすることを目指している。哲学がなければ、思想はいわば曇り空のように漠然としたものになる。哲学の課題はさまざまな思想を明確にし、それらの限界をはっきりさせることである。
>
> 　　　　　　　　　　　　　　　　　　　　　　　　（Wittgenstein, 1921）

　地理学に多くの理論があるように、哲学にも多くの定義と取り組み方がある。哲学の諸問題は生命の最も基本的な側面、つまり実在、認識の本質、精神、物質、真理などに関わっている。しかし、哲学を定義するものは主題だけではなく、問題提起の形式、問題となっている事柄と問題そのものの根深い前提をどの程度疑問とするのかも同じほど重要である。したがって、哲学とは日常生活と学問の世界を含むあらゆる思考で用いられる定義と前提を厳密に問いただすことである。それゆえ、哲学は特定の実在の問題や経験的な研究というよりも分析の方法である。

　哲学的分析の永続する焦点の1つは、認識の本質、つまり世界が認識される仕方についての問題である。言い換えれば、それは理論の本質と焦点を定義し、限定し、それらが構築されて機能する仕方に関心がある。したがって、すべての理論は哲学の枠組みの中にある。哲学や哲学の伝統間の差異とそれらが特定

の理論を支える仕方についての有益な考え方の1つは、4つの重要な特性、つまり存在論、認識論、イデオロギー、方法論との関係で、それらの性質を確認することである。これら4つの構成要素がそれぞれの哲学的研究のアプローチの要素を本質的に定義する。それは、それぞれの構成要素に関連して、いくつかの異なる立場が採択できるからである。

存在論（ontology）は、哲学の1分野で、存在するものの本質と働きを研究する形而上学の一部である。それは、理論や一連の意識の根底にある**存在**（イデア）の本質、つまり存在し、観察でき、それゆえに知ることができるという認識についての一連の明確な仮定に関するものである。たとえば、世界は存在し、秩序ある宇宙の一部として構成されていると考えることができるし、反対に宇宙とその構成物は本来混沌としていて、それらの言葉で理解されるべきものであると考えることもできる。生物学、化学、物理学といった分野で研究されている科学は前者の考え方を受容し、観察できるものと定量的に測定できるものだけを真に知ることができると仮定する。これらの学問分野では、「神は存在するか」というような疑問は、不可知な信仰の問題と見なされ、一般に無視される。このような存在論の立場に同意する地理学者は、立証でき測定できる事実を彼らの理論の核心に置き、立証できない価値や所信そして信仰を厳密な意味での不可知なもの（少なくとも証拠として受け入れがたい）として拒否する。また、価値と所信は、科学的測定と他の手段で知ることができるので、知的生産活動の正当な構成要素であると仮定する人もいる。それゆえ、地理学の理論に影響を与えるさまざまな存在論は次のような多くの立場を用意する。「われわれが経験する事象は存在する事象である」、「われわれが存在に同意する事象は存在する事象である」、「存在するものは存在すると知覚されるものである」などがその例である（Johnston, 1986）。

認識論（epistemology）は、知識はどのようにして導き出されるか、あるいは生み出されるかということに関わる。つまり、世界をどのようにして知ることができるかということである。それは、どのようにして事象を確実な根拠に基づいて知ることができるかということに本質的に関係している。第2章で見る

第1部 人文地理学の理論化

ことになるが、自然地理学における認識論は、科学を一般的に支える一連の基本的な信念に頼る傾向にあった。この信念から、世界は論理的、合理的で厳密な体系的な科学的方法の適用によって初めて真に知り、そして理解できると主張する。この枠組みにおいて、自然地理学者は世界についての「真実」を体系的、科学的な測定と収集されたデータの分析によって知ることになる。しかし、科学的認識の主張には多くの活動分野で疑義が提出されてきた。たとえば、真実、客観性、価値にとらわれない実践に関する根本的信念には脱構築理論〔訳注：西洋の哲学はしばしば「善／悪」、「自然／人工」、「精神／物質」、「男／女」などのように、二項対立に構成されている。一般に、二項対立においては、前項が後項に対して優位にあると考えられる。この二項対立を解体しようとするのが脱構築である〕が適用され、論争が自由になってきている。そのうえ、伝統的地理学は西洋の男性風の世界観とデカルト幾何学と視覚的データを過大評価し、他の知識形態を非科学的として無視し、その正当性と価値を低く評価してきた（Rose, 1933; Gregory, 1997）。これらの理由やその他の理由によって、人文地理学者は、しばしば、他の知識の認識論を受け入れ、自然地理学と「自然諸科学」の認識論と彼ら自身の研究を調和させるために苦心してきた。それ以来、人文地理学における認識論は、概して自然科学よりもむしろ人文科学に順応した**説明**の枠組みに基づいている。

イデオロギー（ideology）は、知的探究の根底にある社会的・政治的理由や目的に関係しており、理論における他の多くの基本的関心と同様に、存在論、認識論、倫理学といった哲学の主要な部門のすべてに関連している。知識の生産はイデオロギー的に中立でなければならないと断定する哲学もある。この見解は、世界がどのように動いているかについての見解を発展させるのは理論家の仕事であり、彼らが明らかにする見解をどのように活用するのかを決定するのは他の人びとの仕事である、ということを意味する。これを基にして、学者たちはその考えの解釈を他人まかせにするのではなく、よりよく世界を改善するために理論を活用すべきであると主張する（3章2節）。この論争は、障害者に関する地理学がどのようにイデオロギー的に構成されるかについてのレジナル

ド・ゴレッジ（Reginald Golledge, 1993; 1996. コラム 2.2 参照）とブレンダン・グリーソン（Brendan Gleeson, 1996）およびロバート・イムリー（Rob Imrie, 1996）による意見交換によく示されている。たとえば、ゴレッジは、地理学者は科学的でイデオロギー的に中立な視点で障害者に**とって障害となる**空間を詳細に地図に表現することが必要である、と主張した。これに答えて、グリーソンとイムリーは、地理学者は、障害のある人びとを抑圧させる社会的条件と政治的条件を改めさせるために、障害者の**ため**、そして障害者と**ともに**、イデオロギーを吹き込まれ、変化させる力のある地理学の構築を目指すべきであると主張した。

　方法論（methodology）は理論を展開したり、検証したりするのに用いられる一連の手続きで、それによってデータが取り出され、分析される。これらの手続きは矛盾しないように、一貫して研究の全般的考え方の存在論と認識論の仮定から外れてはならない。したがって、たとえば、形而上学的問題に科学的に答えることができないと思う人は通常、このような問題を提出することはない。このような研究者は、それに代わって、科学的方法を用いて測定可能で計量化が可能な事実を探すことになる。形而上学的問題は、他の人びとにとっては解明が可能なことであり、そのような問題は有意義なものになる。信条がどんなものであれ、結局、世界に何が存在し、何が重要かについての本質的に異なる質問に答えることができるさまざまな定性的方法と定量的方法が存在するということである。理論と同様に、このような方法は本来学問分野ごとに異なるものであって、特定の認識論、存在論、イデオロギーに関係ある特定の方法の長所について有益な議論が行われてきた（Flowerdew and Martin, 1997; Robinson, 1998; Kitchin and Tate, 2000）。

　地理学者が近年、さまざまな哲学の伝統に関与し続けていることは、地理学的に考える最良の方法、また地理学の問題を研究する最も効果的な方法についての競合する学派がいくつも存在することを意味する（第 2 章）。その結果、現代の人文地理学はその問題の取り上げ方と方法が著しく多様であることが特徴になってきている（Cloke et al., 1991）。理論が高度に複雑化していることこそ、地理学を学ぼうとしている学生たちが困惑する原因なのである。しかし、ヒルが

第1部　人文地理学の理論化

言っているように、地理学の**あらゆる**考え方を支える哲学に積極的に関わることは重要なことなのである。

> 地理学者の多くは、哲学の諸問題が実際に地理学の研究に関係があるかどうかに疑問を抱いているが、地理学やその他の学問分野は哲学に無関係なわけではない。はっきり言われていないとしても、すべての研究は一連の哲学的信条によって導かれている。このような信条は研究課題の選択や研究方法の選択や完成される研究プロジェクトが評価される仕方に影響するし、動機付けにもなる。要するに哲学が論じる諸問題は地理学におけるあらゆる決定に浸透しているものなのである。（Hill, 1981, p.38）

　想像されるように、特定の哲学の伝統（そして、それを支えるイデオロギー、存在論、認識論、方法論）との関連で理路整然と、理論的立場を内的に一貫させることは容易なことではない。その結果、発展した議論は慎重に検討されているが、しばしば漠然とした、過度に複雑な用語を用いているように見え、非常に複雑である。そのため「読者はしばしば全く理解できず、幻滅し、哲学の荒野に放置されて途方にくれる」（Ragurman, 1994, p.244）。理論は、概念的（抽象的）であれ、根拠のある（具体的）ものであれ、しばしば理解が困難である。これは学生に対してばかりか研究者にも当てはまることである。われわれが多くの理論構築と格闘し、現在地理学において使用されている理論あるいはその哲学的基礎のすべてについて詳細な知識を持っていると主張するわけではない。しかし、なぜ地理学的に**考えること**が地理学者になるためにきわめて重要であるかを理解することは不可欠である。本書の最も大きな目標は、読者が地理学の理論と哲学へのさまざまなアプローチの違いを探るのに役立つことである。この道程（みちのり）はしばしば難しいものとなるであろうが、刺激に満ちた、やりがいのあることである。この道程を完了すると、読者は地理学的に考えることが何を意味するかをきっと十分に理解するであろうし、次のようなことができるようになるだろう。

第1章　理論への導入

1. 地理学者は個別の問題にどのようにアプローチしてきたか、そしてなぜ彼らは自分たちの方法で世界を研究してきたかが理解できるようになる。
2. 地理学が開発してきた理論のタイプがなぜ非常に広い範囲に及んでいるのか、そしてさまざまな理論に対する賛成と反対の意見を理解することができるようになる。
3. 理論のアイディアが、地理学者と他の専門分野の学者によって異なる目的のために適宜に適用され、地理学とその学問分野の境界を越えて拡散していることが理解できるようになる。
4. 地理学の実践の理解を深めることができ、読者自身の考え方を正当化し、擁護できるようになる。
5. 読者の学問研究の領域外で遭遇する問題を十分に考えることができ、自身の学問研究に有益につなげることができるようになる。

1.2　知識の生産

　理論が地理学という学問分野をどのように形づくってきたかを検討する前に、知識の生産の性質を探ることは2つの理由で有益であると思われる。その第一は、知識の生産という同じ努力を競い合う理論の実例を提供するからであり、第二は本書がその作成にどのように取り組んできたかを説明するのに役立つからである。ここで検討する2つの理論は**科学的**アプローチと**状況論的**（situated）アプローチ〔訳注：あらゆる著作と表象は、時と場所が異なる文化の下で特定の価値観をもった人から出てくる、ということを認めるアプローチ〕である。

　知識生産の「科学的」了解事項とは、知識生産が合理的で、客観的で、中立的な探究であるということである。つまり、科学者の役割はデータを収集し、次にたとえば統計的検定法など、標準的で偏りのない処理方法を用いて分析することである。すべての分析と説明は価値判断を交えない結果を提出するために公明な方法で実施される。それゆえ、この科学的研究法（アプローチ）は、科学の基準に従って慎重に構成された方法を用いる場合に収集することができ、問

題なく「確実な結果をもたらす」データで世界が成り立っていることと、知識はこれらのデータを特定の方法で分析することによってのみ得られる、と仮定している。最近まで、地理学的分析はほとんどすべて、イデオロギー、存在論、認識論そして方法論において考え方が違うにもかかわらず、このような研究方法を採用することを主張してきた。何が適切なデータ源であるかにかかわらず、すべてのデータは客観的立場から厳密に収集され、分析された。この科学的研究法は、その結果がどのように利用されるかにかかわらず、1つの研究の成果が他の研究と適切に対照できることを意味した。それゆえ、一連の知識は論理的に展開させ、蓄積することができた。

　知識生産のこの科学的説明は、知識は収集され処理されるのを待っ**ているだけ**のものではなく、特定の境遇にある行為者（アクター）によってつくられるものであると考える人びとから反駁されてきた。このように、知識の生産は中立的でも客観的でもなく、考案され、不完全で、ある状況下で、ある場所で行われる活動なのである。この問題については、ダナ・ハラウェイ（Donna Haraway, 1991; コラム 1.3）の研究が注目されてきた。彼女は、客観性は単なるお話しに過ぎないものであって、科学的研究が実際にどのように行われるかを説明することはできない、と主張しており、あらゆる形態の知識は社会的に構築されたものであると示唆している。すなわち、理論化と研究を通してのその操作化（operationalization）は、個人的信条から、研究者と研究されるものとの間の個人的諸関係に対する資金提供まで数多くの影響によって形づくられる。学術的活動は、さらに、たとえば、学界の文化環境、組織の圧力そして個人の生活様式が形づくる環境状況と、特定のイデオロギーのために展開される政治的状況を反映すると認められる（Bourdieu, 1988）。それゆえ、ハラウェイは、知識は「特定の状況下で」発展すると主張する。それは、理論化と経験的研究が、系統的に文脈で組み立てられるということである。彼女はこのようにして、一般に認められている状況からの見解は、どこか分からない場所（つまり客観的と仮定される中立的な場所）からの見解よりも真実に近いと断定する。女性と地理学研究グループ（WGSG: Woman and Geography Study Group, 1997, p.14; コラム 2.5）はこの

ことを次のように詳しく説明している。「知識は決して純粋なものではない。常に複雑で、時には知的生産者と聴衆が対立する社会に位置している」。

知識生産へのこの状況論的アプローチは、また、「学問的知識」を構成するものが沈黙と排除によって形づくられていることも認めている。とくに、フェミニズムの理論家は、地理学を含む学術の世界は本質的に男性中心主義であると主張してきた（Domosh, 1991; Rose, 1993）（2.4節）。その主張は、男性が学術領域を支配してきたし、「正統」で科学的知識を構成するものは大部分男性によって決定されてきたということである。

> われわれが知っている今日の地理学の多くは、一連の論争による成果であると理解することは重要である。つまり、熟考されたものもあれば、衝動的なものもあるし、理想主義に鼓舞されたものもあれば、プラグマティズムの成果によるものもある。しかし、それらはすべて地理学において権威と威信の地位を占める比較的少数の男性が特定の歴史的状況下で行った決定の産物であることも理解することが重要である。（Gregory, 1978, p.18）

それゆえ、女性の貢献は地理学の歴史にはほとんど記録されてこなかった。これは、女性の学者が学問的業績によって高く評価されてきた場合にも、彼女たちが男性や「男性流」の世界の見方を採ってきたからである（Blunt and Wills, 2000）。さらに、他の集団、たとえば黒人や発展途上国の人びと、障害者、ゲイ（男性の同性愛者）、レズビアン（女性の同性愛者）、バイセクシャル（両性愛者）、およびトランスジェンダー（心と身体の性が一致しない者）の地理と歴史は、ほとんど一定の支配的立場から書かれてきた。そのため、他の声は黙殺され、選択的で不完全な地理学的説明を交えながら書かれてきたのである（Sibley, 1995を参照）。現代の人文地理学にとって重要な部分は、これらの黙殺と排除を暴露すること、知識の価値ある形態と考えられる伝統的な認識論に対する異議を唱えること、そして、このような知識はどのように生産され、構築されるかに向けられてきた（第3章参照）。

第1部　人文地理学の理論化

　知識が生産される仕方についての研究への地理学の寄与は、研究に熟慮型（検証・修正）アプローチ（reflexive approach）を採用する多くの地理学者以上に（第3章参照）、知識が社会と空間に関連づけて考えられているということを認めてきたことであった（たとえば、Livingstone,1992a; Sibley, 1955; Sidaway, 1997 を参照）。これは、知識の形態と内容はそれが構成される場所に本質的に左右されるということを示唆している。

　　その場所が世界のどこかが、世界の見方をつくり出す。世界で見るものの中で何が重要なものでであるか、何が知る価値があるかを決める。つまり、場所が世界を記述し、説明するためにつくり上げる理論やストーリーを生み出すのである。（Hanson, 1992, p.573）

　それゆえ、「専門家」と「素人」によって「地理学的知識が生み出され、伝達されて、利用される位置や場所やメディア」を探究することが最近の関心事になっている（Desforges and Jones, 2001, p.334）。これが人文地理学のアプローチに発展をもたらした。それはフェミニズム地理学とポストコロニアル地理学とポスト・モダン地理学における研究が人文地理学にもたらしたものである。これらの地理学は、「地理学の本質が常に疑問視され、論議されてきて、地理学は場所が異なり、人びとが異なると、意味が異なることを認めており、地理学の個々の研究は異なる時と異なる場所でなぜこのように論理的なものになるのかを説明することに焦点を当てている（Women and Geography Study Group, 1997, p.14）」。

　知識の生産は中立的でも客観的でもない仕事であり、その創造者の実践とイデオロギーおよび彼らが活動する周辺の状況に深く埋め込まれているという主張が、広く認められている。それゆえ、本書は地理学の多種多様な理論についてそれらの状況を説明しようとする。私たちは、白人、男性、異性愛者、そして特定の研究に関心を持っている、イギリスとアイルランドで教育を受けた中産階級の学術研究者という立場から、地理学の考え方の変化を第2章と第3章で一般的に、第4章から第8章で特定の事項について描こうとする。したがっ

て、本書は、現代の地理学理論の理解の手引きを示すものであって、どの理論が「正しい」か、あるいは他の理論よりも「優れている」かを説明したりするが、地理学の「審判」を意図する**ものではない**。それよりも、私たちが語る「物語」は、私たちの見方や歴史のため、そして本書の教育目的のために部分的で、選択的に決定されたものだと認めざるを得ない。本書は単に1つの説明であって、異論も多いであろう。そのうえ私たちには研究のアプローチにどれが優れているかということについて個人的な好みがあるので、それらのアプローチが必ずしも「適正」であるか「最良」であるかを確認しているわけではない。しかし、それらには優れた点があり、それらを用いることによって意味があると思われる方法で世界の理論化が可能になると思われる。まずは、人文地理学が定義される多様な仕方を探ることで、この課題に取りかかることにしよう。

1.3 人文地理学の理論化

この節は、地理学は長い間にどのように多様に理論化されてきたか、地理学そのものはどのように考えられてきたかを考察することから始める。これまでの議論を考え合わせると、専門的研究としての人文地理学の定義は絶えず変化しており、地理学の中心的課題、内容、実践は絶えず再考されているが、それは不思議なことではない。とくに過去40年間にわたって地理学は哲学のイデオロギー、認識論、存在論そして方法論（第2章参照）を研究しながら、哲学と接触し続けているので、地理学者が地理学の中心をどのように考えるかの問題は多様化してきた。これは、理論的アプローチと研究の対象（そして目的）の間に互いに影響しあう関係が繰り返されているからである。確かに、地理学の多様な理論と考え方は地理学の**性質**（nature）について特徴的な見方を示している（Harvey, 1969）。したがって、現代の人文地理学は数十年の間、そのアイデンティティを得ようと苦闘してきた。それは、地理学者とは何者で**ある**か、何を**する**のか、世界を**いかに**研究すべきであるかということに関して明確なコンセンサスがなかったからであった。これが、地理学に異なる定義がいくつも存在

第1部　人文地理学の理論化

できる理由である（**リスト 1.1** 参照）。

　ティム・アンウィン（Tim Unwin, 1992）が注目しているように、この問題の一部は地理学を定義する目的が多様なことにある。単純に「地理学者は学術として何をするのか」、「地理学者は地方や郷土を研究するのか」、あるいは教育や学習に役立つのかという視点で定義するか、によって定義は異なるということである。しかし、この問題は研究の主題をどのように決めるかよりも根が深いのである。ピーター・ハゲット（Peter Haggett, 1990）が詳しく説明しているように、地理学には長い歴史があり、研究領域の発展が定義の一致を難しくしているのである。彼は、地理学は社会科学と自然科学の両方にまたがっており、知識体系において難しい位置を占めていると言っている。彼は、これを、古代ギリシャの学者たちが人類を自然全体の一部と見なし、地理学を独特の知識形態に発展させてきたためとしている。19世紀後半に地理学が大学の研究課題として確立された当時には、学術研究はすでに自然科学と人文・社会科学に分かれていた。地理学は自然的要素と社会的要素を持っており、この既存の不適切な構造に必然的に組み入れられることとなった。彼が指摘するように、自然科学と社会科学の交点という不安定な位置づけのために、現代の人文地理学者はその学術的価値を証明するため、その学問分野を絶えず改良したり、再定義したりしてきた。これに対して、デイヴィッド・リヴィングストン（David Livingstone, 1992b）は、この改良と再定義は最近の現象ではないと主張し、研究としての地理学がどのように歴史を通して絶えず変化してきたか、つまり、ある特定の状況についてさまざまな解釈をすることに特徴があると考えるさまざまな人がいることを詳しく述べている。

　　地理学は（中略）時代が変わり、場所が変われば、人びとが変わって、事物の意味も変わると考えてきた。（Livingstone, 1992）

　地理学の定義に関する、この永続する論争は、つまり、地理学の内容と主題をはっきりとした概念にまとめ、再編成する仕方がまちまちであったことによる。

リスト1.1　地理学の定義の例

ハーツホーン（Hartshorne, 1959, p.21）
　地理学は変化に富んだ地表の諸相について、正確で、整然とした、合理的な記述と解釈に関心がある。

コンサイスオックスフォード英英辞典（*The Concise Oxford Dictionary*, 1964, p.511）
　地理学　名詞　地表の形態、自然的特徴、自然的・政治的区分、気候、生産活動、人口などの科学（数量──、自然──、政治──　これらの諸相に関する上記の科学）　これらを主題とする学問；場所の特徴、配列；学術論文あるいは手引き。

イェーツ（Yeates, 1968, p.1）
　地理学は地表におけるさまざまな特性の空間的分布と位置を説明し、予測するための理論の開発と検証に関心をもつ科学と見なされる。

ダンフォード（Dunford, 1981, p.85）
　地理学は歴史的に生産され、生産の様態によって特徴づけられる空間形態と構造の研究である。

ハゲット（Haggett, 1981, p.133）
　[地理学は]人間が生活する空間としての地表の研究である。

ジョンストン（Johnston, 1986, p.6）
　文字通りには「地球の記述」と定義され、地理学は「人類の生息地としての地球に関する知識」を提供する学問分野として広く認められている。

ハゲット（Haggett, 1990）
　地理学者は3つの分析方法に関心を持っている。
・空間的（立地）：数量、特徴、活動および分布
・生態学的：人間と環境との関係
・地域的：地域分化における上記の2つの主題の組み合わせ

第1部　人文地理学の理論化

> **地理学作業部会中間報告（ウェールズ政府教育科学省）**（*Geography Working Group's Interim Report* [1990, Department of Education and Science and the Welsh Office]）
> ・地理学は地球とそこに居住する人びととの関係を、場所、空間および環境の研究を通じて探究する。
> ・場所の研究は地球の自然的諸相と人文的諸相の立地だけではなく、これらの諸相の形成や影響に関わる諸々のプロセスとシステムとの相互関係をも記述して理解しようとする。
> ・空間の研究は場所と、人びとが生活し、活動している自然的環境を利用することから生じる活動の場所とパターンの関係を探究する。
> ・環境の研究にはその自然の諸相と人文の諸相が含まれる。それゆれ、それは地表が提供し、すべての生物が依存している資源、時には稀少で脆弱である資源について焦点を当てることになる。人間活動のこのような資源へのインパクトと両者の相互関係は社会と経済と政治と文化に広汎な影響を及ぼす。
>
> **ゲール**（Gale, 1992, p.21）
> 　地理学は、私にとって、世界の見方であり、さまざまな場所と人びとの見方である。
>
> **ピート**（Peet, 1989, p.1）
> 　地理学は社会と自然環境の関係の研究である。地理学は、いかにして社会が自然環境に適応しつつ、改変し、変容させて、原初の自然の領域から人間化された形態をつくり出してきたか、そして社会活動の層を積み重ね、複雑な社会と自然の景観を形成してきたかを調べる。地理学は、社会的諸力が文化を「発展させる」人びとと原材料をつくり出すというオリジナルな意味と、経済的発展のような社会的過程を抑制しつつ、物質的なポテンシャル（可能性）を生み出すという進行中の意味に注目しつつ、自然がいかに社会を規定するかも調べる。
>
> 出典：Kitchin and Tate, 2000, p.4 からの最新情報。

　言い換えれば、多くの異なる地理学があり、あるものは新しく、あるものは古い。すべて少しずつ異なる哲学的基盤を持ち、重視するものが異なり、あるものは他のものよりも広く実践されている。たとえば、ハーツホーン（Hartshorne, 1959）は地理学を**個性記述**科学（idiographic science）（すなわち、その主要な強調点

第1章 理論への導入

は個性の記述である）と見なしている。それに対して、イェーツ（Yeates, 1968）は地理学を**法則定立**科学（nomothetic science）（すなわち、その主要な強調点は説明と法則を定立することにある）と見なしている。ハーツホーンやイェーツに同意する学者たちもいるが、記述と科学の両方を超えるアプローチの可能性を認める、異なるビジョンを持っている学者たちもいる。以下、本節では、地理学の3つの核心概念、つまり空間、場所そして自然がどのように地理学の諸々の理論との関係において再考され続けているかを簡潔に述べ、それによって地理学の定義が常に論議されている様子を説明する。

1.3.1 空間（space）

　地理学者も他の人びとも空間を理解する仕方は常に変化している。第2章で詳しく説明するが、1970年代まで地理学的分析はほとんど（明白ではないが、暗黙のうちに）空間を**絶対**的なものと理解していた（Shields, 1997）。この見方では、空間はシステム、幾何、「一種の絶対的格子として理解されて、対象物はその中に位置し、事象はその中で生じる」（Cury, 1995, p.5）。地理学の術語では、絶対空間はユークリッド幾何学（x, y, zの次元）によって定義され、理解され、そして、分析目的では実在する経験的空間として扱われる。その空間は、「静的ではあるが、動きのある物体と流動的な行動の流れ（フロー）の絶対的容器（入れ物）」（Gleeson, 1996, p.390）である。ここでは、空間は幾何学の根本的性質にまとめられる本質主義者の見解が採用されるので、空間の次元と内容は疑いもなく自然のもので一定のものであると理解される。そこには科学的に測定可能な自然法則が存在するという信条がある。この空間の概念は実証的地理学者や計量的地理学者の研究業績を広く支えている。彼らは人びとと場所との間の相互関係を説明したり、人間の居住と行動のパターンの論理を確認したりするのに利用できる一般的空間法則を確認しようとしている（第2章参照）。多くの人びとにとって、ここでの基本図書はデイヴィッド・ハーヴェイの『地理学基礎論——地理学における説明』（Harvey, 1969）である。本書は「科学的地理学」の包括的理論と経験的基礎を詳細に論述している（コラム6.2参照）。

17

第1部　人文地理学の理論化

　最近、空間の絶対的、本質的意味を表現する概念に対する批判が支持されてきた。確かに、ある人びとは、「世界を限りなく抽象化してしまった結果、ごく限られた効用しかないものにしてしまった」と主張し（Crang and Thrift, 2000a, p.2）、この空間に対する見方は、空間に関する問題点に十分な注意が払われておらず、空間が全く考慮されていないと示唆している。それに代わり、空間の絶対的理論化と空間の表象を批判し、新たな見解を提供する、空間の関係論的見解（relational view）が提唱されてきた。空間の**関係論的**理解は人間の努力によって空間がどのように創り出され、意味を与えられるかを分析することを優先させる。ここでは、空間は与えられた中立的で受動的な幾何図形的配列ではなく、社会‐空間的関係を通して連続的に生産されるものである。空間と空間形態および空間的行動との関係は「自然的」空間法則によるものではなく、文化的、社会的、政治的、経済的関係の産物なのであって、空間は本質的に自然の中にあるのではなく、構築され、生産されるものなのである。空間は客観的構造ではなく、社会的経験の産物である。それゆえ、空間は「社会的関係と世俗的実践（慣習）によってつくり出されるものなのである」（Massey, 1994, p.254）。これに対して、エドワード・ソジャ（Ed Soja, 1985）は空間をさらに限定し、社会的に生産された空間を「空間性（spatiality）」と定義するが、空間は必ずしもすべてが社会的に生産されるものではなく、すべての空間性が社会的に生産されると提唱するのである。同様に、シールズ（Shields, 1991, p.31）は「社会の空間化（social spatialization）」をその研究主題としている。これは、景観における具体的な表現と同様に社会的イメージのレベルでの象徴的構造も捉える用語である。これらの用語で考えられるサッカー場のような日常的空間は、一定の団体と公共機関が建設した物理的形態であるだけではなく、神話や言語や儀礼を通して意味を与えられる空間と見なされるということである。その利用と占拠は物質的形態とその周りに合体している非物質的意味の両方によって形づくられる。

　社会的に生産されるものとして取り扱われる空間という概念をおそらく最も明確に提唱したのは**アンリ・ルフェーブル**（Henri Lefebvre, 1991; **コラム 1.1** 参照）

である。彼は、空間の生産（すなわち空間化の過程）はどのように3つの補完的水準を基礎にするかということを詳述した。第一に彼は、人間の活動の「場」に影響を与える**空間的実践**群（spatial practices）、すなわち「実際の」過程、人の流れ（flow）と行動（movement）を確認したが、これらは日常生活の領域で認められるもので、移動や移住や日常生活のその他の行動として現れる。たとえば、都市空間との関係では、それは都市システムを機能させるものとして造られたり、造り直されたりする都市の生産（再生産）の役割を果たす空間的実践である。第二に彼は**空間の表象**群（representations of space）（たとえば画像、書物、映画など）を確認した。それらは空間を思い浮かべ、理解するのに役立つ。これらの空間概念は、個別の空間的実践をイデオロギー的に肯定したり、異議を申し立てたりするものとして働き、空間を再生産する力を持っている。都市計画や地図のような都市の表象は、通常、エンジニア、建築家、都市計画家などの専門家によって生産される社会的生産と認められる。彼らは都市の働き方についての具体的な見解を提示するということになっている。ルフェーブルは第三に**表象空間**（space of representation）の存在を確認した。認知される空間あるいは表象される空間とは違って、これは人びとが日常生活を縫うように進む時、生活し、感じる空間である。ルフェーブルは、これらの空間にもまたイデオロギー的と政治的な内容が組み込まれていると見ていた。彼は資本主義的過程がもたらした非人間性の傾向はこのような空間で克服されると主張した（すなわち人には自分自身の空間をつくり出し、都市生活の新しい形態を創造する力があることを示している）。これら3つの空間形態は一緒になり、複雑な空間性、つまりさまざまな時間をかけてそれらの間に関係性をもたらす。最終的に、これら3つが「空間」をつくりあげる。これらのうちのどれが他のものよりも分析的に優位であるかは自動的に決定するものではない。

　グランとスリフト（Grang and Thrift, 2000a, 2000b）が述べているように、空間が全く理解不可能なものではないことが分かったことの結果の1つは、空間が多くの人びとにとって多様な意味を持つようになってきたことであり、とくに地理学以外の専門分野の人びとにとっては入れ物としての空間から遠く離れた

隠喩的な性質を帯び始める。人は、空間は社会的概念から独立して存在していると思うことができるし、あるいは空間を常に社会的存在と思うこともできる。同様に、人は空間を時間の外にある不変のもの、あるいはその時だけ、そして時を経て初めて知られる、常に生成し、流転する状態にあると見なすかもしれない（Unwin, 2000）。要するに、空間は非常に複雑な用語で、多種多様に用いられているし、理解されている。本書は後でこのような多くの理解の仕方に戻ることになる。

> ### コラム 1.1　アンリ・ルフェーブル（Henri Lefebvre; 1901-91）
>
> 　アンリ・ルフェーブル（フランスの社会学者・哲学者）は、空間を学問的に理論づけることで重大なインパクトを与えてきた。それは、とりわけ彼の著書『空間の生産』が1991年に英訳されて以降のことで、そのことについてはエドワード・ソジャが1996年に出版した本の中で人間の空間性（spatiality）と空間的心象（spatial imagination）について、これまでに書かれた書物の中でルフェーブルの著書が最も重要なものであると示唆し、メリフィールド（Merrifield, 2000b）はこのことを繰り返して指摘している。本書においてルフェーブルは「**物理的空間**（自然）と**心象空間**（空間についての形式的な抽象化）および**社会的空間**（人間活動と葛藤および『感覚的現象』の空間）の接近（歩み寄り）」を追究した「空間の統一理論」を発展させた（Merrifield, 2000b, p. 171）。彼は、これらのさまざまなタイプの空間は同じ実体と同じ力のもので、それぞれ社会的に生産される存在であると主張した。空間の生産を解読しようとして、彼は空間をつくる3つの要素、すなわち空間的実践と空間の表象と表象空間の絡み合いを強調した。次にこれらは、世界で認められる日常的な空間的行動、何が可能であるかについての観念を統括する空間概念、および日常の実践で身体によってつくり出される空間と同等のものと見なす。これらの間の関係は複雑なので、空間の表象は、表象の諸空間と緊張状態にあり、空間の実践を生み出す。その上、明らかなことは空間の実践が空間の表象と空間的表象の両方に基礎を与えることである。ルフェーブルはマルクスの資本主義の時代区分を空間の歴史に変換し、それらに応じてこれらの諸要素間の異なる関係が、古典時代の歴史的空間から後期資本主義の抽象的で矛盾した空間まで、さまざまな空間形態をどのように生み出してきたかを示した。たとえば、後期には、冷えた資本主義の抽象空間が、敏感で温かい身体の生きた空間を圧倒し、合理的で官

第1章　理論への導入

僚的な空間形態が支配的になってしまった、と彼は主張した。シールズ（Shields, 1998）は、しかしながら、これらの時代区分概念に痛烈に反論し、異なる空間形態が共存できることを示唆している。ルフェーブルの研究は、社会における主要な闘争は階級闘争ではなく、空間的対立であることを暗示している。身体を使用しての実践により革命的空間形態を創出する人類の能力に対する、彼の本源的な信頼は、多くのポスト構造主義者の考えとは多少食い違っているが、ルフェーブルの研究は地理学者によって広く引用され、賞賛されてきた。彼らは、それが社会生活の完全な地理学的研究を示していることを力説している（Soja, 1996）。
さらに詳しく学ぶための文献：Lefebvre, 1991; Merrifield, 2000b; Shields, 1998; Unwin, 2000

1.3.2　場所（place）

　場所は空間と同様に、比較的最近まで絶対的な用語として用いられていた。この伝統では（地誌学と計量地理学で用いられたように）、場所は境界で区切られた領域で、人びとの集まるところとして理解されただけで、文字通り、地理空間の一部であった（Duncan, 2000）。場所はそれゆえ固有の位置（site）を占め、他の場所と結びつきながら、ほぼ独立した単位と考えられた。この単位は、そこに住んでいる人びとにとって重要なものなので、場所の意識が生じた。場所の意識はその場所のユニークな現象として研究されさえした。たとえば、1970年代に人文（人間中心）主義的アプローチ（2.3節参照）を採用した地理学者は2つの方法で場所の絶対概念（absolute conception）を切り崩し始めた。第一に、この人間中心主義的アプローチは場所をより主観的に定義されるものと見なした。それゆえ、場所を構成するものは主として個性的であると見なされた。ただし、場所への愛着と場所の意味は多くの場合共有されていた。しかし、場所の意味は人によって異なる。このことからアグニュー（Agnew, 1987）とエントリキン（Entrikin, 1991）は、場所の客観的理解と主観的理解を仲介する、作業用の定義を提出することになった。たとえば、Entrikin（1991）は、場所はわれわれの活動の外的背景でもあれば、意味の核心でもあり、場所の主観的概念と客観的概念との間には緊張があり、地理学的問題を理論化し、研究する場合にはそれを

調和させなければならないと主張した。Agnew（1987）は場所について、次の3つの主要要素を認めている。最初の2つは客観的要素で、第3の要素は主観的要素である。

1. **現場**（locale）—— 社会的関係が形成される舞台。
2. **立地**（location）—— 客観的地理的領域で、より広いスケールで作用している社会的・経済的過程で定義される社会的相互作用の舞台を含んでいる。
3. **場所の意識**（sense of place）—— 地域に結びついた主観的意識のローカルな構成。

人間中心主義アプローチは、第二に、マルクス主義地理学に従って、グローバル化する世界における場所の唯一性に対して疑問を呈する批判的アプローチを採り入れ始めた。たとえば、エドワード・レルフ（Edward Relph）は、その著書『場所の現象学 —— 没場所性を越えて』（*Place and Placelessness*, 1976）において場所の唯一性という伝統的概念と**場所の意識**を批判した。

レルフの論文は、経済と文化のグローバル化（第8章参照）と大規模なモビリティ（移動性）が人びとと場所との関係を変化させつつあり、したがって場所と場所づくりについて新たな理論化が不可欠である、というものであった。立証するための分析によって、彼は場所の外側性（outsiderness）と内側性（insiderness）の経験を論じた。ピート（Peet, 1998, p.50）は、これらの経験を**実在的外側性**（existential outsiderness）と**客観的外側性**（objective outsiderness）として要約した。**実在的外側性**では、あらゆる場所は同じ意味のないアイデンティティをもっており、**客観的外側性**では、場所は科学的に、そして受動的に見られる。**付随的外側性**（incidental outsiderness）では、場所は活動の背景としてしか経験されない。**代償的内側性**（vicarious insiderness）では、場所は二次的方法で経験される（たとえば、絵画を通して）。「**行動的内側性**（behavioural insiderness）は場所における情動的なものや感情移入的なものに多く関与する。そして最後に、**実存的内側性**は、場所が意識も自覚もすることなく経験されるときにも十分な意味があ

る」。Relph（1976）はこれらの概念を用いて、「本物の（authentic）」場所形成と偽物の場所形成（没場所性）の概念を検討した。レルフにとって、本物の「場所感覚」は帰属性の意味を含み、偽物はそれとは逆である。彼が主張する偽物の場所は、工業化された大衆社会で普通に見られる形態であり、大衆の価値観が受け入れられることから起こる（Peet, 1998）。没場所性はしたがって、「場所が同じように見えるだけではなく、同じように感じられるばかりか、個性のない同じ経験の機会を提供する段階にまで場所のアイデンティティを弱めている」（Relph, 1976, p.90）。

レルフの分析は、場所を不確定で、広範な背景と結びついたものと見なす**関係論**的な理解（relational understanding）に導く。場所の関係論的な理解は、場所は区切られた領域単位として存在するのではなく、社会的、政治的、経済的、歴史的関係で創成され、位置づけられており、それによって逆に形づくられると主張している。構造主義のアプローチ（たとえばPred, 1984）や批判的アプローチ（たとえばHarvey, 1989a）やフェミニストのアプローチ（たとえばRose, 1993）を採用した地理学者の研究から発展して（第2章参照）、場所は、彼らの観念的境界をはるかに越えた諸々の力の中に位置し、それによって形づくられる非常に複雑な実体として理論化されるのである。ここでは、場所は政治以前の実体としてロマンチックに考えるべきものではなく、しばしば抑圧的な制度の力や社会的諸関係によって形成されるという認識が存在している。

ドリーン・マッシー（Doreen Massey, 1991, 1994, 1997）の著作は、場所概念を変更させるほどの影響を与えてきた（**コラム1.2**）。彼女は場所を、身体から地球全体にまで及ぶ多くの空間的スケールで横断的に作用する、権力の幾何学の複雑な交錯とその結果と見ている（第4章と第8章参照）。それゆえ、彼女にとって、場所は数々の交錯する社会的、政治的、経済的関係が構成する結果であって、そのことが無数の空間性を生み出す。場所と、その内部と場所間の社会的関係は、したがって、個人と制度上の権力であれ、あるいは架空か実質的な権力であれ、権力の特殊な配置の結果である。それゆえ、場所はそのユニークで特異な立地によってではなく、「特定の空間に広がる社会的関係群の交錯」（WGSG,

1997, p.8）によって定義される。このような関係は多種多様なスケールで絡み合いながら存在しているのである。

　マッシーによる「場所の漸進的概念（progressive concept of place）」は、場所の境界の開放性と多孔性を認めるだけではなく、場所間の多数の連結と相互依存も認めている。それは、また、ある人びとの生活は世界的なネットワークに強く結びついているが、厳しく制限されている生活を送っている人びとがいることも認めている」（Duncan, 2000, p.583）。かくして、場所は相関関係にあり、偶然的なものであり、人によって異なった経験と理解をするところである。場所は多様で、競合が多く、固定された領域単位というよりも不安定なものである。リンダ・マクダウェル（Linda McDowell, 1999, p.4）が書いているように「場所を確定するものは社会‐空間的慣習であり、これらの慣習によって、境界が多様に変わりやすく、重なり合って交錯している場所を生じさせている。このような場所は権力と排除の社会関係によって形成され、そして維持される。場所は、境界を画定する規則を構築する権力関係によってつくられる。このような境界は社会的なものでもあれば、空間的なものでもあり、それらは場所に属する人と、排除されるかもしれない人を決めるばかりか、経験の所在地や位置をも定める」。

コラム1.2　ドリーン・マッシー（Doreen Massey; 1944-2017）

　ドリーン・マッシーはオープン・ユニバーシティ（イギリス）の地理学の教授で、20年以上にわたって地理学の分野で重要な影響を与えてきた。彼女は、その初期の研究でマルクス主義とフェミニズムの理論を結びつけ、性別分業状態を空間とジェンダーの見地から調査した（1984）。ここでは彼女の場所の概念についての最近の研究を考察する。*Marxism Today* 誌に掲載された論文（1991）に始まり、彼女は、いくつかの出版物（たとえば、1994、1995、1997年）によって「場所の漸進的な意味」を議論した。この理論は、場所の重要性がグローバリゼーションによる空間と時間の大規模な圧縮過程によって浸食されつつあるという、理論家たちによる告発に対する反論として系統的に展開された（第8章参照）。マッシーにとって、場所は、地方的スケールから地球的スケールまでの空間スケー

ルで働くプロセスが複雑に交錯することによってつくり出されるものである。場所は、それゆえ、所属感や伝統よりもむしろ流れ（flow）と動き（movement）によってつくられる。たとえば、ロンドンのキルバーン地区の例で彼女が注目しているのは、この住民の場所感覚が、多くの要因によって規定されていることである。アイルランドやパキスタンその他の国々からの移住者、地元と国内そして諸外国からの雇用者、多種多様な商店、レストラン、サービス業などがそれらの要因である。キルバーンにおける社会と文化と経済の関係は地方的であり、同時に世界的であり、地球を横切って無限に広がっている。彼女はさらに、地区内と地区を越えて作用し、場所を形成するのに役立っている社会‐空間的プロセスは、複雑な権力の幾何学に結びついていると主張している。言い換えると、場所を形成したり、場所を規定したりするのを助ける社会‐空間的プロセスは一様には働かず、異なる社会集団と個人の相対的位置づけが結果として生じる。したがって、場所は人びとが集まる区切られた場所にすぎないものではないし、グローバル化のプロセスが容赦なく侵入し、没場所性になるものでもない。むしろいくつかの空間的スケールを横切って作用する特定の権力（パワー）の幾何学によって形成される複雑な実体なのである。この場所の漸進論的理解は、かくして、地方（ローカル）とグローバルの間の緊張状態を一体化するが、独自性と差異性を認め、場所形成のプロセスが一様でないことを認める。

さらに詳しく学ぶための文献：Massey, 1991, 1995; Duncan, 2000

1.3.3 自然（nature）

　空間と場所と同様に、自然は人によって意味が異なるものであり、論争のある用語である。たしかに文化評論家レイモンド・ウィリアムズ（Raymond Williams, 1976, p.184; コラム 5.1）が言っているように、自然（nature）という用語は「言語の中で多分最も複雑な用語である」。カストリー（Castree, 2000, p.537）は、その複雑さは 3 つの主要な意味に要約されると提唱している。その第一は、ものの本質。第二は人間の活動によって改変されない領域（すなわち、人間と社会にとっての外界領域としての自然）。第三はおそらく人間を含む、自然世界全体（すなわち、種としての人間がその一部となっている一般的領域としての自然）。これらの 3 つの意味は、自然が本質的なものと認められるか、あるいは構築されたものと認められるかどうかに左右される別の概念として、別の理解が可能である。

　自然の本質主義的理解は、伝統的に定着した、安定した考え方として受け入

れられる。何が自然を構成するかという考え方は問題なく、無批判に受け入れられる。このような概念化は資源管理とある種の環境保護主義が関係する研究の基礎となることがしばしばである。ここでは自然が何か、自然資源が何であるかについて明確な考え方があり、関心の中心は人間がどのように利用するか悪用するかということにある。このような考え方では、自然と人間の「文化」は（互いに支え合う）共生領域であるにもかかわらず、しばしば別個のものと位置づけられる。

　ところが、他の理論家たちは、人間と自然の分離および自然の本質的概念をともに問題にしている。彼らは、「自然は物質的実在であるのと同時に見方あるいは概念であると仮定する」（Castree, 2000, p.539）。その結果、彼らは、自然は社会的構築物であり、社会的権力の手段（つまり、それは政治的に利用されるもの）であると主張する。これらの理論家たちは、自然は、人間から分離独立していたり、人間に従属していたりするどころか、イデオロギーとして責任を負わされる（すなわち、あるメッセージを与えるように工夫された）特定の言説と表象で構築される、と主張する。言い換えると、彼らは「自然界には人の手が加えられていないものは全く存在しない」（Barnes and Gregory, 1996, p.174）と示唆している。観念と科学の歴史的分析を参考にして、彼らは自然の考え方がどのように時間の経過とともに変化してきたかを、たとえば、神から与えられた景観から進化する景観までを例にあげて、論証している。そのうえ、彼らは自然がどのように生まれ、人間によって造り替えられてきたかを強調し、文化と自然の、また、技術と自然の二元性を不鮮明にしている（農耕やテレビの野生生物の番組や遺伝子工学、生物工学、医科学などがその例である）。

　この用語の定義に関する意見の論争はさまざまな見解を招いてきた。ここで、バーンズとグレゴリー（Barnes and Gregory, 1996）に従って、ごく少数の例を説明しよう。最初の2つの例は主として本質主義の見解であり、後の2つの例は構築主義の見解である（しかし、これは常にそうだというわけではないことに注意すべきである）。**技術至上主義**（Technocentrism）は、自然には順応性があって、容易に操作され、支配され、利用されるものであり、人間の介入によって改良できる

という見解に基礎を置いている。この見解は、自然が人間から独立し、人間の目的を満足させるために存在し、科学によって最もよく管理されるという仮説を基礎にしている。**深層生態学**（Deep Ecology）と**環境中心主義**（Ecocentrism）は天然資源の開発を少なくしようとするアプローチを探究しており、人間は自然と調和して生きる必要があることを示唆している。とくに、深層生態学は、すべての生命は貴重なものであり、何らかの共存を図らないことは道徳に反することだと主張する。**エコフェミニズム**（Ecofeminism）は、深層生態学と**マルクス主義**の男性中心主義の偏見に反発して、これらのアプローチは男性的な論法で、自然を考えることによって女性の従属的な立場を再生産していると主張している。最後に、マルクス主義者たちは、環境中心主義は政治的に愚直で、自然と人間との関係は資本主義の社会関係によって追い立てられてきたと主張している。彼らは、自然がどのように考えられ、説明されるかということは、自然が経済的にそして政治的にいかに開発され、利用されうるかによって決まることであると言っている。

　自然に関して非本質主義的・政治的概念が採択されたことによって、多くの人文地理学者たちは、人間と自然の関係を再考するようになった。その研究の多くは「自然の生産」と称されたものを研究してきた。すなわち、人びとはいかに資本利得（キャピタルゲイン）（N. Smith, 1984）のために自然を改変してきたかということを研究してきた。たとえば、農民は家畜と作物の生産性を向上させるためにどのように作物と家畜を選別したり、栽培・飼育したりしているかを考察する。より最近の研究は、より「文化的」な見方を採っており（3.1節参照）、非経済学の見地から人びとと動物との関係を探究してきた。ここでの研究は、動物がどのようにメディア（野生生物の映画や書籍）で表現されてきているか、われわれがどのように「野生」動物を扱ってきたか（狩猟か保護か）、そして都市において動物園や公園や都市庭園の配置によってどのように「場所」に自然を割り当ててきたかを研究している（Wolch and Emel, 1997; Philo and Wilbert, 2000）。この種の研究では、自然はどのような考え方で（この場合には動物についてであるが）考察されるか、自然はどのように理解されるか、そして自然は時代によってどのよう

第1部　人文地理学の理論化

に変化してきたかに重点が置かれている。

　文化を重視する他の地理学者たちは「自然」との関係や自然の消費に注目してきた。たとえば、食品の「汚染」や遺伝子組み換え技術の出現に伴う道義的パニックを探究した研究がある（Whatmore and Thorne, 1997）。一方では、自然景観や自然の風景の管理と保全が検討されてきた。第4章で十分に議論することになるが、もう1つの成長しつつある関心領域は身体の地理学である。ここでは、地理学者たちは「自然のまま」の身体がどのように社会に浸透した概念になっているかを研究し始めており、健康や美しさや元気、そして容姿などの諸概念の変化を生物学的なものの破壊として理解している。とりわけ、技術の向上（たとえば整形外科）や置換（たとえばペースメーカー）は、身体は医学的と生物学的に規定されるだけの存在という考え方に疑問を投げかけている。ここでは**ダナ・ハラウェイ**の研究が重要になってきた（**コラム 1.3** 参照）。

コラム1.3　ダナ・ハラウェイ（Donna Haraway, 1944-　）

　ダナ・ハラウェイはカリフォルニア大学サンタクルーズ校の意識史学・女性学の教授である。本書で詳しく述べられているように、近代科学について広範囲にわたる彼女の批判は少なくとも2つの点で重要とされてきた。第一は、彼女が近代科学の客観性仮定を批判したことが多くの地理学者たちの間から広い支持を得たことである（1.2節）。その結果、彼女の「状況化された（situated）知識」の概念は広く受け入れられ、現代の多くの人文地理学の実践をつくり替えている。第二は、彼女の自然の本質主義的（本質主義とは、物事には容易に変化しがたい核心的な本質が備わっているとする立場）理解についての批判であり、それは人文地理学の自然概念の理解の仕方を改めるのに寄与した。ハラウェイの研究は、科学的思考の基礎となっている文化／自然および技術／自然の二項対立を崩壊させようとしている。彼女はサイボーグの概念の研究を通してこれを行い、人体は生物学的存在であるだけではなく、技術によってますます取り替えられ、つくり替えられ、そして補完される仕方を実例で紹介している。サイボーグのモチーフを発展させながら、ハラウェイは、人間の化身は流動的で、さらに部分的で動態的であり、これは社会的慣習と規範と期待によって意味づけられたと主張する。これらの考え方を利用して、ハラウェイは、彼女がサイボーグ政治学と呼ぶものを展開してきた。そのねらいは女性が男性に従属する慣習

> (たとえば、女性は幼児保育者のような役割を果たすのは自然である)を掘り崩すことを目指している。それはこのような主張の根底にある二項思想を掘り崩すことによって得られるとしている。実際、ハラウェイはいわゆる身体の生まれつきの属性を信頼しないジェンダーの新しい身体政治学を創立させようとしている。こうして家父長制を覆そうと考えているのである。ジェンダーに焦点を定めて、人体の自然さを再考することに関する彼女の研究は、女性が社会－空間的に阻害され、抑圧される仕方を説明しようとするフェミニズム地理学者によって広く利用されてきた (2.4節)。
> **さらに詳しく学ぶための文献**：Haraway, 1985; 1991

1.4 本章のまとめ

　この章では、なぜ理論的思考に関わることが重要であるかを説明するために理論とは何かを詳しく述べようとして、理論的思考が異なると世界の理解の仕方が異なることを説明することから始めた。地理学の研究では理論を避けることができないことを明らかにするのが望ましい。理論は、われわれが住んでいる世界にアプローチし、分析し、解釈し、概念化する仕方をまとめる地理学の実践の固有の部分である。このことを考えると、さまざまな理論的思考を理解しようとし、それらがどのようにお互いに関係し合い、さまざまな地理学的知識を生み出すためにどのように用いられるかを理解することはきわめて賢明に思える。このようにして、地理学的現象を理解する方法における理論の役割の理解と評価に取りかかることができる。本書の以下の部分は、同じ地理学の諸概念が異なる理論の枠組みによってどのように別の方法で概念化されてきたかを説明しながら、より多くの知識をもった立場から地理学的に考え始めるのに役立つよう工夫されている。それゆえ、次の章では、地理学思想が簡潔に説明され、人文地理学における重要な理論の伝統が提示され、第3章では現代の人文地理学を形成しつつある理論的思考のいくつかが概観される。

第1部　人文地理学の理論化

第2章

地理学思想史の概観

2.1　地理学の歴史

　第1章では、地理学的研究はすべて、世界の動向についての考え方と理論の影響を大なり小なり受けていることを明らかにすることから地理学における理論の重要性を検討し始めた。とくに力説したことは、理論が地理学者の研究課題と研究法に影響を及ぼしているということであった。このことを示すために、私たちは地理学の定義を空間と場所と自然という関連する概念の見地から、そしてそれらが特定の理論と概念の考え方によってどのような影響を受けてきたかということから考察し始めた。しかし、これまでは、このような理論は地理学者が実際に行ってきたこと、すなわち、「地理学」の研究と著述の進め方にどのような影響を与えてきたかは検証してこなかった。しかし、いずれにせよ、理論は実践なくして存在するはずがないのである。ハーヴェイ（Harvey, 1999, p.576）にとって、新しい思想の厳しい吟味は、地理学の考え方に積極的な変革をもたらすことになる。地理学の理論の有用性を判断することは、それがどのように地理学者の研究や議論や論争に役立ったか（あるいは妨げたか）を調べなければ不可能だし、少なくとも非常に難しい。したがって、地理学の研究に影響を与える理論の意義を理解せずに地理学の実践を理解することは望むべくもない。また、ある理論がどのように支持され再確認され、そして実践を通して修正されるかを検討しないと、それらの理論がなぜ広く支持されるのかを理解することはきわめて難しい。

　この章のねらいは、それゆえ、学としての地理学の実践と方法に、さまざま

な時にさまざまな哲学と理論の刺激がどのような影響を与え、寄与してきたか（逆の場合もあること）を確認することである。その目的は何よりもまず、人文地理学者が日常生活の「実態」を説明するためにさまざまな理論を発展させながら、人びととその環境との多種多様な関係をイメージし、概念化してきたことを示すことである。これから見ていくように、これらの理論は独特な知識哲学によって特徴づくられ、支えられるが、他の理論と矛盾したり、否定し合ったりしている理論もあるという意味で、しばしば対立する。このことが、地理学者たちが「彼ら」の理論を人びとと場所との関係の性質を説明するために正確な理論であると証明しようとするとき、しばしば数多くの知的対立と小競り合いを招いてきた。地理学者たちは、その結果、それぞれこれらの関係を検討するために非常に異なる取り組み方をしてきたことを証明することになる。ここでは、高度に「抽象的」な思考と世界を実際に研究する本質的な課題との関連がさらに明確な焦点となる。地理学の歴史は、地理学者が何を研究してきたかということと、研究をしてきた方法が哲学的関心と理論的関心から明確にそして暗黙のうちに影響を受けてきたことを伝えている（Martin and James, 1993）。前章で強調したように、地理学者は現実の世界の混乱に関与するのを避けることができないばかりか、理論を避けることもできずにきた。

　以下の地理学理論史の概要で明らかになることは、ある時期には、理論的思考と哲学思想との一定の提携がこの学問分野に広く行きわたり、その結果、地理学の明瞭な研究方法が広汎に普及したことである。それによって、何が地理学の研究活動の「正しい」あり方であるかについて特定の考え方が優勢になり、知識と理論の発展の連続する諸段階が次々と移り変わる地理学の傾向に光を当てる批評家を何人も生み出してきた（Mair, 1986; Unwin, 1992; Haggett, 2001）。とくにロン・ジョンストン（Ron Johnston）の研究は地理学のさまざまな**パラダイム**〔理論的枠組み〕論を先導することになった（Johnston, 1986; 1991; 2000）。パラダイムの概念はトーマス・クーン（Thomas Kuhn）が主著『科学革命の構造』（*The Structure of Scientific Revolutions*, 1970）において初めて公表したものであった。パラダイムは本質的に、次のようなことを意味している。それは、理論的学問は、

第1部　人文地理学の理論化

研究を進めるべき仮説（仮定）によって特徴づけられる発展段階を経るという考え方のことなのである。その例として、クーンは初期の時代と前パラダイム時代の研究（さまざまな錬金術の実験に関係したもの）から、原子理論と標準化された化学分類および実験手続きによって支えられた科学的パラダイムまでの化学の発達を挙げている。次に彼が強調していることは、それぞれのパラダイムは、それらのパラダイムの外側で活動している人びとには理解不可能な特殊な表記法（notation）、専門用語（jargon）および言語（language）の発展を伴っているということである。クーンの見方によれば、パラダイムはそれぞれ知識を収集し、総合する方法として承認されることになるが、それは既存の理論を用いても説明できない重大な「例外」が新しい考え方を定式化することが必要になるまでのことである。それは、明らかに優秀なパラダイムが出現し、この新しいパラダイムに賛成して既存の諸理論と考え方が廃棄される瞬間である。しばしば、1つの理論の原典や1つの基本的な原典の影響はこのようなパラダイム・シフトを促し、1つの研究分野の軌道を劇的に変化させるのに十分であった。たとえば、化学ではドルトン（Dalton）の原子論での研究は科学的（サイアンティフィック）な化学の発展で最も重要な影響を与えた例とされており、また、ニュートン物理学からアインシュタインの相対性理論への移行は、しばしば、物理学の歴史における典型的なパラダイム・シフトの例に挙げられている。

　クーンの考えが示唆していることは、あらゆる学問分野は、何が存在し、それをいかに研究するかについてさまざまな仮説が優勢となるような明瞭な出来事を通り抜けるということである。あるパラダイムから他のパラダイムに移行するのには、学問分野による世界の概念を根本的に改めることが必要である。それには新しい方法で世界を見て、それを説明するために新しい言語を学ぶことが必要なのである。それゆえ、クーンが証明していることは、基本原理についての議論は異なるパラダイムを支持する人びとの間では有意義な討議が不可能で、彼らは「互いに主張をし合っているだけ」であるという状況である。これから見ていくように、この主張は地理学の歴史におけるいくつかの出来事に反映している。地理学における思想家の多くは、彼らの世界の見方は地理学研究

において最も有意義で、進歩的で、正しい方法と考えられると、さまざまな時期に主張し、探検と説明という既存の方式をただちに拒否する。この主張を精査して、ジョンストンは1950年まで学問としての地理学において支配的であった3つの個別のパラダイムを確認した。それらは以下のように簡潔にまとめられる。

- **探検**（exploration）：地理学の前パラダイム段階は、地球についての知識拡大が恐らくその主要な目標で、その特徴は、世界についての情報を蓄積し、地図化する努力にあった。植民列強が知識の蓄積によってその勢力範囲を世界的に拡張することを目指すプロセスに、地理学は暗黙のうちに参加していたのである。ここでの支配的な動機は、「発見の航海」で得られた知識を統合し、それを整然とまとめ、論理的に分類し、百科事典と地名事典にすることであった。このパラダイムは14世紀と15世紀におけるヨーロッパの海洋貿易と探検の始まりから19世紀後半までおおよそさかのぼることができる。この段階では、地理学は地図との関係が密接で、ヨーロッパの核心地から遠く離れた「未知の土地」と「無人の空間」を地図に記載することが重要な目的であった（Harley, 1992）。しかし、知識の蓄積のための蓄積に対して次第に不満が積もり始め、この知識は人びととその環境との関連についてのある仮説を検証するために用いるべきだ、と提唱する人びとが出現してきた。
- **環境決定論**（Environmental determinism）：19世紀に地理学協会の設立（たとえば1830年にイギリス王立地理学協会〈Royal Geographical Society in Britain〉の創立）に伴って、環境決定論は、世界の諸地域における人間活動のタイプを環境の特性と関連づけて理論化する試みが特徴のパラダイムであった。ダーウィンと進化論の思想に影響を受けて、このパラダイムは、人間活動はその環境に影響されていると主張した。その最も率直な提唱者であるアメリカの地理学者エレン・センプル（Ellen Semple）とエルズワース・ハンチントン（Ellsworth Huntington）は、気候と自然の諸条件は人間の進化と生理機

能と文化を規定することができる原因となる力であるという見解を後世に伝えた。次に環境決定論は、国家が環境の自然的特性に基づいて発展することを説明するに至った。たとえば、19世紀後期と20世紀初期にオーストラリアについて書かれた教科書には、オーストラリアでは、ヨーロッパ系の白人人種に劣ると思われるアボリジニが危険で不適な環境に住んでいると記されている（Ploszajska, 2000参照）。この「新しい地理学」は、それゆえ、外観は「新帝国主義」の装いであるが、実は植民地主義の推進に直結していた（Livingstone, 1992a をとくに参照）。このパラダイム・シフトは、理論の発展において帰納的で論理的な推論方式に関与し始めた地理学者（とくにフリードリッヒ・ラッツェル〈Friedrich Ratzel〉）を出現させたが、環境決定論は人間活動と文化の多様性を説明するには単純すぎることが証拠の蓄積によって証明された。環境と人種差別はしばしば結びつけられていた。結局、このことから多くの人びとはこのパラダイムの有用性を疑い始めるようになった。

- **地域主義**（地域性論）（Regionalism）：19世紀から20世紀の変わり目にフランスの地理学者ヴィダル・ドゥ・ラ・ブラーシュ（Vidal de la Blache）の研究に主として関係するこのパラダイムは、地域は地理学研究の第一の課題になるべきものだという主張であった。これは、先行するパラダイムから着想を得ている。先行するパラダイムは**生活様式論**（genres de vie）の見地からさまざまな地域の類型を含んでいた。生活様式は地域を特徴づけたばかりか、自然環境と人間活動との関係も当然のこととして前提にしていた（Sauer, 1925を参照）。しかし、ここでは決定論者の説明とは違って、文化と自然景観と地域という3つの関係が相互に結びついて、（たとえば）特定の州や地域や国家の独自のアイデンティティが形成され、密接で豊かなさまざまな関係の記述が称揚された。ハーツホーン（Hartshorne, 1939）は後にこの重大な関係を彼の著書『地理学の本質』（*The Nature of Geography*）で地域分化として体系化することになった。この地域分化という用語は、地域的差異や類似性の認識に基づく地誌学（地域地理学：regional geography）に学術

的、理論的枠組み(フレームワーク)を与えた。

ちなみに、ジョンストン（Johnston）のパラダイム・シフトの説明が広く疑問視されてきたことに注目しなければならない。たとえばメイヒュー（Mayhew, 2001）は、ジョンストンのパラダイム・シフト論は、近代の早期（19世紀以前）に行われていた「地理学」の態勢を評価し過ぎていると主張している。それでもなお、地理学の理論的傾向についてのこれら3つのパラダイムによる説明はしばしば繰り返されてきた（たとえば Bird, 1989; Cloke *et al*., 1991）。そしてそれは、人文地理学の「学界に蓄積された記憶（institutional memory）」となっている（Barnes, 2001a）。

しかし、1950年以降、ジョンストン（とその他の人びと）は、地理学者が彼らの専門領域の研究目的、傾向および関連事項にますます多く没頭するようになって、地誌学（地域地理学）の理論と実践に不満を募らせて、パラダイム・シフトが急速に進行していることを認めていた。かくして、1991年にジョンストンは、1950年代と1960年代に空間科学のパラダイムの確立を導いた「計量革命」、1960年代と1970年代に出現した行動主義と人文主義（人間中心主義）のパラダイム、1970年代と1980年代に支配的になったラディカル地理学と構造主義のパラダイムを確認した（Bird, 1989; Peet, 1998; Haggett, 2001 参照）。これらの明らかに特異なエピソードは現代の地理学的思考の背景をなしているので、これらがこの章の関心の焦点となる。

この地理学の歴史に期待することは、人文地理学への現代の理論的アプローチは、少なくとも3つの事象との関係から理解すべきものであるということである（Castree and Sparke, 2000）。

1. 地理学の**歴史**──地理学者が何をどのように研究してきたかという点から見て、地理学は実際にどのように発展してきたか。
2. 地理学の**社会**──学会組織、社会的ネットワーク、定期刊行物、および教育機構（とくに大学）は地理学をどのように発展させてきたか。

第 1 部　人文地理学の理論化

3.　地理学の**心理**—— 地理学者個人は世界について考える方法と解釈する方法をどのように選択してきたか、順応的にか、あるいは対決的にか。

　地理学は空白状態から発展してきたのではなく、特定の制度と社会組織の中の個人（と個人同士の協力）によって発展してきたことを考慮し、ここではこれらの事象の最初のもの、歴史への焦点の当て方を、バランスがとれたものにしなければならない。この章（そして本書全体）を通しての基本的な主張は、個々の理論が、学問分野の発展における特定の時期に特定の研究者によって発展してきたことや、学問分野の発展が社会と専門家と諸制度の影響を受けやすい状況についての説明なしで、地理学者が何をしているかを理解することは不可能だということである。社会と心理に関しては、研究に従事している彼あるいは彼女の所属する総合大学や単科大学、さらに研究者が所属する地理学者の共同体、そして彼や彼女が働いていると主張する多様な社会に対する地理学者の責任を配慮しなければならない。たとえば、カスツリーとスパーク（Castree and Sparke, 2000）は、最近、地理学者が研究機関の経理上の圧力を受け、研究の質よりも量に重点を置かざるを得なくなってきたことと、研究の変質は、これらの制度的制約との関係からしか理解できないと主張している（Sidaway, 1997 参照）。

　この章が進んで行くにつれて、地理学の歴史を書くことの難しさが明らかになる。とくに、地理学思想の近年の歴史を明確なパラダイムの変化の観点から書く試みは、半信半疑というわけではないが、非常に問題が多い。クーンのパラダイム概念を利用するジョンストン（Johnston, 1991）の試みが示したように、パラダイムの考え方を採用する危険性は、リヴィングストン（Livingstone, 1992a）が地理学研究の混乱した状況と印象深く名づけたような人工的な安定性を押しつけているということになる。とくに、地理学が統一された（一般的な）パラダイムを通して活動してきたという考え方は、支配的あるいは流行の活動に適応しなかった人びとに関連した考え方と実践をうまくごまかしてしまう。最良の方法が存在するという昔の地理学者間の意見の一致は完全であることも、安定していることも稀であったし、そうであったと強弁することは、多くの研究

者の声を無視することになる。アングロ・アメリカの人文地理学の最近の歴史に関して、**時代思潮**（Zeitgeist）を確認しようとし、どの考え方が最も進歩に役立つかを見極めようとしているのは、しばしば白人で、英語を話し、中産階級で、異性を愛する、頑健な男性学者であるという事実をわれわれは忘れてはならない。この帰結は、異議を唱える声と地理学内部のそれに代わる伝統は、地理学の歴史では些細な事柄とされたり、そして排除されたりしていることである（Greed, 1993; Sibley, 1995）。同時にわれわれは、その**複数の歴史**ではなく、地理学の歴史を直線的に発展したものと要約する説明には用心しなければならない。地理学の研究は多くの形態をとり、地理学者が多種多様な知識の存在を知るようになったのは比較的最近のことである（Bell *et al.*,1995; Driver, 1995）。このことを心に留めておいて、本書で地理学思想の最近の歴史の説明を読むにつれて、本書の思想家プロフィールに明瞭に記載されている特定の世界観の最も率直な支持者のジェンダー、年齢、階級、**地位**を考えてみたくなるだろう。多分、読者は、あるタイプの学者はその専門分野の発展過程で最も影響を与えた代表者として説明され、他の人びとは発表するために彼らの考え方に明らかに順応していることに気づき始める。後の諸章では、地理学は多数の声と考え方に対して開かれているので、この傾向が変わり始めていることが分かるだろう。しかし、地理学の歴史の大部分は、エリート研究者のキャリアを正当化するのに役立つであろうが、他人の見解を無意味と見なすことに慎重でなければならない。

2.2 （空間）科学としての地理学

　人文地理学と科学との関係は常に複雑であった。多くの人文地理学者は科学の方法と考え方を認識してきたが、両者の関係は相互不信と対立の時期が目立っていた（Gregory, 1994b; Massey, 1996b）。これは一部地理学の対象領域が自然現象と人文現象の両方の研究を無類に広く包含するためである（第1章参照）。地理学の学問分野としての特質の多くは、まさにこの2つの焦点から生まれた

ものであって、その結果は、自然科学の同類と考える自然地理学者と、人文科学に親近感を感じる人文地理学者との間に無視できない亀裂が生じたことである。これはイギリスとアイルランドにおける多くの(大学の)地理学科で見られることである。両国では自然地理学専攻の学生はしばしば理学士の称号を与えられ、人文地理学を主に学ぶ学生は文学士の称号を受け取る。この意味で、人文地理学者は歴史的に自然科学の哲学と方法に関する議論から縁遠いと感じてきた、と主張できよう。したがって、人文地理学者は、自然科学的説明よりもむしろ人文科学的解釈と関わりがある地理学の説明に好んで賛同する。確かに、これは戦前期には人文地理学者の間での支配的な感情であったと言えよう。この時期には住民と場所との念入りな記述に焦点を当てることは地域分化に基礎を置く地理学分野の根本理念と判断されていた (Gregory, 1978)。しかし、戦前の地理学が科学的思考と理論の影響を全く受けていなかったと主張することはきわめて不正確であろう。地誌学 (地域地理学) は実際に科学の手順と哲学について長い歴史のある考え方、とくに帰納法に暗黙の内に根を下ろしていた。これは、地理学者が観察の繰り返しに基づいて一般化することになるプロセスであり、異なる空間と場所の性質についての結論は前例を基礎にしてつくることができたのであって、ある事象は他の事象と関連している因果関係という科学的概念を採用することを意味した。たとえば、多くの説明において、世界の異なる地域における人間の行動に見られる規則性は、その地域の環境特性に関係していると判断された。それを敷衍することによって、地理学者は一定の普遍的結論に達していたのであった。

　しかし、人文地理学が科学的研究の原理と実践の導入に明らかに関心を持つようになったのは1950年代のことであった (Rogers, 1996)。これは、一部には地理学がその研究において非体系的だったことを自覚するようになったことと関係があったらしい。ここでは根底にある2つの不安に恐らく気がつくことであろう。第一は、地理学者はたとえば、地域の地理事情についての事実を蓄積しただけであって、それらを全体的に理論的に統合しようとしなかったことであり、第二には、彼らには因果関係と、偶発的関連あるいは擬似的関連とを識

別する能力が不足していたことである。後者の例は環境決定論者(および**環境可能論者**)が、たとえば高い気温のような環境要因がその地域の居住者の怠惰や無為をさそう傾向のために地域が発展しない理由になっていると指摘していることに見いだせよう。このような主張は観察に基づいて正しいと思われるかもしれないが、このような考え方は科学的方法での基準によれば、因果関係とそうでないものの識別ができないので、「不完全な」科学の見本なのである。そのうえ、多くの地理学的思考が、科学的基準に照らして明らかな生態学的誤解であったこと、すなわち人びとの特徴が、彼らが住んでいる地域の一般的性質を記述する集計データから推測できると信じる誤りを犯したことなどでそれは明瞭であった。たとえば、教育の達成度が平均的に低い国に住んでいる人は教育水準が低いだろうと推測することは、帰納的思考が過度に一般化されたり、誤った結論を導き出したりしがちな例である。論理的に言えば、これは、たとえ特定の前提が真であっても、普遍的な結論の真理は、保証され得ないことを示す例なのである(Werlen, 1933)。

　人文地理学をより体系的な基盤の上に確立しようとする学界一般の願望と相まって、このような虚偽の思考の問題は、地理学の発展にとって深刻な障害であると多くの地理学研究者によって認められた(Hill, 1981)。地理学のさまざまな歴史は、かくして地理学者がより科学的(そして明らかにしっかりとした)基盤に基づいた研究を確立させるべく促進させた特定の個人(と著作)を認めてきた。注目すべきことには、これらの中には著者の死後1953年に公表されたフレデリック・シェーファー(Fredrich Schaefer)の「地理学における例外主義」("Exceptionalism in Geography")という論文が含まれていたことである。彼は、この論文の中で自然と人間の現象という本質的に異なる領域に地理学の焦点を当てることについて、それはとくにユニークなものであるという主張を拒否し、地理学は系統的な研究を通して一般的法則を構築する可能性(と望ましさ)について科学の本流からの考え方に関わることができると主張した。これは、自然科学と社会科学との方法の本質的統合は可能であり(すなわち自然主義)、自然地理学と人文地理学との対話が可能になることを示唆した。シェーファーは総合

第1部　人文地理学の理論化

的、法則定立的科学の本質を、因果関係の演繹に導く推論と観察の過程であると認識した。このことはさらに広がり、地理学は実証科学の主要な特性を示し始める。実証科学は科学的思考の一形態で、18世紀の啓蒙主義時代、そしてその後のオーギュスト・コント（Auguste Comte; 1798–1857）の著作に、その起源をたどることができる。その時代の科学を特徴づけていた不正確で明確でない考え方を否定して、コントはデータの客観的収集が因果関係の発見の前提（条件）であると主張した。現代の実証主義の特徴は以下のように分類される（Johnston, 1986 参照）。

- 実証科学は、存在が知られ直接観察できる事象の観察と、測定によるデータ収集に基礎を置く（コントの**実在**〈le réel〉の概念）。
- 実証科学は、帰納と演繹される法則の進展は、観察の繰り返しと、現象間に存在する因果関係についての仮説の検証に基づいた結果からのみ生じる、と仮定する（コントの**確実性**〈la certitude〉の概念）。
- 実証科学は広く認められた帰納と仮説を、世界がいかに動くかを説明する諸々の理論と法則に結びつけることを目指す（コントの**正確性**〈le précis〉の指針）。
- 実証科学は、これらの理論は完全に正しいと証明されているとは言えないが、矛盾する証拠やデータが収集されるまでは暫定的に承認されると主張する（それゆえ、コントの**有用性**〈l'utile〉の指針——目的のための手段としての知識）。

4番目の事項に関して、科学と非科学との重要な差異の1つとして反証が認められてきたことは意味のあることである（Kitchin and Tate, 2000）。しかし、これはコント以後の実証科学の2形態、**論理実証主義**と批判的合理主義（前者は検証〈verification〉の重視、後者は反証〈falsification〉の重視）の区別であると主張されてきた（Werlen, 1993）。反証は、科学がその理論を確認する証拠を探究すべきではなく、仮説とアイディアの否定に通じる矛盾の証拠を確認することに関わ

るべきであるという主張である。要するに、反証は理論を支える証拠を収集し、蓄積するよりもむしろ、それの誤りを立証できる証拠と理論を照合することを伴うのである。たとえば、2つのアプローチ間の差異について、しばしば引用される例を用いると、「すべての白鳥は白い」という仮説の証拠として白鳥の標本の連続的採集は、すべてのどの鳥もすべて白いことが証明されるまで、この主張を完全に証明することは決してないであろう。他方で、反証は黒い（白くない）白鳥の証拠探しを必要とし、その結果、それらの発見ができないと、それとは逆が当てはまる。すなわち「すべての白鳥は白い」という結論が認められることになる。この理論は、したがって、反証（たとえば、黒い白鳥）が生み出されない限り、あるいは生み出されるまで、暫定的に支持されることになる。実際、反証の合理的な基準は一般的に認定されているので、ただ1つの異常や反証は理論の棄却をもたらすものではないが、証拠の価値のあるものは理論の棄却をもたらすことになる（Gregory, 1978）。この考え方では、科学的プロセスの目標は、測定、仮説の検証、いくつかの理論の否定を漸進的に行って理論の改良に努めることである。ポパー（Popper）とラカトス（Lakatos）の影響力の大きい業績を通して、論理実証主義も、いくつかの数学的、科学的言説は自明（axiomatic）であることを強調し、経験的確証を要求しなかった（すべての言説は世界の直接的経験に基づくべきものであるというコントの仮定から出発している）。

　（論理）実証主義哲学に根を下ろした科学的方法は、体系化と厳密さを提供するように見えた。人文地理学では地誌学（地域地理学）を陳腐で記述的と見なした人文地理学者の多くが、これに引きつけられたようだった。たとえば、シェーファーは論理実証主義（グスタフ・ベルグマン〈Gustav Bergmann〉とウィーン学派）に引きつけられたが、それは彼がハーツホーンやサウアーなどが追究した地域主義を、単にパターンを明らかにするだけで法則を取り出すことはできないと見たからであった。重要なことは、また、地理学者にコンピューターによる新しい計量とデータ処理の技術がもたらしたポテンシャルを活用する仕方が、地理学における計量化の先駆者の1人によってもたらされたように思われた。それは、「数学という普遍的言語」の長所を明示したウィリアム・ガリ

第1部　人文地理学の理論化

ソン（William Garrison, 1956, p.428）であった。実証主義への思想転換は、それゆえ地理学者の計量的方法論の活用と密接に関連していた。このことは、ますます増大するデータ群の処理を可能にする統計とコンピューターによる処理法の導入で明らかであった。処理されたデータは次には分析されて、意味のない擬似的な規則性と、重要な規則性およびパターンとを区別することができた。ベイズの確率論に順応することで、これはしばしば適正確率（真理の証明あるいは反証よりも、むしろ真理の度合いの概念を支持する批判的合理主義の異形）の基礎の上に築かれるいくつかの理論をもたらした。1950年代と1960年代には、これは、統計分析を基礎にして理論を構築することを求めて、地理学を空間科学としての地理学に新しくつくり替える遠大な試みを促した（Robinson, 1998）。これは、統計分析の原理を地理学者に示したテキストが出版されたことに反映されたが（たとえば、S. Gregory, 1963）、その後、回帰とクラスタリングと自己相関に基礎を置く空間統計学の諸原理の概要を説明する地理学者も出現した（Abler *et al.*, 1971）。多くの地理学者が、この統計学的検定と理論構築の進歩的過程に最終的に期待したのは、予測モデルの構築であった（Chorley and Haggett, 1967）。

　振り返って考えると、この時期は地理学の歴史における典型的な転換期で、地理学の「計量革命」と呼ばれている（Bird, 1989; Barnes, 2001a）。しかし、実際には地理学者の多くは明らかに計量化、仮説検証、統計分析に熱狂してはいなかった。しかし、この新しい「科学的」パラダイムは、計量化の概念に抵抗する地理学者の間にも広く行きわたることになり、新しい空間概念を先導する重大な役割を担うことになった。実際にこのパラダイムは地表を（測定可能な）諸事象の関係が展開される空間と考えさせることになった。他の専門分野を見ると、とりわけ新古典派経済学と物理学は、3つの関連概念、つまり方向、距離、およびつながりの意義を重視していた。要するに、地表における諸事象間の関係がこれらの基本概念の見地から説明されることが自明となり、地図化とモデル化が幾何学的に可能となる規則的なパターンを識別することが可能となった（Wilson, 1999）。これは、地表で展開する人間の諸々の活動と現象は移動とネットワークと結節点（ノード）と階層構造に還元できるという空間物理学の新し

第2章 地理学思想史の概観

い考え方に導いた。その結果、地表は事実上単純な平面になり、諸々の人間関係は、この単調なキャンバスの上で展開されることになった。この空間の実験物理学的概念（empirico-physical conception of space）は、かくして、われわれが第1章で考察した尺度（スケール）の極に位置する。それは、社会的空間と相対的空間の対極としての前社会的空間と絶対的空間をイメージしているのである（Soja, 1996 を参照）。

　空間科学が示唆したことは、人文地理学者と自然地理学者がともに空間構造の厳密な探究に参加できるということであった。これは**ピーター・ハゲット**（Peter Haggett；**コラム 2.1**）がその著書 *Geography: A Modern Synthesis*（1975）で強調した主張であった。ハゲットその他の地理学者は、古典的立地論、とくにチューネン（von Thünen）、クリスタラー（Christaller）、ヴェーバー（Weber）そしてレッシュ（Lösch）が提唱した土地利用モデルを修正して、それらは地理学的パターンとプロセスをモデル化するための統合的、包括的基礎となり得ると提唱した（これは自然科学と社会科学に等しく通じる**自然主義**〈naturalism〉の考え方である）。これは、相互作用と諸事象の場所はしばしば数学的に導かれる法則との一致によって地図化され、説明され、予測することができることを示している。この際には、距離の摩擦は人間の行動パターンを説明する手がかりになる要因と見なされる。このような理由で、多くの空間的相互作用モデルは重力モデルと称されるが、それはニュートン物理学の重力理論を（結節）地点間のフローをモデル化するために援用したためであった。たとえば、物理学のような「自然」科学は分子構造のような一般的法則と規則を案出しようとしたが、地理学は、たとえば、集落のパターンや都市の発展や農地の利用状態を一般化できる空間構造のモデルを考案しようとした（たとえば Berry, 1967）。科学理論の類似の利用によって、空間物理学と呼ぶことができる人文地理学を提唱する人びとまで出現した（Hill, 1981）。これらの人びとは人文地理学に「優しい」芸術趣味ではなく、「厳格」な科学分野の地位を与えようとした。この魅力的な主張は人文地理学を科学にしようとした典型的な例であった。人文地理学は、確実な根拠があり、信頼できる知識をもたらすために利用可能な真の説明的枠組みとして

提案された主流の科学に明らかな精密性、正確性の基準を伴っている（Wilson, 1972）。これは、また、人文地理学の学問分野としての地位ばかりか、自然地理学と人文地理学との結びつきにこだわる人びとの間に科学の考え方と用語（必ずしも方法ではない）の採用を促す重要な要因でもあった。そのうえ、地理学は政策論争に参加すべきだと信じている人びとにとっては、科学的地理学は「応用」地理学になるに相応しい潜在的可能性があると思われた。たとえば、環境の管理と計画政策の実現可能性について客観的で偏見のない将来展望を提示することができるからである（Pacione, 1999）。

ジョンストン（Johnston, 1991）は地理学のパラダイムの進展の説明を疑問視したが、地誌学（地域地理学）が「支配的」だった状況からの推移は、1950年代後期と1960年代に起こったものであった。ここではっきりしないことは、おそらく、科学的方法の実証主義の根拠が広く理解されなかったり、少し後まで議論されなかったりしたことによるものである。とくにハーヴェイの『地理学基礎論――地理学における説明』（*Explanation in Geography*, 1969）はおそらく空間科学の理論的基礎を検討した最初の著書であって（コラム6.2参照）、地理学の発展を概観しながら、地理学を一人前の空間科学に育てようとした人びとが採用した科学の原理と方法を論評しようとした。それでもなお、ハーヴェイは科学的思考の複雑さと仮定を探究するよりも、むしろ将来の地理学の研究のための厳密な認識論的枠組みを提示することにより強い関心があった（Cloke *et al.*, 1991）。しかし、本書は空間科学の哲学的基礎についての多くの批判的反省を含み、それらの問題について広範な議論を展開した。結果的に、その議論の多くは実証主義者の研究の「価値中立性」を仮定することに集中したが、それは科学的客観性という理想と達成不可能な意向に基礎を置いていることが次第に明らかになった（Barnes and Duncan, 1992; Rose, 1993）。

それゆえに、空間科学の原理と方法論が体系化され、広く普及したときには、無視できない反動が起こり、皮肉にもハーヴェイを含む何人もの地理学者による批判も行われた。彼らは、実証主義は人文地理学における理論の発展に不適当な哲学的・政治学的基礎を提供したと感じたのであった。これから見ていく

ように、これらの批判は空間科学の存在論的基礎と認識論的基礎に関係しており、計量化は無味乾燥とか単純化しすぎているとか、見当はずれとか、独善的とか、さまざまに決め付けていた。このような批判の多くは見当違いであり、論理実証主義を揶揄しただけのものもあったが（Sheppard, 2001）、それらの数多くのインパクトは人文地理学における実証主義に代わる理論的フレームワークを探し求める気風に火をつけることになった。それでもなお、実証主義はさまざまな形で人文地理学における多くの研究を、とくに（すべてではないが）計量化を含む研究を支え続けている。同様に、空間科学の原理とグラウンド・トゥルース（ground truth）〔訳注：リモートセンシングの結果を検証するための地上の調査で得た情報〕の研究は、地理情報システムの発展に寄与し続けてきた（Pickles, 1995）。それゆえ、バーンズ（Barnes, 2001b, p.416）は、「計量革命は人文地理学にとって重要な転機であって、理論的にも、方法論的にも社会的にも、その後の人文地理学を形づくってきた」と主張している。

コラム2.1 ピーター・ハゲット（Peter Haggett 1933- ）

1963年のイギリスの王立地理学協会で公表されたピーター・ハゲットの論文は、「古い」スタイルの地誌学の否定と「新しい」科学的地理学への転換ということで非常に重要な契機になったと多くの報告で描かれている（Robinson, 1998）。この論文は、当時優勢な解釈学的記述法に異議を唱えて、ブラジルの林業のパターンを記述するために統計的方法（たとえば確率論的標本抽出法）を用いた。部分的には不安な点もあったが、この方法はハゲットの好評を博した最初の著書、『立地分析』（*Locational Analysis in Human Geography*, 1965）への道を固めたものであった。「新しい」地理学の計量化への関心と空間についての新しい考え方の潜在的可能性の認識とを結びつけたことで、本書は空間の規則的な幾何学的配列を強調する点でとくに意義のあるものであった。地理学を秩序（order）の研究と特徴づけることによって、この本と後のリチャード・チョーリー（Richard Chorley）との共著の *Network Analysis in Geography*（1969）は自己相関と回帰分析と空間分析を含む（新しい）技法を科学的地理学に提示した。恐らくもっと重要なことは、ネットワークや移動や流れの点から空間の配置を考察することによって分析的進展が可能になるだろうと強調したことである。そして、この分類学は空間のパターンをモデル化し、予想する

ために効果的に使用できると提案した。彼は、その後の研究で、空間パターンの分析に時間の影響を加えて、他の学問分野（とくに疫学）で始まった空間伝播についての文献に対する地理学者の意識を高めた。これらの考え方を彼は、*Geography: A Modern Synthesis*（1975）にまとめた。この著書は次の10年間人文地理学の標準的な入門書であった。このような立地分析についての考え方は後に激しい批判にさらされてきたが、ハゲットの研究（HIVの伝播の研究を含む）は彼の初期の研究で提示した科学的説明の原則に従っていた。地理学についての概論 *The Geographer's Art*（1990）において、彼は実証主義の原則と実践に基盤を置いた地理学には長所と無視できない限界もあることに気が付いていることを示唆している。彼は2001年に彼にとって最も重要な研究 *Geography: A Global Synthesis* を再刊したが、この版では、現代の地理学の重要な概念の1つ、つまりグローバリゼーションにかかわろうとしている。しかし、批判的に読むと、彼の意識は他の多くのことへの関心は強くないことが分かる。彼は現在ブリストル大学名誉教授である。

さらに詳しく学ぶための文献：Haggett, 1990, 2001

2.3 「人間中心」理論の発展

　これまでに説明したように、空間科学の支持者たちは、計量分析やモデル構築による空間構造の解明は空間組織と人間活動の理解を高める役割を果たすと主張した。しかし、このアプローチに対する批判が1960年代と1970年代に次第に広がった。それは、空間科学と（論理）実証主義の仮定が疑われるようになったからであった。最もあからさまな批判は、空間科学が仮定した、均質で特徴のない景観などというものは全くあり得ないというものであった（Cloke et al., 1991）。もっと根本的なものは、多分、空間科学は人間に対する配慮をほとんど欠いているという批判が高まったことであった。空間科学者たちが開発したモデルの多くでは、人間はベクトルあるいは（集団的流動〈aggregated flows〉を構成する）運動として説明されていた。この考え方を否定する数多くの地理学者は、もっと「人間的らしい」人文地理学的事象を重視しようとして、人間主体のモデルを提出し始めた。プラマー（Plummer, 1983, pp.77–78）が説明しているように、「多数の社会学者と地理学者は、人間を活動的、創造的な世界建設者

と見始めたが、理論的努力を推進する前に、彼らは鎖でつながれ、人間性を失い、受け身の状態となって、同じ人間の感覚を失ってしまった」（Holloway and Hubbard, 2001, pp.8-12）。この批判の結果として2つの重要な伝統が浮かび上がった。行動地理学と人文主義（人間中心主義）地理学（humanistic geography）がそれである。

2.3.1　行動主義的批判

　地理学を空間科学として新しいスタイルに立て直そうとした人びとのように、行動地理学者は主として、諸科学、とくに心理学からインスピレーションを得た。広い意味では、心理学は「心の科学」である。多くの人びとには心理学のイメージは実験を基礎とする学問分野であって、迷路でのネズミの行動を観察する白衣の科学者が思い出される。他の人びとにとっては、心理学者はベッドに横たわった患者に、幼年期のことを尋ねる精神分析学者であるかもしれない。いずれにせよ、地理学者の中に、心理学が人びとが環境とどのように関係しているかについて考える手がかりを与えると注目した人が何人もいたことはいささか驚くべきことかもしれない。地理学者と心理学者との関わりは非常に重要であるが、しかし、1970年代の全盛期以降、かなり閉塞状態になっている。いつ心理学への関心が最初に明瞭になったかを確認する試みは、決して簡単ではない（Goodey and Gold, 1985）。しかし、心理学の考え方による探究が地理学の地平を、立地分析の領域を越えて拡大する効果をもたらしたとして何人かの重要な人物が挙げられてきた。ギルバート・ホワイト（Gilbert White）、ウィリアム・カーク（William Kirk）、ジョン・ライト（John Wright）、デイヴィッド・ローウェンタール（David Lowenthal）は、このような考え方を地理学の集団にもたらしたとして評価されてきたが、文献を詳細に分析すると、バークレー学派（特定の景観にはっきりと現れている人間と環境との関係に関心を持ち、カール・サウアー〈Carl Sauer〉が指導した北アメリカの歴史の文化地理学的研究を推進した集団）の知的伝統の継続は希薄である。これらの個人と集団の多くは1940年代と1950年代に、記述的地域分析がまだ優勢であった時代に研究していたが、彼らの影響

第1部　人文地理学の理論化

は主として 1960 年代後期に感じられた。それは地理学で突出していた機械論的、決定論的性格のモデルに対する不満が定着し始めた時期であった（Gold, 1992）。

　これらの地理学者が地理学に導入し始めた最も重要な考え方の 1 つは、空間はすべての個人によって同じように経験され、理解される、現実のあるいは客観的現象ではない、ということである。こうした見方に代わって、行動論の見方は、個人はそれぞれ独自に環境を理解する力を持っていて、その力で情報を収集し、まとめる心的処理によってこの理解が形成される、という事実を地理学者たちに知らせた（Porteous, 1977; Gold, 1980）。そこで、地理学者は、空間科学のモデルで予想されたパターンに人間行動が適合しなかった理由を説明するのに、**知覚**（perception）と**認知**（cognition）という心理学の鍵となる概念を広く援用するようになった。率直に言って、これらの概念は、人間は自分たちの環境を完全には理解しておらず、感覚（触覚、味覚、嗅覚、視覚、聴覚）が環境からの情報を獲得するので部分的知識しか持っていない、と提唱する（Rodaway, 1994）。この知覚された情報は、次には認知の心的過程を通して整えられ、世界について選択的で偏った、不完全な、人ごとに異なるイメージを構築する。それゆえ、行動地理学の基礎をなす重要な行動指針は、客観的な「実在の」環境に関連づけて人間の空間行動を分析することは誤解を招きやすいということであるが、これは人びとが同じ方法で空間を考えないし、経験もしないからである。代わりに示唆されることは、人びとが構築する空間のイメージとの関係から人びとが行動する仕方にその焦点を置くべきだということであって、その焦点は人びとが「現実の」経験的 - 物理的空間に住んでいる仕方から精神の地理学に移行することである（Holloway and Hubbard, 2001）。

　それゆえ、行動論的見方にとって根本的なことは、人びとを取り巻く環境についての彼らの知識が、感覚と人間の心的過程に影響されて認知される、という考え方である。世界における人びとの行動は、世界の認識に焦点を置くことによって理解するのが最良であるらしいという考え方は、ウィリアム・カーク（Kirk, 1963, p.361）が地理学に導入したものであると、しばしば主張されている。彼は、客観的（あるいは実在的）環境と行動的環境との区別を追究した。彼の見

解では、前者はわれわれを取り巻く自然界からなり、後者は「心理・物理的場からなり、現象的事実は文化的環境の中で評価されるパターンや構造に組み込まれていく」。カークはそれゆえ、環境は客観的なものではなく、行動論的なものであって、人間の行動と意志決定の基礎条件であると考えた。実際、この考え方は、環境の刺激に対する人間の反応は「現実に」存在する環境に基づいているという考え方に異を唱え、このような反応は知覚された環境に基づいていると主張した。その意味は、人間は世界に存在するものについて、完全で、正確で、客観的な情報に基づいて判断することはない、すなわち、われわれの感覚が存在を知らせるものと、われわれの脳が処理できるものによって判断しているということである。カークによれば、われわれの環境との日常的な相互作用は、われわれが環境について持っている部分的で、歪んだ、そして単純化されたものとの関係で理解できるだけなのである（Walmsley and Lewis, 1993 参照）。

　方法論的には、行動地理学は計量的、科学的分析の伝統をうけ継いでおり、何人かの地理学者はそれを空間科学に対する反発というよりもむしろ当然の結果だと説明している（Harvey, 1970）。その努力の最も先端にあるものは、個人の意志決定過程に影響を与える環境のイメージを探るために、アンケート、知覚テスト、評定尺度を活用することであった。これは、人びとの記憶力、空間情報の処理力と評価力を測定するために考案された、さまざまな方法を含んでいた。事実と価値、客観的空間と主観的空間という二分法を認め、これらの多くは（事例についての）実際の距離と知覚距離、あるいは実際の方向と知覚の方向との差異を確認するために考案されていた（Walmsley and Lewis, 1993 参照）。これらの目的のために採用された革新的な技術の1つは、建築計画家のケヴィン・リンチ（Kevin Lynch）が考案したメンタルマップ技術であった（1960）。この技術は、個人にとって最も重要な事物を記入して、都市および地域の基本的な手描き地図（スケッチマップ）を個人に完成させることを求めた。これらの地図を検討することによって地理学者は、人びとがどのようにその環境を心的に単純化するか、そして場所のイメージが人びとのジェンダー、年齢、階級、居住の場所等によってどのように異なるかを知る手段とした（Kitchin, 1996）。このような知識はある程度、地理学

第1部　人文地理学の理論化

者になぜある個人が新古典派理論の意志決定仮説に関連づけて次善あるいは満足がいくと記している行動を採用したか、その理由の説明を可能にした。**レジナルド・ゴレッジ**（Reg Golledge; **コラム2.2**）の研究では、このメンタルマップ（心象地図）の考えは、空間の記憶、認知能力、経路探しを理解する、より広範なプロジェクトに拡大された。これは見たところ、心理学の理論と考え方の空間行動の理解への十分な統合であり、したがって、これは空間的意思決定モデルの改善につながるかのようであった。

1970年代までは、行動地理学はさまざまなテーマを研究する研究者によってますます採用されるようになり、人口移動、小売業、居住、観光、工業立地、都市計画などの研究に影響を与えた。人びとがその環境からの知覚情報を獲得し、環境を理解し、記憶する複雑な仕方に注目することによって、行動地理学は、世界の現実に即した人間中心のモデルの構築を約束した。このことは（環境）心理学者と地理学者との研究協力をいくつかもたらしたが、その結果、地理学者は概して心理学の諸概念をかなりルーズに、そして不正確に採用するようになった。ある人びとには、これは、行動地理学は自分たちが批判してきた空間科学と同じくらい矮小化され、単純化されたと感じられた（Ley, 1983）。確かに、行動地理学の説明のいくつかは行動地理学を行動の刺激反応モデルを提唱するものだと述べており、人間の行動を特定の環境特性あるいは刺激に対する反応であると見なしている（Cox, 1981）。心理学では、行動主義はそれでもなお、その学問分野を支配していた論理的に実証主義的な行動主義の決定論に対する反動と考えられていた。とくに、行動主義は人間が創造的に考える能力を認めていて、主観性の概念を無視したワトソンの刺激 - 反応モデルの厳密さと強烈な対照をなしていた（Gold, 1992）。地理学においては、行動主義と論理実証主義との差異はそれほど顕著ではなかった。観察と測定ができない世界の諸相の探究を拒否する多くの行動主義者が数多く存在していた（行動地理学についての彼の意見を支持する、より一般的で、認識論的には押しつけがましくない実証主義の哲学についてはGolledge, 1981を参照）。重要なことは、大抵の行動理論は、人びとの世界理解と、地図化できると見なされる「現実」の世界との間の

第2章　地理学思想史の概観

差異を探り続けるものだったということである。同時に、地理学における行動理論は、測定、統計的検定そして一般化の科学的原理にしたがって帰納的に開発された（Gregory, 1978）。このことは人文主義（人間中心主義）理論を支持する地理学者からの批判を招いた。彼らは行動地理学者が支持する価値判断にとらわれない科学的説明と客観的諸原理はあまりにも単純化され過ぎていると感じた。要約すると、多くの人びとは行動地理学を空間科学の必然的付属物と見なし、人間の行動について不十分な（そして機械的な）理解を提唱するものと判定した（Golledge, 1981 参照）。

コラム2.2　レジナルド・ゴレッジ（Reginald Golledge 1937-　）

　最盛期に行動地理学を強力に支持していた人びとの多くは、その後、その理論と実践を拒絶することになった。レジナルド・ゴレッジはその例外として有名である。カリフォルニア大学サンタバーバラ校での30年以上にわたる彼の研究は、人間の空間行動と意思決定の行動に関する理解を発展させようとした。これは、心理学的調査と、「場所の効用」および空間的選択を通して、経路を探す個人の能力を検証する試みを含んでいた。これらの探究の基礎となる重要な考え方は、世界の複雑さはアンカーポイント（重要地点）間の重要なルートの観点から空間的関係を要約するという認識過程を通して単純化される、ということである。このことは、世界がノード（結節点）、ランドマーク（目印）、近隣、エッジ（縁）そして経路の点から理解されるというリンチの基本的な考え方についての重要な労作となる。これに基づいて、ゴレッジは人間の意思決定と空間的な経路の発見能力を近似させることができる情報システムとアルゴリズム〔訳注：問題を解決する定型的な手法〕の可能性を示唆することができた。後に、これによって、ゴレッジは身体障害者を援助する基盤を提供する行動理論の可能性の利用についての探究に加わった。これは、ゴレッジと他の人々との間の活発な論争を招くことになった。他の人々とは、このような理論は身体障害者が生活している広範な社会的環境（とくに身体障害者を差別している身体障害者差別主義の過程）を無視していると考える人びとである。この意味において、ゴレッジ（Golledge, 1993）は、身体の社会的構築を強調する、より広く受け入れられた考え方と比較すると、本質主義的で生物学的存在の人間としての身体的能力の見解を採る（第4章参照）。それでもやはり、ゴレッジは行動理論の率直な擁護者の1人であり続け、彼の共著の *Spatial Behaviour: A Geographic Perspective*（1997）は、行動主義の伝統で遂行された印象

的で大部の研究の全体像となっている。
さらに詳しく学ぶための文献：Golledge, 1981; Golledge and Stimson, 1997

2.3.2 人文主義的（人間中心主義）思考と詩的地理学

　行動理論と同じように、人文主義理論は、人びととその環境との関係について人間中心的に理解することを明確に表現することに関心がある。しかし、行動地理学と違って、人文主義の目的は現象学、実存主義、理想主義のような意味の哲学を基礎にモデルを開発することであった。いくつかの点で非常に違うけれども、それらの考え方は、世界の実体は実際には人間がつくり出したものだという仮定を共有している。人文主義哲学は、社会現象は一般法則および因果関係を探究しようとする自然現象と同じ方法で研究が可能であるという自然主義的仮定に強く反対している。明らかに、計量（実証主義）地理学は空間科学の法則を用いているので、自然主義の視角を採用していると見ることができた。とくに意思決定と環境情報の認知過程を支える合理性の考え方に関連して、同じ批判は行動地理学に対しても拡大した。ケヴィン・コックス（Kevin Cox, 1981, p.3）によれば、行動主義は自然主義科学の前提条件、つまり主体と客体の分離に依然としてしっかりとはまり込んだままであった。人文主義の思考はこの分離を否定して、代わりに人間の行為と（客観的）世界を経験し、世界を構想する人間の能力の考察を通して世界における存在を問題にする。人文主義の視角からは、研究者個人の価値観の影響を受けない「事実」は世界にはあり得ないことなのである（Olsson, 1980）。科学的法則の研究は、意味の解釈と説明の研究に置き換わることになる。

　自己と、意識がつくり出す空間との関連についてのこのタイプの**直観的**考察（eidetec reflection）は、長期間にわたって確立されてきた哲学の成果に依拠した。ここで重要なことは、現実は人間の行為の自由な働きによってつくり出されるという実存の考え方であった。これは、たとえば、フランスの哲学者で劇作家のジャン＝ポール・サルトル（Jean-Paul Sartre）、ドイツの哲学者のマルティン・ハイデガー（Martin Heidegger；第 4 章参照）、デンマークの著述家ゼーレン・キ

ルケゴール（Søren Kierkegaard）に関連する思想で、合理的思想に対する反発であった。要するに、それは各個人の世界経験の特殊性と特異性を重視することによって、個人にとっての存在の主観的な意味に焦点を置く哲学である。ピート（Peet, 1983, p.35）は、実証主義思想に共通している人間性と生活の抽象的で普遍的な概念と比べて、「実存主義者にとっての存在は具体的な特異性（concrete particularity）と完全な『所与性（givenness）』によって特徴づけられる」、と説明している。これは、地理学の実践に変換すると、世界を人間中心の解釈に変更するという主張と解され、意志決定機関が住みついた多種多様な景観を等方性平面に変換する抽象的で「高度」な理論化と対立するものである。それに代わり、実存主義は「下からの」特定の場所についての見方を要求する。それは特定の場所にいる個人の実際のそして独特な見方を探究する、土地に密着した見解である。ハイデガー（Heidegger, 1927）は、人間存在にとって重要なことは世界の中に生存していることであり、それを強調するために**現存在**（dasein）というドイツ語を用いた（世界に「存在すること」は、合理的に考えることとは反対である）。実存主義者にとって、これは人間と世界との関係を理解する鍵である。「存在すること」は世界の中に物質的に存在すること、つまり物理的空間を占め、他の自然的事物（他の人びとを含む）との関係で存在していることがその特性なのである。

　本質的には、実存主義思想は、人間は地理的空間を移動する際に出会う他の人びとや場所や諸事象の（精神的）意味を物理的現象に投影することによって世界をつくり出すと提言する（Mugerauer, 1994）。サルトルなどの思想家にとって、この意味の世界への投影は、世界からの離脱や離間や疎外といった（人間の条件の本質的な部分と言われる）意識に関係していた。**実存的不安**（existential dread）は、われわれが経験する他のあらゆるものとは全く異なるという感情から生じる。それゆえ、われわれは、これらの事物に状態と意味を与えることによって、われわれ自身が理解できる事物からなる世界をつくろうとする。事物、人びと、場所はこうしてわれわれにとって意味のあるものになるが、一方、この過程を通して発展する意味の体系は、われわれが経験する世界の本質的な部

分となる。人文地理学にとってこのタイプの思想的遺産は、場所の社会的構築へ焦点を当てることであった。それはつまり、抽象的空間が人間の思想と人間の働きによって意味のある場所に変えられる仕方を検証するものであった。場所と没場所性（place and placelessness）の創造に関する**イーフー・トゥアン**（Yi-Fu Tuan; **コラム2.3**）とテッド・レルフ（Relph, 1976; 1987; 第1章も参照）の研究業績は、1970年代における「新しい」人文地理学の発展が実存主義の哲学の影響によるものであったことを示す重要な事例であると見ることができる。両者は、人間の能力についての多角的で明快な解釈に賛同し、空間科学の幾何学と計量化を拒否した。これは、世界における存在の問題についての批判的反省の重要性の自覚を示すものであった。要するに、実存主義は、各個人が自らに人生の意味を与えなければならないとする見解をとるのである。

　実存主義と並んで、**現象学**も人文主義地理学にもう1つの重要な影響を与える鍵となるものであった。現象学は、われわれはどこで事物を知覚しようとも、自分の態度を堅持するという考えに基づく哲学である。現象学は実存主義と関係しており、方法論（研究法）だけではなく解釈の枠組み（認識の方法）とも見なされる。現象学は、世界と人間との関係を明らかにする最良の方法は集約的な記述形式を用いることであると提唱するアプローチである。実存主義と同じように、個々の人間の経験は、この記述の中心をなすものである。それゆえ、現象学は理解や評価の方を選んで、科学的、計量的な説明方法を否定する。実存主義は、外的世界は観察でき、客観的に測定できる事物から構成されてはいないと繰り返し主張している。代わりに、経験は実在の本質的な部分であり、人間の経験とは無関係の独立した「真実の」世界は存在しないと主張する。このように述べたことによって、現象学思考の創始者、エトムント・フッサール（Edmund Husserl; 1859–1938）は、しばしば精神と物質（主観と客観）を分離する二元論を克服しようとした。この二元論は、第一に、人間の意識を仮定の「現実」世界から独立させ、第二にこの「現実」は人間の経験と無関係に研究が可能であることを意味していた。ところが、現象学は、人間が体験することによって存在が生まれる現象を通して世界を認識しようとする。これは人間主体の**生活**

世界、すなわち日常生活で経験される場所と環境の人間との関わりの全体を記述するために用いられる概念と関連している。ピート（Peet, 1998, p.39）はこれを「生きた経験が躍動する歴史の現場」と説明しているが、これは，われわれは世界で生き、生活しているので、経験は絶えず変化しているのだと示唆しているのである。これは、人の身体と外的世界との間の関係に影響を与える**志向性**（intentionality）の認識を組み入れたものである（第4章参照）。フッサールは、志向性は考えることと、考える方法を結びつけると力説した。彼は、対象は人間が意識する対象として、また人間が互いに利用しあったり、影響しあったりする対象としてのみ理解されるという（Rojek, 1995）。これは、世界で生活し、世界に存在する時にはいつでも自然に起こることであって、現象学者は人間の出会いや存在の真相を隠す意識の意味と概念化の蓄積された層をはぎ取って志向性の契機（そして対象化の機会）の復活を目標にしているのである。これは、事象は意識的につくられるものであり、現象学は人びとが想像したり、存在を知覚したりする対象と場所の「真実」を明らかにすることに関心がある、ということを指摘している。非心的現実（non-mental reality）が実際に存在するかどうかにかかわらずに、である。

　この視角からすると、人文主義地理学は、世界を各個人のために存在させるようにする、**関係的**（relational）出会いを誘導することに関心があると説明できる（Prince, 1980）。存在と意識は独立しているという見方とは違って、現象学は世界についてのわれわれの経験にもっとしっかり関心を払い、それについて新しいさまざまな方法で考えるよう準備すべきことを勧める。この現象学的視角は行動主義の**随伴現象説**（epiphenomenalism）とは異なっている。この説は心的過程を因果的特性のあるものより身体的事象の結果と見なしている。人文主義的視角はそれゆえ心的過程を身体的結果と見なし、意識を通して世界を存在させる。この意味は、われわれの世界についての意識は、第一に（単に発見するものではなく）**創造する**（created）ものと言われており、第二に心と身体を通して事物（たとえば、それは前方にあったり、後方にあったり、また上か下にあり、われわれの身体より大きいか小さい）と**出会うこと**（encounter）によって生じる、と

いうことである。この後者の出会いについての関心が、移動、空間、居住などの地理学の研究に大きな影響を与えたことは明らかであった。たとえば、デイヴィッド・シーモン（David Seamon, 1979）の空間における身体の研究と、アン・バティマー（Anne Buttimer, 1976）の生活世界に関する研究がその例である。これは場所の社会地理学に広く引用され、賞讃された研究（Tuan, 1974; Ley, 1983）と一緒になって、人文地理学の研究に行動理論よりも人間を中心とした基礎を提示し始めた。

> 人文主義的批判の目的は、人をその反省能力で社会的世界の生産者と生産物として問題の中心に引き戻すことであり、そしてより徹底的に人間であることの意味を自覚反省して人間の経験を増大させることであった。（Ley and Samuels, 1978, p.7）

しかし、現象学と実存主義の人文主義的理念は、方法論的に容易に実践には転用できなかった。たとえば、人間の創造性と理想によって実現する目的と場所の本質を記述することは、においを嗅ぎ、聞き、感じ、触れることと同じように、他人の視覚を通して「見る」ことができることを意味している。これが不可能であることを考えると、われわれは結局すべて唯一の存在である。人文主義地理学は、特定の場所に結びついた感情と意味を明らかにする人びとの能力に依存した、質的（定性的）方法論を採用して発展した。このような評価の「真実性」は問題にはならなかった。それらは人びとの世界観と場所との関わりの忠実な表象をつくり出すのに用いられたのであった（Eyles and Smith, 1988 参照）。

人文主義理論は実際に地理学を活気づけた。質的方法論は地理学では有意義な知識の生産手段として優れていると認められた。インタビュー、解釈的、説明的分析（interpretative analysis）、人間の作成したテクストの分析（第5章参照）はすべて、人びとと場所とを結びつける情動的、美的、象徴的なつながりを引き出す有効な方法と見なされた。議論をまき起こすことが多いものは、多分、

ひそかな観察やあからさまな観察研究の形態が、さまざまな環境で展開される特定の民族誌を作成するために用いられることであった。都市社会学のシカゴ学派に感銘を受けて、自分自身とは非常に異質なこともあった社会で観察参加者（あるいは参与観察者）になった研究者もいた（Jackson, 1985; Herbert, 2000 を参照）。これは、空間科学の高いレベルの抽象化に対する明らかな反動であったが、研究者が世界に存在している他者の経験に共感することを可能にしたというその主張は、論争を残したままであった（第3章参照）。要するに、地理学者が真の意味を導き出すために適切な方法論的手順を開発できるかという疑義が持ち上がったのである（Pile, 1991 参照）。根本的批判の1つは、この主体の自律性をめぐるポスト構造主義論争との関連で持ち上がったものであって、人びとは自らが考えることばかりか、することさえ明確に表現することが容易にできないということである。それは、言語が社会の慣習や伝統に依存しているからである。事実、人びとの真の（内部の）感情を引き出すことは不可能だと言われるかもしれない。これは、彼らの世界観を表現したり、説明したりすることが不可能な一連の社会的慣習やカテゴリーや説明を用いる人びとに頼るからである（Olsson, 1980）。要するに、人びとはしばしば自分の決定と行動を方向づける理由や束縛に気づかないし、行動の認識されないあるいは見えない側面の確認は調査者・研究者自身の責任なのである。より広く言うと、このことは、自然科学とは対照的に、（たとえば観察できる行動と実践ではなくて）意識と存在を研究対象とする理論化が、方法論上明らかに困難なことを指摘している。

コラム2.3　イーフー・トゥアン（Yi-Fu Tuan 1930-　）

イーフー・トゥアン（段義孚）は、おそらくどんな地理学者たちよりも安易に分類を受け入れない。トゥアンの研究は、哲学、心理学、都市計画、景観設計、人類学といった一見関係のない学術的世界をしばしば超越したり、これらの諸分野からのアイディアを結びつけたりしている。彼の研究において統一的なテーマを認めることができるとすれば、それは、個人がいかにして彼らを取り巻く環境から個人や文化の現実を創り出すのか、そしてこれらの過程が道理にかなった人間-環境関係についての集団と個人の考え方にどのよう

第 1 部　人文地理学の理論化

に反映するかについての関心である。このことは、次に人間化された空間として場所を理論化するようトゥアンを導いてきた。つまり、空間を、人間が住み子どもを養育することを通して空間から場所に変換されたローカリティとして理論化してきた。その研究の多くにおいて、彼は特定の場所に関係する豊かな意味とさまざまな意味を引き出すことに関与してきた。これらのものを空間に関連した没場所性の性質（とくにその近代的表現）と対照させてきた。この経験主義的フレームワークはトポフィリア（topophilia）（場所愛）の概念を生み出した。この用語は、その後、豊かな象徴的な場所を利用し、そこに住んでいる人びととの間に存在している密接な関係のタイプの定義として普及するようになった。『恐怖の博物誌』（Landscapes of Fear, 1978）で、彼は逆のトポフォビア（topophobia）を探究した。トポフォビアとは個人が避ける特定の空間である。人びとと場所との人文主義的出会いについての彼の考え方の多くは、『空間の経験』（Space and Place, 1977）に要約されているが、一方、その後の著作は、場所、言語そして文化の経験と関係する諸問題を通して個人の歩んできた道を追究し続けてきた。1998 年にウイスコンシン大学を退職する前の最後の著書は Escapism で、この本は慣習としての現実逃避（escapism）の文化および人間の歴史を広範にわたって探究している（このテーマは、犯罪と抵抗についての現代地理学の関心事と共通している。第 3 章参照）。

さらに詳しく学ぶための文献：Tuan, 1974, 1998b

2.4　構造理論とラディカルな反応

　人文主義地理学と行動地理学は（パラダイムに関してではないが）ともにさまざまな方法で人間を中心とする地理学を立ち上げ、1970 年代初期に広く知られるようになった。しかし、人文主義地理学と行動地理学は、とくに人間活動の集団パターンや個人の行動と行為主体性に焦点を置いていることなど多くの共通点はあるけれども、行動地理学は計量化に、人文主義地理学は質的研究に重点を置くという差異のため、人文主義地理学者と行動地理学者との協力は稀であった（Golledge, 1981）。その後、明らかに異なるこれらの地理学の流れの間には強力な存在論的結びつきがあることが確認されたが（Aitken, 1992）、それは 1970 年代における認識論上の差異（と若干の、批判的対決）のために影が薄くなったままであった。これら 2 つの「研究分野」の対話が緊張状態に陥ったのは、お

そらく、研究分野における新たな発展が、人間の行為主体性の重要性に固執するアプローチの正当性に異論を唱え始めたためであった。

　両方のアプローチに対する最も重要な批判の1つは、個人の生活の細部に集中し過ぎたため、人間活動が行われる実際の環境の考察を根本的に欠いていると主張する人びとによって明確に指摘された。この批判は、社会の仕組みについての具体的な構造論的思考に基礎を置いていた。一般に**構造主義**（structuralism）は、人びとを結びつける関係連関（relational connection）（つまり構造）の論理によってのみ社会の仕組みの理解が可能になると主張する学際的な運動である。言語学（第5章参照）からの類推によると、話すという個人の行為は、言語と文法および構文の規則を考慮して初めて理解が可能になる、ということであった。同様に、人間の行動の理解には鋭い理論的感受性が必要であり、それによって社会構造の規則と論理が理論化され、明らかにされる、と提唱された。このような努力の問題点は、社会の構造は言語の規則と同様、世界に存在する事物（言語学でいうところの、述べられる事物）を観察するだけでは明確に認識できないということである。それゆえ構造主義は、観察できる事物と、理論上の存在でしかない「隠れた」構造の間に存在する関係を探り出す科学に取り組むことを提唱することになる（Kitchin and Tate, 2000）。

　構造理論を考えるのに深みのある隠喩がある程度役立つ。構造主義者は一般に、（実証主義）科学は表面的な様相を記述し、説明することに長じていると考えている。たとえば、空間科学者が開発したモデルと理論は（それらの用語の中で）社会的、経済的そして政治的過程を非常にエレガントで、明瞭なパターンを伴う説得力のある言い方で説明する。同様に、行動地理学と人文主義地理学はともに、地理学者にこのような諸々の過程に影響を及ぼす人間の創造と意図を認識させることができる。しかし、構造論の視角からは、これらの理論は、事象を固有の仕方で生じさせる真の過程を無視したり、曖昧にしてしまったりするおそれがある。構造主義は、したがって、実在するけれども隠れている事象の重要性を探るために、世界に存在していると考えられる当たり前の事象に**隠れている**ものに注目することによって、社会生活に実在する、重要な事象を

第1部 人文地理学の理論化

発見することに関心を向ける。構造主義者の枠組みの中には、それゆえ、以下の3つの水準が存在することが認められる（Johnston, 1986 参照）。

1. 現象出現（level of appearances）（上部構造）のレベル —— 事象の領域（その存在が存在論的方法によって認識される事項で、それは知的に構成されるものでもあれば、測定可能な対象でもある）。
2. プロセス（下部構造）のレベル —— 事象間の社会的、経済的、政治的関係。これらが上部構造に現れることになる一定の変化と結果を生じさせる。
3. 必須（深層構造あるいは基礎）のレベル —— 社会関係を形づくり、規制する包括的な諸条件。

この真意は、基礎と下部構造と上部構造の間には複雑な（思想家によってさまざまに理論化される）関係があるということと、上部構造分析の基礎になっている研究はその存在の説明のために適切に利用できないということである。その代わりに構造主義は、社会システムを理解する鍵はその部分間の構造的関係を示すことと、調整メカニズムによってこれらの部分が関係している仕組みを探ることであると主張している（したがって、構造はそれを構成する部分の全体以上のものであり、それらの部分に還元できないものである）。

実際、地理学は言語学、政治学、経済学、人類学および社会学の多種多様な構造論の思想家から影響を受けてきた。とくに著名な思想家は史的唯物論者、マルクス、アルチュセール、ハーバーマス、ルフェーブル（コラム1.1）であった。これらの人びとは、世界の実体は、社会生活を組み立てる政治と経済の関係を歴史的に明らかにして初めて理解可能になると提唱してきた。このうち、世界が資本主義の深遠な構造によって形づくられてきたというマルクスの思想は、とりわけ多数の地理学者に影響を及ぼしたことが分かっている。人びとの活動と構造の間には複雑な双方向の**弁証法**が存在し、人びとの活動は観察できないが、現実の構造を再生産し、政治‐経済的構造を再生産し、そして人びとの行動を持続させる。このような解釈の中心は、資本主義社会で展開される階級関係の

問題であった。しかし最近では、この政治・経済的観点は、現代社会においては他の構造と権力関係が重要であると指摘する人びとによって批判され、人種差別、老人差別、性差別に関心が向けられている。マルクス主義地理学とフェミニズム地理学は社会における不平等を再生産する構造について有意義な洞察を提出していると見ることができ、それらが社会と空間との関係についての批判的で急進的な理論として一括されるのは、この意味からである（Stoddart, 1986）。

2.4.1 マルクス主義地理学

カール・マルクス（Karl Marx; **コラム 2.4**）の著作は 19 世紀中期に書かれ、政治経済学の歴史に関する、難解で未完成の一連の労作を含んでおり、彼の思想が学界と大衆に与えた影響は評価してもしすぎることはない。要するに、はっきりとした歴史の時代（すなわち、奴隷制、封建制、資本主義、社会主義、共産主義）における社会の形成についての彼の唯物史観は、異なる生産様式に伴う不平等と不公平について興味深い説明を提供していた。たとえば、マックス・ヴェーバー（Max Weber）やエミル・デュルケーム（Emile Durkheim）に関係する人びとのように、人びとと思想が歴史を形づくったということを支持した考え方に対して、マルクスは物質的経済的環境とそれらに関連する社会（階級）関係が歴史の推進力であると主張した。マルクスによれば、民衆の思想は、その行動とともに、支配的な経済と社会の制度によって決定される。哲学と宗教と民衆の思想は社会の権力構造を反映すると同時に、人びとをその構造に適応するように強制する。彼の唯物史観は、社会の政治経済はその上部構造を形成すると主張する。かくして、マルクスにとって物質生産の支配的な様式は、社会と文化と政治と生活に関する諸過程の性格を全般的に決定することになる。それらの存在を決定しているのは人びとの意識ではなく、逆に、社会的存在が彼らの意識を決定するのであるというマルクスの見解は、先に概観した現象学的アプローチに直接反対するものと位置づけられる。マルクスにとっては個別の人間性のようなものは存在しないし、人間の種類は 1 つであり、事物の種類も 1 つであって、それは人が住む社会の性質によって決定されるのである。この

第1部　人文地理学の理論化

理論は、出来事を、予定される未来の諸段階に向かう動きと見なすという意味で本質的に**目的論的**（teleological）なものであり、個人を資本主義体制の論理に包摂するという意味では**機能論的**（functional）である。

　マルクスは、社会関係のこの全体像は競合する社会階級を考慮に入れることによって最もよく説明されると主張した。競合する階級は生産様式や富の創造に関連する立場によって自分たちを規定する。マルクスの資本主義研究の焦点は、最新の最も「効率の高い」生産様式によって、「血と火」を通して築きあげられた階級を搾取する仕方を批判する理論を提出することであった。彼の資本主義的労働過程の明確な論述は、生産手段を所有するブルジョアジー（産業資本家階級）と搾取されるプロレタリアート（労働者階級）の間の不平等な関係に基づいており、労働力を資本主義の生産様式の中心に置き、プロレタリアートには付加価値あるいは剰余価値をつくり出す責任を負わせる。それが資本蓄積のプロセスを推進した、とマルクスは主張した。プロレタリアートを搾取される階級と認識したが、彼らは集団的に組織して資本主義システムを転覆させる可能性を秘めていることを強調した（Marx, 1977）。マルクスは僚友のフリードリッヒ・エンゲルス（Friedrich Engels）との共著で、資本主義は労働者階級の反乱で転覆させられる恐怖にさらされており、本来的に不安定な体制であり、さらに、技術と生産物を時代遅れと気づくと同時に、新しい生産物の発明や競争力のある革新で繁栄した市場の力によって資本主義体制に不安定性がもたらされることを確認した。

　マルクスの考え方は世界中の政治思想家に広く引用され、影響を及ぼすことになり、ロシアでは労働者階級の革命を鼓舞したが、その地理学への影響は1970年代までは無視できるほどのものであった。これは、マルクス（そしてローザ・ルクセンブルクやレーニンなどの伝統的マルクス主義者の多く）が地理学の見地から資本主義について議論し始めていたことを考えると、おそらく、驚くべきことであろう。とくに、彼らの著作は、資本の蓄積過程（資本が新たな資本、そして余剰資本をつくるために効果的に展開するプロセス）は政治的境界の撤廃に依存した、空間化された過程であったことを強調していたからである。これは資本

主義をその経済基盤が地表を横断して拡大することを伴う帝国の企てとして考えることであり、そのインフラストラクチャーが工業地域と沈滞した農村地域、そしてエリートとプロレタリアートが分離する都市化地域の中心部の不均等な地理を後世に残すと考えることであった。これは、近代化と都市化の並行的進行に伴って展開する地理的様態についての優れた構想を提示することになったが、英語圏の地理学界においてはこのような考え方はあまり評価されなかったらしい。しかし、他の分野では、マルクス主義者の考え方は、階級間闘争の過程において団結した新しい労働組織と労働組合と抗議集団の結成を促進させることになった。この闘争で、社会の批判理論を発展させるためにマルクス主義理論を修正して最近の状況に順応させようとする西洋の思想家階級が彼らに加わった。それらの理論はその社会の現状を説明するだけではなく、変化する社会についての理論であった。フランクフルト社会調査研究所（1923 年創立）はこの研究計画と連携し、その所長マルク・ホルクハイマー（Mark Horkheimer）は、社会の病理を救済できるものは理論の急進的な変革だけであると主張していた。

　地理学者のマルクス主義理論への転向は、他の学問分野に比べてその取り組みが奇妙なほど遅れた。これは一部には 20 世紀における地理学の発展、とくにその地誌学（地域地理学）への傾倒、次いで空間科学への没入を考慮することで理解される。これらはともに知識を構築する際に本来的に公平無私で、客観的な作業と見なされていた（Stoddart, 1986）。その枠組みでは、政治色を帯びさせるマルクスの考え方はほとんど関係がないように見られた。これは、1970 年代の初期における地理学内部の変化と同時に地理学の外部での変化に触発されるまで、実際に異議を唱えられることはなかった、という状況であった。ここでは、1968 年に起こりつつあった政治的・社会的変化を認めることが重要である。1968 年には、パリで学生暴動が起こり、環境問題への意識が高まりつつあり、第三世界では飢饉が流行し、ベトナム戦争が激しくなり、人種による脅迫と暴動の発生が広がった。これらを背景にして、社会問題への地理学の関与について（とくに空間科学を装って）問い始めた地理学者もいた（たとえば、Harvey, 1973; Smith, 1977; Stoddart, 1986）。これらの地理学者にとって、当時の地理学は「象牙

の塔」の外の世界で生きている人びとの問題を全く無視してモデルと理論を構築しつつあった研究者たちが占めているように見えた。その批判は行動地理学と人文主義地理学にも広げられ、新しく育った「ラディカル」地理学者によって非難された。ラディカル地理学者たちは社会に不平等を生じさせる実際の過程には何も関わらない無意味な進路を追及していた。その時、急進的マルクス主義を提唱しようとしていたのは、皮肉にも計量地理学の最も率直な支持者の1人、デイヴィッド・ハーヴェイ（David Harvey；コラム 6.2）であった。しばしば引用される彼の発言には、次のようなものがある。

> われわれが発展させてきた洗練された理論的、方法論的枠組みと、われわれの周囲に展開する諸々の事象について真に意味のある発言をする能力との間には、明瞭なギャップがある。生態学的問題、都市問題、対外債務問題があるが、それらのどれについても詳細で深みのある発言をする能力が欠けているようにみえる。(Harvey, 1973, p.129)

　諸問題解決へ地理学が関与すべきだと主張した人びとが、すべてマルクス主義地理学の必要性を確信していたと言う主張はおそらく間違っている。確かに、ある人びとは空間科学とその実証主義の考え方は、有益で適切な知識の生産にとって堅実な基礎を提供し続けたと感じていた。これに反対した人びとや、ドイツの哲学者、ユルゲン・ハーバーマス（Jürgen Habermas）の考え方に影響された他の人びとは、実証科学は現状維持を強化したばかりか、抑圧の手段として利用できる知識をもたらしたと主張した。第 4 章で、国家は知識を通していかに**規律に従わせる**かについて、フーコー（Foucault）の考え方をベースにして、深く探ることにしている。実証主義は権力の真の原因を確認するよりもむしろ事象が出現した時の様相をそのまま記述するだけであることを意味した（Peet, 1998）。

　地理学とマルクス主義との関わりは、このようにさまざまな要因の結果であった。そのため、実証主義者が用いたものとは全く異なる説明で空間を再理

論化する急進的で革新的な試みが次々と生み出された。その重要な特徴は、空間は中立的に与えられたものではなく、社会的につくり出されたもの（すなわち、物質的事象と構造との関係においてのみ理解可能）であるという考え方であった。これもまた、人間の意識に優位性を認める人間中心主義の考え方からの急進的な離脱を示していた。唯物論は物質の優位性を堅持し続けている。マルクス主義の思想では、意識は存在するものとの関連でしか理解されない。それは思想の形に移し替えられた物質の世界である。同時に、物質は意識を超える優位性を有しているというこの認識論的議論は、物質と思想との間には決定的関連があり、（単純に科学的方法を支持する）実証科学を通してそのことを理解することは決してできないことを強調する。この複雑な哲学的主張は、実証的あるいは人文主義的方法によっては、社会と空間の働きに関する法則を見つけることは不可能であるということを意味している。法則は**弁証法**によって初めて確立することができる。この方法では空間は、物質的過程と流れ（フロー）との関係を通して形を与えられるものとして取り扱われる（Soja, 1985）。弁証法的思考は西洋の哲学では、アリストテレス、プラトンの著作にまでさかのぼる長い歴史があり、マルクス自身もヘーゲルから影響を受けて弁証法的唯物論を採用した（Jones, 1999）。演繹的思考法とも帰納的思考法とも原理的に異なる弁証法は、理論を検証するのではなく、それを研究の対象として、それに順応して適切に変容させることを目指す。たとえば、社会‐空間的弁証法についての諸理論（すなわち社会と空間の関係）は、基礎にある経済的過程と政治的過程を認識するために上部構造にあるデータを利用しようとする。この「データ」は、存在する「事物」に関する観察、数値、思考、用語を必要とするだろう。これらの事物間（たとえば富裕と貧困）の対立を見極めることによって、過程と体制における内部的矛盾が明瞭になる。分析的に、このような矛盾と対立を認識することによって、このような矛盾が解決される過程を確認することが可能になる（しかし、3種類の空間および相互連関的で自然に生じる身体的空間が、空間的実践と空間の表象との弁証法を超えることができる仕方については Lefebvre, 1991 を参照）。

　古典的なマルクス主義者は、弁証法的思考を適用して生産様式を改変し、修

正することによって解決することが必要な資本主義社会における矛盾と緊張の諸形態を克明に検証した。たとえば、資本家階級による労働力の搾取が階級の反乱を扇動する兆候と認められるようになると、マルクスは、ブルジョワジーは生産関係の維持を確保するために近代化の永続と、世論喚起運動〔アジテーション〕を推進すると書いた。かくして、マルクスは「個体がすべて見えなくなる……」資本主義社会では、新しい形の社会関係が絶えずつくり出され、資本主義は再生されると主張した（Bergman, 1982 も参照）。最初にマルクスの理論に携わった地理学者と都市理論家たち（デイヴィッド・ハーヴェイ、リチャード・ピート、ドリーン・マッシー、マニュエル・カステル）はその著作において、このタイプの推論をその正当性と危機回避の過程における空間の役割の説明に変換した。簡単に言うと、地理学者たちは資本主義の空間的回避（capitalism's spatial fix）の重要性、つまり空間的分化と退行分化（spatial differentiation and de-differentiation）が資本主義的関係に関係する点を強調したのである。ハーヴェイ（Harvey, 1982）は、資本主義の矛盾を綿密に調べ、都市化の過程を解明することになった。その研究で、都市空間における上流階級と労働者階級の居住地区の分化は、労働者階級の動揺を鎮める重要な手段と見なされ、同時に地価の高低で特徴づけられる都市景観の形成に役立った。資本の都市化に関連するハーヴェイの数多くの研究では、この不平等な発展形態は、資本主義が資本の蓄積のために新しい機会を自ら創出できたきわめて重大な手段として理論化された。実際、資本主義はより貧しい階級（とくに余剰労働者）を社会的施設が不十分な都市空間の周辺部に配置することによって、これらの人びとに十分な質の生活を与えず、政治への参加から除外し、かくして彼らがブルジョア階級の権力を奪うのを阻止した。同時にこの下層階級地区は土地の価格の下落を招き、その場所が提供する現実の地代と潜在的地代との差（地代ギャップ）は、その後、続いて起こる発展によって、埋め合わせが実現可能であることを意味した（Smith, 1996）。この種の理論は、それゆえ、デベロッパーによる街区破壊商法〔ブロックバスティング〕〔黒人の転入を吹聴して白人に不動産を安く売り急がせること〕による不動産の買い占めとジェントリフェケーションという現象を資本が利益を上げるために最も有利な場所を探す過程の一部と説

明した（3.2 節参照）。

　カステル（Castells, 1977; コラム 8.4）の、資本主義社会における共同消費（collective consumption）の役割（学校、病院、コミュニティ・センターなどの非商業的公共サービスの提供を通して資本主義体制のための国家的支援の重要性）についての理論と一緒になって、ハーヴェイの資本主義に関する著作は、資本の循環の考え方に関連させて理論化した都市過程についての注目すべき構造論的解釈を提供した。資本がその蓄積を持続させようとして絶えず（貨幣と労働と商品）形態を変えるやり方を重視したことは、地理学の研究に対して重要な枠組みを提供することになった。かくして、多数の地理学者は、空間組織がこれらの循環を維持し、高めるのを助ける仕方を探究し始めることになった。このような調査は、国際的なレベル（たとえば Slater, 1977; Corbridge, 1986）と国家レベル（たとえば Massey and Allen, 1984）で展開された中心と周辺との相互依存関係の批判的分析から、都市地域でも農村地域でも明瞭なジェントリフィケーションと労働者階級の移動の過程まで、さまざまな空間スケールで実施された（たとえば、Smith, 1984）。しかし、これらの探究における共通の理念は不平等に対する関心で、それによって次に資本主義はある時期のある時点の特定の空間的配置を創造的に破壊し、もっと収益を高める新しい配置を造り出そうと努力するのである。このように考えると、資本主義の構造は景気の変動（絶頂とドン底）によって特徴づけられる収益面をつくり出す事物の空間的配置によって支えられ、維持されると見ることができる。資本主義は空間を最も利益のあがる空間に発展させようとする傾向があるが、最も利益の少ない空間を低開発状態に留めようとする傾向もある（Smith, 1996）。この現象についてのある地理学的説明では、これは、都市的西洋では**企業家**の刷新と福祉政策を通して、第三世界では援助計画（第 7 章と第 8 章を参照）を通して、政治家と政策が**自由**市場に介入する仕方の探究で統治プロセスに結びつけられてきた。後者に関しては、マルクス主義の伝統で活動してきた地理学者たちは、開発について急進的な批判を行い、援助と「構造調整計画」を、不平等で搾取的な地政学的秩序の形成に関連する西洋化という新自由主義戦略であると暴露した（Crush, 1995; Slater, 1999）。

第1部　人文地理学の理論化

　地理学における政治‐経済学的アプローチの活動と活気は続き、ニール・スミス（Neil Smith, 1996）に、今や「マルクス主義は死んだ」という皮肉たっぷりの批評をさせるまでになった。確かに分析のカテゴリーとしての階級の優越を疑問視してきた地理学者たちがおり、マルクス主義の理論を袋小路に導いたと指摘していた（Laclau and Mouffe, 1985）。他の人びとにとって、共産圏の衰微はマルクス主義の目的論的思考に本来備わっていた弱点の表れであるとされたが（Smart, 1996）、しかし、メリフィールド（Merrifield, 2000a, p.139）にとっては、マルクス主義は「依然として生きる意欲を与えているし、精神と身体の真の冒険に値するものであり、急進的な闘争心をわきたたせる広さと深さを明確に持っており、経済と政治の間、思想と行動の間の内的関連と矛盾を弁証法的に強調させることができる」。彼にとって、マルクス主義の本来的正統性を堅持することは、都市の街路レベルから上部に至るまで急速に変化する社会構造を批判し改善させるために、弁証法的思考を用いてこれらの矛盾をそれ自身の長所に転化する方法なのである。それゆえ、メリフィールドは空間の具体的な現実に柔軟に対応しているとしてルフェーブルとマルクス主義都市計画家の研究を引用するのである。これは、マルクスが示唆するように、しばしば「感覚的に感知できない」抽象的なプロセスの余地を残している。この「ちまたのマルクス主義」は、かくしてマルクス主義についての見方を修正する。つまり、ネオ・マルクス主義には資本主義ゲームのルールの変更を受け入れる余地があるのである（この議論は第3章で再論する）。

　ここではっきりしていることは、一方でマルクス主義地理学の方法と主題はともに多様であり、折衷的であるが、その主導精神は、個人の生活を組織する方法、流れと関係を究明し、**変化させる**ことを目指す急進的努力の精神である、ということである。人文主義（あるいは行動主義）とは違って、構造主義は歴史を創るが、それは彼ら自身が選択した条件の下で創るのではないというマルクスの有名な主張に従って、人間の働きの自律性を拒否する。人文主義の見地から見ると、この種の説明はきわめて決定論的に見える。それは、人間を構造的（そして機能的）な義務を果たすために求められるものと見る見方によって分か

りにくくされている、限りのない創造能力が備わっているからである（Guelke, 1974）。これに対して、マルクス主義者は、自由意思の概念は同様に見当違いであり、人間の活動の順序を社会の再生と変革の広大な背景に位置づけることが必要であると主張してきた。言い換えれば、彼らの主張は、世界を形づくっている現実の形成過程から遊離しているのである（Gregory, 1978 参照）。構造と人間の行為主体性について継続しているこの議論は、社会科学における特定の説明形態の長所についての広範な論争を反映している。そこでは、構造論の哲学の支持者（マルクス主義とネオ・マルクス主義両者の政治経済学）は、その自己形成についての観念論と、現象学の説明、そしてその後の精神分析学的説明に賛成する人たちと対立してきた（Pile, 1993）。

　それゆえ、構造と人間の行為主体性（agency）の二分法（ある人びとにとっては無駄なものと見なされていた）を調和させる試みは社会科学では広く行われてきた。それらのいくつか（たとえば象徴的相互作用論、社会的表象理論）は、地理学にほとんど影響を与えなかったが、社会学者のアンソニー・ギデンズ（Anthony Giddens）が提唱した構造化理論〔訳注：社会過程は構造を条件として成立するが、構造は社会過程を通じて再生産されるという双方向理論〕は広範に援用されてきた（Cloke et al., 1991; Giddens, 1991 を参照）。この理論は、個人の活動と社会構造との関係をマルクス主義の支持者たちが述べるよりもフレキシブルに、そして繰り返し説明する必要があると主張している。それは、構造は上部構造の下に「存在」するのではなく、個々のそしてすべての人間活動によってつくり出され、また互いに関係しあっているという構造と人間の行為主体性の二元性を主張している。このフレームワークは実際、1980年代に数人の経済地理学者、とくに場所性（場所の伝統〈locality tradition〉）の研究に従事する人びとに大きな影響を与えたが、それは**現実主義**（realism）であった（Cooke, 1989 参照）。これは、特定の作因的条件の下での特定の構造の明瞭な作因を示す力（power）を確認するために抽象概念（abstraction）を用いる科学のアプローチである。現実主義論者は、人文主義に**反対**して、観察と測定が可能な物的事物と事象の世界が存在すると主張する。しかし、現実主義者にとっては、世界は触れることができないメカ

第1部　人文地理学の理論化

ニズムと構造で構成されており、それらが特定の環境にある種の事物がたまたま存在することを可能にすると考えられる（Bhaskar, 1978; Sayer, 2001）。現実主義における重要な仮定は、資本主義の労働過程のような一定の構造が存在し、それらは何かを生じさせるために必要な力をもっているが、どこでもどんなところでも起こるわけではない、ということである。ある結果は偶然的要因によって生じる。たとえば、地方レベルでの特定の福祉制度の存在や、ある計画の存在などはそうである。現実主義者の研究は、ある特定の環境において事象や事物を生じさせる現実の因果の鎖を発見することに関心がある。セイヤー（Sayer, 1992）によれば、これは次の3種の研究課題を含んでいる。

- 抽象的研究 —— 構造とメカニズムがどのようにして事象を生じさせるかについての理論の開発。これは事象の発生を可能にする構造的条件と実際にそれを生じさせるメカニズムを確認し、命名する。
- 集中的研究 —— その理論が適用できるかどうかを知るために、具体的なあるいは明確な事例を検討する。
- 理論の拡充のための研究 —— その説明が因果の過程を解明するために、異なる事例で成立するかどうか検討する。

これと伝統的な科学のアプローチとの差異は、現実主義研究には一般法則はあり得ず、一定の環境が存在する場合に限り、それに対する説明が認められる、ということである。少なくとも可能なことは、一定の環境事情で発生する可能性がある過程を確認することである。マルクス主義地理学者を含む多くの研究者にとって、この種のアプローチは、社会と空間の間の弁証法的意味を説明する厳密な方法を提示するように見えた（A. Pratt, 1995）。しかし、他の地理学者にとっては、現実主義は実証主義の科学的思想を復活させただけで、明確な方法論の特性を欠いていた。そして、地理学者の現実主義と、実は構造理論に対する熱意は、1990年代に「ポスト構造主義」の批判に直面して衰退したと思われた。ポスト構造主義の批判は、「認識の主題（knowing subject）」と意識されな

い社会的論理との関係を問題視した。このようなポスト構造主義の考え方と構造主義を「超える」動きは第3章で詳しく検討する。

コラム 2.4 カール・マルクス（Karl Marx 1818-83）

カール・マルクスは、彼の主著、未完成の『資本論』（*Das Kapital*）、『共産党宣言』（*The Communist Manifesto*）、『政治経済学批判』（*Grundrisse*）が出版されて以降150年にわたり、学問分野において最も広く議論され、著述された人物の1人である。ある人びとにとって、彼の考え方はすばらしい着想であって、資本主義経済を動かす過程の正確な記述とその体制に伴う不公平と不平等に対する一連の対処法も示している。他の人びとにとっては、彼は架空の議論の役割をしているだけで、政治的変化についての彼の考えは社会主義の発展と階級革命の名で扱われる不公平（たとえば、スターリン主義のロシアで証明されたように）を予測するのに失敗したし、その主な遺産は社会主義世界について独断主義で融通のきかない考え方を永続させることになった。これらの主張を否定するのは難しい。マルクスの考え方はその時代の産物であり、階級関係への彼の焦点は、19世紀に工業化した資本主義社会（とくにイギリス）に生じていた変化への明らかな反応であった。これらのことは社会生活（人びとが感じている疎外感を打破する彼らの力を信頼することに基づいて）についての理想主義的見解から、人間の意識を形成する社会的そして経済学的条件に焦点を当てる唯物論的解釈に表向きの変遷を生じさせることになった。彼の見るところでは、資本主義社会は、人びとが彼ら自身の生産の社会的形態を奪い取ることによって疎外感を克服することができる段階にまで発展していた（すなわち彼ら自身と主体性を再定義する）。彼らがそうしなかったという事実は、マルクスの主張によれば、この集団的自己決定を挫折させた資本主義の階級関係の結果であった。こうして、彼の社会についての唯物論的解釈は構造論的理論化に基づいて、社会運動家と革命の人物としての彼の仕事を促進させることになった。マルクスの思想はしたがって階級革命を主張する人びとにとって激励の根源となったが、その後は共産主義の失敗があり、多くの人びとの目には彼の思想は信用できないものとなった（Callinicos, 1991）。皮肉にも、実際に多くの地理学者が彼の思想を追究するよう促され続けたのは、階級のない「自己決定」の社会の実現に失敗したことによるものである。ルフェーブルの言葉に言い換えると、われわれはなぜ資本主義が生き続けるのか分からないが、どのようにしてそうなったかは知っている。つまり、空間と生産の場所を占めることによって可能になったのである。地理学者にとってのマルクスの遺産は、社会の構造論的解釈と、そして資本主義過程の慎重な分節化についての強力な主張であっ

第1部　人文地理学の理論化

た。現在においては、彼の思想の還元主義は多数の人びとによって批判されており、階級の問題は依然としてラディカル地理学と批判的地理学の著作で重要なのである（年齢、ジェンダー、性そして人種関係と一緒にしばしば考察されてきている。――第3章参照）。
さらに詳しく学ぶための文献：Harvey, 1982; Castree, 1999; Blunt and Wills, 2000

2.4.2　フェミニズム地理学

　マルクス主義地理学が、地理学は階級関係を社会と空間の弁証法を理解する際の基本であると提唱したとするならば、フェミニズム地理学の特徴は、ジェンダー（社会的性差）の不平等を再生産する構造を強調することにあるということになろう。ここでの重大な問題は家父長制の概念であって、この体制では、女性は一般に男性の下位にあり、男性に従属すると考えられている。ウォルビー（Walby, 1990）によれば、家父長制は、男性が女性を支配する6つの相互に関係している明瞭な構造領域によって構成される体制である。彼女が認める構造領域は次の6つである。

1. **賃労働**：女性の平均時間給は男性の3分の2となる傾向があり、女性は特定の仕事と業務を受け持たされる。
2. **家事の繰り返し**：女性は家事、掃除、育児の責任を負わされる。彼女も彼女の連れ合いもともにフルタイムで働く場合でもそうである。
3. **国政**：女性の政治参加は、女性の意見と権利を低く評価する男性中心の慣習と制度によって阻害されている。
4. **犯罪の恐怖**：女性は男性からの暴力、とくに知らない人によって犯されるレイプ、暴行を絶えず恐れている（これが逆に男性による女性の保護を促している）。
5. **文化と余暇（レジャー）**：女性のスポーツとレジャーの追求は、メディアと政治家によって軽視され、低く評価される。メディアと政治家たちはサッカーや野球のような「真に」男性向きのスポーツのテレビの放送時間や経費や施設に重点を置いている（同時にこれらのスポーツへの女性の参加を誹謗

する)。

6. **セクシュアリティ**：女性の身体は商品化される。それは、女性の生まれつきの役割が性的に攻撃的な男性に従うよう、性の対象として描かれ、売買可能なものに変えられる、表象の過程を経てそうなる。

要するに、家父長制は女性を集団的に服従させることや、男性による社会の支配を受けやすくすることを当然と考えることと慣習、そしてメカニズムの根深い体制を象徴すると見なされる。これは構造論的思想に従って、すべての男性が性的差別者であることや、すべての女性が男性に従属すると言っているわけではないが、われわれはみな一般的にジェンダー不平等論を永続させる構造に取り込まれているということである。フェミニズム地理学はまた、単なる女性の地理学ではなく、むしろ空間が不平等なジェンダー関係の永続性の中で動けなくなっている仕方を探究しようとする地理学である、と力説する（Monk and Hanson, 1982）。最近では、これは、地理学者が世界における男性の立場の検討に相当多くのエネルギーを学問分野の内外で投入してきたという意味になった（たとえば Sparke, 1996）。

フェミニストの見方とマルクス主義者の見方との関連は、その後に多くの議論を招いた（Rojek, 1995）。ある人びとの見解では、家父長制は、不平等で成長する資本主義体制の重要な部分として理論づけることが必要である。このような解釈では、性差別主義と家父長制は、資本主義的労働過程の中心となる社会的単位としての家族の再生産を確保するきわめて重要な制度と見なされる（Watson, 1986 参照）。他の解釈では、家父長制と資本主義は二者一体の制度と見なされている。ジェンダー不平等の諸形態は前資本主義社会にも存在していたという事実を指摘してきた著者もいる（Foord and Gregson, 1986）。このことを考慮せずに、地理学におけるフェミニストの著作は――とくに地理学の中にこの専門分野が成立した 1970 年代には――ジェンダー不平等を猛烈に批判していたが、それは女性の権利とジェンダー平等のためにキャンペーンを行っていた広範なフェミニスト運動にフェミニズム地理学者を連合させるのに役立っ

第1部　人文地理学の理論化

た。この時、ドリーン・マッシー（Doreen Massey; コラム1.2）、ジャッキー・ティヴァーズ（Jackie Tivers）、リンダ・マクドウェル（Linda McDowell; Box 6.4）、ソフィー・ボウルビー（Sophie Bowlby）および**女性と地理学研究グループ**（Women and Geography Study Group; **コラム2.5**）の他の創立者たちの活動は、家庭と都市空間で展開するジェンダー不平等の諸形態を強調し始め、女性の差別（そして郊外の家庭での事実上の監禁状態）が彼女らの雇用とレジャーの機会を制限していることを重視していた（MacKenzie, 1989; Pratt, 1992）。この時には、その焦点は、さまざまな空間に存在する男と女との関係を探究するよりも、むしろ女性の経験と女性の地理学に直接向けられていた。その焦点は一部、地理学の生来の男権主義の観点から、フェミニズム地理学者によって必要と考えられた。ほとんどのアカデミックな地理学者は男性であるばかりか、男性の見地から空間を認識し、その過程で女性の経験と意見を軽視しているとフェミニズム地理学者は主張した。この点でフェミニズム地理学は、実証主義と行動主義と人文主義の地理学で優勢であった「男らしさ」のモデルに対する反発として、またこの学問分野における重大な沈黙へ立ち向かう試みと見なされた。（Jones et al., 1997）

　ここでわれわれは、地理学におけるフェミニズムは決して一枚岩ではなく、女性の解放に関連するさまざまな優先事項を伴っており、フェミニズムの多様な要素を備えていることに注目しなければならない。たとえば、フランス・フェミニズムの「第一波」は、シモーヌ・ド・ボーヴォワール（Simone de Beauvoir）の研究に密接に結びついた運動で、常に影響を及ぼしていた。ボーヴォワールは、女性が歴史を通して家父長制社会で男性に劣るものとされてきた点を論証するために実存主義を用いた。ボーヴォワールはまた、女性がなぜ、そしてどのように自分たちの利益に最も反する、社会的に構築された第2階級の地位を容認してきたかを探るために文学の分析法を用いた。同様にフランスの「第二波」のメンバーである、エレーヌ・シクスー（Hélène Cixous）は、ユーモラスで問題提起的な執筆スタイルで男性の「思考」の論理に異議を唱えることによって、女性の著作に対する制約を克服しようとした。ポスト構造主義の考え方を先取りして（第3章参照）、彼女は、何かについて述べるやり方は話されること

が何であるかを明らかにすることであることや、フェミニストに必要なことは、男性とは違う方式で考えたり、書いたりすることだと主張した。このアプローチは**女性の描き方**（ecriture feminine）として知られており、女性は自分たちの創造能力を発揮して、伝統的な男性の方法を拒否したり、新しい方法を用いて男性に対する形勢を逆転しなければならないと提案した（Cixous, 1981）。多くの点で、女性らしさと母らしさを詩的に賞揚することは、1970年代と1980年代にイギリスで普及した社会主義フェミニズムとは調和しなかった。これは、フェミニズムは統一された政治姿勢を暗示しているものではないし、いうまでもなく統一された理論でもないことを明らかに示しているのである。

　フェミニズム（そしてフェミニズム地理学）は常に多くの面を持っているけれども、フェミニストの理論と実践の関係について一般化することは可能である。主流の地理学はフェミニズム地理学者から常に「男性の流儀」と描かれてきた。それは、男性の見地からだけの真実であり、重要であると思われる知識をもたらす方法と技術を用いてきた。たとえば、ローズ（Rose, 1993）は、抽象的な幾何学に傾倒する空間科学への関心事を、女性らしいと思われる自然的世界に秩序を押しつけようとせまる合理的男性の偏見と感じた。このようなジェンダーによる偏見に還元する理由を拒否して、地理学やその他の分野におけるフェミニズムの認識論は、おおむね「穏やかな」質問方法（自由回答ができる聞き取りや民族誌、とくに物語）に結びつけて考えてきた。その意図はこのような技法を用いることによって、女性の多様な見方を明確にすることであった。これは、調査対象者に害を与える可能性がある調査方法の使用を避けるためであった（Dyck, 1997）。調査は、女性についてというよりもむしろ女性の側に立つものであるべきであるという原則がフェミニズムの方法論における重要な指針であった（そして現在もそうである）。

　　フェミニストの研究は、女性の日常的経験と学術的知識と政治権力と社会活動との関係に基盤を置く知識の発展と構築に関係している。この方法論によって、女性たちが中心になって、知識と政治権力の強化および社会変

第1部　人文地理学の理論化

化の構築に積極的に参加することが容易になる。(O'Neil, 1996, p.131)

　それゆえ、フェミニズムは、理論的枠組みとして、社会変化を促進させる知識を生み出すことに専念する存在論と認識論を基礎にしている（Blunt and Wills, 2000）。このことでフェミニズム地理学者は**反体制**の地理学者と見なされた。反体制の地理学者は、地理学の学問分野が女性問題に取り組む際に果たした役割に不満を抱き、新しい理論と実践の枠組みを発展させるよう決意した。

　フェミニズム地理学に対する関心は、1980年代に非常に広くなり、フェミニズムは男女の地理学者（自然地理学を含む）によってこの学問分野の諸問題の研究のために理論的枠組みとして用いられてきた。アイデンティティと差別についてのフェミニスト理論が社会科学では1980年代と1990年代に広く議論されることになったが、この事実は、フェミニストの伝統で研究していた人びとが、ジェンダーの差異の構造を研究していた他の学問分野の人びととの対話を始めることができたことを意味した。ここでの重要な影響の1つは、男性と女性のカテゴリーは人間生物学的に固定しているものではなく、社会的構造であると提唱した、社会理論家たちの業績であった（Bondi, 1992; Greed, 1993 参照）。実際、このジェンダーと性の概念化によって、地理学者は女性のカテゴリーが地図上の特定の空間に描かれなかったり、描かれたりするのはなぜかを研究するようになり、その結果、（たとえば）女性と家庭との結びつきが、女性は「生まれながらに」育児と家庭の維持の責任者であるという〔男性中心の〕考え方を永続させる役目を果たした（McDowell, 1983）。1990年代には、ポスト構造主義（第3章参照）の影響でフェミニスト理論は再び変化し、「女性」と「男性」の統合されたカテゴリーが重大な分裂にさらされた。このタイプの脱構築は、家父長制の概念がおそらく、それらの多様なジェンダー関係を理解するのには単純すぎるが、その代わり、**男らしさ**と**女らしさ**の行動が空間的に複雑に変化していることを指摘している（Longhurst, 2000a）。この意味でジェンダーの不平等は、年齢、階級、民族、国籍、セクシュアリティによって変化する男らしさと女らしさという支配的解釈を伴った、多様な差異を通して産み出されるものとして理論化

される (Laurie *et al.*, 1999)。このアイデンティティと差異に関する関心は、最近の人文地理学を推進してきた広範な理論的刺激のいくつかを反映している（第3章参照）。フェミニスト理論は、依然として、フェミニストの思考の中心をなす行動指針を必ずしも支持しているわけではない人びとによって、広範に議論され討論されていることを意味している。

　フェミニズム地理学は今や、女性の地理学的関心事から、さらに広範なジェンダーと場所と文化との関係の考察まで、その関心領域を拡大してきた（Women and Geography Study Group, 1997)。同時に、その方法は、多くのフェミニストの調査の頼みの綱になってきた質的技術を今や補っている計量分析と文献分析によって、一層多様になってきた。かくしてフェミニスト理論は（マルクス主義、実証主義、人文主義あるいは行動地理学のように）おそらく、特定の研究の文脈で異なった仕方で利用されてきた多種多様な理論、概念、方法を提供していると述べるのが最も適切である。たしかに、リンダ・マクドウェル（Linda McDowell）とジョアンヌ・シャープ（Joanne Sharp）の編集による *Feminist Glossary of Human Geography*（1999）に含まれている項目は、家父長制とジェンダーの不平等についてのフェミニスト理論が、地理学の多くの領域で重要なものになってきたことを明示している。

コラム2.5　女性と地理学研究グループ
(Women and Geography Study Group)

　他の国々にも同様なグループが存在するけれども、イギリス地理学会(Institute of British Geographers)の女性と地理学研究グループは、1980年に創立以来、地理学におけるフェミニスト理論の進路に重要な影響を与えてきた。それ以来、このグループの目的は、性による差別の意味の地理学的研究を奨励するだけではなく、フェミニストの立場からの研究と教育を促進させることであった。この意図は、学部学生に評判の良い教科書 *Geography and Gender*（1984）の出版を通して詳細に示された。この教科書は、フェミニストの考え方が地理学ではまだほとんど議論されていなかった時に、フェミニスト理論の潜在力を簡潔に示した。ジェンダー問題の研究で地理学者が寄与できる明確なことを強調すること

によって、フェミニズム地理学が多くの学位課程の基本的な構成要素としての地位を固めることに大きな寄与をしてきた。この本は複数の著者によって執筆され、個性的で競争的であるよりもむしろ協力的で、フェミニストの集団的な実践の可能性を強調していた。重要なことには、その後に出版された *Feminist Geographies: Explorations in Diversity and Difference*（1997）の場合と同様に、その印税もこのグループに寄付されて、学会のセッションやシンポジウムや週末の活発な研究集会の計画を援助した。これらの著書は、フェミニズム地理学の視野と領域の最先端の概要を示し、フェミニストが差異と方法論と表象の概念で研究する独特な方法を強調した（Jones *et al.*, 1997）。両書を読むと、フェミニズム地理学へのアプローチの決定的な変化をはっきりと見分けることができる。当初は労働市場における女性の地位の向上への熱意があったが、ジェンダーのアイデンティティは国家中心主義（ナショナリズム）、帝国主義、異性愛主義、人種差別主義、高齢者差別、身体障害者差別等によって同時に高められる意識によってさらに強化された。また、明らかになったことは、計量的／質的技術とハード／ソフトデータに関して確立された階層性を破壊することで、地理学の男性的方法を肯定するか、異議を唱えるか、に対する関心がますます高まっていることである。それは1994年に発刊された *Gender, Place and Culture* 誌への寄稿分野が広範囲なことにも現れている。その創立以来WGSGのメンバーはかなり変化し、増加した男性メンバーは今ではフェミニストや同性愛の理論（第4章参照）を研究対象としているが、その主題は、学問分野の内外におけるジェンダーの不平等の議論が引き続き中心となっている。

さらに詳しく学ぶための文献：WGSG, 1984, 1997; Laurie *et al.*, 1999; McDowell, 1999

2.5 本章のまとめ：知的戦場？

われわれはこの章で、戦後の地理学の理論と実践を形づくってきたさまざまな理論的動機のいくつかを説明しようとしてきた。これを異なる知的伝統と考え方が、空間と場所と自然の概念を全く別々に考えながら、パラダイム支配を「争ってきた」時期として記述することは、ある意味で魅力的である。確かに、この歴史的説明の仕方は、異なるグループ間の争いを描くのに軍人の言葉を頼りにしている。さまざまなグループの支持者は互いに議論を戦わせ、特定のア

プローチの支持者たちは彼らの主張が論破されるのを見て、彼らの哲学に致命的な欠陥があることを知るのである。しかし、ドゥエル（Doel, 1999）によれば、われわれはこの解説には懐疑的でなければならない。「死んでいたり」、殺されたりするどころか、空間科学、マルクス主義、人文主義、フェミニズム、行動主義の理論と実践はすべて生きていて健全なのである。もちろん、これらのあるものは、昔ほど広く議論されることも書かれることもないと言えるが、地理学はどの時代においても1つの考え方や1つの実践の方法が支配的だった学問分野であると論じるのは問題である。その代わり、われわれは多分まれに見る多様性によって特色づけられている地理学の伝統について考えることが必要になる。ここでは、異なるさまざまな理論とアイディアが共存し、混じり合い、互いに交流し合って、新しい成果を産み出してきた。それゆえ、地理学は常に発展し（必ずしも改良ではなかったが）、独特の考え方や地理学と著者に「マルクス主義」または「人文主義」のような名称をつけて、それにふさわしい様相を明示することを試みてきた。こうすることによって、その違いを同じことにまとめるのに役立っている。

　地理学は1つではないし、地理学はどこから来たか、地理学は何が分かっているのか、そしてどのようにして知識を生み出すのかについて優勢な説というものもないと主張しているジョンストン（Johnston, 2000）に従えば、われわれは本章を、地理学が世界がどのように動いているかについて真に権威のある説明に近づく過程で戦われた理論的闘いと見るよりも、地理学的思考の絶えず躍動的に変化する性格に寄与しているさまざまな理論的構成要素のいくつかを精密に記す試みと見るのが良いかもしれない。これらの構成要素のいくつかは近年撚り合わされたり、絡み合ったり、また、解きほぐされている。その仕方は次の章の主題である。

第1部　人文地理学の理論化

第3章

新しい理論、新しい地理学？

3.1　はじめに

　人文地理学の理論は、他の学問分野と同様に絶えず変化していることを前章で説明した。人文地理学の用語集には絶えず新しい考え方と概念が加えられており、研究者の検証と調査と「地理学」の叙述の仕方を変化させている。この章では、人文地理学を形づくるのに現在最も強い影響力のある理論的枠組みを詳しく説明しながら、地理学的知識の生産に影響を与えている最近の考え方のいくつかを探る。まず地理学者を地理学の外からの理論的思考に関わらせるよう促す2つの関係ある動機を説明することから始める。その第一は他の学問分野における研究者にとって、空間がますます分析の中心となってきた傾向（いわゆる「空間論的転回」）に関係がある。第二は逆に、地理学の「文化論的転回」と名づけられてきたもの（すなわち社会理論と文化理論の地理学的分析への統合）に関係がある。これに続いて、この章の後半は、このような動機が3つの（重なり合う）理論への関与にどのように現れているかを概観する。その第一は地理学者の「批判」理論に対する関心である。それは権力と差別に関わる特徴的な分析を含んでいる。第二は「ポスト・モダン」地理学と名づけられるかもしれないものの高まりを含んでいる。ポスト・モダニストの考え方がどのようにして（地理学的）知識生産の伝統的概念に挑戦し、大学等の高等教育機関が多種多様な他の意見と議論を始めたかを、クィア理論とポスト・コロニアル理論との刺激的な対話から探る。第三の関わりはポスト構造主義への地理学の高まりつつある関心、とくにヨーロッパの哲学者の重要な集団の業績に関することで

ある。言語と主体性および複雑性についてのヨーロッパの哲学者たちの考え方は、われわれが世界を理解しようとする方法に関して重要な質問を提出してきた。

しかし、始める前に注意すべきことは、批判理論そしてポスト・モダン理論とポスト構造主義理論との相異が明確でないこと、そして各節の中の理論とテーマの間には重要な相互関係が存在していることである。また、前章で議論した理論的伝統は、この章ではほとんど考慮されないが、依然として人文地理学のまさしく主要な部分である。この章で議論されるさまざまな考え方を援用する人びとで、実証主義、行動主義、人文主義の理論的枠組みを、たとえば現代の人文地理学には関係がないとか、時代遅れなものとして拒否する人は、ほとんどいない。実際に、意味のある、重要な研究は依然としてこれらの伝統に従って行われており、「新しい」概念が「古い」概念と対話しながら展開されている。この章での目的は、現れてきた理論的考え方を検討することなので、地理学者はそれらの理論的考え方を必ず優先すべきであると主張しているわけではない。この章は人文地理学で現在用いられている理論的アプローチのすべてを概観するわけではないし、それらの人気を評価することもない。地理学者が地理学的に考える新しい方法のいくつかに目を通し、考えようとするだけである。

3.2　新しい用語、新しい世界

クリス・フィロ（Chris Philo, 1991）が編集した論文集のタイトルをこの節の名称に借用し、ここで新しい用語と新しい世界のいくつかを概観するが、それらは地理学者が地理学の領域を越えて理論化の刺激になるものを探している時に生まれたものである。フィロがこの著書を編集した当時、最も重要な新しい傾向の1つは、地理学者の**社会**理論への関心が著しく目立ったことである。ピート（Peet, 1998）は、社会理論は哲学と理論の中間的位置を占めており、1つの分野の研究成果を1つの考え方の形で保存し、それらを理論の架け橋を通して他の分野に伝えることができると主張している。この書庫と学問分野間の橋渡し

第1部　人文地理学の理論化

は学問諸分野を越えて社会理論の一般的発展を可能にする。ピートは、近年ほとんどの学問分野は社会理論をその第一の焦点にし始め、彼らの学問分野の固有の目標に焦点を置くよりも、むしろ新たな目標の追加と修正と発展を追求していることを強調している。ここでは、相互交換（異分野間での考え方の比較）は統一を試みるように拡張さえされつつある。それゆえ、学問分野の境界は不明瞭になり、重要ではなくなり始めたと主張されるまでになっている。これは、21世紀における研究者の活動は実質的に学問分野にとらわれなくなり、対象領域の境界は著しく透過性が高まり、ついには全く消滅するだろうという示唆さえされる程になった（M. Smith, 2000）。

　1980年代と1990年代に社会科学で社会理論が重要性を増した結果、2つの重要な傾向がもたらされた。それらはともに、われわれが学問分野にとらわれない状況に向かっている傾向を示す証拠と見なされるかもしれない。その最初のものは社会学、カルチュラル・スタディーズ、文学研究などの学問分野における、いわゆる「空間論的転回」である。この傾向が社会科学と人文学（哲学、文学など）に存在していることは明瞭で、研究者たちは社会現象と文化現象の理解における空間の重要性を評価することになった（とくに、世界のグローバル化の状況ではそのように思われる。第8章参照）。たとえば、社会学者のアンソニー・ギデンズ（Anthony Giddens, 1991）、ジョン・アーリ（John Urry, 1994）、ボブ・シールズ（Bob Shields, 1991）、政治評論家のマニュエル・カステル（Manuel Castells, 1989, 1996）、ジグムント・バウマン（Zygmunt Bauman, 1998）、文化評論家のフレドリック・ジェイムソン（Frederic Jameson, 1991）、スチュアート・ホール（Stuart Hall, 1996）、リチャード・セネット（Richard Sennett, 1994）、フランク・モート（Frank Mort, 1998）は、いずれもその著作で空間の役割を率直に評価してきた（他にももっと多くの人たちがいる）。たとえば、ジェームズ・ライアン（James Ryan, 2000, p.10）は、「地理学的隠喩と『文化の地方性を精査』する技術は、カルチュラル・スタディーズなどの学問分野の言語と実践に組み込まれてきた」と書いており、一方、クランとスリフト（Crang and Thrift, 2000a, p.1）は、「空間は現代の思考の至るところに存在する」と指摘している。その結果、地理学以

第3章　新しい理論、新しい地理学？

外の研究者が、地理学者の関心をひきつける仕方で空間を理論化し始めたことになる。これは彼らの研究成果がさまざまな点で地理学の考え方に取り入れられていることを意味する。逆に、地理学者による研究は他の社会科学と人文学の人びとによってますます多く利用され、読まれるようになってきている。しかし、地理学は理論あるいは枠組みを貸し出すよりもはるかに多く借り入れているように思われると論じられている。このことは、この章と次の数章で、理論家の非常に多くが自分を地理学者と見なさない理由を若干説明する。彼らの研究が本質的に地理学的であってもである。

　学問分野にとらわれない第二の兆候（そしてここでの議論の焦点）は、さまざまな社会理論との地理学者の関わり方、とくに社会関係の形成における文化の重要性に関連する構成要素との関わり方にある。これは、地理学の「文化論的転回」と呼ばれているが（Philo, 1991）、文化の問題は地理学的分析では十分には取り組まれていないという認識を伴ってきた。「文化論的転回」はおそらく、一連の文化的洞察、文化的介在、文化的回路としてよりよく理解されるが（Cook et al., 2000, p. xii）、統一的関心は、文化はとくにカール・サウアー（Carl Sauer）とバークレー学派で実践された「伝統的」な文化地理学とは非常に異なる方法で理解されるべきものであるということであった（第2章参照）。バークレー学派は、文化を物的なアーティファクト（人工物）にはっきりと表れるものと見なして、景観における文化的なアーティファクトとそれらが存在する場所の研究によって「**生活様式**（genre de vie）」が明らかにされると信じている（M. Crang, 1998）。この静態的見解とは違って、「新」文化地理学は文化を**プロセス**、すなわち、意味が変わりやすく、不安定なシステムと見なし、人びとはそれによって物質的対象の世界を理解する。文化史と文芸理論に根ざしている（第5章参照）新しい文化地理学は、意味をつくり出す言語とテクスト〔訳注：社会の意味を伝えるあらゆる形態の表象、書かれた言葉だけではなく絵画、景観、建築も含む〕の役割に焦点を当てる概念化である。同時にこの意味がどのように物質的世界と社会的世界において具体化され、埋め込まれるかを追究する（Hall, 1996; McEwan, 2001）。文化は、かくして、それによって社会と空間が**構築される**主な手段とし

てつくり変えられ、権力を与えられた社会的、空間的階層を詳細に示すと同時に人びとにアイデンティティを与える（Hall, 1996）。

ピーター・ジャクソン（Peter Jackson, 1989; **コラム 3.1**）のような、「新しい」文化地理学の提唱者たちは、地理学者は社会形成の根本的過程としての文化をほとんど無視して、豊かで複雑な人文景観を無味乾燥に説明してしまった、と主張した。ジャクソンは人種と人種差別（race and racism）の地理についての研究経験を通して、社会‐空間的不平等と都市景観に刻み込まれた分裂を理解するために、「白人」と「黒人」のカテゴリーが言語とメディアを通して文化的に構築された仕方を説明することが重要であると主張した。次に、彼はこれらの型にはまった表象が（たとえば非白人「ゲットー」地区についての有害な根拠のない説を通して）どのように空間に関連づけられるかを考えることが重要である、と示唆した。ジャクソンは、このような表象は人種差別を支える他の諸要素（たとえば公営住宅局や経営者や政治家の行動）ほど重視されてはいないが、そこには居住環境として不利な条件や排除の地理を形づくるさらに重大な関心と懸念がまとわりついていることが重要だと指摘した。彼は、かくしてレイモンド・ウィリアムズ（Raymond Williams; コラム 5.1）が展開したマルクス主義の文化的洞察を、テクストおよびテクスト性（textuality）のより人間中心的な関心に結びつけようとした。そして彼は、「意味の地図（map of meaning）」と呼ぶものに関する調査を求めた。「意味の地図」とは人と場所に意味を与える枠組みのことである。彼の研究はそれゆえ、「文化は遺物ではなく、強力な経済的分析によって説明されないまま残された地表の差異であり、社会の変化が体験され、問題にされ、実現される媒体そのものである」と強調した（Cosgrove and Jackson, 1987, p.95）。

ジャクソンが「場所の文化政治学」を検討し始めたのとほぼ同じ頃に、他の人びとは、場所そのものが文化のアイデンティティを要約し、伝達する仕方を検討する手順として、文化の概念を再構成し始めていた。第5章で議論されるが、コスグローヴ（Cosgrove, 1984; コラム 5.3）とダンカン（Duncan, 1990）の研究は、景観は言語と同じように読むことができると主張するため、広義の文化唯

物論の立場を採用した。その景観イメージの解読は、特定の景観は非常にイデオロギー的で、しばしば政治的メッセージが書き込まれているので、都市景観（たとえば Mills, 1993）や農村景観（たとえば Mordue, 1999）の「文化的」な評価は、美や象徴やイメージの概念中心で読み取っていくことを示した(Hills, 1993)。このような場所の評価は表象と同じように言語によっておおまかに構築され、解釈される。それゆえ、「著者」の考えを越えて、別の場所にいる読者は新しい解釈をする余地が常にある。このことは、当然、場所の最終的な解釈やそれらの表象を提出する地理学者の権威を傷つけることになる（バークレー学派の文化概念とは食い違いが非常に大きい。その文化的人工遺物の評価はこの学派の権威によったものであった）。

　ジャクソン、コスグローヴ、ダンカンその他の人びとの研究から生まれた「新しい」文化地理学は、人文地理学の中で人気と活気のある分野に成長してきた(Anderson and Gale, 1992; Duncan and Ley, 1993; Crang, 1998; Mitchell, 2000 参照)。おそらくもっと意味深いことは、文化が地理学の中で広く重視されるようになってきたことであって、社会地理学者・政治地理学者・経済地理学者は、文化に敏感に対応する研究を企てようとしている。たとえば多くの経済地理学者は、空間経済の形成における文化の役割を考慮し、「新経済地理学者」と称されるようになった（McDowell, 1997; Leyshon and Thrift, 1997; Lee and Wills, 1997 と第 6 章参照）。ここに挙げる実例は、エリカ・スケンバーガー（Erica Schoenberger）による企業の「文化経済（cultural economy）」の探究と、スリフト（Thrift, 2000b）による西洋の資本主義の相互関連において中枢的役割を果たす仕事の早い雇用者（fast subject）のパフォーマンス文化（performance culture）の分析である。そのうえ、人びとと場所の表象についての関心は、政治地理学における革新的研究、とくに「先進国」と「発展途上国」との関係に関する（それのみではない）研究をいくつか生み出してきた（Blunt and Rose, 1994; Slater, 1999; Gregory, 2000b）。マーカス（Marcus, 2000, p.14）は、それゆえ「地理学にとっての文化論的転回の意義は、社会の地図化と社会の空間的記述、および経済学的理論に大きく影響された分野に解釈の理論と方法と考え方が強力に介入したことである」と言っている。

第1部　人文地理学の理論化

　これは、文化論的転回が誰にも熱狂的に支持されてきたと言いたいわけではない（Barnett, 1998）。たとえば、多くの地理学者は、拡大しつつある社会的・経済的不平等の世界における「新しい」文化地理学の「有用性」を、依然として疑問視しているからである（Barnes, 1995;Harvey, 1996; Sayer, 2001）。皮肉にも、文化的なものが充満してきたので、その主導的なコメンテーターで支持者の1人が最近、「文化論的転回は成功**しすぎ**、覇権を握り**すぎ**、そして（たとえば）経済地理学と政治地理学の領域をあまりにも文化論指向に適応させすぎた」と明言した（Philo, 2000b, p.28）。ここでフィロは、文化論的転回が人文地理学者の関心を文化の役割に集中させることに成功したので、人文地理学の他の重要な側面が軽視されることを懸念している。彼のはっきりとした心配の種は、文化的なものの重視と、とりわけ非物質的なもの（「テクスト、記号、シンボル、心、願望、恐怖、空想という、無形で束の間のはかない空間を通してのアイデンティティの役割」p.33）の強調が、人文地理学の非物質化と非社会化を招きつつある、ということである。このような懸念をジャクソン（Jackson, 2000）やマクダウェル（McDowell, 2000a）ばかりかニール・スミス（N. Smith, 2000）も述べている。

　この節の結論として、地理学における「文化論的転回」と、社会科学と人文学に広がる「空間論的転回」を結びつけることは、流動的で学問分野にとらわれない雰囲気をつくり出すかもしれないが、学問分野の境界は制度の管理単位であり、一般大衆（研究者）の頭の中の管理単位として存在し続けることに注目しなければならない（Sibley, 1995）。理論の道具立ての移り変わりは確かに明らかになってきているが、それぞれの学問分野は独自のアイデンティティを持ち、知識の生産に独自の貢献をすると、主張している。確かに、地理学は空間と場所に焦点を置くことで、依然として他の社会科学から明確に識別されていると主張できる（地理学の学問分野としてのアイデンティティの説明については、Massey and Allen, 1984; Allen, 1984; Johnston, 1991; Unwin, 1992 参照）。それゆえ、社会理論の統一化を目指す勢力と学問分野のアイデンティティの独立を支持する勢力の間には、複雑な緊張が存在するのである。

コラム3.1　ピーター・ジャクソン（Peter Jackson 1955-　）

　ピーター・ジャクソンはシェフィールド大学の人文地理学教授であり、Society and Space 誌の編集者で、「新しい」文化地理学の発展における重要な人物であった。このことは、イギリスにおける「人種」と人種差別の研究で最初にはっきりと述べられている（全般的には Jackson, 1987; Jackson and Penrose, 1993 参照）。その研究でジャクソンは、人種地理学の従来の研究には空間科学の観点を取り入れる傾向があったが、それには弱点があったことを明らかにしようとした。この伝統での研究は、実証主義的な選択と制限モデルによる、民族（エスニック）分離のパターンの地図化と記述に集中していた。ジャクソンは、このような人種分離の説明には、もしそれらが人種差別の社会的・政治的特質を認識しないならば、理論的弱点があると主張した。その代わりに、彼は、人種差別主義は白人のヘゲモニーを維持することを目指すイデオロギーによって構造化されている、と指摘していた。この観点から見て、人種差別主義は実質と表象の両面（すなわち、人種差別主義の実践ばかりか言語と心象と象徴性）が慣習の中に本来的に埋め込まれていると思われる。彼は、スーザン・スミス（Suzan Smith, 1989a）のような人びととともに、（人を）動物の形で描くこと、環境への順応、疾病に基づく文化的神話がどのように人種カテゴリーを構築するために用いられてきたかを証明し、これらの表象が植民地とポスト・コロニアルの環境下で西ヨーロッパの白人優越性をいかに永続させたかを暴露した。言語と「文化政治学」に対する慎重な関心は、非常に影響力のある彼の著書『文化地理学の再構築 —— 意味の地図を描く』（Maps of Meaning, 1989）でも明らかで、本書は多数の地理学研究者によって「新しい」文化地理学の功績と認められることになった。本書で、ジャクソンはとくにレイモンド・ウィリアムズ（Raymond Williams）、クリフォード・ギアツ（Clifford Geertz）、スチュアート・ホール（Stuart Hall）、アントニオ・グラムシ（Antonio Gramsci; コラム 3.3 を参照）の社会理論と文化理論を参考にし、文化が権力関係を持続させる仕方を探究した。ジャクソンは、西洋社会の地理を形づくる「文化政治学」を強調する、文化の唯物論的見解を採用した。その後、彼は消費とショッピングとファッションの地理学（たとえば、Miller et al., 1998 を参照）の研究に集中し、とくに、男らしさ（masculinity）の文化政治学に重点を置いた。第一波の、数人の他の「新しい」文化地理学者と同様に、彼は最近、物質的なものを犠牲にし、非物質的なものや、まとまりのないものに集中していることの危険性について警告し、そうすることは、文化が物質との関係と物の「流れ(フロー)」を根拠にしているという重要な側面を無視することになる、と主張している。

さらに詳しく学ぶための参考文献：Jackson, 1987, 1989, 2000

3.3 批判地理学

「文化論的転回」に結びついているが、それに反発して「批判地理学」が発展してきた。その認識論、存在論、方法論は多種多様で、それゆえ、独自の理論的アイデンティティを欠いているが、批判地理学はそれでもなお、(たとえば、後で説明するマルクス主義、フェミニズム、ポスト・コロニアリズム、ポスト構造主義など) さまざまなアプローチを用いる研究者を集め、人と場所の間で不平等を (再) 生産する社会 - 空間的プロセスを暴露することにも関わっているのである。言い換えれば、批判地理学者は彼らの**イデオロギー的**立場とより公正な世界 (1.1 節を参照) を創出したいという願望によって、一般的に結びついている。不平等、不均等、不公正、そして搾取の地理学をつくり出す社会的、文化的、経済的、政治的関係を研究し、変革させることへの関心は、道徳哲学、社会的・環境的正義の諸問題への関心 (Harvey, 1996; Proctor and Smith, 1999; D. M. Smith, 2000 参照) と同じように、調査と実践とのへだたりを克服しようとする試みに明瞭に現れている。ジョー・ペインター (Joe Painter) は批判地理学の特徴を次のように説明している。

> 人文地理学の内部と外部における解放政策、漸進的な社会変革の促進、広範な批判理論の発展、および地理学の研究とそれらの政治的実践における適用の発展への共通の関与が結びついて、人文地理学の考え方も実践も多様に急速に変化しつつある。(Painter, 2000a, p.126)

批判地理学者が採用してきた理論的フレームワークの多様性は、現代の批判的人文地理学の構成と実質的な焦点が極端に多様であることを意味する (それらは、**とりわけ**貧困、国際関係、自然の利己的利用、アイデンティティに関する文化政治学〈cultural politics〉〔訳注：文化の問題は美学や趣味や品格だけに関係することだけではなく、競合する生活様式と結びついた権力と物質的報酬に関わっていることを

第3章 新しい理論、新しい地理学？

示す〕などの地理学を含んでいる)。また、現代の多くの批判的人文地理学は、(すべてではないが) 1960 年代と 1970 年代に実践されたより同質的でラディカルな地理学とは根本的に異なっている (2.4 節を参照)。最も重要なことは、社会形成における資本の役割の考察の重視から、社会と経済の分裂をつくり出す権力と格差といった複雑な軸へと、焦点が広く移行したことである。構造主義者と唯物論者の説明は、人びとの働きや文化の諸問題に敏感に対応する見解によって補足され、取って代わった事例も多かった (Barnes, 1995)。さらに、大多数の地理学者が経験し、築きあげてきた研究を重視し、現代社会の周辺部にいる集団に焦点を当てることで研究領域が拡充されてきた(3.4 節参照)。社会の周辺部の人びとの声により多く注目し、すでに確定したと認められた分析のカテゴリー(たとえば中心対周辺の関係)は流動的で分解し、社会的に構築されたものと認められてきた。このことは、どのように周辺の集団に援助の手を差し伸べるべきかについて考えていた地理学者を含んでいて、地理学者は彼らの声をその著作に組み入れていった。第 1 章で述べたように、知識は生産され、ある状況下にあるものと認識し、自分自身の立場 (positionality) を一層自覚したので、批判地理学者は、また、その視線を内側に転じてきた。

　批判地理学における重要な考え方のいくつかを詳細に説明することは、それ自体、本書のような本の 1 節の範囲を超えている。したがって、ここでは、このような分析の根底にある理論的考え方の特色を示す批判地理学の 2 つの側面だけを吟味する。3.3.1 項では、生活のスタイルと文化への関心を組み入れるために、社会における不平等の性質に関する「伝統的」マルクス主義の解釈を拡大することによって社会福祉の不均等を解明しようとしてきた研究活動を詳しく説明する。3.3.2 項では、不平等について広く知られている考え方を検討して、権力のやや異なる説明に中心を置き、抵抗によってもっと平等な社会を実現する民衆の潜在力にも注目する。この 2 つの項の主題は、不平等はどのように空間化され、「世界の多くの空間で常に展開され、世界各地に拡大していくのか」、その様相である (Sharp *et al*., 2000, p.1)。ジャクソン (Jackson, 1994, p.562) は次のように強調している。「差別がどのように空間に現れているかではなく、社会的

第1部 人文地理学の理論化

不平等がどのように空間的に構造化されているかを強調することによって、地理学がその批判の有効性を維持してきた」のは、人間の多様性と差別についての関心を通してであった。それは、「多種多様な権力」(Massey, 1993) を通してつくり出される複雑な社会的差別と不平等を解明することに関心があるからである。それが多くの批判地理学を統合することになるのである。

3.3.1 文化に適応する資本

第2章で説明したように、1970年代に発展したマルクス主義地理学は、社会形成の説明において政治経済学が卓越した要素であると主張した。ごく最近では、このような考え方は社会的不平等の形成についてもっと柔軟な説明をする人びとからの攻撃にさらされた (Callinicos, 1990 参照)。その結果、資本の分析の優先性を主張する人びとと、文化の重要性を主張する人びととの間に、興味深い対立と協力の関係がいくつか生まれた。率直に言って、ある人びとにとって、場所について抱く彼らの文化的営力と生活スタイルと表象を分析の中心とすることは、生活スタイルと社会 - 空間的プロセスを理解する鍵なのである。ところが、他の人びとは資本蓄積の論理と、社会の利己的利用を追求する投資と投資の引き揚げの循環を主張し続けている。この後者の説明では、すべての力関係（たとえばイギリスにおける男性対女性、黒人対白人、健常者対障害者、北部対南部）は資本に関係がある構造的産物と判断される（家事分担と新入りの労働者の供給を確実にする、たとえば、家父長制、低賃金労働の供給を確実にする人種区分など）。前者の見解では、社会過程は資本主義よりもむしろ文化的に源があり、たとえばジェンダー区分は資本主義的生産の領域には無関係と認識される社会的過程から現れるものである。

これらの議論がどのように展開されたか、その実例は、1980年代と1990年代が全盛期であった都市的ジェントリフィケーションと農村的ジェントリフィケーションの研究によって提供された。ジェントリフィケーション〔訳注：住宅地区環境の改善、高級化〕は、大まかに言えば、裕福でない借家生活者と自宅所有者が、裕福な自宅所有者によって地区から追い出されるプロセスと言えよう

(Lees, 1996)。これは既存住宅の高級化や美化にしばしば関係しており、多くの西洋の都市で見られるプロセスであるばかりか、郊外よりさらに遠くへ住居を移転する超郊外居住者からなる通勤者住宅地でも見られる。このプロセスを説明しようとして、マルクス主義思想家たちと、利用者側に立った、あるいは消費者側の説明を主張する人びとの間で激しい論争が行われた。マルクス主義者思想家たちは、これは資本の配置換えであり、そしてジェントリフィケーションは資本供給あるいは生産主導のものであったと主張したが、利用者向けの説明、あるいは消費者側の説明をする人びとは、ジェントリファイアー〔訳注：ジェントリフィケーションの地区に居住する人びと〕自身の生活スタイルと需要に焦点を当てていた。ニール・スミス（Neil Smith, 1996）はこの論争を資本対消費の争い、人びとの都市帰還対資本の都市帰還の争いと言い換えた。次第に両方とも正しい解釈であり得るとされ、文化と資本は非常に独特に絡み合い、ジェントリフィケーションという特有の景観を形成させることが明らかにされていった（Mills, 1993）。資本と文化のどちらが優位かというイデオロギーに結びついた偏狭な説明を避けて、微妙に違ったジェントリフィケーションの説明が出現した。それは、さまざまな生活スタイルに付随する価値と、特定の空間と文化が商品化される仕方が探究されたからであった（文字通りには、売り買いされる商品になったということである）。ズーキン（Zukin, 1992）のマンハッタンにおけるロフト居住（loft-living）〔訳注：屋根裏スペースを居住用に利用する居住様式〕の出現の考察はその典型的な例で、不動産市場の策謀と自由奔放に暮らす芸術家の生活スタイルの社会的評価が、いかにグリニッチ地区とソーホー地区の変容を促したかを明らかにしている。

　ジェントリフィケーション（ばかりか自然の利己的利用＜ルビ：エクスプロイテーション＞や従属性など）の説明におけるマルクス主義の考えの効用と適切さについてのこのような議論から、マルクス主義理論との一層豊かな関わりが明らかになった。それは、唯物論的研究において文化の重要性が本質的に認められ始めたことである。ブラントとウィルズ（Blunt and Wills, 2000, p.82）は、「美的感覚と文化的慣習は重要なものであり、それらが生み出す条件は可能な限り細心の注意を払うに値する」と述べている。

第1部 人文地理学の理論化

このことに関連することは、差異と他者の扱い方であり、これらはマルクス主義の基本的な階級区分に加えられるべきものではなく、社会変化の弁証法を把握する際にきわめて重要なものとして検討すべきものなのであった。人種、セクシュアリティ、ジェンダーそして年齢は、それゆえ「地理的‐歴史的唯物論」の構成における階級と同じように重要であると考えられた（Soja, 1996）。それでもなお、多くの地理学者は、現代の社会的世界（たとえば異なる民族集団間）にある「断層線」は、変化する資本蓄積の体制について説明するために避けられないものであると言い続けている。資本蓄積の体制の変化は一時期だけの階級区分をつくりあげ、時代が変わると、階級、年齢、民族のさまざまな様相の変化によってこれらのアイデンティティを変化させる。このような思想家が提唱する研究課題は、消費慣習と生活スタイルの選択を通してアイデンティティの形成を調べることが必要であると言う。しかし、重要なことは、このような消費の慣習を可能にし、促進させる資本蓄積の周期的変動に留意することである（農村研究における階級と生活スタイルの再検討については、Cloke, 1993; Murdock, 1995、Philip, 1998 を参照）。

　このタイプの解釈は、アイデンティティに関する文化政治学にとってきわめて重要であると見なされるが、政治地理学に従属するものと見なされることは、**ニール・スミス**（Neil Smith, 1984, 1996, 1998; **コラム 3.2** 参照）のような地理学者の研究で明瞭である。スミスの著作は、とくに都市環境における空間の生産の不均等性を中心としている。さまざまな都市の研究事例を通して、彼は「地方」スケールにおける社会的不平等性と、包摂と排除の政治過程は、世界的スケールまで働いて作用している実質的な社会‐空間プロセスに基礎を置いていると主張してきた。彼にとって、インナーシティ〔訳注：低所得者が密集する都心周辺部〕の暴動、憎悪犯罪〔訳注：人種、宗教、性的嗜好などに対する偏見から、その属性をもつ人物や集団に対して行われる差別的犯罪〕、ジェントリフィケーション、郊外化、脱工業化過程、地域の衰微、国際分業、ナショナリズムの強化などは、資本主義の連続する変容の重要な過程として密接に結びついている。スミス（Smith, 1998）が「エル・ニーニョ資本主義」と呼ぶものの潜在力は、エ

ル・ニーニョが世界の気候に大きな影響を及ぼすのと正に同じように、経済危機の衝撃波の影響は、それが起こった地域をはるかに越えることを彼は説明している。たとえば、タイの**バーツ**の平価切り下げは数時間のうちに他の市場に相場暴落を引き起こし、世界中の企業と職場と地域経済に大きな打撃を与えた。これは、資本主義に対しては危機とチャンスをもたらし、絶え間のない投資の引き揚げを活発化させ、そして後期資本主義にとって非常に重大な資本の埋没を助長する。これが、さまざまな規模の不平等の永続性と改革によって生きている資本主義なのである。このシナリオが象徴していることは、これらが不平等を利用し、強化することは資本主義にとって不可欠なことと見なされているということである。たとえば、黒人の文化的表象は、歴史的にヨーロッパがその植民地を拡張し開発したとき、奴隷制を合法的なものとして、政治的経済的関係をゆるぎないものに確立するのに役立った。このような表象は、たとえば安価な肉体労働を提供することが、資本にとって有利なために、時代を超えて再生産されてきた。

　スミスのねらいは、ハーヴェイ（Harvey, 1989a）やノックス（Knox, 1993）などの人びとと並んで、不均等発展が継続する重要性を中心とする主題を展開し、「マルクスに帰れ」という文化政治学に同調するスローガンに沿って、資本主義の社会‐空間的論理を解明することであった（Smith, 1998, p.163）。不均等発展がどのように作用するかを説明するため、彼はとくにニューヨーク市におけるジェントリフィケーションの研究を広範に企て、都市内の比較的貧しく、社会的に日陰に追いやられた悪名高い地区が、どのようにして治安が維持され、「改善されている」かを明らかにしようとした。彼は**報復都市**（revanchist city）（すなわち、従前の体制下で労働者階級が努力して確保した土地使用権に対して中産階級が報復を行使する都市）という用語をつくり出して、このようなプロセスがどのようにジェントリフィケーションや住民等の強制移転そしてホームレス状態を促進するかを明らかにする。ここでの彼の研究は、地区が後に資本によって「再生される」だけで価値が下がってしまう仕方を確認しようとしてきた。これらは、新自由主義政策、アメリカのフロンティア神話、新しく裕福なサービス業

第1部 人文地理学の理論化

階級の願望に助けられていた。かくして、彼の研究は、ニューヨーク市におけるジェントリフェケーションを理解するには、世界都市としてのニューヨークの重要性および市が主要企業、金融、政治のネットワークの中核であることを認め、政治経済事情を土台にすることが必要である、と説明している。

　このような不均等発展の考え方が、社会と空間の不平等の多様なタイプを理論化するのに用いられることは、ブレンダン・グリーソン（Brendan Gleeson, 1999）の研究で明瞭である。スミスとは対照的に、グリーソンの分析は社会における1つの特定集団（障害者）の社会的無視に焦点を合わせた。スミスと同じようにグリーソンは政治経済学と障害者の文化政治学の両方に関心を集中するアプローチを用いて社会‐空間的排除を理論化した。グリーソンはマイケル・オリヴァ（Michael Oliver, 1990）の研究を基礎にして、社会における障害者の役割は封建社会から産業社会への移行で根本的に変わってしまったと主張し、農村から都市への生産空間の大規模な移動が居住する場所と労働する場所の分離を先導したことや、封建時代には障害者は果たすべき生産的役割を持っており、当時の住居は仕事場でもあったが、（資本家の）仕事場での障害を持たない同僚に比べて非生産的と見なされていたこと、産業社会への移行で、家族の再生産のために働くことも、寄与することもできなくなったと論じた。グリーソンは社会における障害者の境遇は極端に変化したことも主張した。この変化は障害者の社会的状況を現在まで維持してきて、排除および施設に収容する制度という特有の地理をもたらした。換言するとグリーソンは、障害者の経験を決定づける際の資本主義の中心的役割と、非障害者はどのように関わるべきかを考慮しなければ、西洋社会における障害者の排除を理解することはできないと断定した。しかし、身体障害と空間の産出に対する史的唯物論者の率直な見解に比べて、グリーソンは文化適応の分析の価値を認め、資本主義が身体についての特有な評価に依存していることを認める明確な判断を求めている（第4章参照）。

　批判地理学者による他の研究は、自然の文化的構築を探ることによる自然‐社会関係のマルクス主義的分析の拡張を目指してきた（1.3.3 項参照）。これは、1980 年代にマルクス主義を文化生態学と組み合わせた**政治生態学**（political

第3章　新しい理論、新しい地理学？

ecology）が形成されたことで明らかであった。政治生態学は、柔軟な資本蓄積の時代に資本利得のために自然を、利己的に利用される多種多様な手法に取り組んだ。「共同体がいかにして世界経済に統合されるか」に関する諸問題は、「資源管理および環境の規制と安定性（regulation and stability）」の問題に結びつけられた（Peet, 1998, pp.95–6）。それは、自然の社会的利己的利用についての洞察をもたらすためであった。たとえば、ピアーズ・ブレイキー（Piers Blaikie）はその著書 The Political Economy of Soil Erosion（土壌侵食の政治経済学）（1985）において、土地を耕す人びとへの経済・政治的圧力のために生態系に影響を与える圧力が働く複雑な仕方を詳しく述べた。そうすることで、彼は環境の制約、不適切な管理、人口過剰、市場危機を環境劣化の原因と非難する従来のモデルを否定し、代わりに土壌侵食を促進したのは政治的・経済的システムであると仮定した（Watts, 2000）。とくに南アジアとアフリカの発展途上諸国では、負債、貧困、輸入された開発論が、国家に自然資源の利己的利用を強要しつつあり、また民衆と農民を圧迫しつつある。これらの問題は地域の意思決定方式や文化価値体系および政治的安定制度などのためにさらに悪化した。同様に、ナイジェリア北部における飢饉の原因を調査したワッツ（Watts, 1983）によれば、植民地の発展と輸出作物栽培への移行が食料生産の体制と文化を変えてしまい、農民が伝統的に活用してきた気候異変に対処する柔軟な戦略を破壊してしまった。かくして、農民の生産活動の資本主義的様式への統合と自然の利己的利用は、旱魃に対する彼らの対策を除去してしまい、彼らを飢饉に痛めつけられやすい状態にしてしまったことを明らかにした。最近、この政治生態学が社会理論と広く関与した結果、たとえば自然などの概念は当然再構築されるようになった（1.3.3項参照）。その結果、政治生態学の多数の構成要素への分解が起こった（Watts, 2000）。ここでは、自然と持続可能性と利己的利用についての理解を（とくに文化的に）支持する、環境に関する知識を補強することが、科学の重大な役割であると認められている（Bryant, 1992; Barnes and Gregory, 1996; Demeritt, 1998）。

　このマルクス主義的分析の文化適応（enculturaton）によって、カスツリー（Castree, (1999)）とギブソン＝グレアム（Gibson-Graham, 1996）は、資本主義の心臓

部に社会関係が存在することを暴露し、また複合性と多様性を無視するマルクス主義政治経済学の「行きづまり」を克服するようマルクス主義の修正を求めることになった。スミスやグリーソンと違って、カスツリーやギブソン＝グレアムは、マルクス主義はあまりにも資本と階級に固執しすぎると主張する。ギブソン＝グレアムは、資本主義と階級を考え直し、たとえば経済の実践には多種多様な「資本家」と「非資本家」の活動が含まれており、マルクス主義分析では非資本家の活動がほとんど無視されていることを指摘している。このことは生産と消費に関する議論で取り上げられている（Barnes, 1995 参照）。そのうえ、敵としての等質的なブルジョア階級と反乱実行者としての等質的な労働者階級の組織化は、経済体制内の社会関係の多様性を認めていないと彼らは言っている。カスツリー（Castree, 1999）は優れた洞察の論文で「第三の道」を究明している。これは、マルクス主義を伝統的マルクス主義分析よりはるかに開放的に再構築する道である。彼はそこで、資本主義を開放的で異質の要素を含むシステムとして再構成しており、このシステムには「抽象的労働と具体的労働を通して、『外部』と見なされている状況が絶えず注入されている。つまり、国籍、ジェンダー、セクシュアリティ、地理的立地条件などの差異が具体的労働の領域に常に集中し、社会労働と労働時間を抽象化することによって、差異は構造的にまとまった世界システムに強制的に接合されている」としている（Castree, 1999, p.153 参照）。同様に彼は階級を開放されたカテゴリーと規定し直している。「労働階級は、搾取され、支配され、社会主義下でその権力を『改善』できるものではない」。むしろ、階級は資本蓄積過程に関係する構造上の地位である（Castree, 1999, p.153 参照）。この開かれた定式化は、人びとの間の差異を認めるが、しかし、カスツリーの主張によれば、定式化は依然として階級を中心に置いている（階級は資本主義に対する世界的政治運動に影響を与える共通の基盤を用意するからである）。カスツリーは本質的にマルクス主義の文化適応を探っており、批判的アプローチは政治経済学の批判を中心的な場所として維持しながら、他の批判理論家の関心事、たとえばアイデンティティ、差異、多様性などに対してはより開放的である。

コラム3.2　ニール・スミス（Neil Smith 1954-2012）

　ニール・スミスはニューヨーク市立大学シティカレッジの人類学・地理学の特別教授で、過去25年間にわたって、不均等な発展と空間の生産は資本主義の論理の中心であると主張して、空間をマルクス主義的分析の中心に据えようとしてきた。非常に多く引用されている彼の著書 *Uneven Development*（1984）において、スミスは空間と自然と規模の生産における資本の役割を探究し、不均等発展に関するシーソー理論（see-saw theory）に到達した。資本主義には2つの相反する傾向がある、とスミスは考えている。その1つは生産のレベルと条件を平等化しようとする推進力、もう1つは生産のレベルと条件の差を利用しようとする願望である。実際に、資本は剰余価値を生み出すために継続的に場所に投資されているし、また資本自体の基盤を拡充させている。しかし、資本は現地から継続的に引きあげられ、どこにでも移動することができ、地方間の生産コストの差を利用してより多くの利益をあげることができる。使用価値と交換価値の緊張は絶えず投資のサイクルと諸々の場所からの流出を招き、人びとの間に社会的不平等と緊張を駆りたてる。換言すれば、社会的対立の根本的原因は資本主義の空間の生産にある。スミスは不均等な発展についての彼の理論を、ジェントリフィケーションの過程を検証することで説明している。彼は、1996年に出版した著書『ジェントリフィケーションと報復都市 ── 新たなる都市のフロンティア』（*The New Urban Frontier*）で、ジェントリフィケーションは中産階級の都市生活志向の反映をはるかに超えたものであって、投資が新しい場所へ引きつけられ、資本が市街地環境に投入されたことの表れである、と主張した。ジェントリフィケーションはそれ自体、過去の不均等な発展によってつくり出された社会的不平等の利己的利用であり、投資と自由主義的都市政策が相互に関連しあう歴史に根ざしたパターンの結果である。その結果、ジェントリフィケーションは社会的緊張、立ち退き、ホームレス、強制退去をもたらす。強制退去は他の地域からの資本の逃避を生み出して、将来のジェントリフィケーションの新しい場所をつくり出すことになる。スミスにとって、最近のジェントリフィケーションの動向は、周辺地域の再開発に基づく資本の再投資計画の前兆となる（1960年代以降のコンセンサスの行き過ぎに対する新自由主義政治家たちによる「報復」行為で明らかになっている）。最も的確な最近の研究のいくつかは、したがってジュリアーニ元ニューヨーク市長が追求した「ゼロ・トレランス（不寛容）」政策を、不均等な発展の有害なプロセスと結びついたものとして暴露している。彼はポスト・モダンとポスト構造主義の思考の過度なレトリックに懐疑的であり（Smith, 2000を参照）、依然としてマルクス主義の伝統に根をおろしている。不平等と不公平に対する闘いは、これらの不平等の文化における

第1部　人文地理学の理論化

単なる表現よりも、むしろその物質的基礎をさらけ出す考察によって最もよく支えられていることを示している。
さらに詳しく学ぶための文献：Smith, 1984,1996, 1998

3.3.2　支配と抵抗の地理（学）

　アイディンティの文化政治学の重要性は、マルクス主義の伝統で研究する人びとによる特有の成果の多い方法で捉えられてきたが、多様性と差異に関する諸問題については、他の理論的枠組みで研究する人びとによって若干異なる発展が見られた。空間を社会のアイデンティティと特異性が形成され、維持される決定的に重要な手段であると認めると、ここでの関心の焦点は、ある人びとには利益になり、他の人びとには損失になるように空間を主張し、占拠し、利用し、そして整備することを決定する権力関係ということになる。階級を基礎としたマルクス主義に触発された説明よりもいくらか広い分析の網を投入した結果として、権力の地理（学）を個人と人びとの集団に関係するものとして検討する空間化されたアイデンティティ政治学と、特定の空間領域で働く権力の地理（学）を検討する場所のアイデンティティ政治学が生まれた（Keith and Pile, 1993 参照）。

　多くの地理学者はそれに対応して、「支配と抵抗の地理（学）」と呼べるものを検討した。一般に、それは特定の集団を社会的、政治的、経済的に抑圧することになる社会・空間的過程の検討からなっていた。しかし、このような検討の裏面には、そのような過程は逸脱行動、積極行動主義、市民の反抗、公的政治制度の利用、さらに、ミシェル・ド・セルトー（Michel de Certeau, 1981）の説に従って、日常生活の慣習（たとえば、一様の容姿、動作や話し言葉）によって抵抗されるという認識がある。どちらの場合でも、**権力**はどのように不平等をつくり出し、再生産するか、そして権力がどのように抵抗されるかということに焦点がある。本書は第 7 章で国家が規定する権力の形態の考察に戻ることになるので、ここではその用語の意味を考えることが適切である。確かに**アントニオ・グラムシ**（Antonio Gramsci; **コラム 3.3** 参照）の業績は、権力の概念化を探究

第3章　新しい理論、新しい地理学？

する理論家たちに非常に大きな影響を及ぼしてきた。ムッソリーニのファシスト政権によって1928年に投獄されて獄死するまで、グラムシは、なぜ本質的に弾圧的で反民主主義的な政党が大衆の支持を獲得したのかを解明しようとした。グラムシはマルクス主義者で、イタリア共産党員として1924年から1926年までそのリーダーであったが、権力の微妙な差異を重視して、不平等と弾圧を純粋に資本との関係の見地からだけ考えることには欠点がある、と主張していた。グラムシは説得に焦点を置くことに賛成し、イデオロギーがいかに影響力の強い制度と文化的慣習を基礎にしているかについて、経済学者らしくないモデルを発展させようとした（Forgacs, 1984）。ファシズムの台頭を説明する際に彼は**ヘゲモニー**（覇権）（hegemony）の概念を展開した。一般にヘゲモニーは、議論の余地のない絶対的で最高の権力状態に適用される。しかしグラムシは、ヘゲモニーの定義を、支配集団が、従属集団を説得してそのモラル、政治的・文化的価値を「自然」の秩序として受け入れるようにする権力に改めた。グラムシは本質的に「満場一致の組織」に関心があった。つまり、いかにして特定の思想、信仰、価値が、好ましくて、不可避で当然のものとして受け入れられ、そして、特定の社会のビジョンが常識として承認されるかどうかということに関心があったのである。権力の概念がグラムシのヘゲモニーの概念によって資本の立場から見て視野の広い、人間らしいものへと移行したことは、多数の地理学者に賞賛された（Jackson, 1989; Myers, 1998）。これは彼らの多くが自分たちをマルクス主義者と考えなくなったことを意味した。

　たとえばティム・クレスウェル（Tim Cresswell）は、社会理論と「新しい」文化地理学にグラムシのこの定義を幅広く援用して、ヘゲモニーが空間の整備を通して維持されたり、阻止されたりする仕方を記録しようとしてきた。その著書 *In Place / Out of Place*（1996）において、彼は文化のイデオロギーが空間を整備し、調整して、空間のヘゲモニーを再現する仕方と、そのような場所に刻み込まれたイデオロギーがどのような挑戦を受けるかを考察している。彼は、社会的に共同生活をするようになると、何が特定の空間に受け入れられるか、何時、どんなものや誰が「場違い」になるかを理解するようになると断定する。ここ

第1部　人文地理学の理論化

では、景観の空間的構造と場所は、所属を示す一連の文化を示すものを提示する。それらはたとえば地名のように明白であったり、あるいはたとえば住居のタイプや外見のように、何気ないものであったりする。景観の象徴的意味を読むことは、いかにそこで行動すべきかを知ることである。たとえば、教会は常に崇敬を、図書館は静粛の必要性を示唆する。クレスウェルは、このような場所が、いかにして自然で自明で常識的にそれらに関連する意味を思い出させるかを記述している。「人が図書館で静かにしているのは、図書館では静かにしているのが適切なことだと思っているからであり、図書館では静かにしていることが静粛の持続に役立つからである」(Cresswell, 1996, p.16)。言い換えれば、場所に刻み込まれたイデオロギーが、ヘゲモニーを再生産する働きをするのである。

　その研究でクレスウェルは、マージナルな立場に追いやられた社会集団が、特定の空間にふさわしい当然の判断を粉砕しようとして、地理的境界や社会的境界を横切って数多くの確信犯的違法戦術を用いる方策を詳しく説明している。そのため、彼は3つの事例、つまりニューヨークのグラフィティ・アーティスト、新時代運動(ニューエイジムーブメント)の旅行者〔訳注：イギリスで一般社会の価値観を拒絶してトレーラーハウスなどで各地を転々とする人〕、そしてグリーナム・コモン〔訳注：イギリスにかつてあった空軍基地〕平和運動の女性を研究に用いている。これらのグループはいずれも、ある場所で許される行動であったものを混乱させるために行動規範を逸脱する行為を用いた、と主張した。たとえば、グラフィティ・アーティストたちは、都市の建造物に「貼り紙」をした。新時代運動の旅行者は土地の権利と行政指導を無視して「私有地」に野営した。グリーナム・コモン平和運動では女性は米軍の軍事基地の外側に野営し、その基地へのミサイル搬入を妨害した。クレスウェルは、これらのグループによる空間の違反的利用は当然、空間的ヘゲモニーを維持しようとする支配集団の抵抗を受けると指摘している。たとえば、グラフィティ・アーティストの作品は画廊に受け入れられて、芸術の主流の形式として取り入れられた。新時代運動の旅行者がストーンヘンジとイギリスの国家遺産を利用しようと企てた件に関しては、中産階級の社会的地

第3章　新しい理論、新しい地理学？

位、核家族、および伝統的な家族の価値観の概念に基づいて、場所を誰が合法的に利用できるかということを再定義した。そのうえ、新しい法律が制定され、新時代運動の旅行者が集まるところでは裁判が可能となり、警察が治安を維持し、彼らの行動は規制された。そして彼らは周辺に追い立てられ、彼らのライフスタイルも規制されることになった（Sibley, 1995 も参照）。グリーナム・コモン平和運動女性の「行動規範を逸脱する」行動は報道では広くけなされ、その女性たちは「女らしくない」と指摘され、「田園風景」にふさわしくないとされた。彼女たちと子どもたちは「社会常識に反する」行動のために危険にさらされることになった。

　クレスウェルの空間的軋轢と「縄張り争い」についての慎重な読解にもかかわらず、グラムシのヘゲモニー概念を援用する研究は、しばしば、権力者と非権力者が並列する社会状態に陥る。支配者と抵抗者が対立すると、支配者側は現状を維持しようとし、抵抗者の側はそれを突き崩そうとする。権力の関係は、支配と抵抗が対立する力の関係とは単純に考えられない非常に複雑な場であると断定する人びとは、この権力の定義に対して異議を申し立てている（これはクレスウェルのその後の著作が認めていることである。Cresswell, 2000 を参照）。権力を理論化しようとしている人びとにとって、ミシェル・フーコー（Michel Foucault; コラム 4.2 参照）の著作は非常に影響力があった。1960 年代の後期から 1984 年に死去するまで、フーコーは制度と行政の実践を通して表現される、権力の歴史と地理を検討した。彼はとくに近世の早期（1600 年代から 1700 年代）から産業社会（1800 年代以後）までの推移に注目し、社会を形成し支配する新しい「規制体制」の創成を文書記録に基づいて明らかにし、多様な背景で規制の新しい様式がつくり出されることを検討した。一連の研究で（Foucault, 1977）、彼は規律と刑罰の制度を研究し、大衆を脅して服従させるように計画された直接の、そしてしばしば「**特殊**」で残忍な懲罰制度から、明らかに巧妙で画一的な刑罰の制度に移行したことを描いた。この新しい制度は、処罰、矯正、そして社会秩序の維持を目指す彼ら自身の「逮捕する機構」（すなわち監視体制）を備えていた（Sharp *et al.*, 2000）。この研究は、ビクトリア時代の制度環境と、健康で尊敬

第1部　人文地理学の理論化

される、道徳的な個人の育成の任務に焦点を合わせることであった。刑務所と精神病患者の収容施設の理論的根拠と、設計と機構の検討を通して、権力は人びとを投獄したり、特定の行動を禁止したりして抑圧的であり、また受刑者を矯正したり、正常な行動様式を促したりして、良い結果をもたらすと主張した。そのうえ、権力は「微細な事実」に関心を注ぐべきだ、と彼は主張した。つまり、権力がどのように行使され、さまざまな背景を越えて人びとに影響を与えるようになるのか、そしてどのように関係機関が他の人びとの行状に変化を生じさせるかを調べるべきだと言うのである。

統治性に関するその後の一連の研究において、フーコーは国家の実践がいかに個人の自己規制に影響し、それをつくりあげるかについて検討した（Foucault, 1981）。彼はこのことを、主として個人のセクシュアリティと道義性の系譜（歴史的進化）との相互関連を追究した。国政の記録と医療の説明書、そして宗教協定に含まれるセクシュアリティの表象を参考にして、彼は、国家は権力と知識に精通することができ、それによってすべての人びとに「倫理意識」の向上を通して国民の道徳的価値観を身につけるよう奨励し、その過程で民衆のセクシュアリティ意識を高める、と主張した。フーコーは、権力の内面化過程が人びとを自己管理に進ませると提唱した。かくして、フーコー主義の客観的な見方では、権力は単に「具体化し、侵入的で、押しつける」ものではなく（Robinson, 2000, p.68）、トップダウン方式で働いていても、他のもっと巧妙な仕方で働くと主張する。権力は、したがって、「すべての人によって行使されるものであって、潜在的に生産的であり、すべての社会関係の心臓部に」ある（Creswell, 2000, p.261）。彼は「権力は打倒されるべきものではなく、活用され、変容されるべきものである」と続ける（p.264）。この権力の認識は、ある豊かな人びとと集団が持っているだけの「もの」ではなく、転換可能で一緒に働き、そして形を変える流れや運動や関係を含むプロセスと見なされる。同様に、フーコーの研究を参考にして、シャープら（Sharp et al., 2000）は、権力は単に抵抗の活動に遭遇する支配の行為ではなく、日常生活の慣習に縛られたはるかに複雑で、扱いにくいものであると主張している。ここでは、支配と抵抗は「一対」のものと言われる。

第3章 新しい理論、新しい地理学？

しかしこれらは徹底的にもつれあっており、別個に独立のものとは認められない。第4章でさらに詳しく議論するが、その時、数人の地理学者はフーコーの権力の研究法を適用し、特定の環境状況において展開される権力の集積回路を検討し、豊かな成果をあげている（たとえば、Philo, 1987; Ogborn, 1995; Lees, 1997）。

この権力の地理学は「道徳地理学」と名づけられてきたものの発展にも明らかに関係があり、デイヴィッド・スミス（David Smith, 2000）は、それを何人もの地理学者が社会において何が正か邪か、また何が善か悪かという道徳哲学の基本的問題に広く関わっている徴候と感じている。この関わりは3つの重複する研究課題からなっている。第一の課題は、社会と空間について道徳的解釈を提出しようとする地理学的研究に関係しており、「正」と「邪」の異なる感覚がさまざまな場所にいかに刻まれるかの分析である（Matles, 1995; Hubbard, 1999 参照）。第二の課題は、「空間的」に公正な社会は何から構成されているかを決定しようとする研究、つまり「道徳」地理学を含む研究である（Harvey, 1996; D. M. Smith, 1994）。第三は地理学者自身の道徳性、倫理観、道徳的責任および地理学という学問分野を考察する研究に関係した課題で、たとえば、地理学の実践はどのように「道徳的」であるかを問う（Chouinard and Grant 1996; Kitchin, 1999; Roberts, 2000 を参照）。全体としてまとめると、「道徳地理学」の構成は、批判地理学で用いられている多数のアプローチを結びつけたものと見なされる。したがって、批判地理学は不平等に関する諸問題で協力し合い、携わってきた体験によって統合され、それは解放の政治学と社会の変化に関与しながら、権力の複数の軸をますます認めるようになっている。

コラム3.3 アントニオ・グラムシ（Antonio Gramsci 1891-1937）

グラムシの著作（Gramsci, 1971; 原書はイタリアで1948年と1951年の間に出版）は、社会科学で広く検討され、マルクス主義の思想を著しく進歩させたと認められてきた。1929年から1935年に牢獄で書かれたノートで、彼は歴史的分析によって、どうしてファシズムが政権を獲得したのか、そしてなぜ左翼の反対は無益だったのか、その理由を描こうとした。彼の結論は、軍部による支持と肉体的威嚇はその答えの一部でしかないということで

あった。第二次世界大戦前のファシスト独裁者ムッソリーニは、イタリアは文明の揺籠であり、ローマ帝国の精神は国家ファシズムの構想を支持することによって取り戻すことができるとイタリアの人びとを説得することで、新しいヘゲモニーを築くことができた。グラムシは、イタリアの歴史的発展をたどることによってファシズムの台頭を説明した。彼は、国家の分裂的特質（19世紀後期まで近代国家が存在しなかった）、文化が地域的に異質な成分からなっていること、国語の欠如、知識人と大衆の分裂、そしてイタリアの小規模なプロレタリアートが分断されて、組織されていない大衆をつくり出し、ファシズムの統合力が入り込む余地を与え、政治的右翼、産業経営者、土地所有者、プチブルの間に同盟をつくり出すこととなった、と説明した。しかし、グラムシが注目したように、ヘゲモニーは決して完全なものではなく、常に異論にさらされる。彼の場合には、ヘゲモニー的なファシズムは、ムッソリーニの当然と思われている仮定を崩壊させようとする反ヘゲモニーの考えや抵抗の実践によって転覆させることができよう、と指摘されていた。グラムシは、プロレタリアートと小農民を、そしてイタリアの北部と南部をまとめ上げ、また新しいより包括的なヘゲモニーをつくり出すことができる広範囲で万人の同盟を形成するために階級の関心を超えて拡大する、国家的な大衆運動の発展の必要性を主張した。

さらに詳しく学ぶための文献：Gramsci, 1971; Forgacs, 1984, 2000

3.4　ポスト・モダン地理学

　本節と次節では、現代の人文地理学に対するポスト・モダンの考え方とポスト構造主義思想の影響を考察する。これらの一連の理論的アプローチに注目するのは、それらが多種多様なフェミニズムの見解（2.4節）と並んで、最近の思想に大いに影響を及ぼしてきて、地理学はどのように概念化され、実践されるべきかについて広範な議論を促してきたからである（Benko and Strohmayer, 1997; Peet, 1998）。しかし、これは他に無視できない理論の発展がなかったということではない。たとえば、精神分析学の理論との提携の進展があった（Pile, 1996; Nast, 2000; Sibley, 1995）。それについては、第4章で詳しく説明する。同じように、1990年代の経済、社会、政治の地理学の多くの研究はブリュノ・ラトゥール（Bruno Latour）、ミシェル・セール（Michel Serres）およびアクター・ネットワー

第3章 新しい理論、新しい地理学？

ク理論（actor network theory）の考え方に影響された（第7章参照）。世界は行為主体（人、動物、事物）のネットワークが絶えず変化する産物だという考え方は明らかに重要なので、ここではそれと精神分析学の考え方の両方を、地理学者が援用してきた仕方についての議論に含める。その際、精神分析とアクター・ネットワーク理論の（厳密に定義された）行動指針とポスト・モダンおよびポスト構造主義思想の（広範な）哲学に関係があるいくつかの非常に重要な事項にも注目したい。

まずは、ポスト・モダンの考え方の本質を概観することから始める。これは容易な課題ではない。**マイケル・ディア**（Michael Dear, 1988; **コラム3.4**）は、ポストモダニズムは複雑で異議の多い用語で、多くの人びとは、聞いたことはあるが、完全に説明できる人はいないと言っている。ピートとスリフト（Peet and Thrift, 1989）は、これはポストモダニズムがいくつかの異なる考え方の組み合わせからなっている用語だからだと言っている。あるレベルでは、ポストモダニズムは世界を**理解する新しい方法**を指す。それは、モダニズムの合理性に対する非難であり、現代の哲学に対する根本的な批判である（Dear, 1988）。もう1つのレベルでは、ポストモダニズムは**研究対象**を指しており、そこではポストモダニズムは、ポストモダニティの時間と空間の組織の研究であり、先行する近代の社会‐空間的関係とは根本的に異なると見なされる社会‐空間的関係によって特色づけられる時代の研究である。それゆえ、ポストモダニズムは社会についての欠陥のあるモダニズムの考え方に代わるものとして（Poster, 1995）、また柔軟な資本蓄積の最終段階としても描かれてきた（Harvey, 1989a）。ここでは、ポストモダニズムの主に前者に関心があり、現代社会を理解する理論的アプローチとして考察される（Best and Kellner, 1991）。

前章で論じた実証主義やマルクス主義のような理論的アプローチの大部分は、基本的にモダニズムの系統のアプローチである。モダニズムは社会と社会的知識を総括する「グランド」セオリー（grand theory）の探究に関心があり、普遍的真理と意味を解明しようとする。これは、「一定の正確さを目指して世界の系統的説明を築き上げようという理論であり、さらに事例を加えることによっ

て、その説明を通して社会生活の全貌を理解しようとする」（Thrift, 1999, p.297）ものである。モダニズムの中心には、知識を累積しつつ逐次修正していけば、正確な理論を築きあげることが可能になり、また世界を説明し、一定の合理的な手続きに従ってその真の秩序を明らかにすることができるという考えがある（Holloway and Hubbard, 2001）。それゆえ、社会と空間について「より良い」理解と「真の」理解をもたらす試みとして、（前章で概観したように）地理学の領域における諸々の競合する理論の伝統の発展を説明できた。理論はそれぞれモダニズムを根拠にして権威を主張する。これは世界を理解するための最善の方法であるが、それは現在生まれつつある新しい瞬間についてのものだからである。ディア（Dear, 1988）は、このモダニズムの考え方は西洋の学問の内部に一貫している雰囲気であるが、互いに排他的なさまざまなアプローチを招き、啓蒙運動の理想を実現することはできない、と主張した。彼は、他の人びと（たとえば Soja, 1989）とともに、1980年代後期にはすでに地理学者は人文地理学をどのように理論化すべきであるかを考え直さなければならないと主張し、その1つとしてポスト・モダンのアプローチを提唱した。

　ポストモダニズムはモダニズムの思想と反目しあっているが、それはモダニズム思想の確立した「真理主張」と知識蓄積戦略に疑問を抱いているからである。ポストモダニズムは、他より優れており、卓越した唯一の知識形態（「グランドセオリー」）などというものは存在しないという観念に基礎を置いている。それゆえ、意見の交換から排除されるべき意見というようなものは存在しない、と考える（Dear, 1988）。ポストモダニストは、絶対的真理は存在しないし、解釈のほかに真理はない（no truth outside of interpretation）、と主張する（Lyotard, 1984）。言い換えれば、それは1つの理論が、あらゆる現象をすべて十分に説明できるということはありえないし、したがって、他の理論「より優れている」として1つの理論に特権を与えてはならないと主張する（リオタール〈Lyotard〉の大きな物語〈meta-narrative〉への懐疑）。ポストモダン・アプローチは真理の認識の方法と諸問題から、知識の生産と利用のための多元的アプローチの妥当性の認識への移行を示す。ポスト・モダンの思想は、かくして、知識と方法と理論とコ

ミュニケーションに対する態度を発展させることに関心があるので、われわれは「現在進行している事象に関する問題から離れて、どのようにして事象を発見でき、理解でき、報告できるかという問題に転換しなければならない」と断定する（Cloke *et al.*, 1991, p.170）。「知識の獲得や世界を理解する可能性そのものに異議を唱え」（Lyon, 1994, p.11）、理論の転換の可能論は懐疑論と見なされる特有の状況で発展してきた（Gregory, 1997）。体系化された科学は、ポストモダン・アプローチの中で、一定の「真理」の中立的観察者としてよりも、むしろ知識の創造における行為者および参加者として科学者の地位を認めるポスト・サイエンスに置き換えられる（1.2節参照）。ポストモダニズムは、かくして、「観察」ではなく「読み方」を、「発見」ではなく「解釈」を提供し、因果関係よりもむしろ諸々のテクスト間の相互関連を探る（Rosenau, 1992）。

　人文地理学との関係で言えば、ポストモダン・アプローチは特定の状況における社会‐空間関係の分析を奨励し、普遍性あるいは科学的厳密性（たとえば伝統的な意味の実証主義）を要求しない。ポストモダニズムの考え方はとくに都市地理学および都市の変化と発展の概念化に反響を呼び起こしてきた。これは、ポスト・モダンの考え方と意味が主として人文地理学に、とくに北アメリカの当時の（ポスト・モダンな）都市形態と発展を理論化することに関心を持った都市地理学者によって導入されたからである。とくに、アラン・スコット（Alan Scott）、マイケル・ディア、エドワード・ソジャなどのロサンゼルスを本拠地として研究を展開した地理学者は、都市はマルクス主義と人間中心主義などのモダニズムによっては十分な説明ができない形で変化しつつあると主張し始めた。これに関連した考え方は、仕事と居住と遊びの場所としての都市は、資本の蓄積という物質的な過程によって形成されるのと同様に、地理学者がその地名を挙げ、地図にその場所を示すことによって存在することになるという考え方である。すでに見てきたように、ズーキン（Zukin, 1992）は、われわれが空間の消費としての都市の変化をどのように見て、どのように体系的に系統化するかは工業生産の論理から抽象されることであると主張した。これは、都市が壮観な消費の場となる際の、広い範囲にわたる変化の一部であって、吸収され、

同化されるべき経験であると彼女は言う。都市の景観は、その時、新しい意味と形態に移行し、都市化についての地理学的概念はこれらの新しい**感覚の構造**（structure of feeling）に追いつけず、その意味を理解することができなくなることがしばしばである。

　文化政治学と政治経済学との結びつきを新しい方法で探究する（3.3.1 項）ディア、ソジャ、ズーキンなどの理論家たちは、もし、資本と文化の複雑な相互作用を公平に論じたいと思えば、場所に対する感受性（sensitivity）が不可欠であると主張している。たとえばソジャ（Soja, 1986）は、ロサンゼルスの調査では、多様で常に変化しつつある景観が、絶えず地方政治と州および国家の政策と行政指導、および貿易と労働の国際化によって多種多様に形づくられつつあると主張した。これらの過程はしばしば矛盾したり、独特な仕方で作用したりしている。それは、一方でモダニズムの枠組みの都市理論が他の都市に似たさまざまな傾向を見つけるが、それは他の点では不十分でもあり、その住民の多くが思っている考えとは異なる都市のビジョンを示すであろう。ディアとフラスティ（Dear and Flusty, 1998）も同様にポスト・モダンの都市計画のコンセプトを調べ、今日都市が組織され、運営される仕方は 20 世紀の初期とは非常に違うことを記録している。ソジャのように、彼らは都市が発展する仕方にラディカルな変化があったと主張している。ロサンゼルスを事例研究に用いて、彼らは、初期の都市化の論理（バージェスの同心円理論やホイトの扇形理論を含むシカゴ学派のモデルを典型とする、中心から外に向かって成長する単一中心都市論）を、一連のさまざまな競合する都市計画様式（彼らは 10 個を認めている）に変換した。それらは柔軟な集積とグローバル化の力に経済的に適応しなければならない諸都市に活用された。彼らの考えるポスト・モダンの都市計画は、いくつかの特性を基本に持っている。それらは、世界と地方の複雑な相互作用、遍在する社会的分極化、連続的再編成、そして周辺によって組織されている中心を含んでいる。これらの特性は、「キーノ資本主義（keno capitalism）」〔訳注：さまざまな断片のランダムな集合からなる都市構造〕と彼らが名づけている新しい空間の論理に従う、中心のない都市システムを生み出す。ここでは、都市化が疑似ランダム

第3章　新しい理論、新しい地理学？

ベースで起こるのが見られる。都市化は機会が存在するところで発生し、中心と周辺のような概念を無視して、著しく分化して小区画に分かれ、そして「消費指向の景観の不連続なコラージュ（さまざまな断片の集まり）を生じさせる」(p.66)。これは、すべてポスト・モダンの都市生活様式の新時代を提示している。

> 都市生活様式の新時代は、一連の分断されたネットワーク（interdictory network）が浸透し、小区画に分割されるという世界の再編成を余儀なくされている。その住民は社会的に、また文化的に不均質で、政治的、経済的に分裂している。その住民はまた、貧民は獄舎都市（carceral cities）の「立ち入り禁止（no-go）」地区に押し込まれてしまっているのかもしれないが、夢のような消費の光景を教え込まれ信じ込まされている。その建造環境は、これらのプロセスを反映し、周縁都市（エッジシティ）、プライベイトピア（privatopia）〔訳注：関係者以外立ち入り禁止の住宅地〕、ゲイテッド・コミュニティ（gated community）〔訳注：囲い込み型住宅地〕などから構成される。その自然環境もまた、これらのプロセスを反映しており、同時に、政治活動のための中心を備えているが、実行不可能な状態におとしめられている。（Dear and Flusty, 1998, p.66）

彼らは、「キーノ資本主義」の特性形成についての複雑な都市的プロセスを理解するには、差異と急速な変化に敏感なポスト・モダンのアプローチの採用が必要であると主張する（Dear, 2000 も参照）。このアプローチは、都市内におけるさまざまな空間を詳細に調査すること（地図化）を含んでおり、それらの空間がさまざまなスケールで働く多種多様な社会的勢力によってどのように形づくられるか、また、さまざまな住民によって空間がどのように体験されるかということも含んでいる。

同様に、クリス・フィロ（Philo, 1992）は農村問題に対するポスト・モダンのアプローチに賛同する議論をしてきた。彼は、この論文を書くまでは、農村は主として、社会の有力な支配的集団（すなわち白人で中産階級の人びと）の価値観と解釈を優先するモダニスト風の議論を用いる中産階級の白人の視点で分析

第1部　人文地理学の理論化

されてきた、と述べた。彼は、このことが偏った農村観を招いてしまったと主張し、それが農村的なものを理解し、経験する多くの方法があることを認めることができなかった理由であったと説明した。それゆえ、彼は農村住民を構成する人びとの多元性（plurality）によって農村地域で生活する人びとの考え方と経験に差があることを認め、「差異に対するポスト・モダンの感受性」を主張することになった（Philo, 1992, p.200）。農村的なものを構成しているのは、女性、幼児、高齢者、ゲイ、レズビアン、少数民族、少数人種、失業者、貧困層、ロマ（ジプシー）、「新時代の旅行者」であって、新しいスタイルの共同体の生活が構成されているのである。これが、農村的なものが一般的に理解されない理由なのである（Cloke and Little, 1997 も参照）。この研究の後で「農村的なもの」を構成するものは何かという分析が、続いて行われることになった。この農村的なものという用語の意味が一般的に固定していることに、疑義が提出されたのであった（Halfacree, 1993; Milbourne, 1997 参照）。

　これは、ポストモダニズムがすべての都市地理学者や農村地理学者、地理学のその他の領域の研究者によって受け入れられてきたと言おうとしているわけではない（たとえば、Curry, 1991; Murdock and Pratt, 1993; Cosgrove, 1994b を参照）。確かにポストモダニズムは、批判の一形式つまり理知的であるが、実質のない推論で「利己主義者の皮肉」にすぎないとして批判されてきた（Lyon, 1994, p.77）。さまざまな批判によれば、モダニストの主要な課題（すなわち、研究、発見、革新、国際化、自己改善）の根拠は依然として西洋社会を土台にした原理にあり、モダニストの理論はそれらを理解するのに最も適切なものなのである（Berman, 1982）。したがって、ポスト・モダン的批判はモダニストの方法を改良するためや、それを強化するためや、その視野を拡大するためだけに利用されるべきであって、それらに取って代わるために利用されるべきではないと主張する人が何人もいた。ポスト・モダンのアプローチに対するこのような批判は、ユルゲン・ハーバーマス（Jürgen Habermas, 1989）、アンソニー・ギデンズ（Anthony Giddens, 1991）やデイヴィッド・ハーヴェイ（David Harvey, 1989a; コラム 6.2 を参照）によって提出されてきた。彼らはモダニティをすべて不完全な考えと見なしており、ポス

トモダニストと同様に、科学に対する基礎づけ主義的アプローチに異議を唱える。とはいえ彼らは社会科学に対する批判的で反省的なアプローチは、真理と虚偽との有益な区別を依然としてもたらすと述べている（Lyon, 1994）。ハーヴェイ（Harvey, 1989a）は、たとえば、現代のポスト・モダンの分裂と都市生活様式を、最近の資本の柔軟な蓄積の段階と矛盾しないものと認め、それゆえ基礎づけ主義理論の探究を放棄する必要はないとみている。他のアプローチ、たとえば、フェミニズムもまた新しいポスト・モダンの立場に移行しようとするのではなく、モダニスト思考を主としてより解放的、あるいは反省的な枠組み内で再構成しようとしている（ただ、フェミニストの中にはポストモダニストであると自認しようとしている人が多い）。

コラム3.4　マイケル・ディア（Michael Dear 1944-　）

　地理学におけるポスト・モダン思想の発達に大きな影響を与えたのは、マイケル・ディアである。彼は、サザン・カリフォルニア大学の地理学教授で、サザン・カリフォルニア研究センター所長である〔訳注：現在はカリフォルニア大学バークレー校の都市・地域計画学名誉教授〕。彼の当初の研究の関心は、精神医療施設と訪問医療システムの組織についての地理学を中心としていたが、その関心は医療の政治・経済の動態に進み、そしてさらに福祉国家と国家の一般的性質についての広範な問題に関与することになった。ここで、ディアは公共政策の置かれた状況を検討するために、社会理論を援用した。その結果、ディアの検討は都市のサービス供給一般と都市の変化および発展の過程におよぶことになった。とくに、彼は人文地理学を理論化する際にポストモダニズムの効用を探究することの重要性に関心を持つようになった。非常に多く引用される1988年の論文で、ディアは、地理学が社会理論に関与する必要性があること、とくにポストモダニズムの考え方に関心を持つべきだと主張した。その理由として、（1）地理学が社会科学と人文学において重要な役割を果たすことになる、（2）地理学の内部構造を改めることになる、（3）その結果、地理学は哲学的論争の主流との結びつきを再構築することになる、という3つのことがある。すべての理論は同じように価値があるという単純な相対主義に対しては反対の意見を述べるが、ディアは、説明的で非普遍的な理論は地理学の中で発展されるべきであり、それらの理論の間の創造的な緊張を探求する必要がある、と主張する。社会科学との統合の効果を考えると、もし地理学が社会理論との関与に失敗すれば、社会科学の中で孤立してしまう

し、大学における学科としての存在理由が危険にさらされるとディアは主張した（3.1節参照）。その後の研究で、彼は都市的生活様式（アーバニズム）についてのポスト・モダン理論を発展させた（本文参照）。とくにロサンゼルスに焦点を当てた、著書 The Postmodern Urban Condition（2000）を最近出版した。このために彼はしばしばロサンゼルス学派の指導者の1人と言われる。
さらに詳しく学ぶための文献：Dear, 1998; Dear and Flusty, 1998; Dear, 2000

3.4.1　周縁からの声

　ポストモダニズムの本質については意見が一致しないけれども、ポストモダニストの課題の重要な部分は、人びとの間の差異に対する感受性である。それゆえ、われわれは、ポストモダニズムが他者化（Othering）の諸問題を考察すべき空間を開いてきたのを見てきた。他者化の問題とは、ある人びとが標準とは異なる存在として定義される仕方であり、そしてどのように特定の時に特定の場所でそれが構築されるのか、ということである。たとえば、ベル・フックス（bell hooks, 1992; 本名 Gloria Jean Watkins）やガヤトリ・スピヴァク（Gayatri Spivak, 1990）の重要な研究を参考にしながら、多数の地理学者は社会的に抑圧されている人びとのものの見方を鋭く分析して、支配的である一般的な分析に異議を申し立ててきた。このような考察は政治的に価値がある。それは、空間的ヘゲモニーに立ち向かうためにその場で活用できる重要な知識を与えるからである（Freire, 1970; hooks, 1991 参照）。ここでは、中心部（一般に白人、男性、異性愛者、健常者と見なされる）と周辺部（それらと対のもの）の間に区別がある。「あるものは集められ、他のものは追い出される」（Rose, 1995, p.414）中心部とは対照的に、周辺部は相対的に無力な人びとが支配的な認識に異議を唱えることができる重要な「場所」を提供する。この節の最初の部分では、われわれは、セクシュアル・マイノリティの立場から異性愛者の考え方が正しいかどうかを疑ったり、セクシュアル・マイノリティがどのように扱われてきたかを分析する地理学者のクィア理論との関わりが、いかにして性による空間の違いについての強力な議論を招き、支配的な異性愛者を問題にするかに注目する。その後に、ポスト・

第3章 新しい理論、新しい地理学？

コロニアル理論と、ヨーロッパ中心の地理学が「南」を広く理解し、周辺化してきた仕方についての簡潔な議論へと続く。

過去15年以上にわたって、地理学者はセクシュアリティと空間との関係にますます関心を深め、セクシュアリティ、とくにゲイとレズビアンのセクシュアリティの地理を多数記録するようになった。少し前に行われた研究の多くは、セクシュアリティの本質を示そうとする傾向が強く、セクシュリティの多様性を空間と時間を超えて認識できなかったと主張している。それらの研究はしばしばゲイとレズビアンをあたかも別々の種であるとして、「風変わりなもの」として扱ってきた（たとえば、Castells, 1983; Lyod and Rowntree, 1978）。そのうえ彼らの分析は、一般にこれらの集団の地理的分布は固定されているので、その非異性愛のアイデンティティと行為は、都市の特定の地区に集中することが確認されたと主張した（Bell and Valentine, 1995 参照）。その研究は1930年代のシカゴ学派にまでさかのぼる都市社会学の研究方法を採用し、観察とゲイの住所録などの二次的資料を利用して、ゲイとレズビアンの分布を地図に示し、「ゲイ・ゲットー」の存在を確認した。この種のいわゆる「ゲットー」は、自己防衛と安全確保のため、また経済的および文化的再生産のための基地として存在し、そこを構成している人たちの合理的な意思決定の結果と考えられた（人種に関する類似の議論については、コラム3.1参照）。以下に詳述するように、ここには性的関係を形づくる複雑な構造的・論証的実践が欠如している。結果として、この種の研究は「ゲイとレズビアンの社会的・性的関係に対する、見下すような、押し付け道徳的な『ストレート』のアプローチのために厳しい批判がなされてきた」（Bell and Valentine, 1995, p.5）。

多様性を強調するポスト・モダン理論に影響されて、セクシュアリティへのこの本質主義的アプローチは、セクシュアリティが社会‐空間的に構築され、したがって流動的なものであることを認めるアプローチに今やほとんど取って代わられている。この見解では、セクシュアリティは規範的想定の基礎になっている異性愛主義と家父長制の両方によって、現在維持されている規制の枠組みなのである。つまり、このような規範的想定とは、性的出会いを左右する、

113

一般的に同意されている「自然の」原則があるということである。このような仮定は、ほとんどの西洋社会において、セクシュアリティの「正常な」表現は異性愛の明確な外観をその中心としているという思想を含んでいる。性的役割や、性的経験をこのような慣習の外に求める人びとは、大抵、標準から著しく逸脱した、不自然で、異常で不道徳な行為に浸っていると見なされる。このような人びとには同性の出会いを求める人びと（ゲイ、レズビアン、バイセクシャル）が含まれるが、緊縛、サドマゾヒズム〔加虐性と被虐性の両面をもつ性的嗜好〕、セックスワークなどの「マージナルな」異性愛の行為に関わる人びとも含まれる（Hubbard, 2000 を参照）。

　したがって、多くの地理学者が「クィア」理論の発展に関わっている。**ジュディス・バトラー**（Judith Butler）の影響力の大きなアイディア（**コラム 3.5**）に従って、クィア理論は染色体の性とジェンダーと性的欲求の間の不調和を調査することによって、従来の考え方の「自然さ（naturalness）」や「正常さ（normalness）」を突き崩したり、不自然になったりすることをねらう（Jagose, 1996）。そのような例としては、トランスジェンダー（心の性と身体の性が一致しない人）の個人が「自然の」性の秩序にとけ込めると思える場所はどこかを問うこと、異性装のような行為の探究、時代や場所により同性愛の文化的意味が異なる様相を詳述することなどがある。クィア理論家たちは、これらの不調和を並べ上げながら、同じ性的行動に与える意味も人ごとに異なり、安定し固定しているといわれる性的関係は、実際には不安定で流動的であると主張する。それゆえ「異性愛」と「ゲイ」、「男性」と「女性」といったカテゴリーは（強制された）つくりごとと見なされる。その結果、異性愛主義という規範的仮定は修正の好機にあると見なされるのである。

　これまで地理学者にとってとくに関心があったことは、異性愛者の行動と仮定が空間的他者化（spatial Othering）を生み出し、空間において何が適切な行動になるかという議論の成果をもたらす仕方である。そこで地理学者が図化してきたのは、空間が一般に異性間のものとして性的に意味づけられる多様なあり方である。この空間では、男性と女性が手を取り合い、キスをするといった異

性愛の慣習と動作は問題なく受け入れられるが、しかし、同性のカップルが同じ空間で同じ行動をすることは「その場にふさわしいものではない」かもしれない（Valentine, 1993）。彼らは、また、この異性愛を規範にしてつくられた空間が、「性についての意見が違う人びと」から妨害されたり、打倒されたり、やじられたり、批判されたりする仕方を探ってきた。かくして、空間的、時間的に変化する異性愛の規範（Beemyn, 1997; Bell and Valentine, 1995 を参照）、社会的ネットワークをつくり、そして支えるのに用いられた空間戦略（Valentine, 1993）、ゲイ空間の成り立ちと性質（Knopp, 1995; Whittle, 1994）、ゲイ・プライド行進のような抵抗の空間戦略（Davis, 1995）についての研究など、多くの研究が行われてきた（それらの概要については Binnie and Valentine, 1999 を参照）。

　性の地理学を書き換えるべき場所として周辺部を利用することも、地理学的知識が生み出される方法を概念化するために重要な意味があった。「クィア」地理学は、セクシュアリティについて「異なる意見をもつ」人びとの多様な経験を認めるクィアの客観性を通して、状況化された知識（1.2節）の活用を促す。このアプローチはポスト・モダン理論から引き出され、「感情に動かされない」学術研究者に代わって他者の声を著述に採り入れ、異性愛主義の想定を突き崩すことによって地理学者は活動家の役割を果たすべく要求されることになる。実際に、これは「通常」の研究技術に異議を唱える調査方法の利用を含んでいる。それによって、研究参加者は異性愛主義の想定を押し付けられることなく、彼ら自身のストーリーを語ることが可能になる。面接と観察を用いる民族誌的研究が、かくして規範的でないセクシュアリティについての本質主義的・異性愛主義的説明を突き崩すため、また微妙に異なる性の風景を明らかにするためにしばしば戦略的に利用されている。

　セクシュアリティに関心を寄せた地理学者は、意見を異にする人のセクシュアリティの他者化（Othering）を探究してきたが、一方、ポスト・コロニアリズムを理論化する人びとは、先進的「西洋」の外部の場所と人びとが他者化される仕方も調査してきた。ポスト・コロニアリズムはもともと、第二次世界大戦後、多くのヨーロッパ系旧植民地諸国の「独立後」時代を指す年代区分として

第1部　人文地理学の理論化

用いられたものであったが、今やこの種の社会の政治的、言語的、文化的経験を指して広く用いられている（Blunt and Wills, 2000）。ポスト・コロニアル理論は、「植民地主義のインパクト、および過去における植民側と植民地側の人びとの文化についての、そして現在における植民地的関係・表象・慣習の再生産と変容についての論争に関心の中心がある」（Gregory, 2006b, p.612）。したがって、これは西洋の大都市中心地とその植民地が権力の不平等な体制で結びつけられた仕方、宗主国の権力が行使され、正統化され、抵抗された仕方、そしてこれらの過去の関係が現在を形づくっている仕方を検討しようとしている（Blunt and Wills, 2000）。

　ポスト・コロニアル理論によれば、「西洋」が新植民地主義の物質的・言説的基礎の両方を理解するために、自分たちの用語を用いて「非西洋」を描いてきた方法を考察することが重要である。多くの者にとってこのことは、「非西洋諸国」の植民地時代の描かれ方と、今日の描かれ方との間には多くの連続性があるということを強調している。この主張を検討して、ポスト・コロニアリズムは、世界のいくつかの地域を「途上国」に分類し、当たり前に思われている西洋の権力と知識を永続させてきた西洋のものの見方と理論の起源を問題にしている。**エドワード・サイード**（Edward Said; **コラム 3.6** 参照）の研究に促されて、ポスト・コロニアル分析は、西ヨーロッパの明らかな文化と現代性に対して植民地を他者としてイメージすることが、数世紀間の国際関係を形づくってきたことを示してきた。たとえば植民地時代には、この他者化は強力な軍備をもつ中央集権の行政体制の確立を正当化するのに用いられ、この体制は抵抗のきわめて弱い住民に西洋の民主主義思想と礼儀を強制するのに役立った（Blaut,1993; Corbridge,1993a）。後にこの他者化は、文化帝国主義と抑圧の新自由主義計画と解された援助と開発を残してきた（Bell,1994; Straussfogel, 1997）。たとえばワッツ（Watts, 1999）は、西洋諸国の開発政策は、異議を唱えることが困難な権力／知識の配置になっていると主張する(3.2 節参照)。政治的な計画よりむしろ技術の成果として、規範に従った開発を提示することで、その政策は依然として合理主義と科学に築き上げられた西洋の進歩思想が開発の唯一の道であることを強

調する。

　バーバ（Bhabha, 1994, p.70）は、その植民地問題研究の中心的課題に関する議論で、人種に関するステレオタイプがつくられることの意義について次のように述べている。「この植民地言説の目的は、征服を正当化し、統治と教化の組織を確立するために、植民地の住民を起源に基づいて堕落した人種と見なすことであった」。しかし、この他者化のプロセスは軽蔑と侮辱のステレオタイプ形成に依存していたが、ステレオタイプには同時に肯定的で積極的な側面も含んでいた。原始性と後進性と野蛮の神話は、かくして「未開人」が続けてきた自然で天真爛漫な生活スタイルに対する憧れという相反する表現をもたらした（Sibley, 1995 を参照）。そのうえバーバ（Bhabha, 1994）は、植民者の習慣や生活スタイルや価値観が被植民者に一部取り入れられたことで生じた模倣やパロディによって、これらのステレオタイプが破壊されたり、抵抗されたりしたことにも注目している。ここでバーバは、**自己と他者の**区別、植民者と被植民者との間で一般に確定していると考えられている区別は、実際には非常に不安定で混成的であると説明している。

　ポスト・コロニアル理論の多くは、このように他者の文化と伝統を表象することの困難さと本源的な危険性を強調すること、そして当然のことと自明視されている自己の文化や伝統を不安定化させることをねらう（Blunt and Wills, 2000）。グレゴリー（Gregory, 2000b）はこの点を考慮して、ポスト・コロニアル分析には、植民地言説の綿密で批判的な解釈、コロニアリズムの過去から現在までの複雑な歴史の評価、宗主国の大都会と植民地の社会が絡み合って相互依存し合う仕方の脱構築、研究調査結果の政治学的認識が含まれていると主張する。ポスト・コロニアル地理学に関連して、この認識の一部は、「地理学のイマジネーションが植民地の権力と知識を支えてきた」仕方と、地理学そのものが植民地言説と共犯関係にあった仕方に関係している（Blunt and Wills, 2000, p.167）。後者に関しては、かつての植民地世界についての西洋の確立された表象を紐解き、白紙に戻すことは、人と場所の文字通りの他者化を探究することの価値を明らかにすることになった（第5章参照）。それは同時に、地理学者を活気づけて、過去と

現在の地理学の役割を問いただすことになった。辺境地域の住民についての多くの地理学的調査で誇張されてきた女性蔑視（misogyny）、暗黙の人種差別や開発主義思考の言説に注目すると（Jarosz, 1992; Gregory, 1994a; Kearns, 1997 参照）、旅行記や探検の英雄的報告や地理学的著作の伝統に気になる類似点が散見される。地理学者は、異国風と見なされるものと、正常と見なされるものとの差異を強調する点で共犯であったと、しばしば思われている。それは、学問の世界と乱雑な日常生活の世界との隔たりに、適切な橋を架けるテクストをつくろうとしている地理学者たちから失われなかったものである（とくに Barnes and Gregory, 1996 参照）。これらを根拠にして、多くの人びとが地理学の「脱植民地化」、過去と現在の学問分野としての地理学の再評価を含む多岐にわたる研究と植民地主義と新植民地主義の言説を通じて周辺化された人と場所に対するポスト・コロニアル地理学の創成を要求している（Blunt and Wills, 2000）。しかし、スピヴァク（Spivak, 1990）が注目しているように、この後者の従属的社会集団を扱う**サバルタン**（subaltern）地理学〔サバルタンという言葉は、元々グラムシが支配階級のヘゲモニーに従属する集団を指す用語として使用したが、ポスト・コロニアル理論では植民地主義において従属する人びとを指す。それらの人びとと地域を記述するのがサバルタン地理学である〕、つまり周辺化された植民地の地理学的記述を復活させる地理学を創成させる課題は困難である。サバルタンが帝国主義者や国家主義者の言説によって沈黙させられ続けるならば。

地理学者は、植民地と帝国主義の政策の遺産と南北問題について考察するためだけではなく、西洋社会における「人種」と人種差別の研究を再理論化するためにもポスト・コロニアル理論に関与してきた。とくに、ポスト・コロニアリズムの認識論的挑戦は人種カテゴリーの脱構築に寄与し、かくして、伝統的な本質主義的人種理解に異を唱えることを可能にしてきた。ここで最も重要なことは、人種差別を支える人種の区別を構成する要素であると認められていた、生物学と社会的地位との決定的なつながりが解消されたことであった。このことは、ごく最近、とりわけアラスター・ボネット（Alastair Bonnett, 2000b）の研究で顕著であるが、人種の社会的意味と安定を不安定にさせようとして、人種

第3章　新しい理論、新しい地理学？

アイデンティティとしての白人性との重要な関わりに至り、批判の「中心点」を開いた（クィア理論が異性愛についての熟慮と分析を必要とするのと酷似している。Hubbard, 2000 を参照）。これらの改革は、「人種」の地理学的研究に新しい時代をもたらした。それは、人種分離と移動、労働市場への参加と貧困、そして政治的投票のパターンを明示していた 1970 年代のものとは根本的に異なっていた（Peake and Schein, 2000）。たとえば、ケイ・アンダーソン（Kay Anderson, 1988）はバンクーバーのチャイナタウンの発展過程をたどり、カナダの白人による中国人コミュニティに関する言説の構築を通じてチャイナタウンがどのように形成されたかを追究した。ラウラ・プリード（Laura Pulido, 1996）はサバルタン（従属的社会集団）研究のレンズを用いてカリフォルニアの環境による人種差別の2つの事例を調査し、エスニック地区における環境ハザードの出現は、このような環境上の人種差別の出現に介入し予防するための住民の政治力が弱いためであるとした。これらの研究は、同じような多くの研究とともに、時間と場所の特性に関連づけて、人種アイデンティティと場所の特質形成における相互の関係に強力な洞察を加えている。

コラム3.5　ジュディス・バトラー（Judith Butler 1960-　）

　カリフォルニア大学バークレー校の比較文学の教授ジュディス・バトラーは、クィア理論の構築において重要な思想家であり続けている。バトラーの研究を支える重要な概念は、示唆に富み、広く引用される一連の研究で詳細に説明される行為遂行性（performativity）の概念であった。彼女の研究は、人は身体から読み取れる本質的アイデンティティを持っているとか、身体の意味はもっぱら社会的に構築されているといった考えを否定し、アイデンティティとは実行性だという考え方を主張している。ここで彼女が言わんとしていることは、繰り返される行動と慣習によって、個人は、見かけ上首尾一貫した主体のアイデンティティ（たとえば、男性あるいは女性、高齢者あるいは若者、黒人あるいは白人）を構築するということである。ここで、彼女はフーコーの諸概念（コラム 4.2 参照）と精神分析学の理論（第 4 章参照）を援用して、身体内部の精神的アイデンティティは行為とゼスチュアによって身体に刻み込まれているが、「真」のアイデンティティは行為者（アクター）の（精神的）自己にも国家や社会の言説の中にも決して存在しないとする。その代わりに、バトラー

は、社会的に理解できるアイデンティティは、身体を構成する動作とゼスチュアによってつくり出される錯覚であると主張している。これらの刺激的で鋭い考えは、空間的に配置される秩序の維持を探究しようとする地理学者（たとえば、Bell et al., 1994; Valentine, 1996）に対してだけではなく、セクシュアル・アイデンティティとジェンダー・アイデンティティのつながりを再考しようとしている人びとに著しい影響があることが最近判明した（たとえば、Smart, 1996; Bondi, 1997）。ジェンダーの行為遂行性（performativity）と例証性（citationality）に焦点を当てて、バトラーはセクシュアリティと生物学と身体性（corporeality）との間、さらに詳しく言えば内側と外側の、一見きちんとした対応関係を遮断しようとしてきた（Cream, 1995）。性とジェンダーの両方は規制されたつくりごとであって、繰り返され、型にはまった行いによって維持されてきたと主張して、バトラー（Butler, 1990b, p.115）は「異性愛のマトリックス」——「身体、ジェンダー、欲望が自然の理に合うような文化的に明瞭な格子」——と呼ぶものの**性質を変えようとする**。そうすることによって、ジェンダーの二項構造により欠如を異性の魅力で満たすという異性愛の見かけの論理性は、セクシュアリティに対するジェンダーの言説的連鎖の産物であると強調し（Woodward, 1997）、この結びつきは異性愛的パフォーマンスのクィアな模倣（パロディー）によって破壊され得る、と彼女は主張する。バトラーは引き続き、哲学、フェミニズムそしてクィア理論の最先端の考え方を展開し続けている。その中には身体と快楽との関連を探究する最近の研究を含んでいる（Butler, 1999）。

さら詳しく学ぶための文献：Butler, 1990a, 1993, 1999; McDowell, 1999

コラム3.6　エドワード・サイード（Edward Said 1935-2003）

パレスチナの文化・政治評論家であるエドワード・サイードは、国際政治に関する洞察力の鋭い評論家としてだけではなく、ポスト・コロニアル研究の隆盛に影響を及ぼした人として賞賛されている。彼の名声はその著書『オリエンタリズム』（The Orientalism, 1978）の出版で確立された。本書は、知識／権力についてのフーコーの概念を、西洋人のオリエント（the Orient）〔訳注：地中海の東のアジア地域〕の表象の批判的分析と結びつけた斬新で大胆な研究であった。植民されたものと植民するもののアイデンティティには関係があり、他者化の過程を経て構築されることを認め、この分析は同時代のオリエント学者の言説の起源を19世紀と20世紀初頭のオリエントの表象（とくに芸術と文学）にまでさかのぼって追跡した。ここでサイードは、未開、圧政、神秘性そして官能性の神話が、アラブ世界を理性的で礼儀正しい西洋に対する本質的な他者とイメージするのに寄与していると確認

した。後の説明（Said, 1994）では、彼はこれらの神話の持続性がいかに国際的な政治関係（たとえば、湾岸戦争への西洋の介入の正当化）を形づくってきたかを示そうとした。アメリカ合衆国に活動の本拠を置く彼の研究は、アラブ世界の確立した神話に挑戦する主張で、決定的賞賛と政治的驚愕の両方を引きつけた。同時に彼は、土地を奪われたパレスチナ難民の重要なスポークスマンとなってきた。サイードの研究はしばしば明らかに空間的なので、彼の研究は地理学者によって広く引用され、再調査されてきた。地理学者の何人かは、オリエントに関する西洋の表象についての彼の明らかな選択的分析を、オリエントに住む人びと自身による表象の考察と比較しようとしてきた（たとえば、Watts, 1997）。このような研究は、ある程度サイードの考察の単純さを強調するが（結局のところ、オリエントに関する言説は多数存在しているのである）、言語と権力と空間の関連を探索する人びとにとって、このことは彼の主張の適切さを減じるものでは決してない。2001年9月11日にアメリカが攻撃された際に彼が論じたように、「『イスラム』と『西洋』は、やみくもに従う旗じるしとしては不適当なのである……他者を悪者扱いすることは、どんな政治にとっても十分な論拠ではない」（Said, 2001, p.26）。

さらに詳しく学ぶための文献：Driver, 1992; Rogers, 1992; Gregory, 2000a

3.5　ポスト構造主義地理学

　ポスト構造主義は、その名称が示しているように、構造分析の諸原理（とりわけ、アイデンティティと主体性のカテゴリーが、資本主義の諸構造を持続させるために働く言語の体系を通して創出されたと論じるもの。第5章参照）に対応して発展した分析形態を指している。ポスト構造主義は、言語が安定して、保証されている、基礎構造という考え方を否定し、意味が分かりにくい言語と主体性の意識で対象を研究しようとする。言語も意識も、所与のものでも固定されたものでもなく、どちらも常に**変化し続けている**。ここでは、「テクストの『意味』と呼ばれるものは、解釈の後に続いて連続する解釈の流れが瞬間的に停止したものでしかない」（Storey, 2001, p.71）。言い換えれば、ポスト構造主義では、テクストの意味はその意味を伝えるのに他のテクストとの関係に常に依存しているので不安定である、と主張するし、このような見方は確立した知識のカテゴ

第1部　人文地理学の理論化

リーの堅固性ばかりか研究対象に対しても重大な疑問を投げかける。アイデンティティと差異の当然視されていた了解を、言語慣習の結果であると暴露するからである。ポスト構造主義的思考は、したがって、世界は表明の行為（すなわち話す行為）を通して堅固さの幻影を帯びるようになる、と主張する。たとえそれが限りなく複雑であり、ばらばらで、変化し続けていてもである。この観点では、ポスト構造主義はポストモダニズムと重要な関係（すなわち、グランドセオリーに対する不信）にあるが、いくつかのきわめて重要な点では全く異なる（Peet, 1998）。ポストモダニズムは本質的に広義の認識論的運動／態度が特徴であり、地理学は他者の声に耳を傾け、地方に目を向け、事実に基づいた確実な考察の方を選び、グランドセオリーの「真理」なるものを拒否する。これに対し、ポスト構造主義は、存在論に対して根本的な疑問を提起し、真理は普遍的であり、特殊的でもあると主張する本質的に分析の形式である。これは方法論的に、世界についての既存の説明に脱構築理論を適用し、混乱させ、妨害する試みにはっきりと現れているし、また「現実」のものを再表現することよりもむしろさまざまに生きていくことに根拠を置く、学問的探究の形式での実験なのである。

　より伝統的な知識の哲学（たとえば、実証主義、人文主義、構造主義など）の支持者たちは、ポスト構造主義者の説明は現実の世界の諸々の問題を学術外の世界に根拠のある意味のある方法で取り扱うことはできないと主張する（Dixen and Jones, 1996）。そのうえ、ポスト構造主義者の著作はあまりにもおどけており、無責任であると批判されており、不可解なほどデリカシーに欠けるので、読者の層と範囲が限定される場合が多いのである（Ellis, 1989; Eagleton, 1996）。また、ニヒリスティックで倫理的に破綻した「反科学」であるとも非難されている（ポスト構造主義論者の多くはこのような見方には反論するだろうが）。しかし、これらは多くの点でポスト構造主義の特質である。ポスト構造主義は別の論理を保持しており、定着している「健全な」社会科学の信条からは判定できない。それでもなお、この捉えどころの無さは、ポスト構造主義の心臓部で共有されている関心事とアイディアを確認することを難しくしており、世界を理解する（ま

た、世界で生きる）より良い方法を提供すると称する理由は不明確なままである。確かに、フーコー、ドゥルーズ、イリガライ（Irigaray）、ジジェク（Žižec）、バタイユ（Bataille）、ニーチェ（Nietzsche）を含むポスト構造主義の中心的思想家の著作を要約することは容易ではない。

しかし、ディリオン（Dillion, 2000, p.2）に従って、ポスト構造主義の思想家が一般的に支持しているいくつかの立場を暫定的に確認することは可能である。まず、最初に認められることは、「具象的な」知識（すなわち、ありのままに世界を記述し、説明すると主張する知識）を取得することに対する反対である。ポスト構造主義が、存在と生き方についての存在論的問題を、認識論的説明の諸問題よりも優先するというのはこの意味においてである。これは、ポスト構造主義は、われわれが知っていること（とよりよく知る方法）についての諸問題以上に、われわれがいかに生きているか、生きようとしているかということに多くの関心があることを示している。これは多分学者を社会科学者ではなく、芸術家として見ているのである。このことは何が流行であるか、また何がグランドセオリーを構成するかに関する関心に導かれているのではなく、学者はただ彼らがやっていることを続けるべきだということと、彼ら自身を世界に没入させるべきであるという暗黙の考え方がある。確かに、大抵のポスト構造主義思想家は、従来の認識の仕方は世界の**複雑さ**（complexity）を扱うには不向きであると見なしている。それは、複雑な世界の事象を弾圧的なものと「不作法なもの」のカテゴリーとアイデンティティに無理矢理分類することによって、誤った考えをもたらしていると感じているからである（Doel, 1999）。多くのポスト構造主義思想家がその顕著な例としているのは、マルクス主義理論が提出した社会の説明である。この理論は、社会をブルジョア階級とプロレタリア階級に分けることを基礎に、世界が資本の論理に従って組織される方法について非常に説得力のある説明を提出する（2.4節参照）。しかし、ポスト構造主義の思想家たちにとっては、このような説明はどんなに説得力があっても、過激な他の説明（たとえば、世界を理解し、世界に存在するものを他の方法で説得すること）を認めることはないし、絶えず変化する世界の複雑な状態を思想体系にまとめる

のに役立つとも思われない。マルクス主義の思想では、資本の優位性と恒久性が前提されているが、ポスト構造主義の思想家にとっては、社会過程における資本の恒久性と重要性は、言語と慣習（マルクス主義の思想家が構築した理論を含む）を通して構築されたものなのである。ここで取り上げるもう1つの例はフロイトとラカンが（別々に）提唱した性の発達の理論である（これは第4章の論題となる）。この理論は、人間はいわゆるエディプス家族単位（すなわち母親‐父親‐息子の3人組）の核心の従属的位置に組み入れられて社会の一員となり、そして彼らが自分の自然な性的衝動を社会の規準と期待に従って抑制する（たとえば、息子の側からの母親に対する性的欲望は近親相姦のタブーによって除去される）ということを示唆する。これは、性的発達についての説得力があり、よく引用される理論であるが、ポスト構造主義の見地からは、異性愛の家族単位の優位さを持続させるプロセスに織り込まれているものと見なされる（精神分析思想の批判については、Deleuze and Guattari, 1987 を参照。ポスト・ラカンの反響については、Žižec, 1999 を参照）。それゆえ、説明理論は世界の形成に結びつけられており、そうすることで抑圧、分裂、分離に寄与している。

　地理学者がポスト構造主義に関心を寄せる理由は、ここで、一層明確になると思われる。ポスト構造主義者は、流れと動きと無秩序で構成される世界では**固定性**（solidity）は幻想だと言っている。ポスト構造主義地理学にとっての1つの課題は、それゆえこの幻想を支える慣習を暴露することである。きわめて重要なことは、地理学は本来、場所、空間、自然などの概念を考案して異なるものを同じ類のものに変えることで、事物の複雑さを公平に評価できない恐れがあるが、世界における秩序の意味を強調する立場にあると思われることである。かくして、知識と権力の関係についてのポスト構造主義的関心は、地理学の多くの下位部門に次第に広まっており、さまざまな地理学のテクストにあふれている「真実性主張」に多くの疑問が呈示されている（たとえば Natter, 1995; Dixon and Jones, 1996; Sparke, 1998; Del Casino and Hanna, 2000）。ここでの共通の主張は、地理的知識は伝統的に**関係論的**（relational）であって、特定の人や場所のアイデンティティは、他者（other）の言語構造（linguistic construction）によって「決

定される」ということである。簡単に言えば、これは、1つの場所のアイデンティティは、その場所がどんなところであるかという説明と同じように、その場所はそんなところではないという説明によってもつくられるということである。かくして、自己と他者の二項対立は、「ここ」と「ここではない」、「近い」と「遠い」、「よく知られている」と「知られていない」などの対照的な場所として言説的に写像される。たとえば、よく知られている二元論がいくつかの空間を大衆の想像に同定するために用いられるのは明白で、その結果として場所は、近代的か原始的か、文明的か未開か、日常的か異国風かなどとイメージされることになった。これは、特定の人びとに属するとか、特定の生活様式を象徴しているとしてある場所の意味を構築することが、一連の（表に表れない）排除に依存していることを暗示している。場所の表象は場所を、要するにその他者となる場所と区別するということである。しかし同時に、アイデンティティのカテゴリーはこの構築の形跡を否定しようとしているように見える。そのため、場所のアイデンティティを構築するのに用いられる言説と言語は、常識的で問題がなく、ある環境下では自然なものとして受け入れられるものになる。

　アイデンティティは言説によって構築されるもので、それゆえ**脱構築**（deconstructed）されなければならないという考え方は、**ジャック・デリダ**（Jacques Derrida；**コラム 3.7** 参照）の書記法（grammatology）に関する考え方に負うところが大きい。テクストと言語と意味の関係を問題にしてきたブランショ（Blanchot）、リオタール（Lyotard）、フーコー（Foucault）を含むポスト構造主義思想家たちとともに、日常の言語は中立的（neutral）ではなく、文化ごとに多様な推測と偏見を帯びているというデリダの主張は、地理学者に、あらゆる種類のテクストに差異が書き込まれているという考え方に注目するよう注意を促している（Derrida, 1991）。これは多くの点で、ソシュール（Saussure）の主張（第5章参照）の論理を疑問視させる。ソシュールは、言語は実名辞なしの一連の構造化された差異に基づいていると主張する（語〈word〉あるいは記号表現〈signifier〉は、他の語で表されるものとは異なるものを指すとされている。したがって、「x」は「y」とは異なる）。デリダにとって、われわれがあるものをある一定の特性（「x」）をもつものとし

て記述するとき、われわれは当然に、そのものは他の特性を**欠いている**と認識し（すなわち、「y」ではない）、これらの間の差異を語ることができる（その結果、一方は他方との関係を欠いていると思われるようになる。したがって「x」＞「y」）。要するに、言語は、絶対的差異をはっきりとは表現できず、不足か過剰だけしか表現できないという記号表現の戯れである。デリダの考えが示唆することは、テクストの意味を明確にさせることはできないということであって、言語は、真理と意味をもたらすというよりも、むしろ人に解釈をゆだねるものと見なす。

　このことは辞書を用いることによって説明できる。たとえば、『オックスフォード英語辞典』（*Oxford English Dictionary*, 1990）で geography という語を調べると、次の3つの意味がありうることが分かる。「①地球の自然的特性と資源と気候の研究。②地域の自然の主要な特徴。③ある建物の設計、部屋の配置」。次に地理を説明するために用いられる用語の1つ、たとえば、climate を調べると、この用語にも3つの意味があることが分かる（①ある地域の卓越する気象状態。②特定の気象条件をもつ地域。③世論の支配的な傾向、あるいは大衆の気風）。これらの意味はいずれも他の語に解釈をゆだねている。この辞書を追跡すると、語の意味はテクスト相互の関係によって決まること、語が常に他の語に依存していることがはっきりしてくる。言説の中に位置し、文脈に根拠を置いている時だけ、語は意味のあるものになる。しかし、語は他の文脈中にある時には、他の事柄を意味する（デリダ〈Derrida, 1990, p.252〉が述べたように、「文脈の外には何もない」）。それゆえポスト構造主義者は、言語がさまざまな人びと、さまざまな場所、さまざまな事象の間での真に重要な差異を同定できるという考え方は疑わしいと主張する。それは、テクストの意味は常に他の記号表現とテクストがもたらす不安定な文脈に関係して、埋め込まれているからである。したがって、デリダは、テクストが自己と他者を区別する（そして異なるものを同じ類のものに変える）役目をする社会では、言語の決定的な破壊が必要であると主張する。

　デリダの脱構築の方法は、反義語の重要な働きが記号表現の意味を決定するという言語の二項性（binaryness）を拒否し、あらゆるテクストに本来備わってい

る真理主張を弱めようとする方法なのである。それゆえ、デリダが奨励する脱構築戦略は、多様な空間の表象に潜在すると考えられている見せかけを問題にしようとする、多くの地理学者に取り入れられてきた（たとえば、Reichert, 1992）。最も単純な形で述べると、テクストを構成する言語の価値を帯びた性質を暴露するため、テクストと重要な関わりを伴ってきた。これが達成される手段は非常に多様である。しかし、社会‐空間的階層性形成の基礎になっている疑わしい真理主張を暴露すべく工夫された共通の戦略は、そのテクストの不統一と矛盾と語りの沈黙を確認することを含んでいる（Rose, 2000）。脱構築が決まり文句や体系的な意味には適用され難いことは明らかである。むしろ、それはテクストに干渉するものを含んでいると見なされる（Doel, 1999）。脱構築は畑を鋤き起こす耕耘の活動に似たものであって、テクストを分解し、解釈を自由にさせる。これはそれゆえ、批評の一形式であり、テクストはその構成に含まれる批判力に屈折される。デリダが主張したように、脱構築することは、単にその仕組みを理解するためにテクストの表面を突き破るだけではなく、テクスト自体の存在条件は不明瞭のまま、「無限のテクスト（sea text）」が再構成される前に、テクストの構成が明らかになるよう「掘り起こす」ことなのである。

　言語の領域を通して世界が生み出される仕方についてのこの関心は、統一的主体（unified subject）のポスト構造主義的批判にも反映される。人間を独立の知的主体（すなわち、世界における自分自身と自分の場所を深く認識する実在）という理解は、主体性（subjectivity）は身体に根ざしているが、表象（representation）の多様性によって構成されているとする考え方からの反論がある（Gregory, 1994a）。フーコー派の主体化（subjectification）の分析は、この点に関してとくに重要である（3.3.2節参照）。「前言説的」主体（pre-discursive subject）のようなものは存在しないと強調するフーコーは、その代わり、主体性は**言説**（discourse）から生まれると示唆した。ここで言説は（話されたり、書かれたり、目に見えるものにかかわらず）ステートメント（声明、陳述）の集まりと理解され、物事を考える仕方とその考えを基礎に行動する仕方を組み立てるものである。このような言説は複雑な権力関係と結びつき、世界を形成するうえで重要な社会制度と文化制度

第1部　人文地理学の理論化

から広まる。たとえばローズ（Rose, 2000）は、自然と文化の差異ばかりか高尚な文化と低俗な文化との差異を区別する考えを示すという点で、美術館（とその学芸員）の重要性を説明している。こうして、美術館自体は、言説が展示技術によって明瞭に表れたり、新しい主体性が創造されたりする場所になる。

　美術館や博物館以外にも、病院、学校、裁判所、刑務所、医院、図書館など、言説がはっきりと表現されているさまざまな公共的空間を思い出すだろう。これらの空間はそれぞれ権力と知識の場所であって、そこでは「専門職員」が社会的差異（social diference）の考え方を構築しようとしている。フーコーは、その革新的な著書で、これらの言説のいくつかがどのように課題を生み出す働きをするかを探った。最も注目すべきことは、彼が精神医学と「精神疾患専門医」の時代ごとの活動を調べて、言説によってつくり出される医者と患者、健康な人と精神病患者の間の差異を探究したことである（Foucault, 1967）。簡単に言って、これは狂気（madness）と正気（sanity）は社会的に、また言説的に構築された概念で、その境界はこれらの言説が地域的に限定される性質に対応して時間的にも空間的にも変化していることを強調した（第4章で、これらの言説が身体の内外に示されたというフーコーの真意が検証される）。アイデンティティについてのこのフーコー主義者のもっと広義の見解は、すべての社会的カテゴリーは言説から広がった男性か女性か、若者か高齢者か、ストレートかゲイか、健常者か障害者かといった意味を伴って、言説的に構築された、と主張しているのである。これは、人間のアイデンティティは限りなく複雑であり流動的であること、そして人びとを特定の部類やカテゴリーに分類することは、ある時代を支配する言説の体制（そして権力関係）に左右されることを意味する。このようにして言説は、それを通して特定のタイプの知識が意義のあるものになり、われわれがその権力／知識の保持者になる基準として機能するのである（M. Smith, 2000）。

　フーコーの社会的アイデンティティについての見解はまた、秩序に従った整然とした集団と全体の観点から、分割されたものと分裂したものに分類するよりも、拡散と多様性の観点から考えることができれば、世界はもっと平等主義

第3章　新しい理論、新しい地理学？

の状況になるのではなかろうか、と暗示している（彼は「自我の道徳」について後の著作で若干概説している）。差異とその社会的抑圧に対するポスト構造主義に似た関心は**ジル・ドゥルーズ**（Gilles Deleuze; **コラム3.8**）の研究に現れる。彼の広範な研究は、しばしばとりとめがなく、難解であるが、その重要な主張は、自己と他者、文化と自然、人間と非人間についての従来の概念構成が急進的思考の発展を妨げているというものである。ドゥルーズは、異種と差異が特徴である流動する物質的世界の存在を仮定し、この世界に一貫性を与える諸々のプロセスとエネルギー（たとえば、価値の概念をもたらす資本主義的関係や、ジェンダー・アイデンティティの観念を生み出す性的関係など）は、より生産的な関係を阻止すると主張する。ここで重要なことは、欲望する生産（desiring-production;真の生産）の概念である。この名称は、欲望が新しい流れ、新しい物質、新しい効果を産み出して、流れを寄せ集めるプロセスに対してドゥルーズがつけたものである。欲望する生産は、当代においては、特定の社会的目的のために利用され、期待ばかりか心配の種や反発をも含む人間主体の生産をもたらすとドゥルーズは主張した。既存の社会科学の反応的な言語（とくに構造主義的マルクス主義とフロイトの精神分析の言語）を採用することなく、ドゥルーズとガタリ（Deleuze and Guattari, 1987）はこのプロセスについての考え方を提起して、人間の主体性についての確立した概念に挑戦するために**器官なき身体**（Bodies-without-Organs）〔訳注：個々の器官を統一する高次元の有機体、全体を支配する組織体を否定し、それぞれの部分に多様な組み合わせの可能性を開き、常に流動的で、新たな接合を求めていこうとする考え方〕の存在を理論化した。このことは、学術社会や大衆の言説において認知されたり、書かれたりした身体の限界と能力を否定して、人びとが国家の資本主義的機構によって抑圧されない場合には、「人びと」には欠けているものがないことを示唆する。この抑圧を逃れ、新しい存在の可能性を高める対象物、事物、動力、身体の集積を抑圧して、器官なき身体は新しい身体とアイデンティティの存在をもたらす。この概念は、その主体は進行している**プロセス**であり、資本主義の機械的な身体は抑圧された身体であると主張する。

これは、われわれは現状では部分的にしか器官なき身体ではないということ、

第1部　人文地理学の理論化

また、身体と主体性との境界は理論家たちがしばしば示唆している以上に流動的であるということを示唆する、複雑で根本的な主体性の概念改変である。さらに、器官なき身体は日常的に見ることができる身体をもとにしてはとうてい理解できないものであって、その形状を推察することが困難な、なめらかな空間と時間において存在するものである（ここでそれに類するものとしては、成功したサッカーチームが挙げられるかもしれない。試合に出場する選手は試合ごとに変わるが、選手らは統一されたチームを形成し、彼らがまとまった結果は、そのチームの独特なまとまりからだけ理解される）。これは、おそらくポスト構造主義的思考の魅力であって、世界に一貫性（consistency）を押し付けるのではなく、多様な存在の仕方を想像するようあえて要請しているのである。それは同時に、世界の再表象（進行していると思われるイメージの記述）から、脱表象（表象的であるよりもむしろ構成的な思考の成果）に焦点を移行する（Dillon, 2000）。たとえばドゥルーズにとって、その目的は、それらの流れを領域化（territorialize）したり強化したりする保有形態をつくり上げるより、むしろ流れの世界に内在する差異の関係（differential relationality）を探究することによって、強制された同一性を排除することである。言語の支配を逃れようとするポスト構造主義は、かくして、概念と理論の統合は支配的であり、全体主義であると断定する（Peet, 1998）。その焦点は、差異を同一性に帰さない非階級的かつ非威圧的な方法で諸事象間の関係に介入することである。

　テクストと言語への関心を、言語で指示できるあらゆるもの、身体、流れ、資本、貨幣、国家、歴史、事物に拡張しながら、ポスト構造主義は、社会的世界の形成と崩壊において、構造と過程と行為媒体に特権を与えることを拒否する。多くの地理学者を悩ます問題は、このポスト構造主義**相関的唯物主義**（relational materialism）に関する主張を理論と実践にどのように移行させるかということである。ドゥエル（Doel）の意見では、このような言い換え（translation）／変換（transformation）は、ポスト構造主義が本質的に空間的であるならば、必要がないことである。彼はその著書 *Post-structuralist Geographies* で次のように主張している。

第3章 新しい理論、新しい地理学?

> ポスト構造主義は、地理学と地理学者に取り上げられたことによってできたというよりも、ポスト構造主義は今も昔も空間的であることと、初めから空間がつくり出す差異に注目していることを私は論証したい。脱構築するのは、空間の現象(event)であり、空間化の現象である。常に地理学者として話をすると、ポスト構造主義者は空間にとってそれは何かとか、空間が生ずる時に何が起こるかに敏感になろうとしている。(Doel, 1999, p.10)

　ドゥエルのテクストでは、デリダ、ドゥルーズ、リオタール、イリガライの業績は、状況下の知識という地理学的概念を根本的に改革する「差異を生み出す」思想(difference-producing thought)の先触れとされている。ドゥエルはそれゆえ、「点描画的」地理学(そこでは空間は、研究され、表現されるべき既成のものとして存在している)と、ポスト構造主義地理学(あらかじめ決定されたものは何もなく、空間はまとまりの区切りによって存在がもたらされる)とを対照する。これを発展させ、ドゥエルは、世界について「無限に順応したカオス」の意味を理解するのに適し、「ふさわしい」概念を概観し、複数の論点を中心にして展開しない地理学の必要性に注意を喚起する。これは、われわれが、流れ、動き、流動(フロー)の世界に生きていることを認識する地理学である。無数の折りたたみ的行為によって、まとまりと見かけ上の永続性が与えられる地理学である。この地理学者(あるいは、ドゥエルに倣えば「折り紙師兼空間科学者〈origamist-cum-spatial scientist〉」)の課題は、空間を「切り開き」、そのリズム感と一貫性および感情と熱心さをもって実験することである。この概念化は、何物も所与ではないことと、地理学的考察で説明力を伝えられる資本やファルスのような重要なカテゴリーは、それ自体が異なる文脈に付随しての寄せ集めであることを主張する。ある人びとは、ドゥエルがポスト構造主義地理学を説明する努力を、相対主義と超道徳性へ「大きく混乱させる」転落と見なすが(Graham, 1995, p.176; Pacione, 1999; Peet, 1998)、ガナー・オルソン(Gunner Olson)、ジョン・ポール・ジョーンズ(John Paul Jones)、トレヴァー・バーンズ(Trevor Barnes)などの地理学者による創意に満ちた著作もあり、彼らは地理学的に考える新しい方法を鼓舞し始め

ている。確かに、ポスト構造主義思考はジェンダーとセクシュアリティの地理学に著しい影響を与えてきたが（Probyn, 1996）、一方、経済地理学（Gibson-Graham, 2000）と歴史地理学（Wylie, 2000）などの諸領域においてもそのインパクトが現れ始めており、地理学的思考をしばしば妨げてきた語と事物（そして人と場所）の間の区別を問題視している（Holloway and Hubbard, 2001）。

コラム3.7　ジャック・デリダ（Jacques Derrida 1930-2004）

　最も基本的には、デリダの研究は、言語の不純性を暴露するように意図された一連の介入と説明されよう。ポスト構造主義の重要な思想家と認められるデリダの著作は、テクストの意味を内側からくつがえす試みによって、言語の構造的理解、とくに記号表現（signifier）と記号内容（signified）との間の整然とした対応の問題を扱う。これは、伝統的な学問の規準からみれば、著しくおどけた、鈍感で、難しいとされている著作で明らかである。それにもかかわらず、デリダは、自分の著作は、社会生活についての旧来的な（そして構造的な）説明を拘束するような文法と構文とコミュニケーションの規則に従っては判断できないといつも主張しようとしていた。それに代わって彼の研究は、テクストを新しい読み方と解釈に開放しようとしばしば模索する。そうしながら、デリダは、研究者は不適切な思想と表象の様式を採用するときにだけ、真に創造的（そして批判的）であることができると主張し、テクストが効果を生み出す可能性を強調しようとする。『マルクスの亡霊たち』（Specter of Marx, 1994）において、政治学の言語が根絶されていること、親近性と共同体に基づいた「新たなインターナショナル」が必要であることを示唆しながら、この脱構築のプロジェクトの政治的意味はあからさまに提示された（Hussey, 2001を参照）。古典的マルクス主義（ゆえにマルクスの亡霊）の言語との対話を新たに始める試みは、構造主義の思考の限界をはっきりと証明する一方で、批判的左翼を再び目覚めさせる試みと多くの人びとに理解された。テクストの脱構築という彼の観念は、したがって広範な倫理的関心の一部と見なされる。その関心とは、学究的世界は、違いを同じ類のものに変えてあらかじめ決定されていた自己と他者の分類の中にそれを位置づけることによって、世界を歪曲してはならないということである。学問上の言語と思想の適切さを問題にすることへのこのような関心は、ポスト構造主義地理学の著作、とくにマーカス・ドゥエル（Marcus Doel）の著作の中でも明瞭である。ただ、ガナー・オルソン（Gunner Olsson）とトレヴァー・バーンズ（Trevor Barnes）のような著者たちは、地理学的著作がありもしない規則性を世界に押しつける可能性を長いこと探究してきた。デリダの影響は社会科学全般にわたっ

て広く見ることができ、Derridean〔訳注：デリダ風の〕という形容詞は、われわれが世界について考える方法を疑問視しようとする脱構築の滑稽な形式を描写するためにしばしば用いられる。したがって、デリダの考え方を持続的に前進させようとしてきた地理学者はほとんどいないが、彼の業績の地理学の著作にとっての意味は非常に重要である。

さらに詳しく学ぶための文献：Derrida, 1991; Wolfreys, 1998

コラム3.8　ジル・ドゥルーズ（Gilles Deleuze 1925-1991）

　ドゥルーズの初期の研究はスピノザ、ベルクソン、カント、ヒュームなどの哲学者の研究に対する批判（ドゥルーズ自身によれば「曲解」）からなっており、彼らの最も急進的で革新的な考え方を研究の対象としていた（同時に批判していた）。1960年代にはこの研究は、ポスト構造主義の思考を大いに予想させる、思考をまとめない方法のより持続的な（しかし常に動いている）説明と合体した。ここで、ニーチェによる研究が重要な参考意見を提供した。彼の異端の哲学がドゥルーズの過激な思考の方法と著作を支える力になった。このような経験主義的な観念は、最も頻繁に引用されるドゥルーズの著書、『アンチ・オイディプス』(Anti-Oedipus, 1983) と『千のプラトー』(A Thousand Plateaus, 1987) に明瞭に現れている。これらはフェリックス・ガタリ（Felix Guattari）との注目すべき共同研究の成果である（ガタリはしばしば「反精神医学者」として呼ばれており、既存の精神分析学の理論と実践に反対する研究をしていた）。これらは並はずれた隠喩と見通しにくい部分を多く含んだひょうきんな著書であるにもかかわらず、真に革命的で批判的な唯物論哲学を発展させるために、20世紀の思想に最も重要な影響を与えた2人、マルクス主義とフロイト主義の考え方に手を加える注目すべき試みを企てた。フロイトとマルクスの両者の思想の抑圧的影響を要約しながら、これらの研究はその代わりに世界のエネルギー（流れと移動）が、国家機構によって組織される象徴的・経済的システムによって社会的に組織され、領域化される説明を提出する。資本本位の政治経済とエディプスコンプレックスを中心とする欲望の経済（これらは実際には同じものであるが）によって、資本主義の反生産の過程（capitalist process of anti-production）がいかにして平静な状態に戻り、みぞをつけるのかを概観することによって、ドゥルーズとガタリは、人と事物と制度が「欲望する機械（desiring machines）」に組み立てられると主張する。彼らの主張では、これは消費と欲望と生産の統合を含んでおり、世界に繰り返しを押しつける役目をし、その過程でより創造的な欲望の潜在的可能性を形づくったり、抑圧したりする（Holland, 1999参照）。このような抑圧に反対して、ドゥルーズとガタリは、「専門分化する機械」が資本主義経済のニーズに適合

第1部　人文地理学の理論化

した社会的再生産の方法をつくり出す安定性と表象の力を脱領域化させたり、復調させたりする能力に差と知識があることを主張する。記号表現の法則とエディプスの暴政から逃れる方法は、「精神分裂病（schizophrenic）」になることであると彼らは主張する。それは資本主義生産の精神分裂病傾向を、精神分析よりもむしろ統合失調分析を通して限度まで押しつけることを意味する。資本主義の矛盾を解決するよりも、これは矛盾の**間**の実験的逃走線になる分析であり、反対するものを排除する力である。かくして、ドゥルーズ主義の主要な遺産の1つは、思考とエネルギーの新しい組織を通しての恒久的な革命の必要性を喚起する用語の語彙集である。つまり、「リゾーム」（地下茎）思考、「ノマディズム」（遊牧生活）、また「逃走線」の追究は、最も広く引用されている。ドゥルーズの研究は社会科学の規準について反弁証法的で強烈に批判的であり、かくして多くの学問分野に顕著な影響を与えた、急進的な（そして本質的には政治的な）社会理論を概観している。

さらに詳しく学ぶための文献：Buchanon, 2000; Doel, 2000

3.6　本章のまとめ

　この章では、現代の人文地理学を推進する新しい理論のいくつかを概観してきた。この概観は明らかに部分的であるが、注意深く選別されている。確かにその意図は、地理学が現在どのように理論化されているかを包括的に分析しようとするのではなく、地理学的思考が多種多様で、絶えず変化する性質であることを説明することにあった。明らかにすべきことは、人文地理学がその学問分野の内と外のさまざまな考え方を検討し、世界を概念化する仕方は多種多様であるが、かかる概念化には理論を正しく評価し活用することが不可欠であるという認識で統一されていることである。第1章で述べたように、地理学の理解を目指す際には理論を避けることはできないのである。

　本書の第2部、**理論地理学の実践**では、ここまでに議論された理論的伝統が、身体、テクスト、貨幣、ガバナンス、グローバリゼーションという5つの基本概念を十分検討し、理論化するためにどのように利用されるかを例示することによって、本章と前章での議論を基礎づけようと試みる。概念をそれぞれ包括的に分析するのではなくて、第2部の各章は、異なる地理学の焦点がいくつか

の視点からいかに概念化され、アプローチされ、それぞれ社会の異なる理解の仕方を示してきたかを説明するように工夫されている。かくして、各章では重要な理論と考え方の理解が、「地理学的に考え」たい人にとってどんなに不可欠なものであるかを明らかにする。これらの章の焦点は第一に地理学の学識にあるが、他の学問分野から導入した概念が地理学者にどのように援用され、発展されてきたかを、適切な事例研究と特定のアイディアの独特の貢献を明らかにする事例を用いて証明するよう努める。これから見ていくように、理論を地理学研究の頂点と見なすことはできない。理論は谷底でいつもの実験作業で多忙な研究をしている人たちに研究の進め方について語る（Gregory, 1997）。理論と実践の関係は必然的に非常に複雑である。

第 2 部
理論地理学の実践

第2部　理論地理学の実践

第4章

身体の地理学

4.1　序説、身体

> 確実なことがあるとしたら、それは、人には誰にも身体(からだ)があるということである。われわれがすることはすべて自分の身体(からだ)がする。われわれは身体(からだ)で考え、話し、聞き、食べ、眠り、歩き、休み、働き、遊ぶ。われわれが生きている様は、当然、身体(しんたい)に現れる。(Nettleton and Watson, 1998, p.1)

　この引用文はかなり率直であり、良識的であるように見える。われわれは身体で生きている。そして、ナストとパイル(Nast and Pile, 1998a, p.1)が明言しているように、「身体があるから、われわれは必然的にある場所を占めることになる」。したがって、社会の空間性(spatiality)を理解するためには、当然、身体の地理(geographies of the body)を検証しなければならないと思われる(つまり、身体が空間をどのように占拠し、利用し、そしてつくり出しているかを理解しなければならないことになる)。ところが、地理学者が、社会と空間の分析において身体の重要性を率直に考察し始めたのは、ごく最近(過去10年来)のことに過ぎないのである(たとえば、Nast and Pile, 1998b; Teather, 1999; Butler and Parr, 2000)。この身体への関心は、一部地理学の「文化論的」転回に結びついていた(第3章参照)。確かに、地理学において消費と生活スタイル(ライフ)に関する諸問題(すなわち食べ物、レジャー、ファッションの地理)に対する関心が高まったことを考え合わせると、地理学者は身体の経験も表象(イメージ)も無視できるという考え方はますます支持されなくなってきた。その後の研究が指摘してきたように、特定の場所に

おける特定の活動や慣行に含まれる人びとの動機は、彼ら自身の身体のイメージと密接に結びついている。同時に、あるタイプの身体（尊重されたり、価値あるもの）に恵まれた人びとは、「それとは異なる」身体を周りから排斥しようとする傾向があると指摘されてきた。この種の指摘では、たとえば文化的・社会的に性差別された人びと（ジェンダー）や、人種差別された人びと、生物学的に性的に差別された人びと、障害者など、あらゆる種類のアイデンティティの場（locus）としての身体が重視されてきたばかりか、化粧、服装、ダイエット、トレーニング、義歯・義肢、移植、さらに整形手術によって人びとが身体の意味を変化させる可能性が強調されてきた。

　地理学は身体を研究対象に含めるのが多少遅れたけれども、社会科学ではとくに珍しいことではない。確かに、プラトンの時代以来、西洋思想における重要な教えは、身体と精神とを分離することであった。啓蒙主義の時代に、デカルトは精神を非物質的存在とし、身体をその容積、形状、質量によって定義される物質的存在として入念に概念規定した。精神と身体は「人間」を構成するように結合されているけれども、この精神と身体の二元論は、人間の思考、感情、行動の基礎は精神であり、身体は感覚的情報を精神に伝えると同時に、精神によって管理されていると提言した。それが、社会科学全体に真理、知識、人間性の所在地として精神を優先する理論を形成させることになり、身体を社会的、空間的、歴史的分析における明確なテーマとすることが拒否された。その結果、ほとんどの社会科学は社会生活の具体的な姿、つまり身体間の相互作用を無視し、人間の生活を不思議にも身体が捨象された人間の行為者（アクター）間の抽象的関係に変えてしまうことが多かった。

　社会科学には身体を捨象する態度があり、身体の問題は主に生物学、医学、スポーツ科学にまかされた（McCormack, 1999）。これらの専門分野は身体に直結する研究方法を用い、身体は自然の産物で、その潜在能力と利用は生物学的に定まると主張している。これは身体についての大衆の理解と一致している。『オックスフォード英語辞典』（Oxford English Dictionary）では身体を、「生きているか、死んでいるかにかかわらず、肉、骨、器官を含む人間や動物の肉体構造」と定

義している。この見方によれば、ある特定のことを行う人間の能力は生物学的に規定され、ある種の身体は特定の作業を実施し、技術を行使するのに他の身体より優れていると理解される。たとえば医学的解釈としては、男性の身体は図体が大きく、筋骨がたくましく、家族の有能な働き手や保護者になるようデザインされているのに対し、女性の身体の医学的解釈は、子どもを産み、養育するようにデザインされていると指摘する。この身体概念を無批判に用いれば、人の社会的地位と能力を型にはめることができる。それは、生物学的構造と遺伝学的構造の見地からそれらを効果的に単純化し、**本質主義的**意味を示す。かくして、男性と女性、若年者と高齢者、黒人と白人、障害者と健常者の生物学的差異は、すべて異なる集団間の不平等を説明し、そして正当化するために用いられることになる。人間の歴史を通じて、このような本質主義者の主張は、優生学（人間の強制的不妊）、障害者の隔離（収容所、あるいは病院）、アパルトヘイト、奴隷制、計画的大量虐殺を含む、多くの差別政策を正当化するのに用いられてきた（Holloway and Hubbard, 2001）。

　このような生物学的本質主義を拒否して、社会諸科学は主として社会的差異と不平等が生じる理由を説明し、アイデンティティと差異の形成にとって最も重要なものは、身体に付随する社会的意味である、と指摘してきた（du Gay, 2000）。この**構造主義的**見地からは、アイデンティティは生物学的に決定されるよりも、むしろ社会的に構築されるものであると見なされる。この主張が認められれば、他のどれよりも生まれつき優れており、力強く、完全なものであると見なすことができる身体はないことになる。ただ社会が、他の身体よりもある種の身体を高く評価するようになるのである。たとえば、フェミニズムの理論は、家父長制の構造では一般に男性の身体を女性の身体より高く評価すると指摘し、一方マルクス主義の分析は、（産業）資本主義では無能力者や病人や障害者よりも、強健で身体の丈夫な労働者を高く評価すると指摘する（Gleeson, 1998）。明示的にせよそうでないにせよ、社会科学の理論の多くは、一般に白人で身体の丈夫な中年の男性異性愛者の身体を、女性、少数民族、高齢者、性的少数者の身体よりも優先する社会構造と表象を検証するため、身体の実際の肉付きを無視し

てきた。言い換えれば、社会がアイデンティティの根拠だと考えられているのであり、身体自体の特徴よりも重要であると見なされる、さまざまな身体に結びつけて考えられる意味がある。

構造主義者の基本的な主張は、アイデンティティは生物学的に決定されるものではなく、帰属する既存のカテゴリーに人びとを順応させるよう促す社会化の過程を通して達成される、ということである。きわめて重大なことは、このようなカテゴリーは「自然な」ものと考えられ、特定の人間の身体が関連づけられたり、この関連から除外されたりすることである。この社会的構築の観念は、障害のある身体の医学的モデルを、障害の社会的モデルと比較対照することによって説明できる。障害の医学的モデルは、障害者が社会で直面する諸問題（すなわち、不完全就業、差別待遇、都会の建造環境の障壁）は彼らの障害（すなわち生物学的「正常状態」からの逸脱）の結果であると仮定する。この見地からは、このような諸問題を克服するため、「障害者」が自身の身体障害を治療とリハビリによって克服することが求められる。障害性の社会的モデルは、これとは違って、障害者は社会によって障害者化されると仮定している。彼らの日常生活を妨げるのは彼らの身体ではなく、克服するのを難しくする環境を社会がつくり出しているという事実である。言い換えれば、障害者をつくるのは身体ではなくて、障害者を意図的に身体のせいにする社会の仕方なのである。類似の議論は社会における女性の従属的地位に関してもなされる。これは、社会構築主義者の見地からは、女性は「弱き性」であるという主張を支え、女性の身体が男性よりも弱いと表象されている結果なのである（McDowell, 1999）。

多くの出版物と雑誌（*Body and Society* 誌はとりわけ注目すべきものである）で明瞭にされているように、生物学的なものとしての身体と、社会的に構築されるものとしての身体についての議論は、社会学、カルチュラル・スタディーズ、女性学、さらに心理学で今や広く行われており、身体は社会科学の領域における議論の最も重要な課題となっている（Smith, 2001）。社会的なものと生物学的なもの（そればかりか文化的なものと自然的なもの）の絡み合いを強調するハラウェイ（コラム 1.3）のような理論家たちの著作を参考にして、身体が単純に社会的、

第2部　理論地理学の実践

あるいは生物学的なものであるという考え方に固執する人は今やほとんどいない。その代わりとして、ロングハースト（Longhurst, 2000b）は、ほとんどの人は身体を肉と骨と器官が自己と社会の両者によって絶えず再構築されている物質的組織と見ていると主張している（身体の境界の移動についてはAdams, 1995参照）。この考え方に熱狂的に惹きつけられて、多くの地理学者たちは今や日常生活における身体の役割を探究しつつあり、またリッチ（Rich, 1986, p.186）が述べているように、「地理学が最も深く立ち入っている」。これは、身体がさまざまな空間でいかに形成され、障害を乗り越え、認知されるかといった革新的な研究にしばしば関わっている。しかし、次節以下で描かれるように、地理学に包含される試みは、現在行われている社会と空間の分析に身体を「加える」ことだけではない。身体とアイデンティティに関する最近の研究の急増が説明しているように、身体は複雑な現象であって、真剣に関わる場合には、人と場所の間の関係についての多くの既存の説明の修正が必要になる。この章では、地理学者がこの「社会的で生物学的な」身体を、空間過程の解明に統合してきた独特の方法について検討する。

4.2　移動と休息と出会い

すでに述べたように、地理学は伝統的に身体を無視してきた学問分野である。たとえば、地理学が計量化に熱狂していた最中には、身長も姿も皮膚の色も年齢も違う人びとがしばしば空間における点や流れや動きに変えられて集計され、人間は実態がなくなった。そのうえ、これらの移動と流れは、しばしば、意識はあるが、現実から遊離した行為者による合理的な意思決定をもとにした説明がなされた。したがってこれは、身体ではなく心（mind）の地理学であった。たとえば、行動地理学（behavioural geography）では、環境から情報を得る感覚の役割が重視され（第2章参照）、人間の能力は主として、空間の中で感じ、動く身体の能力よりむしろ、感じた情報を処理し、解釈する能力との関係から理解された。

注目すべき例外は、1960年代にスウェーデンのルント大学の地理学者たちが開発した、いわゆる**時間地理学**（time geography）の中にあった。人間の空間行動の解明を目指す、この背景事情に着目するアプローチ（contextual approach）は、空間と時間は個人が自己の活動や計画(プロジェクト)を実施するために利用できる資源であるという考えを根拠にしていた。この種の計画(プロジェクト)は目的の達成を目指す課題であって、さまざまなスケールで認められる。たとえば、学位を取得しようという計画(プロジェクト)は、講義の聴講、論文作成、読書を含むいくつかの別々の計画(プロジェクト)に分けられるし、ショッピングの計画には食料品・雑貨のショッピング、衣類のショッピング、クリーニング店からの衣類の受け取りなどが含まれる。同じ時間に異なる計画(プロジェクト)を処理する人間の能力は限られており、また、空間的に別の場所へ移動するには時間がかかり、そして人間が分割できない「素粒子」である（すなわち、身体は同時に2つの場所にいることはできない）という前提に基づいて、このアプローチは空間的、時間的にまとまった「区画」における人と計画(プロジェクト)の関連を検討しようとした。このような考え方はヘーエルストランド（Hägerstrand, 1975）の研究でほとんど解明された。彼は、人びとの時間 - 空間の利用を記述する語彙を用意し、身体の再生と「展開」（すなわち、食事、睡眠、パートナー発見、就業、育児など）に必要な毎日の行動を実施するのに空間 - 時間が重要なことを強調した。ヘーエルストランドにとって、個々人が平常時に繰り返しながら時間と空間の資源を毎日の生活のために利用する様子を明らかにすることが重要であった。ヘーエルストランドは、個人ごと、そして集団ごとに生涯経路（life path）を地図に表現することの重要性を、重要な概念表現方法（principal notational device）の1つ、**時間 - 空間地図**（time-space map）〔訳注：縦軸に時間、平面に地理的空間を描いたもの〕を用いて明示した。このダイアグラム表現は、ある人がプロジェクトに関係する活動で時間を過ごすためにさまざまな停留点（station）の間を移動するという考えを基にして、活動可能な空間の領域を地図化した。ある日についての空間移動の総計は日経路（daily path）を構成する。そして、長期間の日々の経験を結びつけると累積的生涯経路（cumulative life-path）ができる。それは、同時に人びとの活動の最終結果と活動の状況の両方を表現する（Pred,

1984)。グレゴリー（Gregory, 1984）とスリフト（Thrift, 1983）の研究では、この日常的に繰り返される時間 - 空間の関連の探究は、行為主体（agency）と構造の循環的相互作用を理解するための基礎を提供しており、**構造化理論（structuration theory）** を発展させる重要な概念になっている（第2章参照）。この見方は、個人はその行為によって生産し、再生産する社会構造についてよく知っているが、その行動の結果をいつでも予測できるわけではないことを強調している（Bryant and Jary, 1997）。

しかし、ルント学派が開発した時間地理学においても、人間は依然として地理学的探究の中心となる基本的な要素と考えられており、人びとは空間における地点（point）と見なされ、より広い社会関係における立場によってさまざまな場所（あるいは「位置」）の間を移動するものと思われていた（Pred, 1977）。空間におけるこれらの地点が現実の、呼吸し、感情のある人間を表現していることを彼らに気づかせたのは、地理学がある程度、人間中心主義の考え方（humanistic ideas）に関与していたからであった（第2章参照）。社会学者のアンソニー・ギデンズ（Anthony Giddens, 1991）は、地理学者によるこの経路（path）と移動の地図化では人間性の限られた理解しか表現できないと主張したが、それは、地理学者たちが、人間は記憶・感情・知識・情報・目標を設定する能力に恵まれた「生きている身体・主体」であることを示せなかったためである。人間のこのような能力は単純なモデルや地図では捉えきれないほど豊かである。構造主義的説明も同様に人間から具体性を取り去り、労働の単位に変えて、冷淡で生気のないものにした（第2章参照）。それに対して、ヒューマニズム（人間中心主義）は、エトムント・フッサール、マルティン・ハイデガー、**モーリス・メルロ＝ポンティ**（Maurice Merleau-Ponty; **コラム4.1**）らの思想に賛同して、人間が世界に物理的に「存在していること」の感覚に取り組む方法を提供するように思われた。それは、人間中心的な地理学を発展させようとする地理学者によって発展してきた。このような人間中心主義学派は、人間のアイデンティティと場所のアイデンティティの関係を概して抽象的に議論したが、人文地理学者はこの関係を特定の時間と場所に根拠を置くものとした。本書の第5章では、レ

イ（Ley）、トゥアン（Tuan）、レルフ（Relph）、バティマー（Buttimer）、ローウェンタール（Lowenthal）その他の人びとが、人間の実践によってつくり出された分かりにくい「場所の意味」を説明するために、いかにテクストと表象に頼ったかを探ることになる。若干性質は異なるが、カナダの地理学者のデイヴィッド・シーモン（David Seamon, 1979）は、身体が空間を移動する仕方を探ることによって存在の現象学（phenomenology）について独特な見解を展開した。トゥアンとレルフが主張したことと同じような関心事（すなわち、資本主義過程によって場所のアイデンティティが低下しているように見えること）に刺激されて、シーモンは場所が人びとのユニークな生活世界の役割として構築される方法を検討した。彼は人びとの生活世界を探るためには、人びとの行動（人びとがさまざまな場所で何をしているか）と、彼らが場所で身につける経験との関係を考察することが必要であると主張した（Rodaway, 1994）。

　シーモン（Seamon, 1979, p.16）は、現象学の方法論を、「事象と経験を明らかにし、記述するために行う研究の形態である」と定義した（彼は現象をこのような意味に用いている）。彼は、抽象的な理論化と範疇（空間的法則をつくること）を否定し、人と場所との関係を解明するための枠組みを経験的に開発しようとした。それには 3 つの関連する焦点があった。

- 移動の焦点 ── 人の身体は日々あるいは日常空間でどんな移動をするか？
- 休息の焦点 ── 人の身体はどのように住む場所や休息する場所を見つけるか？
- 出会いの焦点 ── 身体は日常的に出会う他人の身体や事物とどのように関わるか？

　この「三幅対の環境経験」は、環境を自ら「体験するもの」として身体をとくに重視した。これはやっかいな考え方かもしれない。というのは、われわれは、心こそ経験と感情と認識の中心であるという考え方にあまりに慣れているから

である。しかしシーモンは、身体もまた日常生活の空間に精通していると主張した。ここでの含意は、われわれが空間を動き回り、環境と身体とが影響し合う仕方は身体が感じるので、考えなくてもよいということである。この考え方は、身体と心を分離する西洋の思想傾向に明らかに反している。西洋の思想では身体は精神のツールとして、ほとんど精神の支配下にあると見なされている（R. Butler, 1999）。シーモンはこの二元論を痛烈に批判している。彼は、身体に「閉じ込められた」精神、あるいは研究対象として理論化される人間主体に代わって、われわれは個人を「身体‐主体（body-subject）」と考えるよう主張する。メルロ＝ポンティ（Merleau-Ponty, 1940）によれば、世界と主体との関係は目的を伴った身体の動きに現れると見られる。身体それ自身は志向性（intentionality）の根源（locus）となる（Creswell, 1999）。

　シーモンはこの考え方を発展させる際、個人が日常生活で空間をどのように利用するかを考えるため、「身体バレエ（body ballet）」という、興味深い描写的隠喩を用いている。これは、なじみのある場所で日常的に繰り返される行動は、ある程度振り付けられている（choreographed）ものと考えられることを示している（すなわち、常に頭の中で意識して考えられる動きとは違って、身体に対して指令として伝えられる前に考えることなく実行される動きである）。シーモンはこの隠喩を、特定の場所で互いに関係する人びとの集団にまで広げ、振り付けされているが、何人かの身体の複雑な同時の動きを記述するために「場所バレエ（place ballet）」というフレーズを用いた。行動を測定し、認知過程との関連で説明されるものに変換する行動地理学とは違って、人間中心主義地理学者にとって行動は、それ自体だけでの現象──人間の経験の本質的、活動的、予知的部分としての現象と考えるべきものになる。シュッツ（Schutz, 1982）の説明では、身体的世界（physical world）は活動主体の活動中の身体的感覚を通して構成される。

　この「存在の振り付け（choreography of existence）」（Pred, 1977）は、シーモンの研究までほとんど無視されてきた。ただしジェイン・ジェイコブズ（Jane Jacobs, 1961）がアメリカの都市の生活に関する研究において、街路で演じられる「歩道バレエ（pavement ballet）」〔訳注：歩道を歩く人びとの一見無秩序に見える動きには、

街路の治安と都市の自由を維持するための複雑な秩序が隠されていること〕に言及した。存在の振り付けは、身体と**非表象理論**（non-representational theory）への関心の集中によって行動と実践の再調査が復活するごく最近まで、地理学者からほとんど注目されないままできた（Nash, 2000）。スリフト（Thrift, 1997, p.146）の総括では、非表象理論は「特定の場所における他者と自分自身に対する人間の振る舞いが形づくる、ありふれた、日常の生活の行為に対する関心」ほど、表象とテクスト（第5章参照）に対する関心が大きくない。それゆえ、言語や表象が表現できない事象へ関心を向けることが必要なのである。普通の人びとの実際の経験は滅多に語られることはないが、いつも実行され、感じられてきたからである。スリフトが言うように、これは身体、あるいはもっと正確には身体 - 主体に焦点を当てているが、それは常に変化し、生成している世界に生きており、身体を変化させているからである。人びとがアイデンティティを「示す」非言語的（non-verbal）で前言説的な方法を探究して、人びとが踊り、歩き、車に乗り、座って彼らのアイデンティティを示す方法に関する（Nash, 2000）、また身体の所作や食事の作法や服装のスタイルを通して彼らのアイデンティティを演じている方法に関する広範な地理学文献も存在する（Valentine, 1999）。たとえばマルボン（Malbon, 1980）はクラブ通いについての研究で、人びとがダンスの経験を共有することを通して、親密な間柄になる束の間の共同体を形成し、ダンスを通して彼らの場所の意味をつくり出す仕方を発掘している。これは具体化を通じての自我とアイデンティティの発達についての人間中心主義のアイデンティティを参考にしているが、それは、また、身体が集団的経験と権力関係に巻き込まれる仕方についての考えをも発展させる。ミシェル・フーコーの研究はこの点でとくに影響力が大きいことを証明してきた。

第2部　理論地理学の実践

コラム4.1　モーリス・メルロ゠ポンティ
(Maurice Merleau-Ponty 1908-1961)

「意識の哲学者」としばしば言われるモーリス・メルロ゠ポンティは、主に現象学的思想を発展させた哲学者として知られている（第2章参照）。彼の初期の研究の多くはジャン゠ポール・サルトル（Jean Paul Sartre）との共同研究であったが、サルトルの思考に潜在している精神と物質（主体と客体）の二元論に対して不満を感じ、存在についての異なる概念を展開しようとした。『知覚の現象学』(The Phenomenology of Perception, 1940)などの著作において、彼は、言語、知覚および身体の性質を理解する際の生きられた経験の重要性を明らかにし始めた。これは、世界を「既存のもの」とすることを拒否し、知覚の基礎として生きられた経験に特権を与える説明である（われわれの世界理解は常に具体的に体験されるものであり、時間的・空間的に特有のものだということである）。人間の意識はどういうわけか抽象的、自律的で、身体と現実世界の外にあると広く認められている考え方を否定する代わりに、身体と世界との出会いの重要性を認め、身体の現象学が提唱された。これは、世界への主たる接点は身体であることと、世界についての知識は常に具体的経験に由来することを示した。彼のその後の著作（たとえば、未完成の『見えるものと見えないもの』(The Visible and the Invisible)）でこのことを詳しく述べ、身体は精神や世界から独立したものではなく、それらのものと一緒になって、（幻覚や想像の世界とは対照的に）知覚され、経験される世界をつくりあげる要素になることを強調した。マルティン・ハイデガー（Martin Heidgger）とノルベルグ゠シュルツ（Norberg-Schulz）の研究と並行して読まれつつ、メルロ゠ポンティの考え方は地理学者にとってとくに関心を呼ぶものである。彼の考え方が場所と空間と存在の概念について、独特の現象学的視点を提供したからである。人間中心主義の研究者（たとえば、Seamon, 1979）に対する影響は明らかであるが、メルロ゠ポンティの考え方は、世界における存在の基礎となるものは意識ではなく身体の空間（space of the body）であるという考えを抱く地理学者に、（暗黙のうちではあるが）広く受け容れられている（Thrift, 2000a）。

さらに詳しく学ぶための文献：Langer, 1989; Davidson, 2000

4.3 身体の洗練と規律

　世界に存在することを介して主体性の基盤として働くという身体の人間中心主義的解釈と対照的に、**ミシェル・フーコー**（Michel Foucault; **コラム 4.2**）は、身体‐主体は権力関係がもたらすものであると主張した。この考え方は、非人間中心主義的でもあるが、ポスト構造主義的でもあって、おそらく理解困難である。しかし多くの説明では、これは、個人は言説を通して形成されるという意味であると解釈されている。個人のアイデンティティと個人主義の意味は社会の間に波紋のように広がる言説の産物なのである（第 3 章参照）。このことは、身体‐主体（たとえば、男性／女性、黒人／白人、病人／健康な人）を描写するために用いられる主体のアイデンティティとカテゴリーは所与のものではなく、表象、慣習、行動によってつくり出されるものであると示唆している。これは、主体形成に関する重要な理論で、そこでは言説が身体と社会の構成に入り込み、論理的で、受容可能で、正常と見なされるものを識別させ、確定する。重要なことには、これらはある特定のタイプの身体がどのようなものか、そしてそれはいかに利用されるべきかということについての言説と思想を含んでいる。たとえば、セクシュアリティに関する研究は、一定の性的カテゴリー（未婚婦人、マスターベーター〔訳注：男性の射精を助けるセックスワーカー〕、売春婦、良妻、ポルノ作家）が言説を通してつくり出され、彼らのアイデンティティは規律の網による取り締まりと規制を受けた結果であることを強調した。セクシュアリティに関連して、このような規制技術は特定の性的行為の規制に関連する処罰の法律（たとえば、同性愛願望の検閲と抑圧）ばかりか、教育を通じて性に関することを学ぶ啓蒙的で合理的な方法も含んでいた。フーコーの主張では、その最終結果は、性的身体の統制である。そこでは、ある性的行為は快楽であるが、その他のものは矯正する必要があると明示される。フーコーの研究はとくに 18 世紀と 19 世紀に焦点を置き、セクシュアリティの議論を超えて、統制された身体の創造と監視における公衆衛生や道徳、法律の言説の重要性にも注目

第2部　理論地理学の実践

していた。

　多くの点で、フーコーの身体の規制についての著作は、身体を統制するために用いられた多種多様な技術を概念化する他の試みを見劣りさせてしまった。たとえば、ノルベルト・エリアス（Norbert Elias, 1978）の著書『文明化の過程』（*The Civilising Process*）は、身体の文明化過程に関する理論を概観して、動物と定義されるすべてのものとは反対に、身体がその所有者によって所有され管理される、礼儀正しく洗練された客体に、数世紀の間にいかに転換されてきたかを追究してきた。エリアスは、健全で「正常な」身体と認められるものとはどんなものであるかということについての今日の考えは、人間の望ましいあり方と行動のあり方についての概念を変えた、文明化の過程を近代が法制化した仕方を検討することによってしか理解できないと主張した。また、近代化の重要な特徴は次のような考え方であるとも論じている。それは、近代的で進歩的であるために、自分たちの身体の使い方を変え、他の人びとに対して（動物と自然に対しても同様に）文明化された仕方で振る舞うことによって、原始社会と距離を置くことが必要だ、という考え方である。これらの主張を説明し、15世紀以後変わってきた好ましい行動とマナーの特徴を解説するため、エリアスは身体についての考え方の変化をマナーの善悪との関係で探究した。たとえば、彼は手鼻をかんでいた中世の人びとが文明人らしくハンカチを使うようになったのは、17世紀になってからにすぎない、と指摘している。また、公共の場所（広場や街路）で公然と排便をしたり、小便をしながら人びとが互いに話し合ったりすることは中世後期までは普通のことであったし、16世紀までは手づかみで物を食べることも同様であった、と伝えている（Jervis, 1999; Smith, 2001）。

　エリアスは「外見の」分析によって、マナーの規範を通して未熟な身体が文明化した「人」に変わることを論証した（Rojek, 1995）。鍵となる考え方は、これらの規範が時間と空間とともに変化し、身体管理の「近代的」形態（身支度、歩き方、話し方、食べ方など）がかつての「あまり文明化されていなかった」時代の形態から区別されるということである（Giddens, 1991）。身体管理は、文明化された身体という現代の通念をもたらした。そこでは、身体の内側と外側と

第4章　身体の地理学

の境界ははっきりと決まっており、身体からの物質の排出（液体、固体、気体）は無作法であって、密かになされるべきものであると見なされている。これは、たとえば、自分の身体はいつも清潔に保つべきものであり、微量の身体物質（たとえば、糞便、唾、汗）は当然取り除くべきものとされていることを意味する。このような考えは 19 世紀に初めて広がったが、その空間的結果として、都市には上下水道が完備されることになり、その上下水道が住民自身とその都市を別の表現で（たとえば、一層文明化されていると）知覚するよう促したのであった。身体と都市はしたがって親密な関係にあると認められるのである（Sennet, 1994）。

エリアスのマナーについての「系譜学」は、身体管理様式の変化についての洞察に満ちているが、しかし、フーコーほどの影響力を持っていなかった。エリアスと同じように、フーコー（Foucault, 1977）の社会的規制の性質の変化についての検討対象は、中世の封建制度が 18 世紀後期と 19 世紀に完全に近代的な社会体制に代わった時期に集中した。フーコーにとって身体は、社会的な闘争が展開した（現在でも継続している）戦場ほどには、この「文明化」の過程を反映しなかった。言い換えれば、フーコーは、あるタイプの身体は他のタイプより好ましいという考え方は集団間の権力闘争の結果であったし、国家が課した善と悪についての考え方を身体 - 主体に**規律を守らせる**ことで押し付けようとした、と提唱した。身体 - 主体に規律を守らせようと試みた特定の制度（司法制度、医師業、警察を含む）について焦点を当てることで、フーコーは身体の管理と再構築の特殊な「空間」の考察へと進んだ。とくに、標準から著しく逸脱した異常者と行動の規律にとって最も重要な空間的配列形態の一般的隠喩としてフーコーが「**パノプティコン**（panopticon）」〔訳注：一望監視施設〕を利用したことは、空間的隔離と監視という明確な原理が社会的秩序を維持するために不可欠なものであることを地理学者に示した。この一望監視施設モデルは、社会改革論者のジェレミー・ベンサム（Jeremy Bentham）が 1787 年以後の一連の手紙と往復文書で詳細に提唱したものであって、その名称はギリシャ語の「すべてを見ることのできる眼」に由来していた。ベンサムは監視の原則が決定的に重要な監獄の新しい形態のデザインを提唱した。このデザインの主要な特徴は、円

第2部　理論地理学の実践

周に配置された多数の独房からなり、各室は内側の監視室に向いており、すべての独房の居住者の行動が鉄格子を通して監視できるが、囚人たちはお互いに見えない。ベンサムによれば、絶えず監視されることによる恐怖のために、不正を働く勇気が失われ、囚人が見える度合いは空間的に隔絶されることによって強化された。ベンサムは、また、囚人の隔離は悪い考えや悪い行動や病気の伝染を抑止すると信じていた。

　地理学者のクリス・フィロ（Chris Philo, 1987）は、このパノプティコンのデザインの進化とそれに続く採用状況を探ってきて、その設計が特定の現地の環境にどのように修正され、改良されていったかだけではなく、感化院や監獄や精神病院を含む重要施設のデザイン改良の基礎としてどのように機能しているかを検討してきた。ベンサムのデザインに無批判に従った施設は実際にはほとんどなく、囚人に他の囚人が見え、声が聞こえるように、また看守が見えるように改良されているものもいくつかある。それにもかかわらず、新しいタイプの施設の環境が18世紀後期から出現し始めた。その結果、建物、そこの監視者、囚人を制御された空間と時間に一緒に集めることによって、規律と訓練に影響を与えようとした（Markus, 1993）。フーコーの著作は、規律を守るための一般的理想像を住民に伝えるために、地方と中央の政府のすみずみまで監獄の立地場所を分散させる仕方を記録した。それゆえ広い意味で、フーコーにとってこのような懲戒施設の創設は、拡大・統一・強化された監視態勢が近代社会を統制するために用いられていたことの証明であった（Dandeker, 1990）。

　フーコーにとっては、このような場所における悪人の監禁と処遇は、すべての市民を「善良」で素直な市民に変えるほどの方法を用いて、身体に重点を置いた懲戒の権限によって国の支配が維持されることになるというストーリーのごく一部でしかなかった。彼はさらに広く、献身的で生産的な市民を育成するプロセスが、教育、福祉、社会政策の国家計画で制度化されたことを指摘した。これらの政策は、正常で、清潔で、健康で、生産的な身体を持つことの望ましさを人びとに認めさせることを意図していた。このことはその「養成の場（place of formation）」に関心を集中させており（Markus, 1993）、そこでは人びとは権力の

第4章　身体の地理学

内面化を果たす自己監視に参加するように督励された（Robinson, 2000）。このような空間には、学校、図書館、コミュニティセンター、水泳プール、その他の公共空間が含まれる。たとえば、学校では、自分の身体を管理し、他人に見せることの意義を学ぶ。学校の規則と服装規定は、より広範囲の学校共同体のために生徒たちの行動を1つにまとめることによって、生徒一人一人が責任感ある個人になるようにされると思われるような方法で順守と参加を促す（Fielding, 2000）。ここでは生徒たちの心への関心は、体育やチーム・スポーツやさらに健康診断のために割り当てられた時間で得られた、清潔で、健康で、運動能力をもった身体への関心となる。アームストロング（Armstrong）はこのような状況を研究し、1908校の校則から以下のことを引用している。

> 口に指を入れるな。鼻をつまむな。鼻を手や袖で拭うな。本のページをめくる時に指をなめるな。鉛筆やお金やピンなど、およそ飲食物以外のものを口に入れるな。リンゴの芯、キャンディー、チューインガム、食べ残した物、ホイッスル、つまり呼子を交換するな。生徒諸君は人の顔の前で咳やくしゃみをするな。手と顔をきれいにしておくこと。（Armstrong, 1993, p.404）

フーコーの視点からみると、学校は不断の監視場所となり、そこでは望ましくない振る舞い、品行と容姿は強制と処罰によって正される。一方、好ましい行動と学習態度は、先生に認められ、ほめられ、よい点を与えられる。

　権力の行使についてのこのような考え方を入念に検討して、地理学者たちは従順な身体・主体を形成する際の特定の場所の役割について考え始め、さまざまな状況で展開されている実践がどのようにして身体の善悪を分ける言説の一因となるかを考える。たとえば、リニハンとグリフィズ（Linehan and Gruffudd, 2001）は、鉱山労働者の浴場の研究で、20世紀の坑道の入り口の浴場は規律正しい、清潔な身体を保つためにデザインされていると解釈している。公的な身体と私的な身体の境界に関する広範囲な言説を反映して、彼らの分析は、身体

を洗う方法が身体の動作に関する一定の考えを奨励することを目指したと指摘している。もっと広く言えば、清潔さと健康についての言説は人びとを訓練する鍵となる手法であったと分析されてきた。たとえば、19世紀に水浴と水泳は学校の日課に含まれたが、それは清潔と衛生を指向する決定的な第一歩とみなされ、1846年の公衆浴場および洗濯場法（Bath and Washhouses Act 1846）によってイギリスの至る所に公衆浴場と洗濯場が用意されることになった。公衆浴場は男性用と女性用に厳重に分けられ、内部は清潔と判断されるものと汚れた衣服や汚れた身体とを分けるように仕切られていた。公衆浴場と洗濯場は、身体が判定され、仕分けされる空間であり、そこで人びとはレジャーの楽しみに参加した。

> 子どもたちの清潔さを守るために慎重な予防策がとられる。個々別々に浴槽が用意され、使用後には係員によってきれいに拭き取られる。子どもたちには番号がつけられ、汚れに応じて目立たないように分けられる。タオルは全く別々に預けられ、消毒用石けんが用いられ、ヘチマやあかすりブラシは使われずに、手だけが使われる。必要な場合には、子どもたちが浴槽にいる間に下着が検査される。（Campbell, 1918, p.45）

それゆえ、浴場、学校、工場、精神病院や監獄のどれに目をやっても、規律の権力が行使されているのを見て取ることができるように思われる。フーコーの監獄空間の検討は、それゆえ、監視空間についての地理学的研究に多くの刺激を与えてきた。その研究の多くは閉鎖された空間に集中していたが、公共空間に課される規制形態、とくに映像監視システム（監視カメラ）を探究するために、フーコーの考え方が用いられてきたことにさらに広く注目しなければならない（Fyfe, 1998; Fischer and Poland, 1998; Herbert, 1997）。

コラム4.2　ミシェル・フーコー（Michel Foucault 1926-84）

　フーコーの著作を何度も読み直し、何度解釈しようとしても、彼の思想の基調を要約することは困難である。そのうえ、しばしば物議をかもす彼の生涯（そして死）は、彼の著作が依然としてさまざまな意見の相違（そして多くは公然の批判）をかもし出していることを意味する。それにもかかわらず、フーコーは20世紀の一流の思想家の1人であることは疑いない。彼の著作は学問分野ばかりかそれ以外の領域でも広く引用されている。伝統的な学問的研究が支えられている仮説の多くに疑いを抱いて、フーコーの初期の著書 —— とくに『狂気の歴史』（Madness and Civilization, 1964）と『監獄の誕生』（*Discipline and Punish*, 1975）—— における重要な動機は、正常と異常との境界を探究することであり、関心は犯罪性と倒錯と狂気の歴史（そして定義）に向かった。他者についてのこのような歴史考古学によって、フーコーは正常と異常の概念が支えられている言説的主張に異議を唱え、社会の構築と秩序は身体（そして精神）に規律を守らせるように働く言説によってつくり出されると論じた。フーコーはまた、これらの言説は数え切れないほどの主張から出ていると論じ、身体を巻き込むさまざまな権力網を関連づけ、その概要を図に表現して、人びとにこの秩序の空間的性質に対して注意を喚起した。この研究は地理学者にとってばかりか歴史学者にとっても大きな関心事であった。とくに空間的配列に現れた独特な秩序を論じた部分に関心が集まり（たとえば、Ogborn, 1995; Hannah, 1997）、特定の環境で展開される権力関係について多数の調査を促した。その多くは、近代の社会統制の典型的なモデルとしてベンサムのパノプティコンを採用したフーコーの考えに従って、監視の観念に焦点を当てていた。過去と現在の両方のさまざまな空間におけるパノプティコンの影響を見つけたことは、言説、権力そして知識がさまざまな空間において一緒になって人間の主体性と道徳性をかたちづくる仕方について、地理学者に注意を喚起した（Hannah, 1997）。地理学へのこの明らかな移入以上に、権力関係を保持する「自己の技術（technologies of the self）」に関するフーコーの後の研究は、多くの地理学者に取り入れられてきた。数巻に及ぶ未完の『性の歴史』（*History of Sexuality*）で詳細に述べられているように、個人が自分を主体として、また客体としてつくりあげる仕方に非常に強い関心をもっていた。たとえば、欲望の方向についての彼の研究は、人びとがどのようにして倫理的関係を取り決めるかをチャネリング（方向を向けること）に探究した。ニーチェを参考にして、幸福や分別や成熟あるいは不死のある状態を達成するために人間が自分自身の身体に手術を行ったり、行為や存在のあり様に影響を与える仕方を認識するため、さまざまな時代に性が表象され、理解されるやり方を検証した（Foucault, 1988, p.221）。統治性と主観性と社会秩

序の性質（第7章参照）について重要な疑問を提出した。その批判的な説明は社会科学とクィア理論家たちにとって励ましとなった（第3章参照）。規律・秩序・刑罰を論じた初期フーコーと、身体・快楽・倫理を論じた後期フーコーとの間に分裂を認める評者もいるが、両者は空間において（そして至る所で）権力が展開される方法を切り開こうとする地理学者たちに影響を与えてきた。
さらに詳しく学ぶための文献：Burchill *et al.*, 1991; Philo, 2000a; MacHill, 1997

4.4　文化資本と身体投射

　フーコーの身体概念は、身体は社会的世界の構造の出発点であるという人間中心主義的理解を疑問視するが、何人もの地理学者は、身体の**文化政治学**（cultural politics）を探るためのよりどころを他に転じてきた（3.1節の地理学の「文化論的転回」参照）。その視角は、フーコーの権力への関心と両立しないというわけではないが、身体が資本主義的過程に関係して果たす積極的で変革的な役割をとくに重視している（Longhurst, 2000b）。美的感覚と外見と資本との関連に関する考え方を発展させるために決定的に重要な考えは、身体が社会的過程に結びついていくつかのアイデンティティに有利になるように働いているということである。とくに際立つことは、身体の変容と外見が富と名声を得るために人びとが用いる**蓄積戦略**（accumulation strategy）に明確に転化できると主張されてきたことである（Harvey, 2000a）。このことを考える最良の方法は、おそらく、身体を芸術作品にたとえることである。身体は芸術作品と同じように、価値のあるもので、ある身体は（ある芸術作品と同じように）他の身体よりも価値が高いと考えられる。しかし、芸術には生産過程から生まれる有用性（使用価値）とは全く別の価値がある。芸術は、象徴的価値に由来する**誇示的消費**（conspicuous consumption）の形態と理解することが必要なのである（Baudrillard, 1988）。ある人びとには、装飾や象徴としての目的以外に、明らかな用途のない高価な絵画や彫刻によって、自分たちの豊かさを誇示する贅沢な趣味がある。とはいえ、この浪費によって彼らは豊かでない人びとから際立ち、彼らの地位と品格のし

るしを確保することになる。次にこのことが芸術の文化的価値に正当性を認め、その芸術としての価値が高められる。第5章で明らかにするが、芸術の価値は、それゆえ、社会における記号の役割についての重要な問題を提起する。ポストモダン社会では、記号と象徴の消費があらゆるものについてきわめて重要なものになってきた、としばしば主張される（Lash and Urry, 1994）。

この主張が暗示していることは、人びとが自分の地位を主張するために芸術作品を購入するのと同じように、人びとは富を蓄積し、誇示するために身体を利用するということである。ここでの欠かせない考え方は、ある型にはまった身体の外見（appearance）が地位や気品を知らせるのに利用できるということである。ボディーランゲージの意味は十分認められていて、あるポーズとジェスチャーは「育ち」の良さを連想させる。そのうえ、身体の装飾（衣服、化粧、宝飾、入れ墨）が太古以来、威信と権力を示す重要な手段であったことは明らかである（Edensor, 2000）。このことはアーヴィング・ゴッフマン（Erving Goffman, 1959）がその研究で強調していることであって、彼は、人は常に**印象操作**（impression management）に関わっているという考えを展開したことで有名である。人は劇の中の俳優に似て、公的生活では「真に」自分自身とは言えない役を演じるよう強制されているとゴッフマンは主張する。一方では、自分の動作が独自の好ましい印象を与えるように工夫された演技をしている。たとえば、自分らしく装うのは、自分を他人にどのように見せたいかを決めることである。

> 朝、私は洋服ダンスをかきまわして、着るもの選びに直面するだけではありません。イメージの選択に直面するのです。きちんとしたスーツと作業着との違い、そして革のスカートと木綿のワンピースとの違いは、スタイルが違うだけではないのです。アイデンティティも違ってくるのです。着ているものによって、一日中別人に見られるのです。他の人びととは違う独特のアイデンティティをもつ独特の女性に見られるのです。（Williamson, 1986, p.91）

第2部　理論地理学の実践

　ゴッフマンの考え方は、共存の社会学を詳細に説明する。共存社会では、自我は日常生活で行われる社会的出会いの産物である。われわれは身体の見せ方を変えることによって、そのアイデンティティをうまく示すことができる。結局、われわれの性格（あるいは自我）は、社会生活で演じる性格と同じものになる。

　ゴッフマンの考え方に対する明白な批判（その**象徴的相互作用論**〈symbolic interaction〉が社会構造にほとんど注目していないことなど）を脇に置くと、その研究は身体の表現と動作を通してアイデンティティを見せつけることに注意を喚起した。この理論はファッションに関して、衣装が実用的であると同時に象徴的であり、人びとが衣服を選ぶときには値段や耐久性や似合うかどうかばかりか、自分自身を伝えようとするメッセージにも基づいていると主張している（Lurie, 1992）。たとえば、サッカーのシャツは身体を動きやすくすること、通気性を高めるのに役立つ繊維でできていることなど、いくつかの点で機能的であるが、特定のクラブへの忠誠を示すシンボルでもあり、それを着る人は、サッカーシャツを着ることはファッショナブルと考える類の人でもあることを示している。もちろん、機能性以上に象徴性を重視する人もいるという。ヴェブレン（Veblen, 1934）の影響力のある説明は、ブルジョワ階級が身につけるオート・クチュールは労働から解放された有閑階級を象徴するようにデザインされていると指摘している。

　要するに、われわれは服装によってあるイメージを与えることができる。特定のスタイルの服装を採用することは、社会的地位あるいは求める地位について一定のイメージを伝えることになる。実際、服装と身体の表現が階級のアイデンティティを象徴するという考え方は、カルチュラル・スタディーズにとって重要な考え方となってきたが、そこでは高級、低級、大衆、ポピュラーおよびエリートなどという文化の区別は、社会の生成と破壊における決定的なものと見なされている（第3章参照）。ここでは、**ピエール・ブルデュー**（Pierre Bourdieu; **コラム 4.3**）の**文化資本**（cultural capital）という考え方は、とくに身体と資本の蓄積との結びつきを理論化しようとする人びとに影響があった。ブルデューに

とって、流行にのりたいという願いは、人びとが自分たちの特殊性をそれとなく示す手段の1つなのである。

> あらゆる種類の好みと同じように、それは1つにまとまることもあれば分離することもある。それは、特定の階級の存在条件に結びつく条件付けの産物であって、類似の条件の産物であるすべての人びとをまとめ、一方で彼らをすべての他人から分離する。そして、本質的な方法で、彼らを区別する。というのは、好みは人が持っているすべてのもの、そして人がそうであるすべてのことの基礎だからである。(Bourdieu, 1984, p.56)

ブルデューが提出した説明では、ファッションは特定の集団の**ハビトゥス**（habitus）〔訳注：個人が日常生活において蓄積するが、個人に自覚されない知覚、思考、行為を生み出す性向〕に密接に結びついており、階級ごとに異なる価値観が、彼らが採用するファッションに現れる。ある特定の階級に属する人びとは、彼らがおしゃれだと信じる服装をする。これが階級間の区別をつくり出す。ゲオルク・ジンメル（Georg Simmel; コラム 6.1）は、近代社会の基礎的分析において同様な主張を展開し、その過程で重要な矛盾を見いだした。人びとが最新のファッションを着るのは、自分が他の人とは違っていると見られたいと望んでおり、しかし同時に流行に敏感な他の人びとと仲間になりたいと望んでいるからでもある。ブルデューの研究では、服装は階級の嗜好の**具現**（materialization）として描かれている。文化資本は経済資本に変わることができるし、逆も可能である。このことからブルデューは、能力のある人が文化資本を経済資本に転化し、社会的に上昇移動できる「構造化された（constructed）」階級の存在を提唱するようになった（Turner, 1988）。

ここで覚えておかなければならないことは、現在流行しているものは何かについての見解は、ファッションの中心地ニューヨーク、パリ、ロンドン、ミラノに定着している重要な「文化の仲介者たち」（すなわちデザイナーとジャーナリスト）によってほとんど決定されているということである。ファッション産

第2部　理論地理学の実践

　業界の伝統的説明によれば、最新のファッションは富裕で有名な人びとのためにつくられ、垂直的に分化した社会の裕福でない人びとのところに時間をかけて「滴り落ちて（trickling down）」伝わっていく。エリート層は、彼らの高貴さを維持しようとし、あるシーズンに流行するファッションは次のシーズンに流行するファッションに取って代わられるので、流行は急速に回転することになる。ジンメル（Simmel, 1971）にとって、このようなファッションのサイクルの最終結果は、比較的静かな社会の成層分化と考えられた。このような社会では人びとの階級は彼らの服装によってかなり容易に推定された。しかし、この服装の垂直的分化という考え方は、スタイルは上流階級に関係するだけのものではなく、労働階級と「ストリート」・ファッションからしばしばアイディアを得ているデザイナーもいると主張する人びとから完全に拒否されてきた（Wilson, 2001）。ファッション文化について政治学的説明を展開するアンジェラ・マクロビー（Angela McRobbie, 1994）は、ロンドンの中古衣料の市場を調査してきた。彼女の研究では、中古品店で衣服を購入する人びとが往々にして比較的裕福な女性たちである一方、労働者階級の女性がより高価な衣服を目抜き通りの店で買う傾向が見られた。しかし、マクロビーが強調していることは、このパターンが地理的に分化しており、古着の購入（と着用）の意味合いが場所によって異なるということである（「トランクセール」と古着の空間については、Gregson and Creswe, 1998 を参照）。皮肉にも、古着の世界から発展した「異質な衣服の組み合わせ」スタイルが、後にファッション産業によって商品化され、ファッション・ショーのランウェイ（花道）に現れた。このことは、身体表現についてのさまざまな方法の文化的評価は、生産と消費に複雑に結びつき、直結するどころではなくなったことを示している（Jackson, 1999）。

　身体の表現は階級の見地からだけでは考察され得ないということのさらなる指摘は、下位文化（subculture）に関して急速に発展しつつある研究文献に見いだされる（第3章）。バーミンガム学派の研究（とくにスチュアート・ホール〈Stuart Hall〉とディック・ヘブディッジ〈Dick Hebdidge〉の研究）にその起源があるこれらの著作は、とりわけ若い人びとがある「生活スタイル」集団の一員であること

を示すために物質文化を用いる点を強調する。いくつかの例（モッズ〔訳注：1960年代のイギリスでエドワード朝の服装・風習を超近代的にまねたり、社会に超然とした態度をとったりするティーンエージャー〕、ロッカーズ、パンクス〔訳注：大音量のロック音楽、反体制、ピアス、斬新なヘアスタイルやファッションを特徴とした1970年代の若者〕、ゴス〔訳注：黒い服に銀のアクセサリー、白塗りの顔に黒いアイシャドーや口紅を施した1980年代の若者〕、ラガ〔訳注：おしゃれな不良〕、レイヴァー〔訳注：快楽主義者〕など）は、富に関係なく若者たちは本流とは違うことを示す特徴的な服装を身につけることができると主張している。これらのさまざまな集団は、しばしば公的空間に形を伴って現れて、その本流をののしったり、あざ笑ったりして、彼ら流のストリート・スタイルを発展させる。ヘブディッジのモッズ族に関するオリジナルな研究は、たとえば、これらの本質的に労働者階級である若者が、いかにして彼らの両親の世代に対してその不満と価値観を伝えるために、高価なイタリア製のスーツを着用したり、ドライヤーで髪の毛を短く整えたりして、訴えているかを明らかにした。労働者階級の伝統的な男らしさの拒否は、ロッカーズがいかめしい革ジャンを着て、グリースを塗った髪の毛でその正反対のものを見せつけることであった（Hebdidge, 1979）。ごく最近では、流行の「クラブウェア」をまとうことは、クラブに通う人びとのある種の文化（そして空間）に入る権利を手に入れるのを助け、他の流行（ひいては、他の生活スタイル）を拒否することも示している（クラブ通いの地理〈geographies of clubbing〉については、Malbon, 1988を参照）。

　以上のことをまとめると、社会的地位と服装の様式との関係は複雑であることを示唆しており、ある人びとはさらに、階級と衣服の結びつきは今や全くなくなり、個人はそれぞれ自分のスタイルを身につけると推測している（Wilson, 2001）。ある意味でこれは、ブルデューの文化資本の説明に対して疑問を投げかけているのである。ただ、身体の文化政治学が存在するという考えを否定してはいない。したがって、人びとの服装が既存の社会のカテゴリーに順応するか、あるいは挑戦する仕方は、現代のカルチュラル・スタディーズにおいてこの手法が続けられていることを示しているのである。地理学では、身体の文化政治

学の手法は、人びとが特定の場所にふさわしいと思う自分たちのイメージを表現するために、依然として服装を用いている仕方を解明するいくつかの研究に現れてきた。たとえば、ドワイヤー（Dwyer, 1999）はイギリスにおける若いイスラム教徒の女性についての研究で、（西洋スタイルの）学校の制服とシャルワール・カミーズ（南アジア全体で着られる緩いズボンと袖の長い服）の違いを例にこのことを論証している。それによると、どちらを着るかを選ぶのは本質的に政治的意思決定であって、どちらが着られるかの内容によって若い女性のアイデンティティについてさまざまな説明をすることになる。若いイスラム教徒女性の大部分はアジアの服装で通学しようと思っているが、制服の着用の規則があまり厳しくない学校においてさえ、「西洋」の理念へ一致させる圧力のためにそうしないことを、ドワイヤーは明らかにした。この研究は、階級によるアイデンティティがどのように人種やジェンダーや性のアイデンティティと交わるかの意識を明らかにしたが、マクドウェル（McDowell, 1995）はさらにシティ〔訳注：ロンドンの商業・金融の中心地区〕における「権力衣装論（power dressing）」の研究で探究したいくつかの事象をも説明している（コラム6.4）。このような研究は、われわれの衣装に関する考え方がわれわれの価値観や抱負について非常に重要なメッセージを送っていることを指摘している。地理学者は服装の考察を超えて、永く続いてきた**身体投射**（body projection）の役割（たとえば、入れ墨、ピアス、義歯）をも調査しつつある（Longhurst, 2000b）。

コラム4.3　ピエール・ブルデュー（Pierre Bourdieu 1930–2002）

　ブルデューは、第二次世界大戦後のフランス社会学の重要な思想家で、イギリスのカルチュラル・スタディーズに大きな影響を及ぼした人物になったが、彼の当初の研究の中心は人類学であった。彼の研究は兵役にあった時に行った、アルジェリア人の社会生活についての伝統的な方式による人類学的調査で、人びとの日常生活についての詳細な記録であるが、分析の方法には見るべきものはほとんどなかった。1960年にパリでの研究生活に戻ると、ブルデューは社会科学の古典、とくにマルクスとウェーバーの研究に関わり始めた。同時に彼はパリ左岸の有力な指導者たち〔訳注：セーヌ川の左岸には画家や作家たちが

多い）の思想、一方ではサルトルと彼の実存主義、他方ではレヴィ・ストロースの構造主義が提示した考え方に反対する立場にあった。ブルデューは、社会生活についてのこれらの理論が暗黙のうちに含んでいる決定論と主意主義を拒否して、客観論と主観論との違い（そして選択）についての考えを発展させた（Jenkins, 1992）。彼はハビトゥス（habitus）、フィールド、シンボリック・キャピタル（象徴資本）といった新語に基づいた社会的慣習の理論を発展させた。『実践感覚』(The Logic of Practice, 1980）に詳細に述べられているように、これらの考えは、行動は個人の自由意志によってつくりあげられるものでもなく、包括的な社会条件によってのみ決定されるわけでもないと示唆する社会生活の深層を探ろうとしている。ここで重要なのはハビトゥスの考えである。ハビトゥスは存在と理解の方式であって、社会集団のメンバーの間で共有されるが、異なる社会集団や文化集団の中ではさまざまである（Painter, 2000b）。ハビトゥスはしたがって社会的差異の産物であり、社会的差異を生むものと考えられる。ハビトゥスはさまざまな分野（たとえば、教育、芸術、スポーツ、宗教）における実践を通して教え込まれ、再生産される。ブルデューは権力の根拠を提示することによって、重要な社会的媒介者と文化的媒介者に影響された象徴資本（あるいは文化資本）の役割の重要性を強調し、決定論的な唯物論的説明から離れた。これは、社会は多くの重なりあっているさまざまな権力の分野によって形成され、社会が再生産される手段の1つと思われる（たとえば）特定の服装、食事、話し方に特権が与えられることによって差異がつくられることを示している。地理学においては、これらの考え方は地理学におけるの「文化論的転回」のさ中に広く引用された。それらの理論的意味は依然として社会・文化地理学の多くの調査においてほとんど無条件に信頼されている（Hubbard, 1996; Bridge, 2001）。

さらに深く学ぶための文献：Jenkins, 1992; Painter, 2000b; Bridge, 2001

4.5 性的身体と性的魅力のある身体

　これまで考察してきた考え方は、外部からのさまざまな力と圧力が、われわれが自らの身体を規範化するのをどのように促しているか、そのやり方に注目してきた。その結果、われわれは一般に、場所にふさわしく服装を整え、公衆の面前では見苦しい動作をしない。常に清潔さを保ち、汚れがないようにする。しかしそれは、われわれが変わっていると思われたり、「場違い」と思われたり

第2部　理論地理学の実践

することに怯えているからだけではない。われわれはまた、他人から美しくて魅力的だと見られたいために躍起になる。**ジル・バレンタイン**（Gill Valentine；**コラム4.4**）が書いているように、他人にセクシーと見られるような身体をつくるために工夫された「自己の技法（technique of the self）」を活用するよう人びとを促すのは、魅力的な外見への欲求である。このような観念はフーコー（Foucault, 1977, p.155）の研究、とくに彼の「各個人はそれぞれ自分を監視している」という主張に立ち返る。これは、われわれは常に自分を監視して、自分の容姿を気遣っているが、それは他人がわれわれをどのように見ているかに関心があるからだということを意味している。要するに、われわれは皆、人に好ましく思われたいと望んでおり、そのためにしばしば好ましい理想に合わせようとしているのである。それゆえ、個人（とりわけ女性）は、自らを律し、身体の手入れをし、体型を整えることになっている。つまり、流行の下着や服装で身体をしばり、締め付け、包み込むだけではなく、ある理想に従って体型を**整えなければならない**のである。要するに、ポルノ写真なり主流のイメージなりを見て、どんなタイプの身体がセクシーであるか、官能的であるかを理解し、身体の手入れをすれば（「美容」用品を購入して）、理想の身体のようになれる（あるいはその手段を手にすることができる）という希望がもてることを発見する。

　ここでわれわれは、理想的な身体がどのように出現してきたかを考えることが必要であり、われわれ自身の身体と比較することになる身体の理想的イメージを消費者文化と広告業界とメディアがどのようにつくってきたかを考えなければならない。セクシーと定義される身体のタイプを検討することから始めると、時代的、場所的に相当に多様化してきたことが分かる。過去において望ましいものであったものが、今や異常としか思われていないかもしれないし、西洋と非西洋の概念は明らかに非常に違っているように思える。しかし、今日ではやせた（スレンダーな）身体が尊重されているらしい。スーザン・ボード（Susan Bordo, 1993）にとって、やせた身体というイメージは、よく管理され、鍛錬された自己の理想を示しているので、女性たちの憧れでありつづけた。ここでは、人びとが食べ物の摂取に気を配り、健康的な生活スタイルを追求すれば誰でも

やせられると描いているために、やせた身体と**健康的な**身体には重要な関連がある。

> 理想の身体はやせていて体調がよく、健康そうに色つやがよい。喫煙せず、飲酒は適度にする。また、その食事はカロリー、炭水化物、脂肪、塩分、糖分の摂取基準によって制御されている。運動を規則的に、そして熱心に行う。シャワーを頻繁に浴びる。適度に筋力があり、適度な有酸素能力を持ち合わせている。(Edgley and Brissett, 1990, pp.260-1)

消費社会における減量のための食餌制限圧(ダイエット)の帰結と思われる拒食症などの強迫性障害を伴って、上記の身体のイメージが当を得たものであるかどうかについて、気がかりな点が広く指摘されていることはもちろんである。消費社会では食品は多数の社会的な習慣の中心として売られている。自己管理の失敗が肥満となって現れることへの不安は、それゆえ明らかである。身体を誇示することは女性の権利であるという性差別的思考は、自分自身を「太り過ぎ」と考える女性が公園や浜辺で日光浴をするのを思い留まらせる (McDowell, 1999)。バレンタイン (Valentine, 1999) の食物消費についての議論を見ると、肥満女性の多くは公開の場で食事することをとても落ち着かないと感じるが、それは彼らの「礼儀知らずの食べ方」が大食を証明することになるかもしれないと恐れるからである。男性にとっては、身体に対する関心は、やせていることよりも健康であるかどうかに重きが置かれており、その関心は男性が女性より活動的であるというジェンダー的臆説に支えられたものである。これはアスリートのような、筋骨たくましい身体をつくりあげることが重要だと強調する男性雑誌が奨励する考え方であり、そのメッセージは「体型がくずれている」ことは好ましくないということであるらしい。健康と体力に関する言説を鋭く読み解いたマコーマク (McCormack, 1999) が示唆しているように、健康な身体は柔軟な身体でもあり、それは21世紀の企業の職場が求めているものと一致する（第6章の貨幣の文化地理学参照）。

第2部　理論地理学の実践

　性と食物と健康は、自分の身体との関係および他者の身体との関係を規定する点で、現代社会では根本的なものであるらしい。われわれは、自分の身体が他人の性的なまなざしにどのように映っているのかに気を配っていなければ、性のパートナーを見つけることはできないかもしれない。しかし、人は性的関係にある時には、異性の性的魅力のある身体を注意深く見つめることを抑制する気遣いはない。このことはロビン・ロングハースト（Robyn Longhurst, 2000b）がその研究で証明してきたことであって、この地理学者の研究はジェンダーと空間と身体に関心がある人びとにとって、重要な参考文献になってきた。リュス・イリガライ（Luce Irigaray）とエリザベス・グローツ（Elizabeth Grosz）を含むフェミニズムの理論家たちを参考にして、ロングハーストの妊婦の身体についての研究は、理想的な身体のイメージを満たすための圧力が一部の女性たちに特定の場所を不快に感じさせる仕方についての興味深い事例を提供している。彼女は、ニュージーランドのハミルトンで妊婦にインタビューして、センターパークのショッピングセンター（中所得・高所得の女性を対象にしているショッピング環境）を排他的な空間（exclusionary space）と実感した。その排他的感覚はいくつかのレベルで明瞭であった。たとえば、ウィンドーの陳列品には、しばしば標準的なグラマーで、セクシーで魅力的といった理想化された婦人のイメージが組み込まれているが、妊婦にはこのイメージはふさわしくないものであった。そのうえ、妊婦用の衣料を販売する店はほとんどなかった。そのうえインタビューに応じた人たちは、トイレ、エスカレーター、座席が妊婦の身体向きにデザインされていないと答えた。ロングハーストは結論として、妊婦が公共的な空間できちんと守らなければならないとされている服装や行動や移動についての社会的規範が数多くあることを強調している。妊婦はスポーツ、飲酒、喫煙はもちろん性生活さえもしてはいけないことになっており、妊婦に関するこれらの文化的ルールのために、公共の場での通常の行動が認められなくなっていると認識する女性がいることは不思議ではない。要するに、妊婦になる前には身体は女性であり、そしてセクシーであったが、妊娠期間には違った意味を与えられ、以前には温かく迎え入れられていた場所で「醜悪で場違いな

もの」になったと感じられるようになるのである。これは**道徳地理学**(モラル)を示唆する。ある場所で好ましいと考えられる身体が、他の場所では嫌悪される身体として解釈される。人びとが願望と嫌悪のステレオタイプに従って身体空間を形づくる仕方は、社会地理学と文化地理学の新たな研究手法を示しているのである（たとえば、娼婦の「グロテスクな」身体の排除については Hubbard, 1999 参照）。

　この節ではこれまで、われわれは身体のジェンダーと性的魅力について、主として構築主義の見地から、身体は社会的に銘を刻み込まれる場所と見なして議論してきた。これは、願望と嫌悪の対象として特定の身体に名称をつけることは、社会的過程の結果であるということを暗示する。しかし、このように解釈することは身体を人目をひく**遂行行為**(パフォーマンス)の場と見なす理論と衝突する。これは構造／行為主体、自然／文化の二元法を超えるアプローチを発展させることが必要であるということを示唆する。それはセクシュアル・アイデンティティが、空間において繰り返され、様式化された遂行行為によってどのように維持されるかを探究するためである。ここで重要な理論家はジュディス・バトラー（Judith Butler; コラム 3.5）である。彼女は、ジェンダーは目に見える反復によって規範的であると見なされた身体的行為を通して存在すると主張してきた。彼女は、ジェンダーを歴史的に決定されたものでも個人的につくり出したものでもなく、社会化の産物でもあれば自我の躍動する姿でもあるとし、身体的なパフォーマンスによってつくられ、つくり直されるものとして概念化している。実際、彼女は、われわれは他者によって男性あるいは女性と解釈される役割を演じて、「適切な」ジェンダーを果たすことを義務づけられている、と主張する。しかし、真の自我を人前で体現された行動から分離するゴッフマン（Goffman）の解釈とは異なり、バトラーの研究は、アイデンティティの心理的基礎と身体的基礎は分離不可能とみている。それは、人間は、男性または女性、あるいは同性愛者か異性愛者のいずれかのアイデンティティを**本来的に**もっているとは考えられないこと、むしろこれらのアイデンティティのタイプは常に**慣習や礼節に一致する**ということを意味する。ウィリアムズとベンデロウ（Williams and Bendelow, 1998, p.126）が主張しているように、「性は、もはやジェンダーの構築

第2部　理論地理学の実践

が人為的に押しつけられた身体的に当然のものではなく、身体の具体的な姿を支配する『文化的規範（cultural norm）』なのである」。これは、身体の性は固定したものではなく、社会の解釈規準によって生まれるものであるということを意味する。もちろん、この解釈は時間的にも空間的にも固定されておらず、これは、異なる身体類型と異なる行動パターンとの結びつきに関して異議を唱える遂行行為（パフォーマンス）を演じる機会が、個人にとって多く存在するという意味である。

　今日まで、流動的で変動可能なものとしての身体の再概念化は、主として性とジェンダーの関係をめぐる議論との関連において発展してきた。その場合、ジェンダーと性はともに社会的に固着したものであるよりも、むしろ行為遂行的な（performative）ものであることを示すために用いられてきた（Hood-Williams and Harrison, 1998）。重要なことは、この解釈が、身体のアイデンティティの筋書きを独自の仕方で行動で示す余地を人びとに残していることである。それは、ある特定のアイデンティティに対しての「既成概念」に疑問が提出されるのは、その身体のアイデンティティの筋書きから行為が逸脱する時に起こり、新しい性またはジェンダーのアイデンティティが出現する可能性が潜在する。

> 首尾一貫性の構築によって、異性愛者、バイセクシャル、ゲイ、レズビアンの内部に無数に走るジェンダー・アイデンティティが隠蔽されているが、ジェンダーは必ずしも性から生じるものではないし、性的欲求、あるいは一般的にセクシュアリティがジェンダーから生じているようにも見えない。確かに、これらの意味のある肉体の次元ではお互いに表現しあうことも印象を与えることもない。身体の諸々の分野の混乱と分解が異性愛の一貫性という規制的なつくりごとを崩壊させるとき、モデルはその説明力を失うように思われるし、規制上理想的なものは記述を目的とする性の分野の規制の発展的な行動規範に見せかける基準として、またつくりごととして暴露しているように思われる。（Butler, 1990b, p.326）

当然のことと思われているジェンダーと性の概念の一貫性を、あるパフォー

マンスが粉砕するかもしれないという考えは、重大な政治的結果をもっている。すなわち、異性愛主義や家父長制のような社会構造は、無数の交差するパフォーマンスによって維持される、破壊可能で規制的な「つくりごと」として再認識される。バトラーはこのことを、極度に男性的な「ゲイ・スキンヘッド」やドラァグクイーン、あるいは女性的な「リップスティック・レズビアン」のような**極端な**パフォーマンスを通して、文化的慣習のパロディーが支配的な異性愛の規範にどのように挑戦するかを描き出すことによって明らかにしている。2人の見るからに「マッチョな」男たちが手をつないだり、キスをしたりしている光景は、バトラーが異性愛の義務という「フィクション」として描いているものを見せつけながら、何がノーマルであるかについての想定を混乱させる (Grosz, 1992, 1994 も参照)。これらのパロディーにはそれらが行われる社会（と空間）のタイプ次第でさまざまな影響があり、ここでもコンテクストが最も重要である (McDowell, 1999)。たとえば、ベルほか (Bell *et al.*, 1994) は、公共空間におけるそれぞれの「クィア」・パフォーマンスが、異性愛規範と家族規範に基礎を置く公民権概念にどのように挑戦しようとしているかを調べるためにバトラーの研究を援用してきた。これは、身体のあるパフォーマンスが男性と女性のアイデンティティを破壊するばかりか、ゲイやレズビアンのような逸脱者グループのために空間を開拓することを暗示している。同様に、フィリピンの女性セックスワーカーが実現した女性らしさのパフォーマンスについてのリサ・ロー (Lisa Law, 1997) による分析は、「西洋風」の服装と化粧としぐさが西洋人旅行者ののぞき見趣味的まなざしに耐えるのに役立ち、性労働が男らしさの力と女性らしさの不足のせいであるという考えを打ち消すのに役立つことを強調している。従順でけがれのない東洋のセクシュアリティという西洋人の幻想に挑戦して、性労働者は自身の言い値で顧客との空間的に明確な関係を取り結ぶことができるようになる。

　ここで、明瞭なことは以下のことである。地理学者は身体を知識と権力の場所と考えているばかりではなく、抵抗の場所であり、また頑強に抵抗し、反撃を常に用意している肉体的存在とも考えている (Grosz, 1992)。要するに、身体は、

第2部　理論地理学の実践

環境において予想されるさまざまな事柄に適応したり、抵抗したりする役割をおそらく同時に果たすために用いられるのである。行為遂行性（performativity）と具現化（embodiment）についてのこのような洞察は、男性らしさあるいは女性らしさについてのある理想的な見方に適合したり、挑戦したりするために自分の身体を使うこと、ダイエット、トレーニング、肉をつけて太ること、贅肉を取り除くこと、体重を絞ること、装飾について、われわれすべてに考えさせるように促すはずである（Butler, 1990a）。身体と休息と移動についての先の議論に立ち帰り、われわれがジェンダーの規範に従って歩き、大股で歩き、投げ、動き、座り、走り、踊るように仕向けられる仕方についても考えることになろう（Young, 1990）。これは、ジェンダー化された身体は複雑な場所であって、その「微小な地理」は社会と政治と文化が刻み込まれた結果であることを示唆しているのである。ラドクリフ（Radcliffe, 1999, p.216）は、この主張をエクアドル人の身体概念を検討する際に発展させ、身体のフェミニズム／クィア理論を、身体が同時にジェンダーと階級と人種に分かれる仕方についての考察に拡張することが可能であることを力説している。

コラム4.4　ジル・バレンタイン（Gill Valentine 1965- ）

　ジル・バレンタインは英国のシェフィールド大学の人文地理学の教授で、社会地理学における重要な思索家としてはやばやと名声を確立した。彼女は、もっぱらセクシュアリティの地理学に関する研究、イギリスのレズビアン女性の時間 - 空間戦略と居住場所決定に関するタイムリーで最先端の調査研究者として著名である。その著作は、イギリスの地理学者たちがクィア理論の存在を認識し始め、それによってバトラー（Butler）、ウィークス（Weeks）、セジウィック（Sedgwick）その他の人びとの研究が多くの地理学者に認められるようになった頃に発表された。セクシュアリティと空間の研究の先導者としての彼女の名声は、論文集 *Mapping Desire*（デイヴィッド・ベル〈David Bell〉との共編）によって不動のものとなった。本書はセクシュアリティの空間的表現や変化を研究する論文を世界中の執筆者から集めたものであった。しかしながら、この論文集は必然的にバレンタインに重大な結果をもたらすことになった。公然となされることはまれであったが、個人的に「ヘイト」運動を通じてバレンタインの研究（そして彼女自身のセクシュアリティ）

の正当性が攻撃された（このことについての痛ましい説明は Valentine, 1998 参照）。このことは、現代の消費傾向の社会的・文化的意味を論じたバレンタインの豊かな研究成果の妨げにはならなかった。現代の消費傾向とは、たとえば、食料消費の変化の様相、子どもたちにとってのコンピューター文化の重要性、そして若者文化の地理学に関する研究である(Bell and Valentine, 1997; Skelton and Valentine, 1998)。身体に関する現代の議論に関連して、バレンタインの研究は、どのようにして空間と場所がジェンダーとセクシュアリティと交差して、身体の理解に影響を与えるかを示す模範になっている。(たとえば) 食料消費についての彼女の研究は、消費の習慣が身体のイメージによっていかに形づくられるか、そして特定の場所でどのように行われているかを示している。彼女の見方からすれば、身体は「特定の社会的関係の集まりで構成される……相互作用の産物」であり (Vallentine, 1999. p.330)、したがって身体が順応している空間との関連で理解されるべきものなのである。ジュディス・バトラーの研究はこの領域における重要な影響を与えているが、バレンタインは第一に地理学者として執筆を続けており、身体とそれらの意味が、社会集団の中で変化するばかりか、空間の中でも言説的にも実質的にも変化することを強調している (Valentine, 2001)。

さらに詳しく学ぶための文献：Bell and Valentine, 1995; Valentine, 2001

4.6　身体の他者化

　第 3 章で述べたように、人文地理学における成長分野は、**排除の地理学**（geographies of exclusion）によって権力がどのように解明されるかについての研究である。ある人たちを特定の空間に「場違い」だと見なして、ある景観（地域）から排除することは、さまざまなスケールで広く見られてきた現象である。排除過程の研究の重要な側面の 1 つは、身体がこの過程にどのように関わり、実際に他者化の現場となってきたかを探究することであった。この方法では、貴重な景観（地域）と「周辺化された場所」との間の永続する区別のように、身体は自己と他者との差異を区別すると見なされる（Shields, 1991）。それは、特定の身体に付着する嫌悪感、つまりそれらを他者と分類する仕方であって、この節ではその事が探究されるが、それには、精神に媒介される自己と社会の関係に

第2部　理論地理学の実践

ついての精神分析学の理論を発展させてきた研究がとくに引用される（たとえば、Lukinbeal and Aitken, 1998; Nast, 1998; Pile, 1996; Sibley, 1995）。

　精神分析学の説明の多くは、実のところフロイト（Sigmund Freud; 1856–1939）の研究にまでさかのぼる。フロイトは、無意識の心に宿る恐怖と欲望を明らかにすることを目指す技法を発展させた。その後、特定の患者と病歴を基礎にして一般化する傾向は批判されたが、彼の解釈は主として自己と他者の根本的区別が幼児期に発展すること、および幼児が社会生活に適応していく過程に集中していた。この幼児の社会化過程に内在する緊張と、最も重要な養育者（フロイトの説明では母親）からの分離に幼児が気づく時に起こる深い断絶を認め、フロイトは、もし、人びとが「エディプス・コンプレックス（Oedipus complex）」の中心でその立場に順応しなければ、彼らはアイデンティティの危機に苦しむことになるという、社会化の理論を本質的に発展させた。フロイトはこのギリシャの寓話を取り上げ、男の子が母親に対してもつ「自然の」欲望はエディプス・コンプレックスに関連した去勢不安によって抑圧され、母親の代わりになるものに向けられると主張した。同時に、フロイトは、女の子が「いない」のは、母親から父親への欲望の置き換え、つまり父親の代わりになるものへの欲望の置換えによってのみ解決されると示唆した。ここでは、セクシュアリティと乳幼児期は、無意識の心を活動の源とする行動理論の主要な要素なのである（Ferrell, 1996）。

　フロイトにとって、母、父、息子、娘のアイデンティティの標準化は抑圧的な社会化過程によって「つくり出される」と思われた。夫婦間の貞節の願望と子どもたちの養育は、社会化の形態に対する予測可能な対応と考えられた。この社会化の形態は幼児期のセクシュアリティを発達させ、その後に抑制させることになる。フロイト学説の信奉者の精神分析学は、それゆえ、人はどのようにその主体性を形成していくかについての理論を提出し、アイデンティティの危機を経験しつつある人びとを安堵させ、治療する効果があると説明している。それは、なぜわれわれが常に理解しているとも認知しているとも限らない性とジェンダーの立場に順応しようとするのか、その理由を語っている。無意識の

第4章　身体の地理学

心には、独自のエネルギーと意欲があり、理性の法則に従わないのである。同様に、それは、われわれが常に自分の欲望（とくに性の欲望）に従って行動するわけではない理由と、ある感情を抑える理由を説明する。しかし、フロイト学派の精神分析は、その無条件の性差別（母親を幼児保育の責任者と見るなど）と、性的満足があらゆる欲望の基礎であるという主張において批判されてきた。そのうえフロイトは、「感情転移（transference）」や「置き換え（displacement）」のような用語を漠然と用いているので、そのプシュケー理論はしばしば理解しにくいと言われてきた。

これに対してラカン（Lacan）は、無意識が言語に似た構造をもっていることを示唆する微妙な個別化モデルを中心にした精神分析の考え方を拡張し、発展させたことで広く知られている。ラカンは人間の欲望を確定する際に記号表現（signifier）の役割（第5章参照）に中心を置いて、人間の主体性の観念は人を惑わすものであり、完全性と自己同一性の欲求は、人びとを自己以外の世界における人と事物との同一性を探し求めるよう駆り立てると提唱した。このアイデンティティ探しは、ラカンが鏡像段階と名づけたもので始まる。幼児は、この段階で初めて鏡に映る自分を見て自分と認め、自分が世界から（その母親からも）独立していることを認める。そこでつながりの不足を解決しようとして、幼児は鏡像段階に先行する想像的段階に戻り、母親の姿との一体感を探し求める。しかし、エディプス期の始まりと「父親の法則（Law of the Father）」に入るとともに、主体は寸断された身体となり、その幻想の世界から離れ、その不完全性の意味を解決する記号表現を見いだそうとして、自分を連続的に世界に投射するようになる。ここでは最初の愛の対象のエディプス・コンプレックスによる引き渡しで示される（存在の）欠如がもたらすものは、実在的な欲望と想像的な欲望の間の不断の動揺であるが、それは主体がファルス〔訳注：ラカンが使用したファルスは元の意味は陰茎であるが、幼児は母になくて、母の欲望の対象であるファルスになろうとするが、自分がファルスではないことを知り、自己の外部にそれを求め、欲望の回路に取り込まれていくとされる〕の象徴的な至上命令に従おうとするからである。誰も男根をもっていないとすれば、すべての男性は象徴的に

去勢される。男性らしさと女性らしさは一緒になり、男性と女性はともに父親の法則によって抑圧される（Ferrell, 1996）。このようにして、ラカンの精神分析（学）は生物学的な秩序から象徴の秩序へ、法則と論理の領域へと性的アイデンティティの基準を移行させる（Blum and Nast, 1996）。

　人が常にアイデンティティを探し、自我と個性を追求していることを考慮に入れると、ラカンのファルスに象徴される性的差異についての奇抜で明確な考えと、フロイトのリビドー〔訳注：欲動、自我衝動に対立する性衝動〕の概念は、現代の欲望の基礎を説明する非常に重要なものであることを立証してきた。しかし、ローズ（Rose, 1993）が主張するように、自我の克服、欲望、不安、攻撃性、罪意識、愛の入り混じった気持は、日常生活の物質的および象徴的な地理の全体で生ずる。精神（プシュケー）は、その構造と世界との関係を維持するための戦略を用いている（Lewis and Pile, 1996; Sommers, 1998; Davidson, 2000）。このような考え方は、フロイトとラカンが提出した個人主義的説明よりはるかに多く社会関係に注目する一連の精神分析学的思考で、一層進歩している（du Gay, 2000）。たとえば、メラニー・クライン（Melanie Klein）、ジュリア・クリステヴァ（Julie Kristeva）とドナルド・ウィニコット（Donald Winnicott）が提唱した対象関係構造（object-relations framework）は、精神（psyche）は人間が身につける政治的、文化的、環境的背景において形成される、本質的に社会的なものであると主張している。特定の気持ちを抑え、またはある記号表現とアイデンティティを同じものと見なそうとする衝動は、ここでは社会的に構築されるものと見なされ、幼児期に教え込まれたものと見なされるが、時間と空間によって大きな変化を受けやすいと見なされている。自己同一性、文字通りには自我の領域を維持することの重要性についてのこのような精神分析学的理論を参考にしながら、**デイヴィッド・シブレー**（David Sibley; **コラム 4.5**）は、その結果として、身近から「険悪な他者」を排除する衝動は、清潔さと清純さを維持したいという無意識の願望に結びついていると主張した。このような願望は社会化の産物であって、われわれにアイデンティティ感覚を脅かすものを知らせる言説と表象と実践を通じてつくり出され、抑圧されるべきものと卑しいものの定義を伴っている。クリステ

ヴァ (Kristeva, 1982) の影響力のある著書『恐怖の権力』(Power of Horror) を参考にし、ダグラス (Douglas, 1966, p.41) の「汚れは場所に不適当なことから問題になる」という主張を引用して、シブレーはこの汚されたり、堕落させられたりして自我を脅かす恐れがある特定の個人や集団が、変質者や危険人物としてどのように描かれるかを探究してきた。これらの集団は、身体的外見（たとえば、障害者、女性、黒人）や身体的記号（服装、スタイルなど）によって主として定義されている。

　シブレーは、かくして、**空間的**排除が西洋社会に**社会的**境界を創設するために用いられる最も有力な方法だと主張して、精神分析学的思考の最も説得力のある地理学的解釈の１つを開発してきた。排除は、ヘゲモニーを握る集団（通常は白人で中産階級の異性愛者）が、生活と行動の受容可能な仕方と認める彼らの考え方に一致しない人びとを主流から排斥し、支配できる鍵となる手段と考えられるようになっている。好ましくない物と好ましくない身体は、浄化や健全化を目指す処置によって、これらの集団から遠ざけられる。悪党どもは荒野に追い出され、放浪者は周辺の土地に押し込まれ、売春婦は限られた時間に限られた場所で働くよう義務づけられ、少数民族は不法入国者とされて本国へ送還される。この排除過程は、また、公共の収容施設の空間への身体の収容にも明瞭に現れている（4.3節）。このような場所（精神病院、病院、養護院）は病気や不健康な身体を治療するために計画されてきたが、それらの立地がこれらの集団に対する社会の態度を反映していることも明瞭である。多くの場合、これらの場所を占める集団は、身体的にも、また心理的にも社会の主流から遠ざけられる。「去る者は日々に疎し」である (Gleeson, 1998)。

　この排除衝動はニンビー主義 (Nimbyism)〔訳注：not in my backyard の略で、「うちの近くではごめんだ」という地域住民のエゴ行動〕でも明白である。これは開発がもたらす可能性がある負の外部性 (negative externality)（とくに環境と美的価値の破壊）と地元の不動産価値に与えると思われる負のインパクトに対する反発として、伝統的に説明されてきたものである (Holloway and Hubbard, 2001)。このような経済的影響は、ある程度予測できる。予測ができにくいのは、

ニンビー主義による行動が、他者と見なされる住民に対する複雑な懸念の証拠と見なされる度合いである。この点で、地理学者と他の人びとは、外国人移民や障害者のための救護院などの集団に対する反対が経済的見地だけから的確に説明できるかどうか、という問題に対して大いに貢献している。彼らは、その代わりに、これらの集団に対する反対が不浄物への無意識の恐怖に根拠があることを示唆している。こうして、さまざまな身体をもつ、これらの集団に対する地域社会の反対を理解するには、心理的境界と物理的な境界の両方を維持する手法を発見しなければならない。このことに関係する1つの例を、ウィルトン（Wilton, 1998）が用意している。彼は、フロイトとクリステヴァの研究を引用して、ロサンゼルスにおける精神病患者と身体障害者とエイズ患者のためのコミュニティの介護施設と福祉事業に対する住民の反対について考察した。彼は、地区における新しい施設に反対する人びとの多くは、障害者に対して一般に寛容で同情的であり、容認することを表明しているにもかかわらずこれらの施設に反対し、公開の会合では懸念を表明し、利用予定者を「よそもの」と決めつけた。ウィルトンはフロイトの**気味の悪さ**（uncanny）の概念を発展させ、障害をもつ人びとは異常な身体をもつと気づかれると主張する。ある身体を「異常」と感じることには、密かにさげすみの心情が秘められており、救いがたい身体は不安の種になり、それらの事柄を拒否する心情がある、とクリステヴァは提唱した。ここには、人体の透過性（permeablity）の認識と、「汚染物質」が人体に侵入する恐怖もある。健全な精神は身体に関連づけられており、身体を通して世界と結びついているので、障害のある身体との遭遇は恐怖を招き、不安と拒否の感情を駆り立てる。フロイトとクリステヴァはともに、その異様さは集団的に経験されるし、個人的に経験する以上のスケールで不安を招くことから、新しい障害者向けの施設は社会秩序を脅かすだけではなく、個人と集団のアイデンティティさえも脅かすものである、と主張している。

　ウィルトンはこの理論の枠組みを用いて、障害者のための施設に対する地域社会の反対について調査した（Dear et al., 1997）。あるレベルでは、関心は不動産価値、近隣住区の評価の低下、子どもたちの安全性の低下、交通量と騒音の

増大にあったが、新聞記事や専門家のインタビューのような二次的資料の分析は、個人と集団の言説も作用していることを明らかにした。たとえば、25人が入居しているエイズ・ホスピスについて、そのホスピスの管理者は次のように嘆いていた。

> 「エイズの空気」を吸いたくないので、犬を散歩に連れて行くことができないと、私たちはこの女性から2回電話を受けました。……ここのホスピスの横には広々としたテラスがありました……私たちは通りがかりに立ち寄る人たちから苦情を言われ始めました。この人たちはエイズ患者、つまりこれらの病人を見たくなかったのです。(Wilton, 1998, p.180 に引用されたもの)

ウィルトンは、空間的にホスピスの近くに住む人びととのアイデンティティが脅かされる事例を、「異常なものや惨めなものと直面することから生じる事象であると一般的に言うことができる」と主張している。言い換えれば、純化された自己の意識は、死の恐怖を近寄せる身体をもっている病気の他者(この場合にはエイズ患者)のステレオタイプに依存しているのである。ここでは、排除のプロセスは、接触感染という「わけの分からない」恐怖を通して現れる。このような恐怖に対応して、地方当局は、遺体運搬車が施設の外に停車することを認めないこと(地下駐車場に停車すること)と、すべての患者は地元の道路を同伴者なしで歩いてはいけないという新しい規則を設けた。つまり彼らは、自分たちのコミュニティでは、住民がエイズの存在に恐怖を感じないですむように、恐怖感を抱く恐れのあるものが目に入らないようにしようとしたのである。集団の表象と経験によって、エイズの原因となる HIV と共生する人びとという汚名をきせられる身体は、かくして、多くの人びとを愕然とさせる対象となり、排除の地理をつくり出す遠心力になる (Watney, 1994)。

第2部　理論地理学の実践

> **コラム4.5　デイヴィッド・シブレー（David Sibley 1940- ）**
>
> 　デイヴィッド・シブレーは英国のハル大学の人文地理学教授で、20年以上にわたって排除の社会‐空間的過程を研究してきた。移動型少数民族、とくにジプシーの疎外（marginalization）に格別の関心をもっている。刺激的で過激な著作で名声を確立した後で、過去数年間は地理学への精神分析学的思想の導入を提唱している。とくに彼の著書 Geographies of Exclusion（排除の地理学）の影響力は大きい。この本でシブレーは、メラニー・クライン（Melanie Klein）とジュリア・クリステヴァ（Julia Kristeva）の精神分析学の研究を発展させ、他者の空間への関わり方は制限されることを説明している。ここで彼は、自己と他者との境界を社会的、文化的過程とするクラインの概念と、クリステヴァの棄却（abjection）の概念（身体内部の境界を「汚染物質」から防ぐこと）を利用し、誰が空間に「属する」のかという考えを探究した。要約すると、個人は人びとの文化的表象に基づいて「善」と「悪」の間の境界を明確にし、維持しようとするとシブレーは主張する。ここでは、**空間**の排除と浄化は、想像上の規範に劣る身体をもっている集団の表象に依存する過程である。この集団は汚れていて、病気持ちで、臭くて、不潔で、周囲を汚染する。たとえば、旅行者、ホームレス、難民申請者、売春婦などの他者集団に対するモラルパニックでは、ステレオタイプ化されて繰り返されるイメージが、それらの集団が国民への脅威であると描写するのに動員されると彼は主張する。これは境界をつくり、修復しようとする衝動を駆り立て、特定の集団を疎外する社会的・空間的秩序（そして国家政策）を伝えていく。かくして、なぜ人びとが他者を排除しようとし、「自分たちの」空間と見なすものをなぜ浄化しようとするのかを理解するには、不安の「場所化」を慎重に検討することが必要となる、と彼は主張している。
>
> **さらに詳しく学ぶための文献**：Sibley, 1995, 2001

4.7　本章のまとめ

　この章では、われわれは身体が地理学者によって理論化され、経験的に検証されてきたさまざまな仕方を吟味してきた。自律的精神によって制御される肉体と器官と骨格の集合体と見なされる身体の概念化から、その社会的記録と（多様に分化した）行動に焦点を置く概念化に移行して、身体が地理学の学問領域に

組み入れられてきたさまざまな仕方を例証してきた。暗黙の議論は、具体例に基づく地理学を生み出すことの必要性があるということであったし、真の**人文**地理学は、社会‐空間的関係を形成する際における身体の役割を確認することが不可欠であるということであった。しかし言うまでもなく、このような議論においては、異なる理論間に存在する明白な緊張にも注意することが必要である。理論は常に両立するわけではないからである。それぞれの研究のために地理学者が対象とする身体についての見解は、おそらく、研究者の学問上の立場と、研究者自身の身体に影響されるであろう。知識を構築する仕方を反映する地理学の能力は、それゆえ、地理学者が「世界における自分自身の存在」を質すとき、身体についての新しい見方と新しい立場を促進するために決定的に重要なものである。結局、この章の初めに述べたように、われわれはみな身体をもっており、われわれ自身の身体を理解することは、われわれが他者の身体を理論的に説明する方法に影響を与えることなのである。

第2部　理論地理学の実践

第5章

テクストの地理学

5.1 テクストの意味

　地理学者が広く用いている多くの用語と同じように、「テクスト」という用語には多様な意味があり、しかもその意味が変化する。テクストという用語は、「日常的」には、書かれ、読まれる印刷物や資料を指すだけであるが、さまざまな考えを社会全体に伝える非常に広範な文化的産物〔作品〕を言い表すためにますます多く用いられるようになっている（Rose, 2000）。書籍や漫画雑誌や詩を含む、多様な分野の文化的産物〔作品〕ばかりか、音楽やテレビや絵画、映画、写真などの文化的産物〔作品〕もテクストと言えるだろう。このことから次のことが直ちに明らかになる。テクストとテクスト性について考えるには、さまざまな考えが書かれた語によってどのように伝達されるかということについての伝統的理解を疑うことが不可欠であり、さまざまな事物と慣習が意味をつくり出す能力について考えることも不可欠になる。それでもなお、テクストのあらゆる学問的分析を支えるきわめて重要な考え方は、情報伝達はその書かれ、話され、隠喩(メタファー)の形をとる言語の存在に依存するということである。言い換えれば、個人の間と集団の間での思想の伝達はテクストの存在に依存するように思われる。特定の社会環境と文化環境では、テクストは語と音とイメージの特有の組み合わせによって事物の意味を伝える。他の環境ではそうではない。それゆえ、テクストの意味を理解するためには、書かれ、演じられ、歌われ、映写され、描かれるなどしてストーリーとして語られる言語の慣習にしたがって、それらの意味を解読しなければならない。このような問題は文化と文芸の研究の中心的

な関心事であって、テクストを理解するためには、多種多様な、時にはまごつかせるほどの理論に頼らざるを得ないのである（M. Smith, 2000）。

　地理学者が情報伝達についてのこれらの考えにどのように関わってきたかを考える前に、なぜ彼らがそうすることが重要であると判断したのかを理解することが必要である。人文地理学者は常にさまざまなタイプのテクストを解釈して、人びとと場所との関係を理解してきた。たとえば、古文書、日誌、報告書はすべて人間活動の変化パターンを記録しており、人びとの変化しつつある活動のパターンを探ろうとする地理学者にとって、それらは人びとの移動や土地利用のパターンや物品購入の慣習などであっても、重要なものである。しかし、地理学者は一般にテクストから量と質に関するデータを抽出することを比較的単純な方法で実施してきたが、その場合にはテクストは世界の「真実」を示す**擬態**であると見なされてきた。それゆえ、このような資料を利用する地理学者が主に重視してきたのは、それらが確かに著者が書いたもので信用に足るものであるということである。そのことが確認されれば、研究者は、そのテクストは明らかに正確な証拠として**信頼できる**ものであると確信できる（Kitchin and Tate, 2000）。したがって、国家が公表する調査やセンサスを含む、ある種の書かれた資料は広く信頼できる。イギリスには、たとえば、毎年政府が出版する経済と社会生活の多くの側面に関する多種多様な調査報告書と統計書が存在するが、それらの多くがいくつかの空間スケールで公表されていることは、それらが地理学的分析と地図化に適しているということである。

　研究者が収集した一次的データに対して、公的な統計と報告と文献を**二次的**データとして利用することは、地理学の重要な伝統的手法（とくに実証主義に根ざした伝統的手法）になっているが、最近、これらのテクストの事実の情報源としての真実性と有用性について大きな問題が起こってきた。たとえば、知識と権力の関連状態（第3章参照）についてのフーコー（Foucault）の主張によれば、国家の公文書館と統計資料は、社会を統治し、規律を正すための主要な手段として整備されたものである（Robinson, 2000）。国家は単に社会的「事実」を収集することよりも、むしろいくつかの行動を正常とし、他の行動を異常で望ま

第2部　理論地理学の実践

しくないものと判定するのに役立つ社会的知識を**創出する**過程に関与している。ある人びとにとっては、これは「公的な」情報源が「真理」をイデオロギー的な目的で操作することを意味しており、社会の実態を正確に映す鏡としては信頼できないものなのである（May, 1997）。確かに、いくつかの研究領域では、公的な情報源は信頼性を大いに疑われている。犯罪統計の信頼性は犯罪地理学の研究者によって疑問視されるようになってきた（Lowman, 1992）。また、経済地理学者は失業者の数値を疑問視している（Green et al., 1994）。

　しかし、さまざまなテクストを地理学者が正確な情報源として「読む」ことは今や稀であるとしても、これはテクストが地理学の調査の周辺部に押しやられてしまったことを意味するものではない。それどころか、状況は全く正反対で、地理学の「文化論的転回」に促されて（第3章参照）、テクストを世界に関する情報源としてばかりか、研究対象そのものと考える地理学者の数が増加しているのである。これから見ていくように、この種の研究は、「事実」のテクストと「フィクション〔虚構〕」のテクストの分析を含んでいて、それらの間の境界はますます不鮮明になりつつある。多くの場合、この区別はもはや必要のないものであり、両者とも現代の世界をしっかり進むために用いる「意味の地図（maps of meaning）」を提供していると見なされている（Jackson, 1989）。批判的な解釈をされる場合には、あらゆる種類のテクストは、人と場所の表象が部分的で単純化され、ゆがめられたものをあらわにし始め、それらはしばしば社会的不平等の再生産に寄与する意見でいっぱいである。このようなテクストの多くが都市的西洋の権力をもった核心部で産み出されるとすれば、さまざまなテクストが白人男性の世界ビジョンを頻繁に伝達し、「他の」あらゆる集団を周辺的地位に追いやることはおそらく不思議なことではない。しかし同じ時、下位集団は独自のテクストをつくり出し、このような支配的なビジョンを覆そうとするだろう。何人かの地理学者にとって、それゆえテクストは、摩擦と不安定を特徴とする複雑な社会 - 空間的過程の頂点に位置する表象の象徴システムの基礎をなしているのである。グレゴリー（Gregory, 1997, p.73）が言っているように「表象は常に努力であり、条件付き達成であり、それらの諸条件と結果は、

表象が常に権力に関係していることを示している」。

　多くの点で、テクストに対する最近の地理学の関心は、20世紀の社会理論における「言語論的転回」への遅まきの対応と解釈される。言語論的転回とは、言語と言語的表象を、研究の存在論的・認識論的基礎（および限界）を明確にするものとして取り扱う理論家たちの傾向を示す用語である。ここでは、言語は現実の世界を写すだけのものではなく、世界を構築するものである（すなわち、現実には言語を通し、言語によって表現できるものしか存在しないのである）。それゆえ、多くの著者たちは、言語は理論の発展を拒んでいるという主張を拒否してきた。それどころか、社会生活の核心的様相の典型と見なして、言語を受け入れてきた。たとえば、多くの構造論的（マルクス主義的）説明では、社会は言語のように組み立てられていると見なされてきたし、言語そのものは、個人が日常生活で言語の規則を利用するにつれて再生産される構造であるとされてきた（社会神話と儀礼の「深層文法」についてはLevi-Strauss, 1969参照）。それゆえ、フランクフルト学派の研究（第2章参照）では、主観性の概念は相互主観性（intersubjectivity）〔訳注：人びとが共有する主観性〕概念に取り替えられ、そこでは、「世界を構成する能力は超越論的主観性から文法的構造に移されている」(Habermas, 1988, p.15)。言い換えれば、言語（と広範な文化産業）は抑圧の手段と断定され、批判理論の焦点をマルクス主義初期の経済主義から、権力との関係における文化の役割を唯物論的基礎に対する上部構造と考えるアプローチへの移行を余儀なくさせた（とくにAdorno and Horkheimer, 1972を参照）。フランクフルト学派の他のメンバーの研究では、この言語への関心は、支配やイデオロギー的痕跡のない表象を探す経験的研究で、その本質を明らかにすることであった（とくにBenjamin, 1955を参照）。

　このようなわけで、この章は地理学者が、言語、文化、権力についてのこれらの考え方にどのように関わってきたか、社会と空間との相互関係を明らかにするために地理学者がどのようにテクストを用いてきたかを考察する。地理学者がテクストの地理学について考えるためにどのように多様な知的伝統、方法、理論を利用してきたかを一般的に確認しようとする。それはテクストとテクス

ト性についてのこれらの異なる考え方を探ると同時に、テクストの限界を探ることになる。とくに表象空間と「現実」世界の空間との差異を問題にしたい。それゆえこの章は、テクストとは書かれた人工物であるという非常に限られた伝統的定義から始まる。その後に映像の考察が続き、地理学者がテレビ、映画、ビデオが語る多様な地理をどのように探ってきたかが議論される。最後に、地理的景観そのものがテクストであり、それを社会的生産として読み取れることを主張してきた人びととの議論を吟味する。章全体を通して、文化についての特有の理解がテクストの分析にどのように広がったのか、また言語のつかみどころのない性質が、テクストに1つの確定した意味を認定する地理学者の能力にどのように異を唱えてきたかを考察することになる。

5.2 言語と文学の地理学

コミックや雑誌やファンジン〔訳注：ファン向けの雑誌〕や歌詞に見られる「低俗な」書き物とは違って、小説や詩や演劇は「高尚な」文化形態であると言われることが多く、社会科学や人文学で長い間検討されてきた。言葉の使い方や巧みな扱いにきわめて優れた人びとが書いたテクストが、ある時とある場所における生活に強い関心を起こさせる話題を提供することがしばしばある。そのために、これらのテクストは、ある地域の特徴を調べることに関心がある地理学者に豊かな情報を提供するが、その小説がさもなければ研究者の近づきがたい場所や人びとに関係している場合にはとくにそうである。ある作家は昔の生活を、魅了するような「生き生きとした精彩のある文章」にまとめあげる才能のために歴史地理学者に歓迎されてきた。その特筆すべき例にチャールズ・ディケンズ（Charles Dickens）とトーマス・ハーディ（Thomas Hardy）が挙げられよう。ディケンズの小説はヴィクトリア朝時代のロンドンの地理を詳しく知るのに役立ち、トーマス・ハーディは19世紀のドーセット州の農村についてディケンズと同じような価値ある作品を書きあげている（Barrell, 1982; Darby, 1948; Donald, 1999）。これらの作家が描いた物語は、生気のない景観での出来事どころ

か、「現実の」景観の中で展開された事件であって、その自然の姿や地勢やさまざまな状況が完全に現地の言葉で読みやすく描かれている。たとえばディケンズの作品の多くでは、その筋書きは、悪臭の漂う霧に覆いつくされた首都の危険と死の景観で繰り広げられる。一方、ハーディの小説の舞台のウェセックスでは、緑の心地よい牧歌的な景観が騒然とした階級の衝突で引き裂かれる様子と、その土地で働かざるを得ない人びとの田園的性質の内面が語られている。

　ブローソー（Brosseau, 1994）は、地理学者はこのような「著名な」小説を、特定の地域における人びとと場所の間に存在する明らかな関係を詳細に描くのに役立つとして、しばしば取り上げてきたと指摘している。多くの場合、これらの研究は信用に値すると主張しているが、それは、作家が描いた環境を熟知していたからである。それゆえ、歴史地理学者は、『ダーバヴィル家のテス』（*Tess of the d'Urbervilles*）や『カスターブリッジの市長』（*The Mayor of Casterbridge*）のような小説は、ドーセットの農村生活がどのようなものであったかについて、センサス報告や文書記録よりもよく示すと評価する（それはハーディがドーセットの多くの町名を、理由は分からないが、別の町名に変えた事実を認めたうえである）。同様に、多くの現代の小説が、特定の町や地域における生活について地誌的に詳しい説明をしていることや、それらが実地調査や民族誌学的研究に基づいた学問的説明の対象にならなかった日常生活の多くの側面を捉えているのが見られる。おそらく、その小説の舞台が（ストーリーが展開するあまり重要でない背景ではなく）ストーリーの最も重要な要素として取り扱われている場合にこれは最も明瞭なことである。たとえば、トム・ウルフ（Tom Wolfe）の『成り上がり者』（*The Man in Full*）や、ブレット・イーストン・エリス（Bret Easton Ellis）の『レス・ザン・ゼロ』（*Less Than Zero*）、ジェイ・マキナニー（Jay McInerney）の『空から光が降りてくる』（*Brightness Falls*）は、ポスト・フォーディズム時代のアメリカの大都市の状態を、それぞれアトランタ、ロサンゼルス、ニューヨークについて豊かに描写している。同じようにマーティン・エイミス（Martin Amis）、ゼイディー・スミス（Zadie Smith）、ハニフ・クレイシ（Hanif Kureishi）、ニック・ホーンビー（Nick Hornby）、ジェフ・ニコルソン（Geoff Nicholson）、マイケル・

第2部 理論地理学の実践

ムアコック（Michael Moorcock）、ヘレン・フィールディング（Helen Fielding）を含む多彩な作家たちは、現代ロンドンにおける生活を描いているので、彼らの作品は研究の素材にすることができる。このように小説は、個々の住宅や近隣地区や小説の舞台を詳細に描写しているためばかりではなく、社会集団と個人をこれらの空間に位置づけ、都市生活を特徴づける社会階級、人種、ジェンダー、年齢、セクシュアリティに関する分裂状態を詳細に描いていることでも価値がある（文学上のロンドンやその他の都市の興味深い話題については、Preston and Simpson-Housley, 1944 参照）。

ところで、小説を事実に基づく地理情報と単純に見なすことは、作家が記述する場所に想像上の特性を注ぎ込んでいるやり方を明らかに無視することになる。ポーコック（Pocock, 1981b, p.11）が主張しているように、「フィクションの真実性は単なる事実を超えるものであり」、「架空の現実が通常の現実以上に真実味を帯びている場合がある」。この一見馬鹿げた記述を支えているものは、小説はその場所に現在存在しているもの以上に、ある場所に内在する「場所の意味」を伝えることに成功するという思想である。この思想は、文学が場所に存在するものの経験を豊かに思い出させるという事実を信頼しており、場所固有の捉えがたい**土地柄**（genius loci）を伝えることができるのは、作家個人の透徹した描写によるのである。確かに多くの作家は、場所がなぜ彼らにとって特別なものであるのか、その理由を創作によって表現することができた。作家の意図は、しばしば、読者がまだ行ったことのない、そして全く行くことができない場所の感覚を呼び起こすことであった（たとえば、その場所は架空の場所であったり、歴史的な場所であったりするかもしれない）。それゆえ、人びとがその環境について持っている主観的な意味を明らかにする文学的テクストの分析は、人間中心主義人文地理学における重要な伝統を形づくっている。

第2章で見たように、主観性と意味と経験に関心がある人間中心主義理論は、地理学の焦点を空間から場所へと巧みに移行させる。このような理念は、小説は景観の自然的・社会的事実を忠実に描写するという、テクストの**擬態として**の（mimetic）解読を拒否し、書かれたテクストにははるかに煩雑な見解が含ま

れていると断定する。そこでは特定の場所の真の人間的意義を**屈折させる**記述に、現実と想像の崩壊が含まれている。人間中心主義人文地理学は人文学における文学研究についてのさまざまな考え方に依拠しているが、文学研究者は作家がどのようにそのテクストに彼らの個性と世界観を反映させようとしているかを解明しようとして**解釈学**（hermeneutics）の考え方を援用してきた（Atkinson, 1990）。著者たちは時には著者独自の方法で書くと理解して、解釈学（文字通りには「解釈の技術」）は、書いた時の著者の胸中が理解できる場合にだけ、われわれはテクストを正確に、そして十分に解釈できるという。そして、そのプロセスにおけるわれわれ自身の立場を尋ねるのである。ここでは、用いられている言語の検討と同様に、著者の世界観、すなわち著者の精神の背景・発達・状態を見抜くことにも重点が置かれている。解釈学の形成期の画期的な業績の1つはハイデガーの著作、とくに『存在と時間』（Being and Time, 1927）で探究された現象学的理念である。ハイデガーにとって、テクストの中の語は、それら自身を超えるもの、すなわち著者の生活世界を示すと思われるので、著書の態度と実践に関連づけて読まれるべきものなのである。解釈学は著者とテクストとの不可分な関係を強調するが、一方ではどちらも完全には理解ができないことも認めている。それゆえ、解釈学的循環、つまりテクストと読者の間の連続的な相互関係について語ることができるのである。そこでは、われわれがその意味を解読しようとするテクストについて、われわれ自身の前提条件を連続して問い続けることが必要である。このような考え方は晦渋であり、ハイデガーの説明では、（彼が**現存在**（Dasein）の概念で捉えた）世界におけるわれわれ自身の存在について熟慮する困難さを強調するフレームワークの中に入念につくりあげられている。それでもなお、社会科学全体に及ぶこれらの考え方との遭遇は、テクストがいかに解釈されるべきかについての根本問題を提起し、テクストには一定の方法で導き出される真実が含まれているという概念を混乱させた。

　ライト（Wright, 1947）とロウェントホール（Lowenthal, 1961）は、小説は環境への人間の感情移入を明らかにすることができると主張した最初の地理学者であったが、テクストの生産と解釈に内在する主観性に関連するこのような考え

方は、人間中心主義思想（とくに現象学と実存主義）への関心を高め、地理学の最前線になった。テクスト分析で人間の行為主体性（agency）の意義を第一とする人間中心主義人文地理学者、ドナルド・メイニグ（Donald Meinig, 1983）、アン・バティマー（Anne Buttimer, 1976）、ダグラス・ポーコック（Douglas Pocock, 1981a, 1981b）、イーフー・トゥアン（Yi-Fu Tuan; コラム 2.3 参照）などは、人間の環境との相互作用の複雑さを明らかにする手がかりとしてテクストを検討した。一般に彼らの研究は特定の著者やテクストに焦点を当て、特異性を重視して一般化を避けた。ただし彼らは、世界は特異な場所の寄せ集めからなり、その特異な場所の唯一性はそれらに意味を認める個人の観点からしか理解され得ないことを一般的に論証している。たとえばトゥアンは人びとと場所の間の情緒的結びつき（affective link）を探るためにテクストを検討し、**トポフィリア**（topophilia）〔訳注：場所への愛〕の概念にそれをまとめた。さらに彼は、これは高度に個人的で主観的な努力であって、「環境を知ることは自分自身を知ることである」と主張した（Tuan, 1974）。同様に、ポーコック（Pocock, 1981a, 1981b）の主体中心（subject-centred）の人文地理学を発展させようという試みは、場所について未知の事実を既知の事実をもとに推し量りつつ詳しく調べる推理方式を伴っていた。ポーコックは、場所についての不可解な人間の感情を分かりやすい形に変える文学の潜在力を認めて、特定の小説と詩が特定の場所と地域の雰囲気を捉える（そして伝える）方法を重視した。他の人びとは、地理学者は小説家から書くスタイルについて多くを学ぶことができると主張し始め、場所の意味を適切に伝える方法として文学のスタイルを取り入れる（Meinig, 1983）。

　しかし、地理学者はテクストに関心を寄せた初期には人間中心主義の哲学に助けを求めたが、同じ時に、フランクフルト学派のマルクス主義（第 2 章参照）の「批判」理論に刺激された人びとは解釈学の考え方も取り入れた。テクストの人間中心主義的解釈は一部批判された。とくに、文芸理論から導入された概念で研究しようとする人間中心主義地理学者の熱意は新しい地理学の研究のために新しい方向を開拓することに向かったが、彼らがテクストを理論化する方法は、何人かの研究者から本質的に反動的であると見なされた（Sayer and Duncan,

1977)。広範な批判は、文学の人間中心主義的分析は、進歩と現代性によって破壊されてしまったように見える人と場所の調和のとれた関係を確認するために文学を利用する、本質的に懐古的なものだというものであった。これと一緒になっていた批判は、人間中心主義地理学が、構造よりも人間の行為主体性を優先し、特定の社会的・政治的状況の下で消費され生産された仕方から、テクスト分析を分離させたという苦情であった（Stoddart, 1986）。文化マルクス主義の識見を参考にした他のテクスト分析方式がいくつか検討され始めた。それらは、テクストが社会の再生産に関係していることを認め、テクストの影響で人間の行為主体性と構造の間に循環的で複雑な弁証法が生じると考える。これは、資本主義のような構造が社会関係の実現より先に存在したという考えを退け、テクストの**実質性**（materiality）、とくに人びとの意識を改めさせる役割を力説した（M. Smith, 2000）。

　文化の唯物論的概念は、文化とメディア研究の先駆者が発展させたものであって、アントニオ・グラムシ（Antonio Gramsci; コラム 3.3 参照）、リチャード・ホガート（Richard Hoggart）およびバーミンガム大学現代文化研究所のさまざまなメンバーは重要な影響力があった。彼らはそれぞれ、さまざまな方法で、テクストをイデオロギー的信念と構造に関連させて検討する必要性を強調しながら、文化関連のテクストが社会関係を正当化する「役割」についての急進的な思想を発展させた。たとえば、グラムシの著作では、テクストはヘゲモニー獲得の過程で発見されたと見なされた。それによって支配階級の思想は、強制力よりむしろ説得力によって他の集団に押しつけられた。どの時代の支配的な思想も支配階級のそれであるというマルクスの警句を手直しして、グラムシのネオ・マルクス主義の見解は、社会の特有の考え方を再生産する点におけるメディアのイデオロギー的役割と、そのあるべき道を暗に示した。彼の説明では、ヘゲモニーとは、モラルと政治と知識のリーダーシップのための闘争を意味し、仕事場や市場と同じようにマスメディアでも展開されるものであった（M. Smith, 2000）。ウェールズ文化の分析者であり、文学評論家でもある**レイモンド・ウィリアムズ**（Raymond Williams; **コラム 5.1**）は、非常に異なる文脈で著述して、カ

ルチュラル・スタディーズにおける重要な（異端者的な）人物となったが、テクストの実質性についての彼の関心の中心は、文化地理学に大きな影響を及ぼしつつある。

> **コラム5.1　レイモンド・ウィリアムズ**（Raymond Williams 1921-88）
>
> 　文化評論家のレイモンド・ウィリアムズは、文化はありふれた日常的なものであると主張したことで多分最も広く知られている。彼はこの主張によって、文化は経済的で文化的な価値があるものと見なされる文明の産物とテクストを記述する用語として理解されるというよりも、むしろ生活様式全体を表象するものとして概念を改める必要があると言おうとした。彼はその著作で、ウェールズの文化的特性形成の研究を含みながら、産業化と労働者階級の文化との関係についての重要な考察でこのことを明らかにした。ありふれた日常的な文化（とくに労働者階級の文化）に焦点を当てるウィリアムズの著作は、実際には文芸批評や劇や言語や政治を含む幅広い分野のテーマを含んでいるが、その後に起こるメディア研究とカルチュラル・スタディーズの発展にとって重要な進路を精密に示すことになった。たとえば、彼の『キーワード辞典』（Keywords, 1976）は、社会的闘争と文化的闘争で用いられた、いくつかの最も重要な言葉と表現について独自の全体像を提出した。しかし、多くの地理学者には、ウィリアムズはその著書『田舎と都会』（The Country and the City）で都市性と農村性のテクスト上の表象と構築を探究したことで最もよく知られている。本書は、デュルケーム（Durkheim）、テンニエス（Tönnies）とジンメル（Simmel）の著書を含む町と田舎の差異に関する一連の社会学的見解に対して、その差異が権力の問題（そして町や田舎で展開される階級関係）と密接に関係していることを強調し、批判していた。ウィリアムズの研究が1980年代と90年代の新しい文化地理学の概略を描こうとする人びとによってしばしば引用されていることは、多分不思議なことではない（Jackson, 1989; Shields, 1991）。彼の著作は依然として史的唯物論に結びついているが、文化は社会システムが伝達され、再生産され、経験され、そして探究されるシステムを伝達するものとしていかなる役割を果たしているかを理解しようとしていることは地理学者に影響を与え続けている（Mitchell, 1995）。
> **さらに詳しく学ぶための文献**：Williams, 1973; Higgins, 1999

　かくして、「常識」を押しつけたり、時には常識に異議を唱えたりするテクストの能力は、地理学者に文化の「大衆的」表現に蓄積されたイデオロギー信

仰を考察するよう促した。文化の大衆的表現には、広告、写真、雑誌、新聞、さらに地図さえも含まれる（たとえば、Harley, 1988; Short, 1991）。同時に、**記号学**（semiotics）用語の導入がテクストについての地理学の著作でごく普通になった。チャールズ・パース（Charles Peirce）とフェルディナン・ド・ソシュール（Ferdinand de Saussure）が提唱した記号学は、言語の意味は事実上確たる根拠のないもので、他の記号との対応を通して意味が定まるまで決まってはいない、と強調した（Berger, 1988）。記号としての書記言語は、他の記号との関係で「位置づけられる」時に限り、一定の意味がある。そのうえ、語義は読者ごとに特有であり、したがってテクストは潜在的に**多義的**である（すなわち社会集団が異なると異なる理解がされる可能性がある）と主張される。これは、テクストの意味は本来備わっているものではなく、テクストのある「読み方」を促す社会の規範や慣習によって構築されることを示す（Slater, 1998）。逆にこのような読み方から、イデオロギー、価値、哲学は、自然的なもの、普遍的なもの、永遠のものとして再生産されると見なされる。

　テクストが特定のイデオロギーを負ったメッセージをさまざまな社会集団と文化集団に送る記号表現を含んでいるという考え方は、それゆえ、テクストの解釈のためにより厳密な方法論と理論的枠組みを探る地理学者に影響を及ぼした。バージェスとゴールド（Burgess and Gold, 1985）はその典型的な例を集めて編集している。たとえばバージェス自身はその研究（Burgess, 1985）で、新聞がインナーシティの暴動についての偏った公正でない報道によって人種差別の永続化にどれほど寄与したかを具体的に説明している。彼女の説明では、テクスト（および関連する写真）が暴動の話を記号化する仕方は、テクストが本質的に偏った、選別された解釈を「常識」として表す能力をもっていることを示す。暴動の場合にはこれは、非白人コミュニティを本来的に有罪とする固定観念で、人種系統に沿って集団と個人を分類するテクストの能力の考察を含んでいた（Anderson, 1988; Wall, 1997）。ここでは、テクストにおいて排除と説明について沈黙することは、何がテクストに含まれているのかと同じほど重要であり、特定の人びとと場所の部分的な表象は、社会的不公正が持続され、正当化され

てきた決定的な手段と見なされた。文化理論家のスチュアート・ホール（Stuart Hall, 1990, p.156）が主張するように、「社会に関する情報を制御するものは誰でも、大なり小なり、実際に権力を行使できる」。

　新聞とメディア報道に集中するということは、「空想」に基づく小説の人間中心主義の探究と、「事実」に基づくメディアの具体性の追求との差異が無視できないものであることを意味するが、この2つは再構成された文化地理学で絡み合うことになった。想像による虚構と一見事実と思われる報道記事には、ともに日常生活の文化政治学（cultural politics）を形づくる能力があると認め、「新しい」文化地理学を探究する3つの研究（すなわち、Anderson and Gale, 1992; Barnes and Duncan, 1992; Duncan and Ley, 1993）は、書かれ、語られる多種多様なテクストに内在する**言説**（discourse）を探ることの意義を詳細に説明し始めた。言説を「物語（narrative）、概念（concept）、イデオロギーおよび特定の社会的活動の領域に関係する実践が結びついたものを包含する枠組み」として定義することで（Barnes and Duncan, 1992, p.12）、その関心の中心は異なる領域とテクストを通して伝えられ、報じられる意味になった。これはさまざまなテクストで読まれる人や場所についての表象が変わることを意味したが、集合的には、言説が社会生活に埋め込まれていることは、これらの人びとと場所を構成するのに役立っていることを意味した（Holloway and Hubbard, 2001）。再び、ミシェル・フーコーの知識／権力に関する見解は重要な影響を及ぼすことになった（第3章参照）。彼の分析では、社会的意味は個人（あるいは構造）によってつくり出されるものではなく、言説によってつくり出される。テクストと「前言説的」現実世界との明確な分離を崩壊させつつ、知識の批判的系譜のアイディアを発展させるフーコーの構想は、日常生活の概略をつくり上げる点でのテクストの重要性を明らかにしようとする地理学者によって（無批判にではないが）広く採用されることになった（Matless, 1992; Philo, 2000a）。

　要するに、フーコーの見解は、場所（と人びと）を言語の領域の外側にある現実あるいは本質的な存在であると想像した地理学者に対して根本的な異議を提出し、言説と知識と空間の関係に中心を置くことを促したのである（Barnes and

Gregory, 1996)。ここでは、テクストの内容を明らかにする**内容分析**(content analysis) と、その影響との関係から内容について考える**言説分析**（discourse analysis）とを識別することが重要になる。小説における場所の表象に関心を集中させることは、確かに興味深いことであるが、地理学者にとってさらに興味深いものになってきたことは、その表象が社会と文化のアイデンティティをつくることで演じる役割を考えることである（Pile and Thrift, 1995）。このポスト構造主義的見地からは、テクストにおいて何が真実であるか、あるいは誤りであるかという真偽の問題は重要ではない。それに代わる関心の焦点は、テクストが差異を「発見」し、記録することによって真実を見いだす能力にある。「障害者」という明確な社会的カテゴリーの創案はその１つの例で、それは歴史的にも地理的にも言説と表象を通して偶然に発見されたものなのである（そのため、たとえば、誰がなぜ障害者になったのかを理解することは時とともに変化する。第４章参照）。たとえば、身障者と健常者、賢者と愚者、黒人と白人、文化と自然、都市的と農村的、男性と女性などの意味のある差異に基づく二項対立の構築による修辞的な戦略によって、言説は二項式の用語で理解される社会‐空間的アイデンティティを考案する（たとえば、能力は能力の劣る他者との対比だけで、また白さは黒さとの対比だけで理解される）。

　理論的多様性と流動性と絶え間ない変化を重要視する文化地理学では、言説へのこの関心の集中は、社会の構築についてのポスト構造主義的思考に取り組む地理学者に見ることができ、彼らは、テクストとイメージがただ描写するだけで人びとと場所を構築する積極的な役割を考察していた（Sharp, 1996; Rose, 1997）。ここできわめて重要なものは、デリダ（Derrida）の**差延**（différance）〔訳注：「異なる」と「遅延させる」という意味を同時に示唆する造語〕の概念である（コラム3.7）。これは、バーンズ（Barnes, 1996）が指摘するように、どんなテクストにも必ず差異の感覚が書き込まれていることを捉える用語である。

　　記号は、そこにないものが存在することを表す。記号は存在の代わりをする。その存在を示すことができない時には、われわれはその事物を把握す

ることや示すことはできないし、存在や、存在していることを述べることもできないが、われわれは記号という迂回路によって意味を示す。われわれは記号を受け取ったり、与えたりして、合図する。この意味で、その記号は、差延〔訳注：差延とは、空間的差異であれ、時間的差異であれ、非言語的差異であれ、差異を生み出しつづける運動であり、結局、意味はつねに違うものになり、先送りされるのである〕の存在である。……この古典的記号学によれば、事物そのものに対する記号の置換は二次的であり、暫定的である。二次的というのは、記号が由来する一次的かつ失われた存在のためである。暫定的というのは、この最終的かつ不在の存在に関わるからである。
(Derrida, 1991, p.60)

デリダは、言語と他の文化的記号の内的差異の関係を解明し、この考え方（アイディア）を詳細に述べ、事物は他の事物からしかそのアイデンティティを得られないと主張した。このような差異によるアイデンティティは、また、本来的に不安定である。たとえば、文明化された白人のヨーロッパ人のアイデンティティは、ヨーロッパ人が自身を定義する時に比較対照とする黒人と東洋人の存在に絶えず付きまとわれている（Gregory, 1994a）。

テクストのこのようなポスト構造主義的理解は、実質論者や人間中心主義者の理解や記号論的な分析の枠組みの使用に完全に取って代わったというわけではなかったが、それらは「脱構築（deconstruction）」と「不安定化（destabilization）」という新しい用語の到来を明白に知らせるものであった(Laurier, 1979)。同時にそれらは、テクストの隠喩を拡大してさまざまな文化的表象を含むよう地理学者に促してきた。ある人びとにとっては、このことはテクストの隠喩をあまりにも広く拡大し過ぎており、実体がなく、おそらく非現実の表象を重視し過ぎる結果、具体性の問題が無視されることになっている。

もし、あらゆる文化と世界がすべて表象の問題になれば、その時には、その物質がコンクリートか土か紙かセルロイドかどうかにかかわらず、われ

われは事物の内容の違いについての手がかりを失うかもしれない。同様に、テクストの隠喩の力は過度な拡充によってなくなってしまうかもしれない。
(Matless, 2000, p.335)

　それでもなお、音楽（Leyshon *et al*., 1998）、写真（Kinsman, 1995）、大衆芸術（Hall, 1997）そしてウェブサイトとインターネット（Grang *et al*., 1999）についての最近の研究を見ると、テクストの隠喩は今や地理学者の間に広く普及しており、あらゆる種類の「新しい素材」を研究するために使われている。次節では、それゆえ、テクストの隠喩を異なるメディアに拡大していくことについての潜在的可能性と落とし穴のいくつかを探り、映像（moving image）の地理学的解釈を中心に論じる。これから見ていくように、映画とテレビの地理学的研究は意味の不安定性についてのポスト構造主義的思考に強くひきつけられているが、それは時に「言語論的転回」と「文化論的転回」の限界を暴露することになる。

5.3　映画の空間

　「世界を記述すること」への地理学者の参加には長期にわたる先例があるが、映像による場所の描写・説明は比較的最近始まったことである。これは、映画館での映画鑑賞、レンタルビデオ鑑賞、テレビ視聴が広く行われていることに加えて、DVDやCD-ROMとインターネット技術によって容易に映像に接することができることを考えると、驚くべきことである。全体的に、これらのメディアは日常生活を理解するうえで非常に重要であると思われる。イギリスの成人の40％はテレビを毎日5時間以上見ており、映画鑑賞は西洋諸国では最も人気の余暇活動の1つとなっている（Hubbard, 2002）。しかし、地理学者の間では教養人のプライドがこれらの大衆的なメディアの検討を思い留まらせてきたようである。文化地理学者は、文学や美術のような「上位」文化にこだわるエリート主義を続けていると非難されてきた（Thrift, 1999）。このエリート意識に抵抗するエイトケン（Aitken, 1997）は、映画は人生の表層ばかりか神秘につい

第2部　理論地理学の実践

ても語っていると力説して、「カウチポテト地理学」〔訳注：ポテトチップを食べながらテレビやビデオを見る地理学〕に対する彼の主張を印象的に説明した。彼の意見では、映像は、静止したり印刷されたりしたメディアでは伝えることができない方法で、空間と時間と動きの意味を伝えることができる。そのやり方で、映像は特定の場面と密着している場所の独特の意味を捉えることができる、と彼は主張する（Higson, 1987 も参照）。同時に、彼は映像が社会空間について人を動かさずにおかないストーリーを語り、観客の思想と活動に影響を与える仕方に注目している。

　映像を読むことができ、解釈が可能な「テクスト」として論じる地理学者の数は増加しつつある。彼らは、最近、いくつかの都市や地域が描かれてきた方法を検討し、場所の意味に関する知識の宝庫としての役割を果たす映画とテレビの能力を探究してきた。その事例にはベントン（Benton, 1995）の『ボーイズ'ン・ザ・フッド』（*Boyz n the Hood*）や『グランド・キャニオン』（*Grand Canyon*）などの映画におけるロサンゼルスの描写の分析、スコットランド人のビル・フォーサイス（Bill Forsyth）監督の映画で、詳細に描かれた人びとと場所の事件についてのエイトケン（Aitken, 1991）の考察、バージェス（Burgess, 1982）の映画とテレビのドキュメンタリーによるケンブリッジ州の沼沢地帯（フェン）の表現についての影響の大きな研究が挙げられる。この研究における理論の影響は著しく変化に富んでおり、人間中心主義、行動主義、構造主義が関わっている。しかし、共通する重要な関心事は、映画の製作者やテレビのプロデューサーが一定の感動や情緒を呼び起こすために特別の背景を用いる仕方にある。すべての映画とテレビの番組が地理的背景を用いていることは自明である（それがつくりもののスタジオのセットに過ぎない場合であってもそうである）が、それらは観客の反応を呼び起こすために根本的に重要なものである。その明瞭な例の1つは、連続メロドラマが「リアルな」背景によって信用を得るやり方である（たとえば、イギリスの労働者階級の実生活をリアルに描くソープオペラ〔訳注：連続メロドラマ〕、「イーストエンダーズ」（*Eastenders*）は、ロンドン東部の、よく知られたありふれた労働者階級地区の場面と登場人物を組み入れていた）。他の例では、場面と俳優

の動作とのコントラストがコミカルな効果を盛り上げるために用いられる。それらは、『クロコダイル・ダンディー』(Crocodile Dundee) や『星の王子 ニューヨークへ行く』(Coming to America) などの映画で知られているように、都市生活の慣習に対応できない外来者がユーモアの源(たね)になっている。

　映画とテレビが見せてくれる場所のイメージの描写への関心以上に、地理的事情の映像に対して広い期待が現れ、製作と受容における地理的状況への関心がより広くなることもまた明白である。映像には送信源と、伝達の経路と、受信の空間があると解して、ニール (Kneale, 1999) は、多数の視聴者に場所のイメージをイデオロギーとして吹き込み、流布させようとしている映画とテレビの重要性を指摘してきた。確かに、通信技術の改良はマスコミの力を増大させ、放送の届く範囲を国際的視聴者にまで拡大させてきた。最初の商業通信衛星 (INTELSAT、またの名を Early Bird) が打ち上げられたのは 1965 年であったが、今日では 160 以上の人工衛星が軌道を回っており、放送会社は地上波の放送がまだ行われていない多くの国々にテレビ放送を届けることができる (Robins, 1995b)。世界の 6 つの最大級のメディア・コングロマリット——ルパート・マードック (Rupert Murdoch) のニューズ・インターナショナル (News International)、タイム・ワーナー (Time Warner)、ディズニー (Disney)、ベルテルスマン (Bertellsman)、TCI〔訳注：Telecommunication, Inc.、全米最大のケーブルテレビ統括会社、1999 年に AT&T が買収し、2001 年に AT&T ブロードバンドに分社化し、2002 年にコムキャストと合併〕およびヴィアコム (Viacom)〔訳注：アメリカのメディア・コングロマリット〕——はすべて世界的存在で、その衛星放送の子会社 (BSkyB Broadcasting、RTL、Fox Channel、CNN その他) を経由して世界中の視聴者に放送をしている。それゆえ、世界中の放送の同質化を確認することができる。世界中の視聴者は、著しく類似した番組や娯楽をテレビとビデオによって送られていることになる (Myers, 1999)。この標準化されたおなじみの番組は、文化の同一化の新しい形態が生産されていることを暗示してきたが、アパデュライ (Appadurai, 1990) は、映像と情報の流れによって**全世界的なメディアスケープ**(グローバル) (global mediascape) が出現しつつあると述べている。その結果、それらの映像は

第2部　理論地理学の実践

特定のライフスタイルと生活様式を安定させたり（評価を高めたり）、推奨するのに役立っており、文化政治学と政治経済学がますます世界的関連に密に巻き込まれつつあることを示している（第8章参照）。

　ポール・ヴィリリオ（Paul Virilio; コラム8.1）の推定では、人びとの大量移動によって形成された近代世界が、情報の大量移動によって形成されたポストモダン世界に変容したのは、このようなメディア技術がもたらしたものであった。その結果、コンピューターと衛星テレビとビデオプレイヤーによってわれわれに世界の様子がもたらされるにつれて、時間と空間の伝統的観念は破壊されてしまい、「没場所空間（placeless space）」が創出された、とヴィリリオは主張している（Auge, 1995）。これに対してロビンズ（Robins, 1995b）は、メディアが空間と時間の感覚を**単調にしている**（flattening）のだと警告し、地元のメディア（local media）と映画制作者は、衰退傾向にある西洋支配のメディアに抵抗できると注意している（Bonnet, 2000a）。たとえ、情報の世界的氾濫が創り出す「デグリー・スペース・ゼロ（degree space zero）」〔訳注：あらゆる方向に差がなくなること〕についてのヴィリリオの説明は、依然として信じがたいものではあるとしても、近さと遠さの差異が破壊されつつある過程に映像は確実に関係しており、自己と他者の新しいトポロジー（位相）に再び整理されることになる。それゆえ、映画とテレビとビデオは、特定の人びとと場所に価値を絶えず付け加え、他者の価値を下げることによって繁栄する世界的資本主義経済にとって絶対必要なものと見なされる。シャーマー＝スミスとハナム（Shurmer-Smith and Hannam, 1994）は次のように主張している。大衆的なメディアは不均等な空間を生産することにおいてとくに重要なものであって、多種多様なスケールで権力関係に結びついている。たとえば、国際的なスケールでは、メディアは世界的覇権の活動的なと解釈されるであろう。この観点からは、東洋／西洋、先進国／発展途上国、自己／他者といった全地球的階層構造をつくり出すことにおいて、映画とテレビは印刷されたテクストよりもさらに重要であろう（Said, 1990）。確かにハリウッド映画は、白人・中産階級・郊外の生活様式を正当化し、商品化する強力なイメージの源とみなされ、その他の場所を異国・異質・他者に変えてし

まう(『ザ・ビーチ』(The Beach)や『キャスト・アウェイ』(Cast Away)、そして『ラストエンペラー』(The Last Emperor)や『レイダース／失われたアーク《聖櫃》』(Raiders of the Lost Ark)など、さまざまな映画はそれを明瞭に示している)。したがって、世界的スケールで知識と道徳を先導するというメディアの役割は、「アメリカの世紀」と言われた20世紀にとりわけ顕著であった。ハリウッドの夢工場が、大量消費の美徳についてのきわめて魅力的で自信に満ちたビジョンを公表した時代であった(Slater and Taylor, 1999)。

　知識と権力は鱗状に重なり合っているという考え方が進展するにつれて、映像のアイデンティティ構築能力も、他の空間的スケールで注目されることになった。その注目すべき例は、都市についての映画的イメージに関する今や膨大な文献の中にある(Clarke, 1997)。全体として、このことは、都市についての映画のイメージは複雑で変化する権力関係の相互関係の中で構築され、都市の表象は文化的にも歴史的にも偶発的(contingent)なものであることを示している。そうではあるが、ショート(Short, 1996)は、都市は匿名性と犯罪と非行〔訳注：売春・麻薬売買などの犯罪〕の場としてしばしば映画化されると主張している。たとえば、暗黒映画(フィルム・ノワール)では、都市は陰気で険悪な存在であり、孤立と恐怖の場所になる。SF映画における未来の都市の表象(たとえば『メトロポリス』(Metropolis)、『来るべき世界』(Things to come)、『アルファヴィル』(Alphaville)そして『1984』)は同様に都市生活の地獄郷(ディストピア)のイメージを描いており(Kitchin and Kneale, 2002)、マーチャント・アイヴォリー(Merchant Ivory)〔訳注：イギリスの映画製作会社〕の時代劇で展開されたような素朴で牧歌的な田園生活の特質とは対照的であった。この反都市的／親農村的な表象はごくありふれたもので、以下のような親都市的な映画(『L.A.ストーリー／恋が降る街』(L.A. Story)、『マンハッタン』(Manhattan)、『アメリ』(Amélie from Montmartre))や農村のホラー映画(『ブレア・ウィッチ・プロジェクト』(The Blair Witch Project)あるいは『悪魔のいけにえ』(The Texas Chain Saw Massacre))ははるかに少数である。もちろん、ポスト構造主義の視点(第3章参照)から見ると、これらのどの映画でも特定の思想や場所の意味を伝える能力は固定されたものではなく、他の不安定な社会的記

号システムとの関係の中でのみ理解される。そこでは、記号は社会的権力の活動を通して記号表現に結びつけられている（Jones and Natter, 1999）。このことは、リドリー・スコット（Ridley Scott）監督の『ブレードランナー』（*Blade Runner*）の（多数の）地理学的分析において明瞭で（Bruno, 1987; Harvey, 1989a; Dear, 2000）、それらの分析は、本作における 2019 年のロサンゼルスの悪夢のような未来図を、現在の都市の諸過程からの推定と解釈する観客の能力は、他の映画との関連、たとえば、**暗黒映画**からモチーフを借用する方法を認識することから得ていると述べている。このような分析は、テクストが自律的な意味をもつことができず、他のテクストとの関係から**間テクスト的**（intertextual）に生じる不安定な意味しかもつことができないことを示唆しているのである（Rose, 2000）。

　間テクスト性というポスト構造主義の概念を研究対象とすることによって、地理学者は、映像は不安定なものであり、映画は観客の（社会的、文化的、政治的、経済的）立場によって解釈が異なるということ、すなわち映画は同時に多様に見られるものであることに注意してきた（Clarke, 1997; Dear, 2000）。ここで重要な主張は、映画や映像が消費される社会‐空間的文脈を探究することによって、初めて映画や映像を理解できるようになるということである（Aitken and Zonn, 1994）。それゆえ、（おそらくどこでも読むことができるためであろうが）受容状況があまり関心を引くようには思われない印刷メディアの研究とは違って（たとえば、Ryan, 1997）、映画の地理学を探究する人びとの間では**観客性**（spectatorship）の理論にこれまで多くの関心が集まっていた（Kennedy and Lukinbeal, 1998）。ここでは、観察という実践についての考えは、注視される対象の探究としばしば結びついており、見ることと知ることの楽しみについての複雑な考えをつくり出している。ここでは重要な影響が**ロラン・バルト**（Roland Barthes; **コラム 5.2**）の映画の記号論的分析から、クレーリー（Crary, 1990）の視聴機器の社会史と、マルヴェイ（Mulvey, 1989）が提出した精神分析学的考察にまで幅広く及んでいる。後者では、カメラの目を通して視野をまとめる能力はジェンダー化された主体の創造に関わっており、カメラの焦点の対象は、観客の欲求する対象になる。ラカン（第 4 章参照）の研究を大いに参考にして、映画は人びとが性差を識

別する視覚的基準を永続させていくことによって、性別を与えられた姿・形であると人びとが認識する、またはしないことに寄与することが重要であると指摘している（Rose, 2000）。特定の身体が望ましいものであることを示唆する映画の能力は、男性的な身体と女性的な身体を構造的に理解する点で重要であると判断される。バルトは少し違う方式で、スクリーンに映される人物と彼自身との自己陶酔的同一視（narcissistic identification）について書いている。映画の力の一部は、観客を惹きつけるその能力であり、それゆえ、観客は映画のすばらしい光景に陶酔することになるとバルトは論じる。映画の魅力と画面のチラツキ（flicker）は、かくして、イメージがいっぱいしみ込んだ都市生活のありのままの姿に対するバルトの隠喩にもなるが、われわれは目の前の映像によって魅了されたり、それらに激しく反発したりする。

　人びとは映画を見、そして体験する個人的な鑑賞方法を魅力的に説明するが、そのような感想を積み重ねて明快な観客性の理論になると主張することは、一般に困難である。今日まで、感想が徹底した実証研究によって支えられることはなく、庶民の映画館通いに関する民族誌もほとんど存在しなかった。テレビの視聴に関する状況はこれとは全く反対である。日常生活におけるテレビ視聴の重要性は多くの研究で記録されてきた（たとえば、Gauntlett and Hill, 1999; Silverstone, 1994）。映画のスクリーンに繰り広げられる物語に虜にされる映画鑑賞者とは対照的に、テレビの視聴者は非常に違うタイプの人びとであることが分かってきた。その視聴性はじっと見つめるよりもむしろ、**ちらちらと見る**といった散漫なものだと説明されている（Burgin, 1996）。夕方のテレビの視聴では、人びとはテレビを「見ている」のと同時に食事の準備をしていたり、雑誌を読んだり、電話をしたりしているのが普通である。見る番組を頻繁に変えることも広く行きわたった慣習である。個人は特定の番組や作品に熱中するというよりも、ネットサーフィンのようにチャンネルを切り替えている。さらに、テレビ視聴についてのいくつかの研究は、家族の構成員間での番組の取り合いの結果、個人は見たい番組のうちのあるものだけしか見られないことになる複雑な成り行きを指摘している（Kneale, 1999）。

第 2 部　理論地理学の実践

　これまでは、家庭生活や余暇の地理学的研究で、「テレビ視聴」や「映画鑑賞」が現代の家庭生活と社会生活の日常的行為に関わっている仕方を明確に考察したものはほとんどない。しかし、都市化と映像の間に広範な相同関係（homology）が存在するらしいという事実は、何人かの地理学者が展開している映画とテレビの地理学を記録するための刺激の役割を果たしてきた。たとえばドナルド（Donald, 1999）は、20世紀初期に大衆向けの放送が出現する以前には、都市はいまだ独特な物質的、精神的空間として出現しつつあったと主張した。彼にとって、19世紀の大都市はまごつかせるくらいのスピードと異種混在が特徴で、都市住民はそれを克服しなければならなかった。人びとの大量移動とコミュニケーションと商業に、他の人びとよりうまく対処した人びともいた。ヴァルター・ベンヤミン（Walter Benjamin, 1955）の有名な示唆のように、都市のリズムを最もうまく身につけていたのは、都市の生活に通じたフラヌール（flâneur）（町をぶらぶら散歩するのが好きな人）であった。フラヌールは迷宮のように入り組んだ都市の空間をあてもなく歩くことによって、自分のあるべき場所を見いだした（Rendell, 1998）。一方大衆にとって、都市を生き抜き、活用し、享受するための主要な案内書は新聞であった。しかし、都市住民が都市をより完全に理解することを可能にしたのは映画であった。というのは、映画館は観客席にゆったりと構えた観客に対して、動き続ける都市を初めて説明できたからである。この見通しのよい場所から、彼らは都市とその暗黒街を詳細に描く映画で都市のさまざまな場所（そして光景）、快楽、危険な場所を見つめることができた。実際、映画館は誰にでも散歩好きになるチャンスを与え、最も貧しい都市住民を除くすべての人びとに、娯楽や気晴らしのレジャー空間を提供し、動き続ける都市を体験させた。重要なことは、この空間では女性が男性と同じように歓迎されたことであって、都市の大衆生活へのこの受け入れこそ、女性たちが郊外から逃避するのを可能にしたものであった（Freiberg, 1993）。

　映画こそ本質的に都市の情報伝達手段と思われているのに対して、テレビが郊外型のエンターテインメントおよび情報の形態としばしば考えられてきたことは驚くほどのことではない。シルヴァーストン（Silverstone, 1994）はこのこと

を強調して、次のように示唆した。テレビは比類のないテクノロジーで、公共領域を私的領域に持ち込み、それによって郊外居住者は快適な住居に居ながらにして都会の生活状態を知ることができるようになった。その結果、テレビはレジャーを先例がないほど家庭的にし、同時に郊外居住者に自分の住居を離れないでも都市を知ること、**体験する**ことを可能にすると彼は指摘している。遠くのものも近くのものも並列させるこのテレビの能力は、数人の著者に注目されてきた（たとえば、Adams, 1992; Kneale, 1999）。ただし、テレビの地理学的分析を完全に実施したものは今日までほとんどいなかった。商品生産の世界に表象が十分に参入してきたポストモダン理論の文脈では（Jameson, 1984）、ポストモダン（メディア）社会を理解することを望む地理学者は、テレビの地理学的分析を優先しなければならない。要するに、ケネディとルーキンビール（Kennedy and Lukinbeal, 1998）が強調するように、経験がただちに感知されず表象される、感受性のにぶい社会では、映画とテレビが社会的な相互作用と場所の経験を知るよりどころを与えてくれる。テレビを**通して**生活を分析することは、それゆえ、将来の地理学的研究にとって重要な方法になるであろう。

コラム5.2　ロラン・バルト（Roland Barthes 1915-80）

　バルトは記号論の考え方を新しい方向に発展させた文学批評家で、理論家として最もよく知られている。マルクスの影響を受けたが、彼の研究は典型的なマルクス主義ではない。むしろ、テクストの分析によって神話を記号化する方法を明らかにしようとした記号論者と称することができよう。その考えは最初に『現代社会の神話』（*Mythologies*, 1957）で詳しく説明されている。この著書はテクストとイメージが社会生活を構造化する神話をいかに伝達するかを確認した、先駆的で分かりやすい研究である。そこで、バルトは、テクストはその真実や意味を選択したり、除外したりする能力だけではなく、さまざまなイデオロギーを取り入れる仕方の好意によって、社会的態度と慣習を形づくる権力を伴って後世に伝えられる、と主張した。ここで意味することは、テクストのイデオロギーは同じ時に目に見えたり、目に見えなかったりすることであるが、そのようにして、隠されているテクストの神話をあらわにすることによってイデオロギーの性質を変えようとするバルトの

構想は、テクストの意味について差延を強調するポスト構造主義の議論の先駆と解される。彼の初期の著作の大部分では、記号表現の概念は「記号に見えなかった記号」(衣類、エンターテインメント、広告そして映画)も含むように拡大されていたにもかかわらず、バルトは構造主義的記号論の用語を用いた。著書『モードの体系』(The Fashion System, 1967)で、社会生活の現実に基づいていない社会的差異の概念に発展した。ファッションの用語はファッション自体の基礎として晒され、そして攻撃された。バルトがそのテクストを「超えて」残るものは何もないことを感じ始めた時に、彼はテクストの言外の意味や意味に夢中にならなくなり、テクストを執筆したり、読んだりする行為が創造する楽しみに夢中になっていった。ここでの提言は、テクストは人びとに読まれて、(間テクスト的に)意味を与えられるまでは意味をもたない、ということである。地理学とその他におけるポスト構造主義の理論家たちにとりわけ影響があったのは、記号表現と記号内容が本題からそれる可能性がある場としてテクストを理論化したことである。

さらに詳しく学ぶための文献：Duncan and Duncan, 1988; Thody, 1999

5.4 景観の理論化

　この章の最後に、テクストの概念を拡張して、景観そのものを含めようとしてきた人びとの議論を簡潔に考える必要がある。ただし、景観の定義は捉えどころがないものである。ある人びとにとっては、景観は地表の一部分を指し、実質的にその地形や形態と同じ意味のものである。他の人びとにとっては、景観は事実や情報を要約する特別の機能として空間を構想している。

> 景観は、事実上、観察の仕方であり、外的世界を組み立てて、調和のとれた風景に、つまり視覚的に統一する方法である。景観という語は、ルネサンス期に人間とその環境との新しい関係を示すために現れた。同じ頃、地図学、天文学、建築学、測量法、土地調査法、絵画、その他の人文科学や科学が、数学と幾何学の法則の適用によって大変革されつつあった。それゆえ景観は、世界を合理的に秩序づけられ、設計され、そして調和しているものとみる新しい見方と密接に結びついている。(Cosgrove, 1989, p.121)

第5章　テクストの地理学

　デニス・コスグローヴ（Denis Cosgrove;**コラム 5.3**）はその大きな影響力があった研究で、景観は、たとえば風景画、透視図、さらに空中写真など、文化的形態によって（可視的）世界を表現する特有の方法を意味しており、それによって見る人が環境をまとまった好ましいものとはっきりと判読するのに役立つと述べた。彼はその研究を行う際に、マルクス主義の文化理論家と、レイモンド・ウィリアムズ（Raymond Williams）、ジョン・バージャー（John Berger）、ジョン・バレル（John Barrell）などの歴史家の影響を受けてきた。彼らはこの観察の仕方を、本来的にイデオロギー的なものとして重視している。たとえば、コスグローヴ（Cosgrove, 1984）およびコスグローヴとダニエルズ（Cosgrove and Daniels, 1988）は、18世紀と19世紀の風景画を検討し、その表現様式が農村地域における土地所有と社会関係の変化と密接に結びついていたことを強調した。このような絵画は、本質的に**図像学**（iconography）を取り入れているものと見なされた。図像学は、特定の階級集団の利権に対応した場所の意味をつくり出す記号群で構成される。これらの記号は、これらの集団と景観との特殊な関係を表現したものであって、景観は特定の土地所有と農業の様式の結果と見なされた。要するに、精選され、様式化された景観の芸術的表象は、ある空間と社会関係の保全と維持を促す権力の主張と解された（Bender, 1992; Daniels, 1993; Nash, 1999）。

　このタイプの解釈は、景観解釈に社会的・文化的理論をもたらし、景観理解に独特のアプローチを提示したが、それは1920年代と1930年代にカール・サウアー（Carl Sauer）とバークレー学派によって開拓された文化地理学にその特徴をさかのぼることができる（Jackson, 1989）。この学派では、自然景観の外見は、その土地固有の慣習と伝統によって文化景観に変えられたものと見なされていた（自然景観には「そこを占居する人間集団の性格に応じて地域を区分する手段」（Wagner and Mikesell, 1962, p.2）が備わっている）。コスグローヴ他が開拓した図像学的伝統手法ほど明白に急進指向ではないが、バークレー学派が景観内の遺物分布の地図化を重視したことは、とくに北アメリカの地理学に大きな影響を与え続けている。これは、ダービー（H. C. Darby, 1948）とホスキンズ（W. G. Hoskins, 1955）の歴史地理学に反映されている。両者はともにイギリスの景観の

形成について権威のある調査結果を提出した。しかし、いわゆる「新しい」文化地理学では、景観研究は政治的、社会的、経済的過程で把握されるものとされ、より批判力のある景観判読が奨励されてきた。これらの文化地理学における異なる伝統間の差異は微妙で、はげしい議論が交わされたが（Mitchell, 1995）、要するに新しい景観研究の主旨は、景観を文化政治学的過程の結果としてよりもむしろ、その**過程**の一部と考えることにあると思われる。

「新しい」景観研究の対象は非常に広い。図像表現の分析は、主として歴史的テクストと文明の遺物に適用されるが、それは現在の景観の地理学的判読でも有力である。*Landscape Research* と *Ecumene* という学術誌は、それらの成果の多くを掲載しており、後者は人間‐自然関係の形成過程における景観の美的価値の重要性にとくに注目している。全体的にそれらは、景観の考え方は依然として（西洋の）主体が環境の意味を理解し、環境との関係をうまく切り抜ける重要な手段の域に留まっていることを強調している（Ryan, 1997）。これは、景観の思想は啓蒙思想の特殊な面として現れ、明らかに自然の征服と文明化を望む人間の願望に関係があったが、空間をイメージし、描く方法として優先することは、依然として何が魅力的であり、何が美意識を満足させるものであるかを解明することに結びついていると主張している。ナッシュ（Nash, 1999）が観察しているように、われわれがとりわけ都市や農村の特定の景観を写真に撮ったり、絵はがきを送ったりする事実は、景観が「自然」と「文化」の違いを理解し、表象する重要な仕方になっていることを示している。そのうえ、シーモア（Seymour, 2000）が強調するように、このような審美的価値の問題は権力関係と結びついており、いくつかの景観と生活様式は他のものよりも特別に扱われている。

視覚的に明快な特有の表象様式としての景観に関心を集中することは、また、テクスト理論をフェミニズムとポスト・コロニアリズム理論と交流させる刺激的な試みを目の当たりに見せてきた。たとえば、発展途上世界を描写し、想像させる西洋のやり方についてのポスト・コロニアリズムによる批判は、帝国主義と植民地主義の伝統における景観の重要性を指摘してきた（Rogers, 1992; Kenney,

1995; Neumann, 1995; Philips, 1997）。シーモア（Seymour, 2000）は、このことについて、ジョージ王朝時代（1714–1830）の景観と大農園の経営方式の採用によって18世紀のカリブ海地域のプランテーションにおいて明瞭であった不正と虐待を植民者が隠蔽できた理由についてはっきりと説明をしている。彼女が詳しく説明しているように、カリブ海の諸島は一般に非常に生産的であり、経済的価値の大きな豊穣な熱帯の楽園として賞賛されていたが、この見解は、「奴隷の労働力と管理、熱帯気候の危険性、プランテーションにおける性的暴行、西インド諸島の社会と経済の脆弱性についての論争を拒むものであった」（Seymour, 2000, p.209; Mitchell, 1994 も参照）。ほかのところでは、景観は、自然を女性と思い込んで征服し支配することを目指す男性のまなざしの産物であるという見解が声高に議論されてきた（Duncan and Sharp, 1993; Rose, 1993）。これは、地理学の内部にある学術的な表象についての伝統的な比喩に対するフェミニストの批判と明らかに結びつく。地理学の内部では、男性の研究者と著述者は、一見冷静なテクストや画像を通して表象する世界の外に自分たちを置いて、「神のような」客観性を装っているとしばしば非難されてきた（第2章参照）。植民地視点解体の過程で、セクシュアリティの精神分析学的考え方を生かす多くの人びとを含む数名の評論家は、男性らしさと帝国主義との結びつきを強調してきた。女性の旅行家の体験記録は、それゆえに彼女らの植民地の表象と、白人男性の探検と征服と監視の伝統から生まれた植民地の表象との差異を強調してきた（Blunt and Rose, 1994; Women and Geography Study Group, 1997）。

　景観を階級とジェンダーと人種の観点から見るこの考え方では、また、景観分析の多くで国家的アイデンティティが強調されている。たとえば、イギリスらしさを農村景観や建造物景観に関連づけることは、少数民族、性的少数者、障害者という少数派を国家的アイデンティティと帰属意識の支配的構造の中で目につかなくするのに寄与する排除のプロセスの中心と見なされてきた（Kinsman, 1995）。ダニエル（Daniel, 1993, p.5）の見解では、「景観は、ただ1つの記念物に中心を置くか、風景の広がりに重きを置くかにかかわらず、その国に目に見える具体的な形を与える」。たとえばイングランドでは、イギリスの国家的アイ

デンティティの議論でしばしば評価の基礎になるのは、ロンドンを取り巻く諸州（Home Counties）の農村景観である（Brace, 1999）。イギリス人の価値観の中心は農村的なものであるという神話は、現代の都市の影響が農村地域へ侵入するのを阻止するための政略であり、少なくともイギリス人の価値観が農村の美意識に共鳴して組み入れられていることを確実にさせるためであるのは明白である。景観を通して成立した国民性とアイデンティティとの結びつきは、それゆえ、景観研究における重要な伝統を与えてきた。これは、国民国家に正統性を与える際に視覚文化が果たす役割についての、活発で、歴史的意味を含む説明で明らかである（Lowenthal, 1991; Nash, 1993; Withers, 1996; Matlwss, 1998）。何人もの批評家が鋭く指摘してきたように（たとえば Taylor, 1991）、イギリスの田舎らしさ（rurality）と「イギリスらしさ（Britishness）」の間に徐々につくり出された結びつきは、（コーンウォールやマン島はもちろん）ウェールズ、スコットランド、アイルランドの離散ケルト人集団にとって重要な文化遺産と、国家事業との間に緊張をつくり出してきた。この分析が「国民的」スポーツの景観における明瞭な排除を考察することに拡張されてきた事実は、地理学的研究が景観の意味に着眼することの適切さを一層例証するものである（Bale, 1993）。

　この広義の景観の定義は、テクストの隠喩が地理学の多くの研究領域を包含するように拡張されてきた仕方を示している。このことは、社会的空間は言説と慣習の両方の領域で構築されることと、言語の領域を越えて空間を考えることは不可能であることを明らかにする。確かにジョーンズとナッター（Jones and Natter, 1999）は、空間が存在することは表象、すなわち、言葉とイメージと資料によって初めて可能になり、そしてすべての空間が「書かれ」、そして「読まれる」ことになる、と主張する。ダンカンとダンカン（Duncan and Duncan, 1988）の研究では、この論法は空間の社会的生産を解明する方法を提示するために用いられている。彼らの論文では、具体的な景観に原因がある意味の不安定性が強調されるが、景観は、空間を考え利用する仕方に限界を課すテクストとして、最終的に相互主観的に（intersubjectively）解釈されている（Anderson, 1988; Duncan, 1990; Mills, 1993）。それゆえ、社会は文字通り個別の共同体からなると見なされ、

共同体はそれぞれ景観に彫り込まれたテクストにとっての好ましい読み方を持とうとしている。このような分析はとくに都市景観の解釈において明瞭で、ある人びとは都市景観を「カリスマ性とコンテクスト〔社会・文化的背景〕」の注目すべき総合と考えてきた（Knox, 1991）。ここでは、タウンスケープ（都市景観）は、特定の社会‐経済的背景の下で活動する建築家とデベロッパーとプランナーによって「書かれた」と解釈され、その建築様式と形態がイデオロギーと権力を用いているのである。その焦点は、この都市景観が文化の実践の中でどのように「役割を果たす」かであり、権力の象徴となるだけではなく、文化的権力そのものの手段となることもある。リーズ（Lees, 2001, p.51）が言うように、これは景観の**行為遂行性**（performativity）と、社会生活を形成するその役割に焦点を当てることを含んでいる。ここで、景観の実質性（materiality）を無視することについてのマットレス（Matless, 2000）の警告に戻ることによって、テクストの隠喩の限界を理解することが始まる。景観は単に感知されるだけではない。景観は利用され、占居され、改変される。同様に、眺められるだけのものではなく、嗅がれ、聞かれ、触れられ、**住まわれる**ところである。

　地理学者が、都市景観の外観とデザインを通して特定の実践を進展させながら、自身の表象として**振る舞う**都市景観の能力について考え始めたことは明らかである。ここでテクストの隠喩に劇場や豪華なショーや祝祭の隠喩が加わり、都市は社会と自己との間の社会的、政治的、経済的、文化的取引に巻き込まれた場として再考されることになる。特定の建築物が特定の文化的価値と社会的慣習を展開する仕方の考察は、したがって、記念と保存の研究において重視されてきた（たとえば、Kong, 1993; Johnson, 1996）。一方、ポストモダンの都市景観がたくらんだ見かけだけのことについては、ハーヴェイ（Harvey, 1989a）とソジャ（Soja, 1996）のより一般的な考察で明瞭である。彼らは自身の急進的な政治経済学的関心と、意味の不安定性についてのポスト構造主義の考え方とを結びつけ、ポスト・フォード主義時代に出現しつつあった新しい都市形態について刺激的で影響力のある解釈をそれぞれ展開してきた（第3章参照）。ハーヴェイは、表層と記号を重要視する現代都市の深みの無さを、資本主義が注意を引きつける

第2部　理論地理学の実践

ことと逸らすことの両方を追求してきた手段と見なす。一方ソジャは、空間は同時に感知され、認知され、表象されるというルフェーブル（Lefebvre, 1991）のアイディアは、具体的な都市の主体によって日常の背景が解読・記録される仕方に関心を引きつける、「ポストマルクス主義」の説明を発展させるのに用いられてきたとみる（コラム 1.1）。

　資本蓄積の特定の時期あるいは段階としてポストモダン主義の概念はある程度限定されるけれども、これらの説明は、日常的景観が今や商品として扱われる記号やスタイルや隠喩やイメージを無数に並べている仕方に対して地理学者の注目を喚起させることで貴重なものになっている。そのうえ、それらがかつて持っていた本来の、あるいは固定した意味から切り離されたこれらの記号とシンボルとともに、テレビやコンピューターや映画を通じて飽くことを知らない消費は、記号と記号表現についての弁証法的な解釈に疑いを投げかける。ポストモダンの消費社会の解釈において、とくに**ジャン・ボードリヤール**（Jean Baudrillard; **コラム 5.4**）は、記号の消費がすべてになってしまい、それらの記号が実在する対象を指すのか、あるいは本物を指すのかはもはや問題ではなくなった。記号と幻影の魅力的な支配に陥ってしまって、広く注目される傾向は、消費者が記号とイメージのごた混ぜの中で途方にくれる機会を数多く提供する諸々の空間を受け入れるようになってしまったことである。ボードリヤールの研究では、記号とイメージは**ハイパーリアル**（hyperreal）と明記されているが、それはそれらが本物を装っている仕掛けだからである。あの現代的なショッピング・モール、テーマパーク、文化遺産センターはそれらの実例である。それらは、商品化されたファンタジー版の他の場所や時代を展示しているのである（Shurmer-Smith and Hannam, 1994）。世界中の諸都市でよく見かけるハイパーリアルなアイリッシュ・パブはその1つの例である。多くの場合、それらはアイルランドで見られるもの以上に「本物のアイルランド」である。映画やコンピューターやテレビドラマの空間のように、これらのハイパーリアルなパブ、ショッピング・センター、史蹟公園、テーマパークは、かつて実際に存在し、想像された表象である。この最後の分析では、イメージと現実の安易な区別を覆すこ

とによって、ポストモダン都市の研究はテクストのように空間を読むことの重要性を強調してきた。その一貫性は自らが語る物語を通じて固定されたに過ぎないのである。

コラム5.3　デニス・コスグローヴ（Denis Cosgrove 1948-2008）

　カリフォルニア大学ロサンゼルス校の文化地理学教授、デニス・コスグローヴは、厳密な歴史学の学識を表象の役割についての批判的な理論化と結びつけた地理学の主導的人物と認められている。景観の概念は常に彼の研究の中心にあり、帝国主義と近代化の展開過程におけるさまざまな景観（自然的と表象的の両方）の文化的意味や意義にとくに関心があった。たとえば、芸術が西ヨーロッパの景観を表象してきた仕方を検討して、彼は、ジョン・バージャー（John Berger）とレイモンド・ウィリアムズの文化的マルクス主義が、権力を含む「見方」としていかに景観の認識を披露するのに利用されるかを示した。同様に、パラディオ式〔17世紀イギリスの建築様式〕の景観、16世紀のヴェニスの「図像学」、20世紀のローマの悲惨な光景、ジョン・ラスキン（John Ruskin）を含む執筆者たちの著作、近代ヨーロッパの初期の宇宙形状論、そして地球の将来像の一連の研究で、彼は、文化的に繊細な表象の研究がさまざまな時代や場所で展開される関係についてどのように特異な理解を見せるかを示した。彼の研究は、知識の形成と伝達における空間的イメージと表象の役割についてさらに広範な疑問を提出した。彼の研究の多くは高等教育機関における地理学の立場を反映しており、アイデンティティの形成における明確な「地理学的な構想力」の重要性を説明した。さらに、コスグローヴは Ecumene という学術誌の編集を務めることによって、「新しい」景観研究の発展と進路を奨励するために大いに努力してきた。この新しい景観研究は、既存の世界の見方と表象する方法を脱構築する。表象へ関心を集中させることはしばしば社会的慣習を無視するということを示唆するコスグローヴの研究を模倣してきた多くの景観研究をあざ笑う評論家たちもいるかもしれないが、彼の研究が、表象の限界はもちろん、表象の効果を探ることが景観政策にとってとくに重要であるという見解を提出してきたことは疑いない。

さらに詳しく学ぶための文献：Cosgrove, 1984, 1994a, 1999

コラム5.4　ジャン・ボードリヤール
(Jean Baudrillard 1929-2007)

　ボードリヤールは、ある人によるとポスト・モダンの理論家である。多くの人びとに誤解されているし、容易に理解されないが、ハイパーリアルなものに夢中になっている社会についての彼の説明は広く引用され、彼の新語は大衆および学問分野で議論される語彙に入っている。ボードリヤールの研究はその中心においてマルクス主義の政治経済学に異議を唱え、資本主義の制度は一連の不平等な交換を中心にして展開しており、そこでは、物の交換価値はその使用価値を超えていることを問題にした。この区別を否定して、彼の著書『消費社会の神話と構造』(The Consumer Society, 1970)では、物には潜在的な効用と無関係な所有者にも象徴的価値や記号的価値があると主張した。簡単な例はバースデーカードで、バースデーカードは、装飾品としての、また経済的価値（実際には愛情のしるしである）としての有用性を超えた図像や記号の価値をもっている。物には、人びとがそれらを必要とする程度に応じた本質的な価値を常にもっているという考えを否定することによって、ボードリヤールは現実と想像上の必要性（そして真偽の価値）の区別を次第に無くしていった。ボードリヤールのその後の研究は、マルクスの政治経済学を欲望についての一般的経済に取り替え、消費は象徴の過程であり、消費の過程は消費されるものよりも重要であるということを強調しようとしてきた。『アメリカ』(America, 1983)という著書では、この傾向は急速に変化し、社会は**シミュラークル**（幻影 simulacra）（複製としてのみ存在し、実体をもたない記号）だという先入観の混乱した説明に陥ってしまった。このシミュラークルはしばしば現実以上に現実的な（ハイパーリアルな）表象であったり、他の諸々のコピーのコピーであったりする。ボードリヤールが用いている実例は、ディズニーワールドである。彼はディズニーワールドをアメリカ社会の深みのなさの隠喩として、企業による記号の商品化の象徴と見なした。ボードリヤールにとって、イメージと現実のこの問題化はすべてのことに疑問を投げかけた。そして、ありふれた理論の永続性を避けるために、われわれが世界を「判断」する基礎について過激な改訂を主張している。ドゥボール(Debord)の『スペクタクルの社会』(The Society of the Spectacle, 1967)、過剰についてのバタイユ(Bataille)の研究、ドゥルーズ(Deleuze)の欲望の概念と一緒に、ボードリヤールは現代の消費社会を批判しようとする地理学者たちに重要な道しるべを提供した。同時に、歴史の終わり、現代社会の深みのなさ、そして時間の可逆性 (reversability) についての彼の研究は、既存の存在論に対して大きな課題を提出した。

さらに詳しく学ぶための文献：Gane, 1994; R. G. Smith, 1997

5.5　本章のまとめ

　この章は、テクストを検討する地理学者の動機を記録することから始まった。まず初めに、実在すると思われる諸々の空間において展開される相互作用を理解するために、多方面の資料を利用しようという関心によってテクストの検討が動機づけられたと論じた。人文主義の見地からは、テクストは現実の場所の感覚的意味を呼び起こすことができると思われたが、一方、マルクス主義の理論に刺激された人びとにとっては、テクストはある社会‐空間的制度を他の制度に優先させる（すなわち、日常的現実を形づくる）イデオロギーが染み込んだ表象と理解された。しかし、テクストの不安定性に関心の焦点があるポスト構造主義の見地からは、言語と現実との分離はあまり明確ではないと思われた。この章の後半のいくつかの節では、実際、ほとんどすべてのもの ── 空間そのものすら ── が、社会空間について独自の解釈を語り、創出するテクストであると考えられることを力説してきた。このタイプの解釈は、表象空間についての他の理解をただちに退けることはないし、研究によってはテクストと実体との区別が有益なことを否定することもない（Matless, 2000）。指摘していることは、地理学はテクストの空間性についてのその独特な関心と、人文学および社会科学の他の領域で展開される議論への意識とのバランスをとる学問分野であるということである。気まぐれに引っかき回すのとは程遠く、地理学は、社会的・文化的理論における考え方の議論に慎重に、深く関わってきた。地理学者の声はそこでますます尊重されるものになってきている。

第2部 理論地理学の実践

第6章

貨幣の地理学

6.1 はじめに

貨幣にはいくつもの顔がある。貨幣は経済である。貨幣はしばしば資本の「中枢神経」と称されるが、それは中枢神経と同じように、見るのはやさしいが、理解するのが難しいからである。貨幣は社会学である。ある人びとによれば、資本主義では、貨幣は「実社会」を養う……その社会では合理的な打算は貨幣の保証力に対する宗教まがいの信仰と一緒になっている。貨幣は人類学である。その意味は多様である。その及ぼす影響は深く、また文化に深く影響されている……結局、貨幣は地理学である。好奇心をそそる地理学でもある。(Leyshon and Thrift, 1997, p.1)

グリン・デイヴィーズ（Glyn Davies, 1994）は、その大著 *A History of Money*（貨幣の歴史）で、われわれは人類の歴史でどんな時代よりも貨幣が世界中の多くの人びとにとって一層重要なものになりつつある時代に生きていると主張している。貨幣はわれわれの周りで周期的に変動したり、さまざまな姿そして具体的な形で日常の生活に入り込んだりしている。それにもかかわらず、いや多分そのためでもあるが、貨幣の実際の**性質**は、しばしば数量の問題に一括されてしまう。われわれはいくら貨幣を持っているか、もっとあからさまに、どのくらい不足しているかといったこと以外に貨幣のことをじっくりと考えることはないし、長期的に考えることもない（Tickell, 1999）。貨幣は、「どこにでもあるが、とくにないところもない」ということが明瞭な、奇妙な地理を示すが（Harvey,

1989a, p.167)、地理学者がそのことに系統立った関心をもつようになったのはごく最近のことである。確かに、貨幣の地理学的研究は 1980 年代以前には「不思議」なことに存在しなかったと指摘されることがごく普通のことで、それゆえ、人文地理学は、他の社会科学の諸部門と比べて、「社会生活における貨幣と金融の重要性の認識が遅れている」と見なされてきた（Leyshon, 2000, p.519）。

地理学で貨幣の問題が軽視された理由は数多くある。マーティン（Martin, 1999, p.3）はその理由を検討して、経済地理学は人文地理学の下位部門として形成された初期以来、「産業景観の研究に専念してきた」が、その性格は地域開発と空間経済に関する新古典派経済学者の 19 世紀後期における業績に起源があることを反映していると指摘している。たとえば、フォン・チューネン（Von Thünen）、クリスタラー（Christaller）、レッシュ（Lösch）という 3 人の立地理論家たちの業績は、経済地理学の計量革命に最も大きな影響を与えたことが証明されたが（Barnes, 2001a）、貨幣の等価性と計算の単位としての役割（すなわち、価格、所得、出来高、利益の測定単位として）以上の意義をほとんど考慮しなかった。しかし、これらの初期の研究業績の 1 つ、『レッシュ経済立地論』（*The Economics of Location*, 1940, 英訳 1954）は、経済景観の金融上の特性に関するいくつかの資料を含んでおり、貨幣と立地との関係を明確に理論的に考察することが続編で計画されていた。これは指摘に価する重要なことである。しかし、レッシュの死によって、この研究計画は結局完成されることはなかった。この続編が書かれていたら、「戦後の経済地理学と地域経済学が貨幣の研究を無視するようなことはなかっただろう」とマーティンは感想を述べている（1999, p.3）。

貨幣に関するその後の地理学的研究の不足を、個人の早すぎた死去のせいだけにするのは、言うまでもなくいささか公正を欠いているだろう。マーティンは、戦後 1970 年代後期までの地理学と地域経済学において企てられた研究領域を実際に概観している。その中に含まれているミュルダール（Myrdal, 1957）やカー（Kerr, 1965）などの新古典派思想家による批判と並んで、リチャードソン（Richardson, 1972, 1973）の研究は、新古典派の成長理論を乱用することは、貨幣の地域的機能を無視していると主張した。同様に、マッシー（Massey, 1973）、セ

第2部　理論地理学の実践

イヤー（Sayer, 1976）、ハーヴェイ（Harvey, 1974, 1977; with Chatterjee, 1974）らが提出した政治経済学批判は、資本家の金融取引を下支えする社会関係を指摘することによって、数量化と経済交換についての新古典派の仮定に疑問を提示し始めた。しかし、マーティン（Martin, 1999, p.4）は、それらの研究は革新的性質にもかかわらず、「部分的で未完成で」、「他の地理学者の金融に関する研究に与えた刺激はわずかであった」と指摘している。コーブリッジとスリフト（Corbridge and Thrift, 1994b）は、この時期に貨幣への関心が不足していた他の理由を同じような論調で指摘していた。それらは、相変わらず生産の拠点を重視することと、当時の経済地理学者の関心が金融と財政の管理よりも生産中心主義と労働関係に関心を集中し続けていたことに関係があるという。

　しかし、1980年代の初期から研究課題として直接、間接に、貨幣が考慮されるようになった結果、地理学が金融と貨幣の問題を無視してきたことは今や「奇妙にみえる」と指摘されるようになった（Leyshon, 1995b, p.531）。確かに、この章で説明されるように、貨幣の地理学的分析はいよいよ地理学研究の主流になりつつある。たとえば、スリフト（Thrift, 1994a）は、金融が経済と社会と政治のグローバルな混乱を引き起こす上で世界的に重要な役割を果たしてきたことの認識が高まったことによって、1980年代に金融問題への関心が活気づけられたと主張している（Corbridge and Thrift,1994; Leyshon, 1995b）。その結果、何人かの中心的役割を果たす研究者による革新的研究がもたらされた。これらの人びとは地理学以外のさまざまな考え方と関わりをもっていた。これから見るように、このような刺激の重要な結果の1つは、貨幣のことを純粋に計量的と経済的な見地だけから考えることを超える動きが起こったということである。それは「個人が身につけている貨幣」だけに関心が集中するのは、貨幣のあらゆる事象に浸透する重要性を無視することであるという考え方である（Davies, 1994, p.2）。

　この章では、それゆえ、貨幣のこのような純粋に経済的な説明から地理学を「解放」し、とくに、貨幣を「そこから決して逃がすべきではなかった社会的・文化的領域に戻そうとする」試みのうち、貨幣の社会的、制度的、心理的影響

のタイトル

◼ 本書を何でお知りになりましたか？
□新聞・雑誌の広告……掲載紙誌名[   ]
□書評・紹介記事……掲載紙誌名[   ]
□店頭で　　□知人のすすめ　　□弊社からの案内　　□弊社ホームページ
□ネット書店[   ]　□その他[   ]

◼ 本書についてのご意見・ご感想
■定　　　価　　□安い（満足）　　□ほどほど　　□高い（不満）
■カバーデザイン　□良い　　　　　□ふつう　　　□悪い・ふさわしくない
■内　　　容　　□良い　　　　　□ふつう　　　□期待はずれ
■その他お気づきの点、ご質問、ご感想など、ご自由にお書き下さい。

本書をお買い上げの書店
　　　　　　　　　市・区・町・村　　　　　　　書店　　　　　店]
今後どのような書籍をお望みですか？
今関心をお持ちのテーマ・人・ジャンル、また翻訳希望の本など、何でもお書き下さい。

ご購読紙　(1)朝日　(2)読売　(3)毎日　(4)日経　(5)その他[　　　　新聞]
定期ご購読の雑誌 [   ]

協力ありがとうございました。
意見などを弊社ホームページなどでご紹介させていただくことがあります。　□諾　□否

◆ご 注 文 書◆　このハガキで弊社刊行物をご注文いただけます。
□ご指定の書店でお受取り……下欄に書店名と所在地域、わかれば電話番号をご記入下さい。
□代金引換郵便にてお受取り…送料＋手数料として300円かかります（表記ご住所宛のみ）。

		冊
		冊

定の書店・支店名	書店の所在地域	
	都・道　　　　　市・区	
	府・県　　　　　町・村	
	書店の電話番号　（　　　）	

郵便はがき

101-8796

537

料金受取人払郵便

神田局
承認

8080

差出有効期間
2020年1月
31日まで

切手を貼らずに
お出し下さい。

【 受 取 人 】

東京都千代田区外神田6-9-5

株式会社 **明石書店** 読者通信係 行

お買い上げ、ありがとうございました。
今後の出版物の参考といたしたく、ご記入、ご投函いただければ幸いに存じます。

ふりがな		年齢	性別
お名前			

ご住所 〒   -

TEL　　　(　　)　　　　FAX　　　(　　)

メールアドレス	ご職業（または学校名）

*図書目録のご希望	*ジャンル別などのご案内（不定期）のご希望
□ある □ない	□ある：ジャンル（ □ない

を重視してきたことに光を当てる (Leyshon and Thrift, 1996, p.1155)。これは、経済地理学における研究の大部分が、貨幣の重要性について語る能力がないために苦しんでいると言おうとしているわけではない。貨幣を研究の対象として真剣に取り上げる、主としてポスト実証主義の研究に話題を集中したいだけである。われわれは、それゆえ、相互に関連のある3群の研究を詳しく説明する。それらはそれぞれ異なる見地から貨幣にアプローチし、地理学者が伝統的地理学的研究の境界を越えて、さまざまな文献と理論をどのように引用してきたかを説明する。その第一は、政治経済学（とくにマルクス主義政治経済学）の伝統と、これがグローバルな金融システムに提出してきた洞察に関わり、第二は、金融サービスのセンターを含むさまざまな場所における貨幣のパフォーマンスを探り、文化論的ニュアンスを含む貨幣の地理学に関係づけている。第三は貨幣の社会地理学的研究で、とくに周辺空間における「代替の」金融システムと制度の発展が議論される。初めから終わりまで、いわゆる「新しい経済地理学」の発展と成果、そしてその「文化論的転回」（第3章参照）との重要な関連が詳述される。しかし、初めに「貨幣」とは如何なるものかを、貨幣が歴史を通してどのように定義され、概念化されてきたか、その多様な様相について考えなければならない。

6.2 貨幣の思想

人類の歴史の大部分で、財やサービスの交換を可能にする唯一の手段は物々交換(バーター)、つまり「財やサービスを相互の利益のために直接交換すること」であった (Davies, 1944, p.9)。歴史的に見て、物々交換の主な利点は、交換過程の可視性と透明性に関わっていた。つまり、見たものが手に入るものであって、交換が公正でないとどちらかが判断した場合には、交換は行われなかったか、あるいはすべての当事者がその「取引」に満足するまで、交換する財やサービスの量や質が調整されたであろう。しかし、物々交換の長所は、少なくとも多くの学問的論議では、知られているさまざまな欠点のために評価されないままで

第2部　理論地理学の実践

あった。そのような欠点は、以下のようなことである。まず、当事者がその交換は公正であり、相応なものであると保証される共通の、あるいは一般的な価値規準がなかったこと（これは、交換が発展し、交換可能な財とサービスの種類が増加するにつれてますます重要な問題になった）。次に、求める財やサービスを持っており、かつ交換に提供する財やサービスを喜んで受け入れる交換相手を見つけなければならないこと。そして、しばしば必然的に「実際の」もの、あるいは財を保管しておく費用がかかることである。

かくして、交換が複雑さを増すにつれて、このような不便さの結果ゆえに貨幣が「発明された」という見解が、暗黙に、またあからさまに支持されるようになった（Crowther, 1940）。これに対してデイヴィーズは、物々交換がどのようにこの複雑性の増進に対応して洗練されていったかを、実例を挙げて次のように説明している。ある商品は貯蔵しやすく、運搬が容易であったり、耐久性が大であったりして（すなわち、交換の媒体として機能する特性があるために）、優先的に交換品目に選ばれる。同様に、確立された市場は特定の財の物々交換のために、また適切な交換の相手を発見する問題を解消するために発展した。それゆえ、貨幣の使用は結果的に、また一般的に物々交換の過程を超える大きな利益を提供したと見なされてきたけれども（それは結果を知ってから初めて言えることであって）、物々交換が貨幣経済に取って代わられた過程は多くの説明が示唆しているよりももっと徐々に行われたものであるらしいのである。

とくに、いわゆる「原始」貨幣（primitive money）の多様さはこの漸進的発展と重大な関係がある。「原始貨幣」と称されるものを定義することは問題をはらんでいる。貨幣として機能してきた形態に非常に多くの種類があることばかりか、それらが歴史で果たしてきた役割が多種多様であり、とくに狭いものもあるからである。それゆえ、ごく一般的な説明がしばしば支持される。たとえばグリアソンは、「原始貨幣」は「コイン（鋳貨）ではなく、あるいは近代的紙幣のようにコインから派生したもの以外のすべての貨幣」（Grierson, 1977, p.14）を指す、と主張している。定義についてはこのように意見の不一致があるが、しかし原始貨幣についての論者の多くは、物々交換は貨幣の起源と初期の発展の

第6章　貨幣の地理学

主要な要因ではなかったということでは意見が一致している。たとえば、デイヴィーズ（Davies）は、原始貨幣は多種多様な装飾や儀礼や宗教的儀式に起源があり、また、その他の婚資と賠償金（家族の長に対する娘の奉仕がなくなることや、重要な人物を殺したり、傷つけたりすることに対する慰謝料）のようなその他の「非経済的」なシナリオに主として起源があることに注目している。したがって、原始貨幣には、貢ぎ物、徴税、賠償、賄賂、その他の支払い形式が含まれていた。法を執行するために貨幣を利用することが初期の国家で次第に多くなり、かくして社会において原始貨幣の役割が高まっていった。それゆえ、確認されてきた原始貨幣の形態には、琥珀、鶏卵、羽毛、翡翠、皮革、釘、豚、米、塩、ビーズ、象牙、織物用糸などが含まれていた（Davies, 1994）。

　われわれがこのような原始貨幣を話題にしたり、定義したりする時に直面する問題は、生活の諸側面を「経済的なもの」、「社会的なもの」、「政治的なもの」のように類別することを望む現代の願望に由来するらしいし、またデイヴィーズ（Davies, 1994, p.24）が主張しているように、「古代のあるいは最近の素朴な流儀を現代の型に押し込む」能力がわれわれにないことにもよるらしい。いかにして「あるものが同時に、通貨であったり貨幣であったり、宗教的シンボルであったり、単なる飾りであったりする」（Quiggin, 1949, p.2）のかを判断することは多分難しいことだと思われる。しかし、デイヴィーズ（Davies, 1994, p.26）が主張するように、「国家や研究機関が貨幣を閉じ込めるためにどんな障壁を建ちあげようとしても、貨幣はそれを飛び越える固有の能力をもっている」のである。これから見ていくように、貨幣に関する最近の地理学的研究に対する重要な刺激の1つは、より現代的な形態の貨幣が貨幣の原始的祖先と同じほどさまざまな役割を果たしていることが次第に確認されてきたということである。しかし、今のところ、貨幣を狭義に定義されるものと見るよりも（すなわち、「合理的人間」が発明した物々交換の不十分さに代わるものとして）、その発展を物々交換から物々交換プラス原始貨幣、原始貨幣、原始貨幣プラス現代の貨幣、最後に現代の貨幣へと一般的に移行する動きとして認めることができる（Davies, 1994）。しかし、ここでもわれわれは、現代の貨幣は物々交換と原始貨幣を完全

第2部　理論地理学の実践

に無用にしてしまってはいないことに気づかなければならないのである。両者ともさまざまな形で持続しているからである。

　貨幣の歴史（と発展）は驚くべきものであり、そして華やかなものであるが、異議を唱える人もあり、複雑なものであることが明瞭になるはずである（「世界を支配した通貨」スターリング・ポンドの発展については、Sinclair, 2000参照）。先に述べたように、現代の貨幣と過去の貨幣の正確な定義に関する論争は、貨幣が果たす機能の範囲に関して行われてきたのが最も普通である。現代の用語では、このような機能は本質的に、特定的で、一般的で、具体的で、抽象的であり、最もよく引用されるのは、貨幣は計算の単位、交換の媒体、価値の尺度、支払いの手段、価値の蓄積を表すものだということである（Pollard, 2001）。ここでの不一致は、あるものが実際に貨幣であるか、ないかを決める際にどの機能が最も重要であるかいうことに関係している。つまり、どれが貨幣の「第一次的」機能であるか、「第二次的」機能であるか、ということである。このような論争は、第一次的機能が時とともに変化するし、また場所ごとに異なるし、かつてある場所での二次的な機能が他の場所では一次的機能であったことを考慮すると、判断するのが難しくなるのである。そのうえ、計算の単位は抽象的性質のものであるとするならば、どんなものでも（たとえば、硬貨や貝やビーズなど）この機能を果たす可能性を秘めていると思われるのである。

　しかし、実際には、たとえ、あるものが勘定と計算の単位の働きをするとしても、それが貨幣の他の機能のどれか、あるいはすべての機能を果たすとは必ずしも言えない。重要なことは、すでに触れたことではあるが、物々交換に勝る貨幣の最も重要な利点は、もし、その抽象的な機能（勘定と測定のその性質）が、そのもっと具体的な機能（支払い手段や交換の媒体として）に結びつけられていれば、貨幣の**利便性**がさらに大きく高められるということである。たとえば、「ある人の銀行預金がポンドでされている場合には、その人は預金をポンドで引き出す。そして、その人は他人に購買やサービスの代償をポンドで支払う」。それは大いに便利である（Davies, 1994, p.28）。もちろん、現実はそんなに単純ではないであろう。デイヴィーズはどうして通貨は長期間にわたって勘定

の単位としてだけ存在し、この勘定制度の外では多様な形態の「貨幣」が使用されていたのかに注目し続けている。しかし、この一定の基礎的なレベルでは、「貨幣とは支払いのために、また債務や信用の会計報告のために広く使われているもの」と考えることができる (Davies, 1994, p.29)。

　貨幣とは何かをめぐる議論の対象であることに加えて、理論家たちは、貨幣とそのインパクトをどのように解釈するのが最良であるかということに取り組んできた。たとえば、貨幣とその社会的効用は、19 世紀と 20 世紀初期の社会理論家、カール・マルクス (Karl Marx; コラム 2.4 および 2.4.1 項参照)、ユルゲン・ハーバーマス (Jürgen Habermas)、ジョン・メイナード・ケインズ (John Maynard Keynes)、アダム・スミス (Adam Smith)、ゲオルク・ジンメル (Georg Simmel; コラム 6.1) など多数の学者をとりこにした。これらの研究の分析から貨幣に関する 2 つの際だった言説 (第 5 章参照) が明らかになった (Leyshon and Thrift, 1997)。第一に、貨幣は「啓発力」で、その所有者に数え切れないほどの可能性を与えると見なされる。このような説明では富の利点が重視され、自由市場では公正さの特権が与えられる。ここでは、バールーフ・スピノザ (Baruch Spinoza) とアダム・スミスの業績が重要である。彼らの業績は、方法は異なるが、貨幣は社会の役に立ち、その利点によって良好に機能していると主張している。第二の一層有力な言説では、しかし、貨幣は制御不能な存在と考えられており、社会の組織を引き裂き、非人間的な力と断定されている。ケインズはこの言説を貨幣制度についての「錯覚の一種」、「不確実なものを社会の慣習に反していないものに見せかける運動である」と説明している (Leyshon and Thrift, 1997, p.33)。マルクスは貨幣を資本主義制度においてすべてのものが貨幣と対比して測定される物象として批判している (Roberts, 1994)。この視点から見ると、貨幣の「物象化 (objectification)」は本質的に反社会的なものと見なされ、対象と個人の間の主体的関係と質的関係を排除し、あらゆるものをそれ自身の抽象化形態 (abstraction) に変える (Marx, 1977)。

　マルクスの強烈な資本主義社会批判 (第 2 章参照) と並んで、**ゲオルク・ジンメル** (Georg Simmel; **コラム 6.1** を参照) の研究も、貨幣を社会に不公平な影

響を及ぼしていると見る人びとにとくに大きな影響を与えている。ジンメルは、その著書『貨幣の哲学』(*Philosophie des Geldes*, 1978) で、その近代の（都市的）生活の客体化の意見との関連において貨幣を探究し、その「基本的特徴」のいくつかを概観している。マルクスと同様に、ジンメルは、貨幣は等価の媒体であり、質を量に変え、ものの本質的「形態」と「効用」を破壊すると主張した。この等価原理（principle of equivalence）を通して貨幣は交換の純粋形態と見なされる。貨幣は物々交換で使用される価値から抽象化された交換価値をもつ（それゆえ、マルクスは使用価値と交換価値を区別する）。かくして、貨幣は比較を可能にする手段の代表で、事物の共通点を目立たせ、あらゆるものの売り買いを可能にする。貨幣価値は社会のあらゆる面に結びつけられており、人間の生活さえ貨幣価値をもつことになる。ジンメルの著書は、それゆえ、貨幣は経済的実体（economic entity）であるよりもはるかに大きな存在で、存在の本質に重大な影響を及ぼすことを明らかにしている。

　これらをまとめると、貨幣についてのこれらの言説はともに、貨幣と社会の間の明確な関係を示唆していることが分かる。第一の言説では、貨幣は社会のために働き、第二の言説では社会を支配する。これらの言説が共存していることは、最近、K ファウンデーション（K Foundation）の「100 万ポンドの焼却」(Burning of Million Quid) が巻き起こした狂気の事件がよい例となった。それは、スコットランド・インナーヘブリディーズ諸島（Inner Hebrides）のジュラ（Jura）島にあった放棄された船小屋で、彼らがポピュラー・ミュージックの KLF として受け取った報酬 5 万ポンドの札束 20 個、つまり 100 万ポンドが計画的に焼却された事件である (Brook and Goodrick, 1997; Tickelll, 1999)。この出来事と、続いて行われた *Watch the K Foundation Burn a Million Quid* という 63 分間のサイレント映画上映およびグループの活動に関する討論からなる K ファウンデーションの英国内ツアーの模様は、BBC のドキュメンタリー番組「オムニバス」(*Omnibus*) で報道された。より広い社会における両方の言説の流布状態を示す実例となって、このツアーはこの映画そのものに対するさまざまな反響、「興奮させる」、「象徴的だ」、「勇気ある」、「乱痴気騒ぎだ――彼らはゾンビのように

疲れ果てているようで、それは確かに乱痴気騒ぎだ」、「非常に寛容だ」、「まさに芸術だ」(*Omnibus*, 6 November, 1995; Brook and Goodrick, 1997)といった反響を呼んだ。

　この興奮状態は、紙幣の焼却が一連のイベントとパフォーマンスの頂点に達したことによって、一層際だったものとなった。K ファウンデーションは「本来、芸術としての貨幣、貨幣としての芸術に関心があった。貨幣を超える意味の可能性そして貨幣の力に挑戦することに関心があった」(Reid, 1994, p.28)。たとえばそれ以前、K ファウンデーションには "Money: Major Body of Cash" というタイトルの展覧会を催す計画があった。この展覧会は 7 つの作品からなり、いずれもさまざまな額の現金が、無生物に釘で打ちつけられたり、縛りつけられたり、そのまま上に積まれたりしていた。中心となる展示物は、"Nailed to the Wall" と題する、松の板に釘付けされた未使用の 50 ポンド紙幣 100 万ポンド分が額装されたもので、50 万ポンドを最低価格として競売されることになっていた。100 万ポンドを半額で「買う」好奇心をそそる買い物ができる可能性があったが、それはもちろん芸術作品としてもっと価値のあるものと評価されなければの話である。"Nailed to the Wall" を世界中で展示しようとするアイディア、つまり「貨幣はたちどころに世界をまわる。われわれは作品を手で運び、現金の終わりを祝福したかった」(Brook and Goodrick, 1997, p.9 に引用されている)という展覧会の企画が挫折した後、それをすべて燃やしてしまうというアイディアが前面に現れた。

　それゆえ、貨幣についての言説との関連で、K ファウンデーションの偉業に最も多くの関係があるのは、コントロール(あるいはその不足)という考えである。現金を生命のないものに釘付けすることを通じてであり、自分が世界中にそれを持っていくというアイディアがそれに次ぐ。K ファウンデーションのメンバーの 1 人が「オムニバス」の中で主張したように、「小さな木片に釘付けすると、使いたくても使えなくなる。それは貨幣をコントロールすることに連なる。貨幣は、あなたがそれを得た場合にはあなたをコントロールしがちだからであって、あなたがそれを使い果たしてしまうか、与えてしまうか、投資する

第2部　理論地理学の実践

か、それをどう処理するかを左右しがちである。われわれはそれをコントロールしたいと思ってきた」。しかし、おそらく K ファウンデーション側には予想できなかった議論が現れた。第二の主要な言説の具体例である解放の主張である（Brook and Goodrick, 1997）。デ・アバイチュア（De Abaitua, 1995, p.6）は、毎週土曜夜の国営宝くじ抽選会が始まったそのときに、ジュラ島の事件がどのように起こったかに注目した。「金がみんなの話題になったまさにそのとき、それは 1800 万ポンドの賞金に対する金の亡者のおしゃべりや、どんな慈善事業がその賞金の一部の割り当てに値するかどうかという愚かな論争や、『ザ・サン』紙（*The Sun*）〔訳注：イギリスの日刊タブロイド新聞〕のコラム「Have a go」〔不平を言う〕が世間一般の人びとの憤慨と現金をねだる人びとの嘆きを挙げていたそのときだった。性と暴力は興味をそそるが、貨幣だけは多額な金額が道徳をかき乱す」。デ・アバイチュアは、「K ファウンデーションは、百万長者になるみんなの夢を焼却することで、極端なものにとらわれた時代において真に恐怖の反応を引き起こす唯一の琴線に触れた」（De Abaitua, 1995, p.7）と結論づけた。確かに、K ファウンデーションの「動機」と、彼らの行為に対する反発との間の見解の差異は、明らかに 2 人のメンバーに少なからざる混乱を残した。

> ところで、君はすべてがうまくいっていると、そしてこのすばらしい芸術的声明だと、間違っていることは何もないと主張したい。しかし何というか、欠陥だらけだ。今話している貨幣を燃やすすべてのことだ。毎日、君は起床し、「神様、そうです。私は確かに 100 万ポンドを焼き捨てました」と言う。誰もそれが良いことだとは思わない。それはまさに全くの時間の無駄だと思う。誰もが君がなぜこんなことをしたのかを知ろうとする。なぜ自分がしたのかを彼らに話すことはできない。それは、君は自分がなぜそれをしたのか分からないからだ。（K ファウンデーションのメンバー、ジミー・コーティー、*Omnibus*, 6 November, 1995）

これらの貨幣の言説が共存しているのは、それらがしばし言われているほど

排斥しあってはいないことを示唆している。たとえば、レイスホンとスリフト（Leyshon and Thrift, 1997）は、ジンメルの業績自体いささか「統合失調症的」であり、本質的に矛盾対立的であると主張している。ジンメルは、一方では、貨幣は固有の性質を全く欠いており、代わりにさまざまな可能性に対する刺激やより大きな自由の潜在的可能性に反応すると主張する。ジンメルは、それゆえ、貨幣は、自意識を高めたり、利己主義的傾向に火をつけたりして、離人症（depersonalization）を増進させ、他者との感情の結びつきを脅かしたり、破壊したりする（「契約的」ゲゼルシャフト社会の出現に関係する）と主張する。他方でジンメルはまた、このことが他者への依存をある程度招くと主張しているが、それは、収入と支出が、信用によって下支えされる社会関係によってだけ支持されるからである。言い換えれば、その貨幣が純粋で、抽象的で、客観的であることが前提になるけれども、ジンメルは同時にそれが文化的なものと社会的なものに関連していることに注目しているのである。

　これとは関係なく、貨幣についてのこれらの2つの言説で表現された見解は時とともに融合して、貨幣についての有力な経済学的見解をつくり出した。ゼリザー（Zelizer, 1994）は、これは5つの共通の仮定を基にしていると指摘している。第一に、貨幣の機能と性質は、社会の外にあると見なされており、したがって貨幣は社会と関係があるが、社会的なものでは全くない。貨幣の象徴的側面はほとんど取るに足りないものと考えられているか、反対に社会生活が本質的にはますます「経済的」なものになりつつある様相を強調するために用いられている。第二に、これに続いて、明瞭な違いは貨幣（かね）と人情の違いであり、後者は温かみがあり、創造的で、美しくさえあると言われているのに対して、前者は不敬で、俗悪で、冷酷であるとされる。第三に、貨幣はすべて同じものであると理解される（たとえば、1ドルは常に1ドルに等しい）。唯一の差異は質の違いではなく、量の違いである。第四に、貨幣は生活のすべての領域を最終的に商品化し、経済的な領域に変え、質を量に転換し、人間の愛と労働を貨幣に変換する。最後に、社会関係と価値によって貨幣が変換される可能性はほとんどなくなる。貨幣は社会を変化させるだけの一方通行で、本質的に純粋なもの

第2部　理論地理学の実践

であり、変化しないものなのである。

　近年、歴史学と社会学と人類学の分野から、この有力な考え方に挑戦する批判が持ち上がってきた。社会学者ヴィヴィアナ・ゼリザー（Viviana Zelizer, 1989, 1994）の研究はこの理由を要約している。その著書 *The Social Meaning of Money*〔貨幣の社会的意味〕でゼリザーは、「貨幣は多様化する」と主張し、いかにして歴史を通して貨幣が「新しい形につくり替えられたり」、「特異な」形態の貨幣が発明されたりしてきたかを明らかにしている（たとえば、まだ実現していない収益をベースにする信用貨幣もその実例である）。その結果ゼリザー（Zelizer, 1994, p.18）は「一連の5つの仮定を基礎にした特定の社会関係のネットワークとさまざまな意味をもつシステムによって、形づくられたり、つくり替えられたりする新しい形態のモデル」を提唱する。第一に、現代の経済市場内では貨幣は「重要な合理的なツール」として機能することを認めるが、ゼリザーは、それはこの市場外にも存在し、文化と社会の構造によって深く影響されていると主張する。第二に、ゼリザーは、さまざまな社会的状況のために「取っておく」特殊な貨幣が重要であることの認識をさらに深めることを主張する。そのため、この考えを心づけ（tipping）（この利用と誤用がもたらす可能性のある反応に注目しながら）の際の貨幣の適切な利用と誤用との対比によって例示する。第三に、ゼリザーは、唯1つの多目的型の貨幣という考えは不当に狭量で、「別のもっと包括的なコード化（符号化）が必要であるが、それはいくつかの貨幣は分割不可能であり（分割可能ではあるが、算術的に予測できる部分に分割するのではない）、代替不可能であり、携帯不可能であり、徹底的に主観的であり、それゆえ、質的に異種だからである」（Zelizer, 1994, p.19）と指摘している。たとえば、1ドルは常に1ドルに「等しい」とは限らない。贈与なのか、貸付なのか、心づけなのか、賄賂、罰金、貸金、借金なのかによって、1ドルの価値と意味は常に同じとは限らないのである。この考え方は、良貨と悪貨、賠償金と不正な金、あぶく銭と骨折って得た金のような、誰にも分かる概念に圧縮されている。第四に、彼女は、貨幣そのものには使用価値がないという仮定は不正確であると断定するが、それは、貨幣はある環境条件下ではとても主観的なものであり、意

味深長なものになることがあるからである(ボードリヤールの記号と交換と使用価値の関係の疑問に関しては5.4節を参照)。最後に、以上の仮定の結果として、ゼリザー(Zelizer, 1994, p.19)は次のように主張する。「貨幣についてよく言われる自由(alleged freedom)と野放しの力は、起こりそうもないことになる」。それは「文化と社会の構造が貨幣の流れと流動性に重大な制御と規制を導入することによって、貨幣化の過程に必然的な制限を課す」からである。

この既存の貨幣の(経済的)定義に対する批判は、貨幣が**社会的生産物**であるという事実、すなわち、貨幣は社会の外に存在することはできないし、社会的慣習を通してその機能と意味を獲得するということを指摘している点で興味深い。グー(Goux, 1989)の研究はこの議論に共鳴し、貨幣には現実・象徴上・想像上の分離不可能な諸特性があることを認めている。社会学者ナイジェル・ダッド(Nigel Dodd, 1994)もまた、この貨幣概念は人間の慣行や慣習やネットワークに深く埋め込まれ、分化しており、貨幣は、実際に社会の儀礼や仕来りを通してもたらされたものと認めるべきものであると指摘している。これから見ていくように、地理学者はこのような議論の影響を受けてこなかったが、彼らの多くも貨幣の社会的、文化的諸特性に関心を集中し始めた。しかし、これらのアプローチを考察する前に、われわれはまず貨幣の政治経済学的説明を扱うことにする。それはおそらく、最近までの地理学が貨幣について考える主要な傾向であり、先に概観した貨幣の第二の言説に由来するものである。

コラム6.1　ゲオルク・ジンメル (Georg Simmel 1858-1918)

マックス・ヴェーバー、カール・マルクスと並んで、ゲオルク・ジンメルは19世紀後期と20世紀早期の社会学の発展においてドイツの主導的人物の1人であった。ジンメルは1858年にベルリンで生まれ、死の4年前の1914年に遅まきながらシュトラスブルク大学〔訳注:現在のストラスブール大学。1871～1918年はドイツ領〕で学科長に就任するまで、ベルリン大学で社会学と哲学を教えていた。ジンメルは生涯を通して近代の社会現象、とくにセクシュアリティと社交性と貨幣に関係する諸問題についての主導的な理論家

であった。その研究は容易に分類ができないほど幅が広かった。物事を判断するのには哲学的根拠が不可欠であるという固い信念をもっていた。ジンメルの多くの研究の基礎にあるテーマは、現代の都市と個人の意識の関係に焦点を当てたものであった。とくに、彼は、現代においては、伝統的な「感情的結びつき(affective ties)」は表面的な結びつきに取って代わられ、人びとの生活において、ますます重要性を増している貨幣のような抽象的な形態に変わってしまったと主張した。「無感動(blasé)」な態度という概念によって、ジンメルは、現代の経験の複雑さと超感受性(hypersensitivity)が、個人の意識を変換させることによって本質的に「処理される」仕方を探究した。個人の意識の変化によって、現代の存在の細部と詳細を知的刺激と感覚的刺激で処理できるレベルにするフィルターリングに導くことになる。ジンメルは、発展しつつある貨幣経済における分業の出現と、その経済と社会への影響を指摘することではマルクスとデュルケームのような人たちに従ったが、もっと文化的な意味を検証しようと努力した。それに焦点を置くことによって、とくに貨幣や法律やコミュニケーション・メディアのような媒体を通して現代の生活の「物象化」(objectification)の実態を探究した。こうして、やや軽視されたきらいがあるが、影響力の強い著書『貨幣の哲学』(*Philosophie des Geldes*, 1900, 1978)は、社会と文化的生活に対する貨幣の影響を分析する試みとなって現れた。本書は文化の哲学についての一般的テーマについて記述する試みでもあった。イリガライ(Irigaray)のようなフェミニスト批評家たちは、客観性と男性らしさの欠落に対して強い懸念を示し、「伝統的」生活と現代の生活に対する一般的批判と並んで、女性の性質を自然視する仕方についても懸念を示した。しかし、ジンメルの現代の生活についての広範な分析は、地理学を含む学問分野全体に彼の考え方が関わり続けていることを示している。

さらに詳しく学ぶための文献：Frisby, 1984; Kaern *et al*., 1990; Simmel, 1978; Pryke and Allen, 2000

6.3 貨幣の政治経済学

ナイジェル・スリフト(Nigel Thrift, 1994b)は、貨幣の地理学への関心の重要な刺激は**デイヴィッド・ハーヴェイ**(David Harvey; **コラム6.2**参照)の革新的で先駆的な研究であったと主張している。第2章で述べたように、ハーヴェイは人文地理学の発展における重要な人物であり、とりわけ資本主義体制とそれに固

第6章　貨幣の地理学

有の空間的矛盾と不平等についてのマルクス主義的批判に地理学の見地から関与した。レイスホン（Leyshon, 2000）が指摘しているように、もし貨幣と金融についての地理学における新しい関心領域が規模（スケール）によって異なるとしたら、ハーヴェイの影響力の強い著書『空間編成の経済理論――資本の限界』（*The Limits to Capital*, 1982）は、最高レベルの分析、すなわち全体としての経済システムに集中している。貨幣と信用と金融に関する諸章でのハーヴェイの分析は、不平等発展によって持続し、再生産する資本主義経済における金融システムの重要性を重視している。とくに彼は、貨幣が社会的権力といかに密接に結びつき、「特定の生産過程や特定の商品から独立し、そして無関係に、総合的な社会的権力の化身として」存在しているかを強調している（Harvey, 1982, p.241）。

　ハーヴェイは、結果として、地理学における多くの急進的で批判的な思想家たちを刺激することに貢献してきた。説明の中心的なカテゴリーとして空間を置き、ハーヴェイの研究は「貨幣の社会的な力が貨幣を豊富に所有する個人と公共機関に、資本主義における特権的地位を与え、それゆえ資本主義経済の構造は時とともに、貨幣と金融の利益に向かって傾く傾向がある」（Leyshon, 2000, p.519）という仕組みに注目を集めている。ハーヴェイは、かくして、貨幣は多種多様な形態で、グローバルなスケールで不平等な相互連結と相互依存の関係をつくり出し、そしてそれを利用することによって不平等発展の再生産において非常に重要な役割を果たしてきたと主張する（資本主義的世界システムの出現については Wallerstein, 1974 も参照）。ハーヴェイはこの思想の先頭に立って、資本の回転時間を圧縮するために経済生活のスピードが加速される仕方を考察することになった（8.2節参照）。そればかりか、新しい貨幣形態（たとえば信用貨幣）がどのようにつくり出され、距離を越えての取引を可能にしてきたかも検証することになった。たとえば、ハーヴェイ（Harvey, 1982）は資本主義の空間的、時間的危機を和らげる点での信用貨幣（擬制資本〈fictitious capital〉）の重要性について説明し、貨幣の投機形態がどのように生産の一形態から他の形態へ資本の切り換えを可能にしたかを示した。同時にハーヴェイは都市的世界形成における金融市場の重要性を論証したが（Harvey, 1985a）、彼の研究は、1980年代

と 1990 年代における新しい情報処理技術、コミュニケーション・サービスおよび金融自由化が、世界的規準で貨幣の移動を促進させるのに寄与した仕方について、直接に間接に、地理学者の関心を高めた（第 8 章参照）。ハーヴェイの研究は、また、過去 20 年以上の期間における金融資本の動態についての多くの研究の中で、説得力のある政治経済学的研究の代表的なものでもある。

トレヴァー・バーンズ（Trevor Barnes, 2000）が概観しているように、政治経済学は 18 世紀の初期に最初に用いられた用語で、その後アダム・スミスとデイヴィッド・リカードなどの経済学者たちによって用いられた。経済学者は 2 つの関連する理論的側面、富の生産と蓄積、および余剰の配分と分配の高度に政治化された性質を強調した。マルクス（2.4.1 項参照）はこれらのアイディアをその革命的変革の理論、革命は生産領域と分配領域の本質的な矛盾の結果として起こるという考えを発展させた。マルクスに賛同する人びとは、19 世紀の後期に発展した新古典派経済学は政治経済学における政治的な部分を無視していると批判し、広く支持され、政治経済学的アプローチは 20 世紀の中期まで地下の存在に貶められていた。しかしこの時期に、ポール・バラン（Paul Baran, 1957）の研究は、この状況に新たな関心を呼び戻した。1960 年代後期と 1970 年代早期における人文地理学の「急進的」な研究の出現以来、政治経済学重視の傾向は広範囲に広がり、構造と人間の行為主体性（agency）、現実主義（realism）、ローカリティ（地域性）（locality）、ポスト・モダニズム、景観（5.5 節参照）に関する議論が始まった。社会‐空間的関連が金融的取引と貨幣的取引に影響される傾向は、現在でも依然として重要な関心事になっている。そのことに関してレイスホン（Leyshon, 1995b）は、地政学的経済論、地経済学、金融排除の地理学（geographies of financial exclusion）（これらは 6.5 節で考察される）という 3 つの関連領域を認めている。

地政学的経済論（geopolitical economy）はアグニューとコーブリッジ（Agnew and Corbridge, 1989）がつくった新しい用語で、国家と市場との間で移動する（地理的および構造的）権力関係と、それらの市場の規制と活動に関する権力関係の概念に関与している。地政学的経済論における 1 つの鍵となる考えは、貨幣は

第6章　貨幣の地理学

政治権力の源で、グラムシの（政治的）ヘゲモニー概念（3.2 節参照）を用いて、経済大国が支配する世界秩序の建設に貨幣がどのように関与するかを探究することである（Ingham, 1994）。この分野では、強力な国民国家が国際的金融システムにその体制を効果的に押しつけることができたやり方が、資本主義の歴史と活動に関する理論的研究によって検証され、同時に金融の国際的規制についての実証的研究も行われてきた（たとえば Arrighi, 1994）。これらは、19 世紀におけるイギリスの覇権が、どのように金・スターリング本位制の採用と結びついていたかを強調してきた。また、この金・スターリング本位制が 1870 年から 1914 年までの期間、国際的金融関係を支配し、どのようにアメリカ合衆国の覇権な権力がドル・金交換体制の受容に依存したかを強調した。この体制は国際通貨をドルに連動させることによって、1944 年から 1971 年の間、ブレトン・ウッズ協定によって支えられた比較的安定した国際通貨システムの持続を可能にした。1970 年代初期の石油危機によって起こった経済的混乱の最中、アメリカ合衆国が金融問題を国際的なものから国内的なものに中心を転換した時、このことが変動為替相場制で実質的に規制が撤廃され、金融自由化が世界にもたらされ、その結果、通貨市場で利益を得る機会が拡大した。

規制が撤廃された国際的環境とその結果としての**無国籍貨幣**（stateless money）の増加については、多くの地理学者が研究してきた。彼らは、これをしばしば金融のグローバル化を示すものとして描いている（たとえば、Gill, 1992, 1993; Swyngedouw, 1992）。規制が撤廃され自由化された世界市場では、いくつかの国は明らかに他の国々よりも有利になり、いくつかの国民国家は新自由主義財政政策を採用することによって世界の金融システムの要請に対処することに成功した。この場合、国民国家が経済的権力を金融機関に譲るやり方は、取引の形態を表すと見なされる。それによって、国民国家は経済問題における民間部門に対する圧倒的な影響力を握るだけでその政治的権力を維持できる（第 7 章参照）。ある国にとって、このことは、われわれは恐らく「ポスト・ヘゲモニー」の領域のない時代に入り、権力のバランスが国家と政府から多国籍企業エリートとグローバル資本へ移行してしまったことを気づかせる（Gill, 1993a, 1993b）。他方

で「覇権への挑戦」という考え方の探究は、日本が「新経済的覇権国」になる可能性に関心を集中させた（Hellenier, 1993）。ただ EU の統合通貨としてのユーロの重要性の上昇は、国民国家の経済力がずっと以前に国際的影響力をもつ機関に取って代わられていたことを示している（EU とともに、G8 と NAFTA は、いずれも 21 世紀に向けての潜在的経済的覇権を目指して形成された）。

地政学的経済論における研究に結びつく**地経済学**（geoeconomics）に関する研究は、信用と金融のグローバル化の流れが増進する時代における国家の金融と財政の制度についての、地理学のますますの重要性を探究してきた（Agnew, 1994）。ここでは多様な「経済世界」の実態に関心の中心が置かれてきた。経済世界は理論的見地や存在と活動の規模の点から見るとさまざまである（Storper, 1993）。探究は、国家的スケールと「国家資本主義」、すなわち、金融構造と国家の規制と産業組織の間の相互関係に向けられてきたが、それは世界の資本主義体制の中で主導的な国家経済のさまざまな「経済的」合理性を説明するための努力であった（Lash and Urry, 1994）。このことは、国民の生活における金融業者と財界の特有の役割を規定する、規制と保護主義の形態の探究を含んでいた。地理学的研究は、1980 年代には北アメリカ、ヨーロッパ、東南アジアにおける主導的な経済圏の新自由主義的試みを概観していた。それは、金融サービス産業をより効率的で競争力のあるものにするために規制を改めるためであった。イギリスでは、政府と金融業の間で 1980 年代に新しい協定が実施された（これは 1986 年の金融自由化法〈Financial Deregulation Act 1986〉と、いわゆる「ビッグ・バン」に関係している）。これらの出来事によって地理学者は、地域間と地域内部における産業の不均等な発展を記録するようになった。それは、財政の構造改革の後に新しい技術と組織形態が生じるからであった。マーティン（Martin, 1999）は、かくして、空間組織および特定の金融機関、サービスと市場の働きの分析を目指す大量の研究を概観している。それらと一緒に、地域における資金の流れと産業の発展とを結びつけようとするまだ展開途上の脈絡の研究も行われている。研究例の中には、ダニエルズ（Daniels, 1986）の金融自由化の結果としての銀行業務の変化についての地理学的研究や、ジェントルほか（Gentle et al., 1991）の

イギリスにおける金融業務の地方分散および、たとえば電子商取引などの新しい経済的生産物や一連の景気刺激策を市場に投入している産業の地理学的研究などが含まれている（Graham and Marvin, 2001）。

地域と地方のレベルでは、関心は「制度的厚み（institutional thickness）」（Amin and Thrift, 1992）の概念をめぐっても展開された。それは、日本と「第三のイタリア」（7.3節参照）のような特色ある経済地域の形成を成功させる際における非経済的な諸要因と、その中に深く埋め込まれた社会関係の重要性に注目している。ベスト（Best, 1990, p.25）は、生産と企業組織の新しい原理（「新しい競争」と名づけられている原理）が、これらの「非常に異なる制度と文化的背景」においていかに明瞭であるかを説明してきた。これは次のようなものによって特徴づけられている。「大企業の制度的な複雑さ、頂点に大企業を置いて小企業の垂直的階層を伴った、階層的かつ従属的な付加価値のネットワーク、中央政府の産業政策機関」、そして「ネットワークを形成する小企業群、企業間の集団的サービスの団体、地方政府の産業政策機関」である。資金の流れと金融のネットワークへの関心はスケールの異なる研究となって再現する。このような研究は世界の中で抜群の金融の中心、ロンドンやニューヨークや東京の地理学的研究を含んでいる。

コラム6.2　デイヴィッド・ハーヴェイ（David Harvey 1935-　）

デイヴィッド・ハーヴェイの初期の研究は、空間科学の特性を堅実に守っており、実証主義の地理学の方法論を広範囲に展開した著書『地理学基礎論』（Explanation in Geography, 1969）で最高潮に達したが、マルクスの思想に惹きつけられ、地理学におけるマルクス主義の最も重要な支持者になった。マルクス主義を擁護する『都市と社会的不平等』（Social Justice and the City, 1973）で社会の不平等と空間過程の関係について彼の考え方を概説したが、その後、主として古典的マルクス主義思想家とフランクフルト学派の研究による、都市と資本主義の関係に関する理論を推進させていった。マルクスの代表作『資本論』（Das Kapital）の注目すべき解釈の試みに続き、人文地理学読者のため『空間編成の経済理論』（The Limits to Capital, 1982）を著述し、「史的・地理的唯物

論」に基づいた修正マルクス主義を体系化するために「弁証法的・関係論的アプローチ」と名づけたものを展開した。『都市の資本論』(The Urbanization of Capital, 1985a) と Consciousness and the Urban Experience (1985b) の姉妹編は、このような考え方が、同時に急進的であり、実際的価値をもち、変化に関わってきた地理学にどのように伝えるかを論証したものであった。両書の土台となっているものは、資本主義の「空間的回避 (spatial fix)」と資本主義社会における都市形態の意味についての独特の説明に対する、ハーヴェイの鋭敏な理解力であった。ハーヴェイのこの偉業は多数の地理学者を鼓舞する役割を果たしたが、他の学問分野のマルクス主義の思想家に同じような影響をもたらすことがなかったことは注目すべきである。他の学問分野の人びとは、社会理論における空間の重要性については依然としてほとんど知らないままであった。その1つの例外はルフェーブル（コラム1.1を参照）である。彼の空間の抽象化と生産についての考え方はハーヴェイの著書『ポストモダニティの条件』(The Condition of Postmodernity, 1989a) にも影響を与えることになった（本書は資本主義の生産様式を理にかなったものにすることに、ますます多様化し、ばらばらになる文化と建築の形態が寄与したことに議論を集中させている）。ハーヴェイのその後の研究は、ポスト構造主義、とくに身体の理論化についての議論に積極的に参加するという意志を示していたが (Spaces of Hope, 2000a を参照)、しかし、理論と実践を変革させる根本的な源としての弁証法的思考への傾倒は依然として明確であった。Justice, Nature and the Geography of Difference (1996, p.32) に書いているように、「批判的分析の課題は、確かに基本的な信念が信じがたいことを証明することではなく、解釈と政治的活動を有意義で、創造的で可能なものにする基本的な信念にとっての、穏当で適切な基盤を見つけることである」。ハーヴェイにとって、マルクス主義理論はこれらの基本的な信念を供与し続けている。

さらに詳しく学ぶための文献：Harvey, 1999; Jones, 1999

6.4 ネットワーク、組織体、パフォーマンス

政治経済学の考え方は、相変わらず貨幣の地理学的分析の核心に留まっているが、そのため「新しい」経済地理学と名づけられると思われるアプローチによってますます批判されるようになってきた。人文地理学における文化論的転回に続いて（第3章参照）、経済地理学者は文化的・社会的理論に広く接触し、

個人と制度と金融機関の機能を認識することによって、貨幣と経済生活についての分析をさらに広範囲に拡大してきた（たとえば、Ford and Rowlingson, 1996; Leyshon and Thrift, 1996）。「新しい」経済地理学は、空間経済の形成に社会関係が果たす、基礎的かつ本質的な役割を述べており、同時に貨幣の支配力が他の地域社会にまで及ぶことを明らかにしている。「新しい」経済地理学は、それゆえ、主に3つの点で政治経済学的分析とは異なる（Thrift and Olds, 1996）。その第一は、経済空間は1つの中心地からではなく、多数の中心地から成り立っており（polycentric）、しかも重なり合っていて、空間的・時間的な差異に敏感な非普遍的語りからなっている。第二は、経済空間は地理学の外部からの声により開放的であることである。第三は、経済空間は「経済」の概念を改めることである。それは貨幣の実体のない性質を認めることによって貨幣を抽象的そして純粋に経済的用語以上のものと考えることである（Roberts, 1994）。これはポスト構造主義の考え方を用いることを示しており（3.4節参照）、貨幣の力は現実と同様に想像の中にもあると認識している。

> 「貨幣」という語は、今や銀行のコンピューター部門に保管されるテープ上の酸化物の配列（configuration of oxides）を指している。この酸化物と交換媒体の機能との関係は恣意的で、その社会的に構成される特性と、言語によって維持される貨幣の表象上の特性の両方を示す……「貨幣」は言語の大きな柔軟性（elasticity）を示しており、また語が非常に大きくかけ離れている事物を指す方法を示している。（Poster, 1990, p.13）

この主題の移り変わりは、かくして貨幣の具体的な指示性（concrete referentiality of money）を侵害してきた非常に多様な制度的で組織的な慣習をめぐって、包括的な議論を招いてきた。この節では、それゆえ、国際的な金融センターについてさらに立ち入った分析を試みる。とくに貨幣が金融センターで役割を果たし、その特性が明瞭になる仕方に注目する。ただし、貨幣自体をこれらの空間で明確に認識することは、しばしば難しいのである。

第2部　理論地理学の実践

　多くの地理学者は、金融センターの空間の変化する様相について書いてきたが（たとえば、Pryke, 1991; Sassen, 1991）、中でも**ナイジェル・スリフト**（Nigel Thrift; **コラム6.3** 参照）の金融センターの社会生活と文化生活の実態に関する研究は、貨幣の流れを管理する金融センターの役割についての微妙で明細な理論的説明として傑出している。彼の国際的金融センターに対する関心は2つの疑問から出発している（Thrift, 1994c）。最初の疑問は、遠距離通信が目覚ましく進歩し、貨幣が電子工学的に誘導されて超流動的になった結果、実際に「縮小」しつつあると認められる時代に、われわれが住む世界には国際金融センター（ロンドンのシティなど）が存続する必要があるかどうかということに関する疑問である（Allen, 1995）。ここで、スリフトは、これらの役割が統合化されて「流れの空間」に溶け込んで消えてしまい（Castells, 1996）、「地理学の死」を招くかもしれないと思いたくなった（O'Brian, 1991; 第8章参照）。第二の関連する疑問は、国際的な金融センターの社会的・文化的構造が果たした役割に注目しており、それらは金融センターの経済的成功に本当に関与してきたのか、それとも無意味な縁飾りにすぎなかったのではなかったのか、といった疑問である。たとえば、ロンドンの場合には、このような分析での最も重要な焦点は、ディーリング・ルームと取引所の立会場（trading floor）の慣習、慣例で埋めつくされたシティの規則と規制、シティ中心部のスクエアーマイル（Square Mile）の至る所にある集会所とタバコの煙が充満しているクラブで行われる会話に関係することである。

　この質問に答えようとして、スリフト（Thrift, 1994）は、「新しい国際政治経済学」、「新しい経済社会学」、カルチュラル・スタディーズ、「近代化の反省」、組織理論と「新しい制度派経済学」など広範な分野の文献を利用した。そうすることによって、彼は地理学内の従来の研究の狭い経済学の読書範囲を離れ、それらの中心を支える最も重要な役割を果たしている文化的・社会的諸要因を考察する方向に進んだ。「新しい国際政治経済学」は超国家的金融エリートの重要性を強調するために、「新しい経済社会学」は社会的・文化的問題として、確立された制度と貨幣の社会的性質を説明するために利用される。カルチュラル・

第6章　貨幣の地理学

スタディーズによれば、「貨幣は非物質化が進行して、情報の単なる小片になったが、貨幣についての広範な解釈の潜在的可能性と貨幣の市場は、ますます大きくなってきた」(Thrift, 1994c, p.332)。初心者にとって、このように広範な学問分野の文献を利用することは、少々難しいものであるかもしれない（もしかすると、困惑するかもしれないが）。それは、地理学者が地理学の伝統的研究領域以外のさまざまな理論を熱狂的に探究し、それを導入してきた姿勢を示す1つの例なのである。

　これらの文献の関連性と重要性を強調した後、スリフト（Thrift, 1994c）は国際金融センター立地の決定条件の考察に移る。ここで、彼がアクター・ネットワーク理論（7.4節参照）に関わる最初の兆候（sign）を見ることになるが、それは国際金融、電子的ネットワークとグローバル・シティに関する彼のその後の研究を十二分に特徴づけるものである。スリフトは伝統的な政治経済学のアプローチから、ダッド（Dodd; 6.2節参照）のように貨幣の理論化に移行する。しかし、スリフトのアプローチは金融センターそのものと一般の金融ネットワークの複雑性を強調しており、ダッドの抽象的で本質主義的な理論化は、より抽象的な考察ではやや隠されている複雑性を見失ってしまうと批判している。スリフトは、それゆえ、現代の国際金融システムについての最も有力な説明と彼が名づけるもの、人の手で汚されずに世界中に電子的に押し出される、想像できないほどの根無しの無国籍の貨幣の金額に集中している説明に反論する。彼の主張によれば、このタイプの説明では、貨幣は「経済の最上層で流通する、自由に浮動する記号表現（free-floating signifier）」になるが、スリフトの描く別の説明は、「ヘゲモニーに本質的に異を唱え、結果に常に解釈の余地があり、そして地理学が重要である」という「より人間らしいビジョン」に基づいている (Thrift, 1996, p.214)。

　スリフト（Thrift, 1996）は、国際金融市場における貨幣の特殊な形態（たとえば、国際化された信用通貨）の重要性は、従来の貨幣の経済学的説明に異論を投げかける姿勢をとっており、古い社会的責任と契約はしぼんで瀕死状態になり、リスクと責任と相互互恵関係などの新しい共通理解に取って代わる、と主張す

る。スリフト（Thrift, 1996）はダッドと一致して、国際信用通貨は時間と空間と情報によって構成される一連のネットワークを通して生み出されたものと見なされるべきであると指摘している。これは、グローバル経済が今や社会的に生産され、維持され、機能している貨幣の理解を基礎にしていることを意味する（Allen and Pryke, 1994 も参照）。貨幣の地理学の正統的な「経済（学）的」説明を疑問視して、ここでは、「関係を媒介する事象ではなく、金融取引に含まれる社会的関係」に重点が置かれている（Thrift, 1996, p.216）。そのうえスリフトは、国際信用通貨は「**情報**を構成し、かつ構成され」、その解釈は「見解と期待と象徴的関係（symbolic association）に基づく」と主張する（1996, p.217）。これらの概念の重要性は、情報の生産と伝達を助長する中心的な関心事を調べること、すなわち、リスクの評価によって最もよく説明される、とスリフトは主張する。絶えず変化する道徳的、政治的意味を負わされるその性質に注目して、彼は、現代の金融システムにおけるリスクは、逆説を生んできたが、一方では今やリスクについてより多くのことが知られていて（しばしば信用格付けの正式なシステムにおいて）、かかる知識は貨幣の新しい形態を生み出すためにしばしば用いられている、と主張する。そのリスク・プロフィール自体は未知である。

　レイスホン（Leyshon, 1997a, p.388）が指摘しているように、スリフトの研究はこの時点までは、ダッドの研究に明らかに似ているように見える。「反射性（reflexivity）、空間性、社会性、レギュラシオン」は両者の考え方の顕著な特徴になっている。しかし、これらの特性の存在にもかかわらず、スリフトは、金融ネットワークはしばしば抽象的なものと考えられるけれども、「完全に抽象的なシステムにはなりえない」と主張する。「なぜなら、金融ネットワークは、時間と空間と情報がどのように考えられるかをある程度明確にし、時間と空間と情報の複雑な相互関係を必ず残すからである」（1996, p.219）。さらに具体的に言えば、この複雑な相互関係は決められたしきたりに依存するのであり、しきたりは同様に信頼性に、つまり貨幣資産の価値は低下しないという確信に基づいている。

この信用の存在は、金融のネットワークが確立される前の状況（たとえば、貨幣を有効にするために用いられる政治的手段や支払制度を機能させるための制度的メカニズム）に明らかにある程度依存している。しかし、このような事前の状況は、さまざまな信頼醸成装置によって絶えず補充されることが必要である。国際信用通貨の信用次元を強化する実質的コストと象徴的コストは非常に大きい。ブレトン・ウッズ協定の衰退以来、それらは明らかにさらに大きくなってきた。(Thrift, 1996, p.219)

　スリフトは、ブレトン・ウッズ協定の衰退は、貨幣と国家との不可欠な結びつきよりも、むしろ不測の事態の実例であることに注目する。国際的な金融システムが国民国家によって有効に運営されていて、貨幣と定義されたものを管理する信用の国家的規制と国家権力によって貨幣資本家が「抑圧されていた」ブレトン・ウッズ時代から、貨幣資本家が国際金融体制を支配する権力を取り戻す時代に移行してきた、とスリフトは主張する。
　国家の支配が弱体化したこの体制内に、新しいガバナンス（統治）の構造ができたことを彼は指摘する。このガバナンスの構造は、公的権力の外で機能する「支配のよりどころ」で、それはロズノーとチェンピエル（Rosenau and Czempiel, 1992）が「政府のないガバナンス」（第7章参照）と名づけたものである。スリフトの貨幣分析がダッドの分析と最も明瞭に異なる点は、彼がアクター・ネットワーク理論（7.4節参照）の視点を通して、これらのガバナンス構造の分析をしたことである。ダッドは金融のネットワークは、理論にそって組織されたものであるよりも、むしろおのずから具体化されたものと見ている。彼は、このようなネットワークは本来不安定なものであって、その維持には絶えざる努力と注意が必要であると指摘している（Bingham, 1996 も参照）。

　ネットワークは、受動的とは考えられない手段によって相互関係を常に更新する。このようなネットワークが維持される範囲は、アクター・ネットワークが情勢を「説明しあえる」程度、すなわち大規模で強力なネットワー

第 2 部　理論地理学の実践

　　クに組み立てるのに不可欠な断片をまとめ、それらの意味をどの程度明ら
　　かにすることができるかによるであろう。次にこの説明の過程には、距離
　　を隔てても働くことができる連携の道具を利用し、ネットワークにおける
　　時間と空間を確定することが必要である。かくして、アクター・ネット
　　ワーク理論では、行為者と権力と規模にはアクターのネットワークによっ
　　て絶えずもたらされる常に不安定な毛細管効果がある。それは達成される
　　が、当然そうなるのではない。(Thrift, 1996, p.221)

　それゆえ、貨幣と貨幣のネットワークは、抽象的な概念や特性として理論化
されたものではなく、おのずから具体化したものであり、アクターと制度と手
段が結びついた、「貨幣とはいかなるものであるか、それはどのようにつくられ、
分配され、管理されるべきか、それらの表象を改良すべく」努力している活動
によってつくり出され、維持される成果と見なされる（Leyshon, 1997a, p.389）。
　国際的センターにおけるこの種の貨幣のネットワークは、その金融システム
の活動を可能にするいくつかの特性をもっているように見える。たとえばそこ
には、企業間の協力や、新しい会社探しを常に心がけている被雇用者や、買い
手と売り手の間の社会的相互関係がある。とりわけ「世界都市」が電子の流れ
の空間における優位性の維持を可能にするものは、これらのネットワークに
しっかりと根をはった知識である（Sassen, 1991; Allen and Pryke, 1994; Beaverstock *et al.*,1999）。確かにスリフト（Thrift, 1996）は、このような流れの量とスピードは、
「知識センター」として活動する場所を構築するために、それをさらに絶対的
に肝要なものにすると主張する。シティ・オブ・ロンドンに関して言えば、彼
は、シティのやや特殊な社会的・文化的構造が、常にその経済的成功に一定の
影響を及ぼしてきたが、近年ではこのような諸要素は、その形態が変わったに
もかかわらず、ますます重要なものになってきたと指摘している。スリフトは
1950年代後期を「旧」シティから「新」シティへの激変期と考えている。この
時期は第二次世界大戦の暗い時期の後、シティがダイナミックな国際的金融セ
ンターになった時点を示す。ただ、この時期はシティの社会的・文化的特徴の

多くにはっきりとした変化が起こった時期でもあった。彼はこのことを詳しく調べ、戦前期のシティ（そして自身を復興させるその権力）が、いかにして「4つの礎石」によって支えられたかを概観している。4つの礎石とは、シティのイギリス国家との「本質的に半協調組合主義的な」関係（meso-corporatist relationship）、その社会構造、その知的基盤、およびその空間的集中のことである（Kynaston, 1994, 2001、シティについての最も権威のある「記録」も参照）。

　このようなアイディアを詳細に検討し、スリフト（Thrift, 1994c, 1996）はシティの社会構造に光を当て、それ自体を再生する能力は、歴然とした階級的、ジェンダー的、民族的区別に基礎を置く強力な社会構造に由来したものであり、それが強固なアイデンティティ意識を生み出した、と主張した。これは明らかに白人のビジネスマンの活動組織（ネットワーク）の間に広がった、相互信頼と理解の絆が支配する世界であった。階級の見地からは、3つの異なる層が存在した。管理職と共同経営者（上流階級の教育と慣習に関係している）、専門職と経営の中産階級（大学とパブリック・スクールの学生から募集される）、「下層」に事務系労働力がある。この厳格な社会的階層性は、シティにおける「ホモソーシャル」な環境の存在を導いた（ホモソーシャルについては、Mort, 1998を参照）。スリフトは、これはロンドン中心部のシティで一緒になった階級と男らしさが交わったことに基づいていると主張する。ここでは「古風な制服と、厳格な服装規定と、少年じみたさまざまな市場の慣習的行為と冗談に基づいた堅苦しい男性の独特の特性を」生み出している（Thrift, 1996, p.238）。これは男性オンリーの社会的制度のネットワークと、民族性を中心にした「社会的分裂」によってつくり出されたものである。ここでスリフトは、シティの人びとの集団にとってさまざまな社会集団は「異質のもの」と見られ、グローバルな金融センターの成功の鍵となる海外の投資家から見ると、いささか漠然とした構造である、と主張している。

　20世紀前半期にシティを下支えした社会的ネットワークを説明しようとした際、スリフト（Thrift, 1994c, p.342）は、名誉、礼儀、誠実さについての価値観を典型とし、「動作、話し方、ふさわしい服装などの考え」に明らかな「紳士

第2部　理論地理学の実践

らしい」振る舞いという物語に出くわす。シティの貴族的な基盤と高まる専門化の両方に結びつくことによって、この俗説は、接触による信用の発展で最も重要な役割を果たしてきた。ここではアクターたちは、あることが全く誤りであることや、接触が「適切ではない」ことをはっきりと感知することができる。この地味で、保守的で紳士的な雰囲気はシティの建物に反映されている。シティの建物には堅牢で恒久的な雰囲気があふれている (Black, 1996)。類似の意見は**リンダ・マクドウェル** (Linda McDowell; **コラム 6.4**) の調査で究明されている。彼女はシティの金融の中に取り入れられて定着した性質および男らしさと女らしさがシティで構築される雑多な仕組みについて調査した。マクドウェル (McDowell, 1997, p.3) は、シティを「実際の人びとが住み、働いていた」一連の現実の場所と認めながら、シティの商業銀行で働く男性と女性個人の生活と経歴に焦点を合わせ、シティにおける社会的慣習を観察した。彼女は地理学における「文化論的転回」の影響を強調して、「古い唯物論的な経済の見方と、経済行動を象徴的意味、表象、言説を通して埋め込まれ、具体的に表現されているきわめて解放的なものと見なす新しい考え方との関連」(McDowell. 1997, p.7) をどのようにして発見したかを指摘している。このことは、彼女が広範囲の学問諸部門の資料を自由に探究することを可能にしたのであるが、そのことが結局彼女にシティにおける賃金労働の複雑性を明らかにするため、広範囲の文献を有効に関連づける能力をもたらすことになったのである。

マクドウェル (McDowel, 1997) は**資本文化** (Capital Culture) に関する研究で、シティ・オブ・ロンドンの変わりつつある社会事情に注目した。スリフトと同じように、彼女は、シティが主として国際金融システムの範囲と性質が広範囲に変化した結果として 1960 年代の初期以来変貌してきたことに注目した。シティが、この新しい貨幣の世界が示した脅威と機会に対応した仕方は、自らに新しいネットワークの形成を要求したが、そのためにこの「貨幣の共同体」が時間をかけて再生する能力には疑問はなかった (Thrift,1994c, pp.345–6)。スリフトは、シティは変化と脅威に直面してもなお繁栄し続けたが、その最も大きな要因は、その社会構造を異質の成分を含むものに変化させたことであったと主

張している。このことに取りかかる際マクドウェルは、女性がさまざまな方法で貨幣のネットワークに参入してきた仕方と、この参入がさまざまな制度と個人と慣習によってどのように促進されたり、妨げられたりしたかに焦点を合わせた。

マクドウェルはその著書 *Capital Culture*〔資本文化〕(1997) の初めに次のように述べている。都市的西洋における労働の「女性化」についての分析を取り巻く多数の一般向けと学術的な研究文献は、観察された経営の組織とスタイルと業務の女性化の特徴にうっとりとしており、より一般的に労働分野における女性の成功と権限獲得についてある程度楽観しているように見える（Christopherson, 1995 も参照）。しかし、彼女は、最近、サービス業を中心にする経済について理論に基づく研究領域が拡大してきたことに注目している。それらの研究における重要な傾向は、具体化された存在として社会的に構成される労働者の労働と労働の場所（職場）の役割に置かれる重要性が増してきたことである。組織のジェンダー化、感情労働として構成される労働、そして「感情」が職場の状況と相互関係におけるさまざまな人びととの関連でどのように管理されるかという観点から、マクドウェルは、その分析に「明確な地理的想像力（イマジネーション）」を加えようとしている。つまり、「職場の立地と物理的構造——すなわち、その用地とレイアウト、建物の外観と内部のレイアウト、そして周囲の環境——がどのように仕事と労働者の社会構成、そしてそれらの関係を構造化する権力と支配と制御の関係に影響を与え、また反映されるかを分析しようとする」（McDowell. 1997, p.12）。もちろんこれらの諸問題は、企業のオフィス空間の場合と全く同じように、「密室的」なオフィス空間や、コールセンターやデータ処理施設でも重要なものである（Crang, 1999）。

これらの諸問題を考察する際には、マクドウェルはシティの諸々の空間、理事・重役の会議室、ディーリング・ルーム、事務室で演じられる実務の意味を重視する（シティのクラブ、パブ、ジムでも同様である。McCormack, 1999 を参照）。ここでマクドウェルは、職場は日常的な相互作用と行動が演じられる**舞台**であると考える（Goffman, 1959）。文化が刻み込まれ、機能する身体に注目して（第

第2部　理論地理学の実践

4章参照）、シティの経済と社会と文化の諸相が貨幣のネットワークにどのように絡んでいるかを探索することが可能になる。彼女は、専門職としてシティに入る女性の数が増加したのと同時に、「性差による職業のステレオタイプ化と、職場の相互関係の制度的および日常的構造がジェンダーによる労働の不平等のパターンを維持したり、再生産したりしてきた」（McDowell, 1997, p.204）ことに光を当てた。ここで彼女が強調していることは、数の増加にもかかわらず、シティの女性は、服装や外見に関する職場の規則ばかりか、シティの企業と制度と組織の内部に定着した支配と従属のパターンによって、「異分子」として構築され続けているということである（Halford and Savage, 1993 を参照）。マクドウェルは、多くの職業はますますその行為遂行性や相互作用の意味を含んだ性質で特徴づけられるが（女性らしさで特徴づけられる特性によって示される）、金融業は依然として男性的価値観に支配されている、と結論づける。

　スリフトと同様に、マクドウェルもロンドンが国際金融で卓越した地位を維持するのを可能にしてきた文化と社会の習慣的行動を指摘している。シティ・オブ・ロンドンは、ニューヨークや東京、そしてシンガポールやフランクフルトのような新興金融センターと同様に明らかに変化してきたし、緩やかなコスモポリタン的な雰囲気を選んで、その特性と分かりにくい習慣的行動のいくつかが放棄されてきた（Kynaston, 2001）。しかし、多くは同じ状態で残っており、それらが持っている貨幣のネットワークに深く根づいた知識によって、強い連続性を保っている。とりわけ、これはシティの生存において地理的近接性の重要性が続いていることを指摘している。したがって、資金・情報のグローバルな空間においてさえも、知識の豊かな個人と個人との直接的接触は依然として決定的に重要である（第8章参照）。1980年代後期におけるポスト・「ビッグ・バン」〔1986年10月27日に行われたロンドン株式取引所の再編成〕のような金融ブームの時期には、シティの不動産に対する過度な需要が誘発され、ロンドンにおける事務所の賃貸料は世界で最高になったままである（Pryke, 1991）。スリフト（1994c）はしたがって、国際センターは当分の間、依然として重要なものになっているだろうが、それはそれらが電子的に満足されえない説明的な必要

第6章 貨幣の地理学

性を満たすからであり、国際センターの成功の社会的・文化的な決定要因の重要性は、減るというよりむしろ増すだろうと結論づけている。

コラム6.3 ナイジェル・スリフト（Nigel Thrift 1949-　）

　ブリストル大学地理学科の教授ナイジェル・スリフトは、広範囲に及ぶ地理学の諸問題、とくに貨幣の地理学に関して、数多くの研究を公表し、影響力がある。空間と場所に関する伝統的な地理学概念と社会理論との対話を開始させたことで著名であり、このことは社会と空間についての新しい考え方を導入してきた注目すべき共同研究と個人研究によって明白である。スリフトは、空間と場所を理解することは、彼自身の言葉によれば「事物を普通の見方で見るのをやめることによって」しか可能にならないと示唆している（Thrift, 1999, p.296）。これは世界を見る新しい方法を常に探し出すことを含んでおり、微妙な意味を含み、複雑に絡み合って不確定的な要素に依存する人文地理学の研究法を支持して、グランド・セオリーを拒否する。時間地理学についてのスリフトの初期の研究（とくに日常生活が形づくる空間と時間の研究）は、実証主義・行動主義の研究の伝統ではより狭く見られていた（たとえば、Thrift, 1977）。それにもかかわらずここから明らかになったことは、社会構造の二元性の重要視であった。この考え方は、人間の日常的な慣習と空間‐時間は、社会構造の鏡でもあれば型（mirror and mould）でもあるということである。これによって、スリフトは人文地理学における**組織構造論的**アプローチの発展に関与することになった（1983年の論文、"On the determination of social action in space and time" に詳細に説明されている）。この考え方は人文地理学における構造支配の理論と行為主体性支配の理論の間の和解を促した（Gregory, 1982）。貨幣と金融の世界に焦点を当てることによって、彼はこれらの考え方を発展させ、資本主義のような不変と思われるような構造が、実践（慣習）によって維持され、関心を向けられる仕方について、ますます精密に記述することができるようになった。この研究の多くは、論文集 Spatial Formations（1996）にまとめられている。本書は空間形態を理解する際に、社会理論への活発な関与から得られた成果が示されている。確かに同書では、社会の慣習と行為はアクター・ネットワーク理論、セール（Serres）とラトゥール（Latour）（第7章参照）の研究を介して拡大されていった。その時スリフトは、世界の形成における人間と非人間の両方の「アクタント」（行為主、主役）の重要性を考察し始めていた。その1つの例は、グローバルな空間経済をつくり替える際に重要なソフトウェアについての研究である。スリフトの研究は行為主体性（agency）と構造の区別を放棄して、世界が存在するようになる方策についての独特な意

第2部　理論地理学の実践

見を提示してきた。これは彼が最近の「非表象理論（non-representational theory）」を支持することで明確に示されている。彼はこれを「思想と行動について熟慮するモデルに基づく世界の見方から、事象の流れの潜在的可能性を認める実践の理論に向かうことによって、表象と解釈に重点を置く現代の傾向から社会科学と人文学（humanity）を引き離そうとする過激な試み」と説明している（Thrift, 2000c, p.556）。これは実践を真剣に受け止める地理学を称揚する代わりに、主として表象とテクストに関心を集中させる地理学者たちに対する非難である。スリフトは人びとが世界に関わり形成する、堅実で実践的な方法を重視して、世界において地理学者に「参与観察者（participant observer）」よりも「観察力の鋭い参加者（observant participants）」になることを求める。スリフトの最近の研究は、パフォーマンス理論、現象学、組織論およびアクター・ネットワーク理論を一緒にして、経済地理学の範囲をはるかに越えて、革新的な地理学の思考と実践の伝統の影響を及ぼし続けている。

さらに詳しく学ぶための文献：Thrift, 1983, 1996, 1999

コラム6.4　リンダ・マクドウェル（Linda McDowell 1949- ）

　リンダ・マクドウェルは1970年にケンブリッジ大学で学位を取得して以来、地理学におけるフェミニスト理論で、ドリーン・マッシー（コラム1.2）と並んでおそらく最も大きな影響を与えてきた人物である。社会主義フェミニストの見方から広く研究を行い、家父長制と資本主義との関わりについての彼女の研究は、20世紀後期の労働者のフェミニズム化が空間的差異とジェンダー差異の構築の原因だと指摘されている仕方について洞察力の鋭い多くの分析を生み出すことになった。その考え方は学術誌に発表された一連の論文に詳細に述べられている。それらは都市の人種差別（1983）、ポスト・フォーディズム時代の産業関係（1991）、そして最近では、ジェンダー・アイデンティのパフォーマンス、労働の体現される性質と、身体に染み込まれる性質、そしてシティ・オブ・ロンドンの職場でつくられる男らしさと女らしさの多様性に関する研究がある（McDowell, 1995, 1997）。徹頭徹尾、女性が多種多様な空間と労働の部門で主流から外されてきたやり方に関心を集中させることによって、マクドウェルは、社会‐空間的過程が女性の生活の質に対して不公平な影響を与えてきたことについて重要な考え方を発展させることができた。マクドウェルの考えの進化は、一般的にフェミニズム地理学における考えをある程度反映している。ジェンダーによる労働の違いについての初期の考察から、彼女の関心は、さまざまな空間においてジェンダーが実施され、埋め込まれた状況の探究に移行した。彼女の著書

Gender, Identity and Place（1999）は、したがって、フェミニズムが地理学の理論と実践にもたらしたものについて最先端の要約を示している。それは、さまざまな空間と景観に暗に含まれている家父長制的な価値観に挑戦する女性性とセクシュアリティの多様な形態に関心を向けている。本書はまた、身体の理論への関心も示している（銀行や金融における業務についての彼女の研究で明白に示されているテーマである）。一方、ごく最近の研究（2000b）も、ジェンダーに関する問題は女性と同じように男性にも関係があると考えるが、これまで考えられてきた方法とは異なることを強調しつつ、男らしさへの関心を発展させていることを示している。一方では、シャープ（Sharp）との共編による *A Feminist Glossary of Human Geography*（1999）とその姉妹編 *Space, Gender, Knowledge*（1997）は、依然として性差別主義と同性愛恐怖をにおわせる地理学にフェミニズム研究が広く受け入れられることを念願している。

さらに詳しく学ぶための文献：McDowell, 1997, 1999

6.5 排除、包摂、抵抗

　金融センターに関する研究は地理学の文化論的転回の影響を示しているが、その影響は金融の再編成に関わるものと、金融排除の地理学の創設に関する研究でも同様に明らかである。この研究の初期の主要部分は、銀行と金融機関が新しい脅威と好機をもたらした国際金融システムの出現にどのように対応していったかということに向けた関心から生まれた（Leyshon and Thrift, 1995; Moran, 1991）。ここでは、発展途上世界の多くが国際的な銀行に対する負債のために国際金融システムから排除されつつあった状況に関心が集中した（Corbridge, 1992, 1993b）。また、世界的金融システムがそれに代わってどのように先進工業世界の3つの地域ブロック、北アメリカ、ヨーロッパ、南・東アジアに集中し、それらは国際金融センター（ニューヨーク、ロンドン、東京）によってどのようにして組織されたかにも関心が集中した（O'Brien, 1991; Hirst and Thompson, 1992; Sassen, 1991）。さまざまな銀行が発展途上世界を見捨てて、新しい顧客基盤を先進諸国に転換した。カステル（Castells, 1989, p.37）は、かくして、発展途上世界の大部分は世界的資本主義との関連において「構造的に被搾取の立場から無関係の立

第2部　理論地理学の実践

場」に移行しつつあると描くことになった。

　先進世界におけるこのような新しい市場を通して、1980年代は金融サービス業内部における急速な成長期と特徴づけられることになり、核心的な資本主義国内では信用の急成長の開始が目撃されることになった（Leyshon and Thrift, 1993）。巨額の貸付が、建設業のため、不動産の購入のため（Warf, 1994）、ますます積極的な企業の再編成の繰り返しのため（Clark, 1989）、そして財とサービスの消費を支えるために個人への貸付と他の信用機関へ供給された（Ford, 1988, 1991; Berthoud and Kempson, 1992）。しかし、1980年代後期には、世帯の負債額水準はアメリカ合衆国と日本では可処分所得の90％以上、イギリスでは100％以上になった（Bank for International Settlements, 1992, p.107）。好況期が終わり、供給過多による金融危機の結果として、1990年代には「先進国の債務危機」の形で、個人と会社と不動産関連の負債のために「負債が家庭にせまる（debt coming home）」状況に直面した（Berthoud and Kempson, 1992; Ford, 1989, 1991; Warf, 1994）。結果として、金融サービス企業は、リスク回避の戦略の一部として、貧しい社会集団から裕福な集団へ信用を一般的に方向転換するという用心の長所を再確認せざるを得なくなった。

　金融システムと排除の再編成が先進諸国で始まると、地理学者は、金融サービス業がいくつかの貧困な地域社会からそのサービスを撤退させる一方で、どのようにして手数料収入と投資勘定を求めて主として中産階級の多い中心地域に後退してきたかを追跡し始めていた（Mitchell. 1990; Christopherson, 1993）。それゆえ、ナイジェル・スリフト（Nigel Thrift）が**アンドリュー・レイスホン**（Andrew Leyshon; **コラム6.5**参照）と一緒に研究した業績はここでも重要になった。レイスホンとスリフトは、その広範囲にわたる研究で、金融サービス部門の広範囲な再編成と、金融サービスの貧困地区からの撤退と、不安定な投資市場への目標投資の効果との関連を追跡してきた。たとえば、彼らはイギリスのいくつかの銀行の支店網の15％がなぜ1990年代初期に閉鎖されたかを調査した。それらのほとんどは低所得のインナーシティ地区〔訳注：大都市の中心部のスラム化している地区〕にあった。彼らはさらに1990年代初期にイギリス保守党政府

がヨーロッパ為替相場メカニズム（ERM）へ進出したことによる失敗と一次的な不景気がイギリスの住宅市場に深刻な影響を与え、インフレとそれに伴う金利の上昇で多くの人びとがどのように「金融破綻と空間的な罠に陥る状況」になってしまったかを精査している（Leyshon, 1995b, p.536）。

これらの金融基盤施設撤退（financial infrastructure withdrawal）のプロセスの理論的根拠を探る際には、レイスホンとスリフトは経済学者ゲイリー・ダイムスキとジョン・ヴィーチ（Gary Dymski and John Veitch, 1992, 1995, 1966）の研究を援用してきた。その際レイスホンとスリフト（Leyshon and Thrift, 1995, p.314）は、資本への接近の容易さと借り手の経済力との間に強い関係が存在することを主張した。これは「構造上の偏り（structural bias）」で、貨幣コスト（金利）が「金融機関が借り手に貨幣を貸し付ける際に損失をこうむると考えるリスクのレベル」によって実際に決定されるということを理解することで説明される。このリスクは、第一に、その貨幣が貸し出される期間の長さとの関係によって決まる。したがって、このような借入を早く返済できる企業（つまり、より大きな財源がある企業）は優遇されることになる。第二に、リスクは借入の目的で決まる。その貨幣は、それが明確な有形資産（たとえば、不動産など）の購入のための借入である場合には、他の不明確な目的での借入の場合より実質的により割安になる。第三に、リスクは、また、借り手の信用の度合いでも決まる。そのこと自体は部分的には借り手の現在の豊かさの様態によって、また借り手の将来の金融状態の予想によって決まる。ダイムスキとヴィーチの研究は「直物」信用市場（spot credit market）（そこでは借り手の信用度が事前に知られているため、最高評価の借り手は優遇されて、直前の通知で大きな額の資金が入手できる）と、「契約」信用市場（contract credit market）（ここでは借り手の信用度についての情報はすぐには示されないし、したがって、力のバランスは貸方に移る）の間での資本の源への接近性の差異の説明にも援用された。

その結果レイスホンとスリフト（Leyshon and Thrift, 1995, p.315）は、「金融システムからの信用の利用可能性が所得と資産によって大きく決定される場合には、所得と資産の地理（地域差）は、金融システムの利用可能性の地理をほとんど

第2部　理論地理学の実践

決定すると主張する」。そのうえ、ダイムスキとヴィーチの「金融動態」の概念を通して、この関係は循環的であると見なされ、金融システムの利用可能性の地理的差異は深まり、発展水準の不均等さを際立たせる。言い換えれば、「豊かな地域は一層豊かになる傾向があり、貧しい地域は一層貧しくなる。それは、金融制度にはリスクを基準にして人びとと地域社会を区別する方法があるためである」(Leyshon and Thrift, 1995, p.315)。フィロ (Philo, 1995) が述べているように、これは制度金融 (institutional finance) の世界から切り離される地域の形成をもたらす。このような地域では、銀行口座を持っている人がほとんどいないので、住宅ローンを借りることが難しくなり、保険金額が非常に高くなる。このことは、良好な金融サービスと助言の必要性が最も高い人びとが、基礎的なサービスにさえアクセスできないという状況をもたらす。「どうしようもない」地域には現金自動預入払出機 (ATM) さえ存在しないことは周知の事実である。

　金融制度の役割に関するこの研究には、資源へのアクセスを管理する重要なゲートキーパー〔人や情報の出入りを管理・抑制する人〕についての初期のネオ・ヴェーバー理論という先駆があるが (Hamnett and Randolph, 1988; Knox, 1994)、レイスホンとスリフトの研究は、社会的なもの、文化的なもの、経済的なものの相互依存的性質を強調することによって、金融システムに関連する排除と包摂について広範な理解をほぼ間違いなくもたらしてきた。これは、彼らの金融基盤施設の撤退についてのアプローチに批判の余地がなかったというのではなく、たとえば、フォードとローリンソン (Ford and Rowlingson, 1996) は、それは金融システムを「狭義」に特徴づけていると主張している。彼らが注目していることは、次のことである。一般に、研究は「規制された」、「公式の」あるいは「本通りに本拠を置く」信用源、たとえば、銀行や金融会社 (モーゲージ・レンダー) や大規模小売業者からの臨時の信用貸しなどに焦点を置き、規制された市場内のはるかに多数の金融機関、たとえば割賦販売会社、地元の小売店信用 (ローカル・ショップ・クレジット)、小切手割賦販売業者、通信販売会社そして質屋、金貸し、信用組合、地域交換取引制度 (LETS: Local Exchange Trading System) など、他の信用源の存在を認めていない。それゆえ、ショッピングの

非公式の立地場所（informal sites of shopping）（たとえば、がらくた市、中古品販売店、ガレージ・セールなど。Williams and Windebank, 2000 参照）に関心を払ってきた小売業の地理学研究者と同じ方法で、経済地理学者はこれらの貨幣の代替源の重要性、とくに負債を背負った貧しい世帯について調べ始めてきた。

それに続く研究は、それゆえ、金融サービスの「主流」から無視された人びとに広範な便宜を与えるばかりか、主流のサービスを利用できる人びとに代替の信用源を提供する金融サービスと他の信用システムに取り組み始めた。それらはコミュニティ・デベロプメント銀行（community development banks）（Taub, 1988）、回転型貯蓄信用講（無尽）（rotating savings and credit association: ROSCA）（Ardener, 1995）、地域交換取引制度（local exchange trade systems: LETS）（Lee, 1996）、消費者信用組合（credit union）（Fuller, 1998; Fuller and Jones, 2002a, 2002b）である。これらの金融業務は、発展途上世界から先進世界への発展を目指し、もっぱら実際的な企業心からか、あるいは組織のひな型により「下から上」へとしばしば発展してきた結果、以前には学術的研究者から無視されていた、とレイスホンとスリフト（Leyshon and Thrift, 1996）は主張したが、フラー（Fuller, 1998）はこの無視は、社会的・民族的少数派の立場と学術的研究における立場が似ていることから理解されると指摘している。少数派の所在と経済の状態は、社会における支配的な権力によって規定されるばかりではなく、彼ら自身の行為主体性によっても決定される、というシブレー（Sibley, 1990）の主張を引用して、フラーは特権的銀行が全能の機関として借り手と貯蓄者の行為主体性を認識できない理由に論及している。本質的に、これらの説明は、金融と信用の地理が本質的に機関からの供給とこのような出所からの財源の供給への関心に限られることを詳細に説明した。裕福で、有力な銀行と住宅金融共済組合（building society）は、あらゆる権力を保有すると見なされた。

この権力を保有することによって銀行などは、どんな理由であれリスクが高いと認めた集団を、金融の「主流」の外に追放することができると思われた。彼らの苦境に対して関心を表明するけれども、信用の主要な源は、「ビジネスであって、慈善ではない」し、社会福祉事業でもない、と強調するであろ

う（Hunter, 1993）。そのうえ、信用に値する資格がないことによって定義される少数派集団には、「主流」の信用と金融基盤施設の利用が欠如しており、信用を受けるに値する決定要素と関係筋に対する力と制御が欠けていることに苦しんできたことは暗黙のうちに信じられてきた。たとえば、資金融資をとりまく情報の多くはうわさ程度の証拠で、無責任で信頼できないものであって、「金貸し業をセンセーショナルにあおり立てる傾向が特徴的で、弱者を食い物にする金貸し業者や、貧乏人と弱者のおかげで大もうけする高利貸しと決めつけられたりする」（Ford and Rowlingson, 1996; Daly and Walsh, 1988）。このような「主流」の金融機関は先を読んで行動する存在と見なされているが、堅実な経済的理由を除くと銀行や住宅金融共済組合と借り手との関係が薄いことは、主流の金融機関の議題に対する無力な**反応**の点から理解されるだろう。それゆえ、彼らは通常利用しない資金源に向かうことになる。フォードとローリンソン（Ford and Rowlingson, 1996）はこれに対して、人びとは少なくとも原則として、ある程度の選択とその範囲を選ぶ能力をもっており、主流の資金源とそれほど「主流」ではなく／公的でもなく／規制的でもないと見なされる資金の選択を積極的に表現する能力をもっている、と主張する（Fuller and Jonas, 2002a）。結果として、制度的にもたらされた金融排除の過程は、それがすべてではないことが立証されているのである。

　それゆえ、最近の実証研究は金融市民権（financial citizenship）と「地域通貨（local monies）」の考え方（notions）を検討しようとしてきた。それらは、「非常に多種多様で、おそらく、地方の経済と社会を組織する選択肢を示している」（Lee, 1999, p.223）。フラーとジョナス（Fuller and Jonas, 2002a）はこれらの1つの例の研究で、イギリスの消費者信用組合（British credit union）の発展が貧困と金融排除の影響を相殺する重要な役割を果たす潜在的可能性があることを調査してきた。構成員が所有し、経営する金融協同組合であって、通常その構成員は住居と職場の場所で限定される、結びつきの強い地域の出身者からなる「地域社会」消費者信用組合に焦点を当てて、消費者信用組合が地方の発展進路へのインパクトをますます増大させてきているので、彼らは、いくつかの地域におけ

第6章 貨幣の地理学

る消費者信用組合発展の能力、消費者信用組合の地域社会経済発展（CED）構想への吸収と、消費者信用組合運動の広域化の動向を調査し続けてきた。その際、彼らは消費者信用組合についての地方と国家の状況との相互関係の増大を重視し、イギリスの消費者信用組合発展の役割とアイデンティティと哲学は、消費者信用組合運動出身の何人かの重要な人びとの援助もあったが、国家によって認められ、また社会的排除防止政策（social exclusive policy）によって合法化されたことを強調している。彼らは、この承認はイギリス信用組合の将来の発展傾向と進路そして世界の資金を、空間的に不均等に動かしたことによって形成されてきた貧困と失望の状況（Philo, 1995）に「希望の空間」を切り開く役割にいくつかの重要な意味が含まれている、と主張する（Harvey, 2000a）。

とくに、フラーとジョナス（Fuller and Jonas, 2002a）は、地域交換取引制度（LETS）などのような他の「地域通貨」と並び、消費者信用組合は、地域と地域共同体の経済的安定にとってますます実用的で不可欠なものであることを認めている。さもなければ、地域と地域共同体は経済の再編成と金融の撤退によって逆に害をこうむっていたであろう。この役割はイギリス労働党政府によってその重要性を加えられ、政府は消費者信用組合の発展に対する支持を、社会的疎外および金融的排除についての政策にとって中心的なものとみている、と強調する（Social Exclusion Unit, 1998; HM Treasury, 1999; HM Government, 1999）。他方、彼らはこれらの制度的形態がどのようにその情勢に埋め込まれることになったかを分析してきた。また、彼らが支持する社会的ネットワークと制度は時が経つにつれて、どのように再び生み出されるのか（あるいはなぜ生み出されないのか）、つまり彼らが考える「選択的」将来を問題とするのである（Fuller and Jones, 2002b; また Lee et al., 2002 も参照）。地域交換取引制度（LETS）に関する類似の研究は、貨幣とそれ自体の本質についてより広い概念化を検討する際の手段としての効用と並んで、価値、物々交換、労働、社会運動、権限付与の意味を探究してきた（Lee, 1999, ;North, 1999; Williams, 1996）。

興味深いことであるが、選択的金融システム（alternative financial system）に対する関心から、何人かの人びとは学術研究者と活動家の相違を研究するように

なった。そして、彼らの活動を説明するために「主流」の参加者を抱えている公共領域と、政策の分野でますます騒々しくなっている運動における学術の役割を探究してきた。かくして、学問的（そして地理学的）領域には、金融システムに「代わりうる」これらの形態の、包摂的で解放的な潜在的可能性が、学問領域を越えて専門的にそして私的に探究され、関与されていく傾向を持つようになっている（Fuller, 1999; North, 1999）。これは理論と実践との間に重要な関連が現実に存在すること、そして多くの地理学者が世界を理解するだけではなく、関与していることを示しているのである（これは、第3章で示した「批判地理学」の項目の中で捉えられているテーマである）。

コラム6.5　アンドリュー・レイスホン（Andrew Leyshon 1962-　）

　ノッティンガム大学地理学の教授、経済地理学者のアンドリュー・レイスホンは、貨幣の「新しい」経済地理学の発展にとって、長年の共著者であるナイジェル・スリフトとともに重要な貢献者である。経済は文化的なものでもある、と彼は強調している。貨幣の政治経済学的概念を支持する、やや伝統的な経済地理学のスタンスで出発したレイスホンとスリフトは当初、金融「地域」、国際的金融システムと金融基盤の撤退のプロセスを調査した。1990年代の初期までには、このアプローチの狭さに満足できなくなって、彼らは社会理論を広く援用し、金融機関が金融撤退の地理を創り出す働きをしている仕方と、このような撤退に対処するために、それに代わるどんな金融システムが現場でつくられたかを調査して、貨幣の地理学を再理論化しようとした（Leyshon and Thrift, 1997）。レイスホンとスリフトの共同研究は、それゆえ、社会的・文化的過程および実践と結果により多くの関心を払って、純粋に経済学的考察を超える貨幣に対するアプローチをさらに広範囲に発展させることで影響力があった。彼はさまざまな空間的スケールでの生活をつくり上げる際の、貨幣の構成物と「力」を強調した（これは *Progress in Human Geography*〈1995b, 1997a, 1998〉に掲載されている3つの論文に示されている）。「新しい」経済地理学の発展を提唱したけれども、レイスホン（Leyshon, 1995c）はまた、物質的なものを犠牲にして文化的なものに過度に集中することの危険性を指摘している。彼は、現代の地理学においては貧困についての研究が比較的不足していることと、広範囲に及ぶ社会的疎外と、金融撤退に取り組む必要性を指摘している。レイスホンの最近の研究は、金融センターにおける金融ネットワークと地域通貨（local currency）システムの分析を含んでいる。また、これ

らの研究と並んで、音楽の地理学への関心を発展させ、とくにソフトウェアのフォーマットや電子的流通システムおよび電子取引が、音楽の世界的消費と制作を一般的に変化させている状況に関心を示している。
さらに詳しく学ぶための文献：Leyshon, 1995b; Leyshon and Thrift, 1997; Lee *et al.*, 2002

6.6　本章のまとめ

　われわれはこの章を、地理学における貨幣の研究が比較的最近の現象で、1980年代の早期以降どのように急速に発展し、現在では経済地理学における関心と研究の急発展領域になったかを説明することから始めた。最近の発展であるにもかかわらず、地理学者は貨幣の地理学の理解を深めるためにますます拡大する理論的見地と視角を援用してきた。政治経済学の伝統は、依然として多くの研究に強く影響を与えているが、「文化論的転回」の影響と「新しい」経済地理学の創成は、貨幣の社会的側面と文化的側面とその地理がますます注目されてきているのを見てきたし、そして貨幣とは如何なるものであるか、貨幣はどのように働き、そしてそれが社会全体にどのように影響しているかの理解を進展させるために、地理学の伝統的領域を越えた「新しい」研究成果を取り入れてきた。しかし、貨幣の研究において社会的なものと文化的なものを「新しく」重視することは、ある意味で全然新しいことではないのである。この章を読むと、貨幣の社会的・文化的側面は、かつての「経済」分析に最近追加されたもので、以前の「経済」分析は「社会的」なものと「文化的」なものを排除していたかのような印象を与えるかもしれない。しかし、（中でも）多くのマルクス主義者たちは、貨幣を現在もこれまでも社会関係として基本的に理論化してきたし、商品と労働を貨幣と交換する社会的結果として理論化してきた。したがって、あらゆる形態の貨幣は常に既に社会関係であり、したがってそれは社会的・文化的側面に付け加えることは不思議ではないし、社会関係と価値によ

る貨幣の変化を分析することでもなく、それらの関係を弁証法的、その他の観点から探究することが問題なのである。貨幣の地理学的研究が進展するにつれて発展してきた「新しい」考えと「新しい」理論から得られる多くのことがあることは疑いないが、それゆえ古い理論とアイディアから学ぶべきことも多々ある。しばしばそれら（あるいは、それらの根底にあるテーマ）は、異なるニュアンスで、他の根拠から、別の時期に、新しい見せかけと形態で戻ってくる。地理学者にとっての課題は、貨幣を地理学的に考え、好奇心をそそる貨幣の地理的特性の一層の解明のために、それらのアイディアを新旧にかかわらず活用することである。

第7章

ガバナンスの地理学

7.1 ガバナンスの意味

　この章では、地理学者が主権政府（地方と地域と国家の統治機関）と市場（私企業）と広く「公衆」と定義される市民社会の関係をどのように理解しようとしてきたかを検討する。これは、伝統的に主として政治地理学者の関心事であり、彼らは市場と市民社会を規制する国家の役割を検証する傾向があったが、地理学者の関心は、最近では、大衆と実業界の利害関係が社会秩序の維持に関与する仕方に広がってきた。この章で説明するように、これは**統治機関**（government）とその社会と空間の管理についての伝統的分析から政府機関の代表者とビジネス界と他の非政府機関との間での柔軟で、協力を促進する提携関係を基にする**ガバナンス**（governance）の概念に移行することを意味する。ストーカー（Stoker, 1998）によれば、このガバナンスの概念化は、1990年代に社会科学でますますポピュラーになった結果、統治機関に代わる同意語として辞典的定義になった。ここでは、伝統的な統治の構造と政策と制度は、政策の成果をつくり出すために公式と非公式の土台に基づいて一緒に働く多様な組織とアクター（行為者）を含むガバナンスの1つの構成要素にすぎないと判断される。それゆえ、ガバナンスの概念は、行政に伴う権力と意思決定の公的な制度の構造、たとえば総選挙、政党、政策の策定と国民投票以上に、社会を形づくる広範なネットワークを包含するように広がっている。

　ガバナンスに対する現代の地理学の関心は一つには、政治が若干質的に変化しつつあることを認識した結果であった。その中心は、主権国家はもはや政治

的規制の最も重要なものではないという考え方である (Jessop, 1995)。その代わり、国家と市場と市民社会という3つの領域の境界は、初期の分析では、非常に明瞭に識別でき、画定されていたが、政策の立案が国家の機構を通して、またそれを越えて法律化されるにつれて、崩壊してきた (Amin and Hausner, 1997)。ガバナンスは、中央集権化された官僚中心の意思決定形態から、次第に近隣から世界まで、多種多様な空間的スケールでの関係が重なり合った複雑なクモの巣状のものとして互いに影響しあって共存するネットワークとパートナーシップへの移行をますます含んでいる (Healey et al., 1995; Painter, 2000a)。

　西洋でも非西洋でも非政府組織が日常生活のガバナンスに関わるようになりつつある状況は、その例の1つである。慈善団体、職業紹介所、コンサルタント、選挙で選ばれない人びとによって構成されるその他の団体はさまざまな場所の社会的性格を形成するうえで重要になる可能性が大きい。ある地区（たとえば、イギリスのインナーシティ）は複数の特別プロジェクト (Task Forces)・開発公社 (Development Corporation) から企業協議会 (Enterprise Councils) や国民保健サービストラスト (National Health Service Trusts) まで、しばしば重複する組織体の影響を受けやすい。これらの非国家的あるいは準国家的団体が示す典型的な特徴は、国家からの相対的独立、組織間の相互依存性、継続中の協定の相互作用と自己組織化、そしてメンバー間の相互の、あるいは業務上の信頼である (Rhodes, 1997)。その結果として生じる異なる組織間の責任の細分化は、主権国家が財源と協議事項の支配を競う多くの機関の1つにすぎないものになることを意味する (Davoudi, 1995)。この意味で、ガバナンスの概念はさまざまな政策を立案し、実施するために存在するサービス（提供）メカニズムの増加と細分化に関心を向ける。

　この章で見ていくように、政府よりガバナンスについて、また、絶対的命令 (diktat) よりむしろ助成 (facilitation) について考えることによって、地理学者は政治的権力と社会秩序についての新しい見方を発展させてきた。この章はこれらの考え方のいくつかについて、政治**権力**の分析を政党政治や階級統制の問題を超えて、日常生活の政治的領域に（しばしば複雑に）現れるものにまで拡大す

第7章 ガバナンスの地理学

る理論の出現にとくに注意しながら概観する。政治地理学者は、他の学問分野に由来する理論的枠組みばかりか、文化地理学、社会地理学、経済地理学に由来する概念に関わってきた時もあった。これから見るように、ガバナンスに関する考え方の理論的根源はきわめて多様で、古典的マルクス主義の階級闘争の理論からフーコーの社会理論まで幅が広い（Stoker, 1998）。この主題に関する地理学の文献も著しく幅が広いが、これは不思議なことではない。

　地理学者がガバナンスについてどのように考えてきたかを明らかにするために、この章は5つの節に分けられる。5.1節は、地理学者と他の理論家が明確なガバナンス様式を認識して、ガバナンスの性質の重要な推移を確認しようとしてきた方法を説明する。この節は、このような様式が世界と国家と地方の政治の変容を特徴づけるために用いられてきた仕方を概観しながら、とくに、企業家のガバナンス形態への動向に焦点を当てる。ここで、われわれはこれらの変化と、福祉擁護から経済の発展と競争を振興させる方針への国政の転換との関連を探究する。5.2節では、地理学者が政治学の概念的用具をどのように利用したり、発展させてきたりしたかを検討する。とくに、地方のスケール（とくに都市のスケール）で出現しつつあるガバナンスの新しい様式を理解するために連携理論（coalition theory）〔訳注：都市と地域の経済発展を推進させるための戦略を実施する私的部門と公的部門の利害関係者の連携に関する理論〕とレジーム理論（regime theory）〔訳注：都市において目的を達成するためにさまざまな利害関係者がいかに連携して一体となるかを調査する方法〕を検討する。それを拡張して5.3節では、ネオ・マルクス主義のアイディアがガバナンスにおけるこれらの推移を（世界的な）規制の性質における広範な推移の重要部分として理論化する仕方を説明する。5.4節では、地理学者がアクター・ネットワーク理論を用いて、構造と行為者（アクター）の流動概念に取り組み始めた他のいくつかの方法を検討する。アクター・ネットワーク理論は政治権力について異なる見解を提供する。5.5節で、地理学者の「市民権」の解釈を考察することにより、市民社会で起こっている重要な変化を検討する。全体を通して、われわれは第一に都市的西洋で出現しつつあるガバナンスの形態に焦点を置くが、その際にはわれわれが注目する議

論が他の分野でも研究されていることにも注意しなければならない（Leftwich, 1993; Radcliffe and Westwood, 1996）。

7.2　変わるガバナンスの様式

　地理学者がガバナンスの問題に関心を広げてきたのは、政治学の性質の最近における推移がもたらしてきたものであると広く認められてきた（Painter, 1995; Hubbard and Hall, 1998; Low, 2001）。とくに西洋ではっきりしていることは確かに、民営化と政治的保守化の傾向が明瞭になってきたことである。それは、「新自由主義」思想の人気が高まったのと同じ時であった（Pierson, 1998）。この用語は根本的に異なるさまざまな考えを含んでいるけれども、新自由主義を貫流している重要な理念は、自由主義が社会における財とサービスの生産と分配を調整する最も効率的なメカニズムであるということである。新自由主義の支持者たちは、それゆえ、国家の市場への介入は、市場の効率を低下させるという理由で最小限度に留めるべきであり、また企業活動の公正性を確保するためには、国家の介入を最小限に留めるべきであると主張する。この考えは、アダム・スミスの経済的自由主義に先駆があり、決して新しいものではない。アダム・スミスのこの主張は、ヴィクトリア朝時代には非常に大きな影響があったが、1980年代に起こったニュー・ライト（新右翼）の影響で自由市場が平然と過度に讃美され、スミスの微妙な真意の多くは間違いなく損なわれている（Hutton, 1995）。この傾向は、1980年代にイギリスとアメリカ合衆国をそれぞれ支配していたサッチャー支持者とレーガン支持者の政策でその頂点に達していたが、新自由主義の論理は、「構造調整と民営化と規制緩和と自由貿易と市場を基礎とする発展」という言葉に表された発展方針を通して西洋の核心部を越えて広まった（Slater, 1995, p.68）。その真意は、非西洋諸国は前例がないほど開放されるべきであり、国家は西洋スタイルの開発と金融統制を促進することが期待された。注目すべきは、この新自由主義が、1980年代の債務危機の結果、国際通貨基金（IMF）と世界貿易機関（WTO）によって課された構造調整計画によって促進さ

れたことである。一方、関税と貿易に関する一般協定（GATT）のようなより近年の国際的協定と北米自由貿易協定（NAFTA）などの広大な自由貿易地域の創設も、この自由放任主義（レッセフェール）の論理を普及させてきた（経済のグローバリゼーションに関する第8章参照）。

　新自由主義への転換（回帰）は、多くの点で、強力な国家の介入が効率的な社会の再生を促進させるのに必須のものと見なされていた戦後期を支配した政治の思想から政策思考と管理優先への興味深い逆転を意味する。戦後には、景観（地域）と社会への産業革命のネガティブなインパクトが、民間市場の活動は非合理的で、非効率的であるという見解を生み出し、それによって、公共の利益を護るために国家の介入が不可欠なさまざまな問題を発生させた。イギリスでは、このことが、官僚的で中央集権的な「ケインズ流」の福祉国家の建設を招き、福祉と教育と公衆衛生の国家管理制度をもたらした。同時に財政政策は強力な国家支配に左右された。このケインズ流福祉国家の維持は、フォード式（大量）生産の成功にとって最も重要なものであった。フォード式生産は、工場の組み立てラインの改良、生産性の向上と生産能力の拡大によって実現した商品を買うことのできる豊かな消費者を増加させた（Swyngedouw, 1989）。

　今や逆に、多くの政治家たちが社会問題の根源であると見なしているのは、これらの原理と実践そのものなのである。1980年代におけるニュー・ライトの台頭に伴って、民営化が社会生活の多くの分野で支配的傾向になってきたので、福祉国家は次第に分解されてきた。その結果は、都市生活に起こった変容で確かに明瞭になってきた。そこでは民営化と国家の「空洞化〔訳注：国民国家の権力がその下位にあるレベルの政治単位に委譲されること、また、地方政府の権力が民間部門の組織に委譲されることも含む〕」が都市生活変容の主要な原因である。それゆえ、都市のガバナンスの性質の変容の研究は、都市の首長が直面する財政難（Pinch, 1995）と、同時に、都市地域が公的部門と民間部門間の協力関係の形成を通じて地方の経済成長の牽引車（けんいんしゃ）になるよう期待されることを強調している（Brotchie, *et al*., 1995; Newman and Thornley, 1996）。ここでの重要な概念は**企業家主義**（entrepreneurialism）というものである。都市はもはや国際的活動を受け入れ

る受け身の舞台とは見なされず、国家的・世界的な舞台で競争の利点を推進する企業家のやり方を取り入れる。

> 新しい企業家主義は、その主眼として、官民の協力という考え方をもっている。この考え方では、伝統的な地方振興策は、外部の資金源や新しい直接投資や新しい雇用源を試みたり、引き寄せたりするために地方行政府の権力の利用に統合される。(Harvey, 1989b, p.7)

恐らく、ここで最も重要なことは、都市が対内投資を集めるイメージと期待を高めることを意図して計画した市場活動(マーケティング)とプロモーションの戦略を通して地歩を固めてきた方法である（Ashworth and Voogd, 1990; Kearns and Philo, 1993; Hubbard and Hall, 1998）。

意義深いことには、これらの戦略には、都市の「イメージを刷新する」仕方とその国際的な開発と投資の潜在的可能性を増進させる方法として、最も重要な開発計画を活用することが含まれている（Olds, 1995）。それらの例には、ロンドンのドックランドの再開発〔訳注：ロンドン東部、テムズ川沿いの新興都市開発〕、ニューヨークのバッテリー公園〔訳注：マンハッタン島南端の公園〕、バルセロナのオリンピック・マリーナ、バーミンガムのブラインドリー・プレース〔訳注：バーミンガムの運河沿いに再開発した商業・オフィス・住宅地区〕、ベルリンの改装されたポツダム広場、リスボンのエキスポセンターなどがある。これらの開発は壮大で見ごたえがあり、熱烈な意気込みで促進され、非常に多くの苦難を克服して実現された（景観の表象については第5章参照）。言うまでもなく、このような公共計画(スキーム)やそれらが招く評判がその都市の歳入を増加させる保証はなく、いくつかの都市の財政に甚大な打撃を与えている（Anderson, 2002）。しかし、たいていの場合、国家が費用の負担を保証しており、民間部門の資金援助で支えられている。多くの場合、これは、公的部門が損失を負担し、一方、民間部門の投資家（大型のデベロッパーと金融機関、たとえば、投資銀行や保険資金運用担当者）が利益を得ていることを意味する。かくして、民間資本は危険が少な

く、企業発展の「需要」を増大させるこのような官民共同事業計画に惹きつけられることになる（Gaffikin and Warf, 1993; Swyngedouw, 2000）。同時に注目すべきことは、たいていの公共計画(スキーム)は新しい世界的なエリートをターゲットにしており、したがって、このような都市開発計画は、特定の都市に実際にほとんど関与せず、必要な物がすべて完備した「国際的な多島海」の島に住んでいる人びとに職と住生活とレジャーの空間を提供する（Baunman, 2000, p.57）。多くの場合、このような地区は、都市の中心部の古い地区かその周辺で再開発の可能性があり、余分な、あるいは「低級」な土地の改造、またはジェントリフィケーションの必要が生じる（ジェントリフィケーションの理論については3.1節を参照）。このことは、企業家主義は都市の経営に投機的アプローチをしている事実を明白にしているし、ある集団と価値を優先していることを示している。それは、戦後支配的であった、表面上専門化し、官僚化した、民主的管理的ガバナンスとは異なるものである（Harvey, 1989b）。

　企業家的戦略を採用する際の重要な要素は、新自由主義的経済発展を支えるのにふさわしい地方政治の環境を整備することである（Newman and Thornley, 1996）。これにはしばしば、新しい政治と行政の取り決めの導入が含まれる。たとえば、官民協力ばかりか準自立組織（「特殊法人」）の創設などもその例である。都市開発公社（UDC: Urban Development Corporations）、職業訓練・企業協議会（Training and Enterprise Councils）なども同じ例である。このような協力は、ある場合には空間的に拡散したり、地域に深く根を下ろしたり、他の地域に集中したりして、地理的に多様な展開をしている。それらはまた、他の異なる機能的権限や利害関係をもったグループや機関を統合させるために異なる部門を組み合わせることもできる。都市のガバナンスの観点から最も注目すべきことは、それらが公共部門と民間部門のアクターを市民のビジョンが共有される戦略的焦点と市民の意向の周囲に集中させることである。そのうえ、いくつかの協力関係は主たるガバナンス構造を強化できる。もちろん、それに対抗するガバナンス構造もあるだろう。リン（Ling）によれば、協力関係は一般に住民の協力に報いる政策（returning politics）と見なされるが、このような主張を正当化する明

白な証拠は存在しない。彼は、協力関係の公共的利益については相当多くの裏話的な誇張と主張が学界や非専門の人びとから発せられていると言う。しかし、適切な経験的証拠がなければ、政策と計画が過去において協力関係を欠いていたために失敗したか、そして新しい協力関係の取り決めが明白に成果をあげたかどうかを確認することはできない（Ling, 2000）。地域の協力関係は、地域の人びとが稀に形だけ、申し訳程度に参加するだけの組織と活動でも、地域経営の新しい専門的形態になることができる。このような問題はあるけれども、パーキンソン（Parkinson, 1998）は、伝統的な地方政府の構造と比較すると、革新的で柔軟性のある協力関係は地方当局に活力を与える効果があるに違いない、と主張する。

　地理学者は、このような国家と私企業の協力関係の本質的特質をすばやく感知し、その形成に関連する両者の関心の変化を理論的に説明してきた（Peck, 1995; Peck and Tickell, 1995; Newman and Thornley, 1996; Painter, 1998）。この研究は、協力関係は空虚な空間で行われるものではなく、昔ながらの文化（institutional culture）から出現するという重要な点を指摘している。それらの協力関係は、表面上は経済的な目的で設立された場合であっても、経済的存在や政治的存在以上のものであり、協力関係は社会的、文化的構築物であり、その変わりやすい性質は、それらが出現する社会的、経済的、文化的、空間的環境の多様性を反映している。重要なことは、1980年代におけるイギリスの地方行政府の企業家的様相は、地方当局が中央政府の包括補助金〔訳注：地方政府の特定の公益事業に関連した費用を補うために支出される政府の交付金〕から受け取る予算の容赦のない削減およびその課税権限の抑制と同時に起こったことである。この状況に直面し、地方当局は恐らく、歳入を上昇させるべく、はるかに多くの企業家的アプローチに頼らざるを得なくなった。これは、民間部門との新しい協力関係に入ったり、経済発展の計画に一層積極的に関与したりすることを含んでいた（Stoker, 1998）。1990年代には中央政府の政策のさらなる変化によって、競争力を重視するこの企業家的アプローチは一層強化された。結果として、中央政府は都市発展のための財務省予算の配分の際の選別を一層厳しくし、地方は都市

課題・再建予算（City Challenge and the Single Regeneration Budget）による都市再生予算を確保するために、地域に根ざした他の地域の協力関係と競い合うために協力関係をつくらざるを得なくなった（Oatley, 1998）。地方当局はまた、中央政府によって指定された入札規準を満たすために、より広域の協力関係の構成メンバーになるようにしばしば強いられた。ホール（Hall, 2001）は、これが、国家と民間部門に加えて、市民社会の共同体（コミュニティ）と任意の集団を含むことを可能にし、三者間の協力関係を促進したと示唆した。それらの成果を判断することはおそらく早すぎるけれども、この政策のねらいは、権力へのアクセスの機会を拡大させ、地方政府の活動を変化させ、都市再生のより持続性のある形態を提示することを目指しているようであった（Oatley, 1998; Hall, 2001）。

　要するに、新しい都市のガバナンスでは、都市の首長は以下のような新しい圧力への適応を自覚することが不可欠なのである。それは都市の伝統的機能のいくつかを民営化したり、外注したりすることや、その他の機能を共同体の諸集団に委譲することや、残りの諸機能について競争心があって企業家的に運営する管理者としての役割を再編成することを含んでいる（Hambleton, 1998）。これらの発展のすべては活動的で変わりやすい環境をつくり出すために結びつき、その中では成果の上がる協力関係を形成し、維持する能力が最も重要なものであり、協力関係の形成と維持で政治が中心になる段階に達してきている。しかし、ガバナンスのこのような形態が出現してきた理由を正確に説明することには問題があり、古い理論的な内容も新しい理論的な内容もガバナンスの意味を理解しようとする試みに用いられてきた。以下の3つの節で、これらの理論のいくつかを検討する。

7.3　連携と体制（レジーム）

　ラヴァリング（Lovering, 1995）はある特定の「地域」の近視眼的な研究の流行を批判したが、それにもかかわらず、ガバナンスの学術的研究では地域レベルでのガバナンス研究が重視され続けてきた（Leyshon, 1997b）。ここでの基本的

第2部　理論地理学の実践

な問題は、かつて中心部に集中していた多くの都市機能は他に委譲され、民営化されつつあることを考慮すると、都市と地域はどうしたら、それら自体を推進させ、統治するのに十分な「能力を制度的に創出」することができるかという問題を含んでいる。この難問を探究するため、政治学、社会学、都市地理学といった諸分野では**成長連携理論**（growth coalition theory）が広く用いられてきた（Stoker, 1998）。この成長連携理論はマルクスにまでさかのぼることができる政治学における「エリート」理論に密接に関連しており、北アメリカの諸都市の経験の実態調査報告に主として依存している（Peterson, 1981; Logan and Molotch, 1987; Cox and Mair, 1988）。この研究は「それらの」都市を変容させるのは都市のエリートであると主張する。すなわち、彼らは精力的なビジネスパーソン、不動産デベロッパー、銀行、新聞社主、進取的な市会議員の集まりで、彼らの連携は一般にカリスマ的な市長や政治家によって先導される。マルクス主義政治学の見地から成長連携（growth coalition）は場所と密接結びついた現象（place-bound phenomena）であり、その場所に埋め込まれている資本の利権に関心があると解されている（Cox, 1998）。

　ローガンとモロッチ（Logan and Molotch, 1987）の研究は、この点でとくに影響力があるが、「成長エリート（growth elite）」の特徴を、成長に賛同するメンタリティを共有している人びとと説明している。このようなエリートの「成長連携」を、ローガンとモロッチはどんな犠牲を払っても成長を追求する影響力のあるアクターの重要な集団と定義している。成長連携のメンバーは人口増加と「成長戦略」に伴う地価上昇の利益を常に享受する立場にある。彼らは、また地方政府の政策で活発に活動する傾向があるが、それは、彼らがその体制への関与から多くの利益を得るからである。したがって、その政治的機構は、自分たちの利害関係を熟慮し、その利権のために働く傾向がある。しかし、成長連携は、成長がすべての人びとに利益をもたらすと説得して積極的に働きかけることで、その影響を拡大させる。その代表的なものは、都市を「成長の機械（growth machine）」とする考え方から利益を受ける、広範な一般の人びとを説得することによってコンセンサスを追求する。その潜在的可能性は、視覚に訴える

第7章　ガバナンスの地理学

開発計画と熱狂的支持者のイメージとを結びつけることによって得られる。このような成長連携では、地元のメディアは明らかに重要なもので、計画の価値を広く強調し、積極的な投資環境を形成する重要な支援の役割を果たす（成長の夢を「売る」ことによって地元住民の批判を封じ込めることはもちろんである）。実際、エリートが語る「物語」は都市開発に非常に有利な話になり、一般の人びとから広く支持されることになる。この考え方では、エリート・メンバーの連携を含むすべての都市住民に一様に利益を与える目的が達成される。成長連携に対する反対が現れると、成長の機械に反対するため多様な声を1つに統合された集団としてメディアは必ず取り上げる。したがって、全体的様相は、成長の機械を全般的に支持する集団と、経済発展を支持する人びとと反対する人びとの両者からなる非常に分裂した集団のどちらかになる（Hall, 2001）。それゆえ、成長連携理論の展望と、グラムシが提唱するヘゲモニーの考え方との間には重要な関連があり（コラム 3.3 参照）、都市を象徴する構想は都市政策を適正なものにするためにきわめて重要なものになる（Boyle, 1997）。

　成長連携理論に対する批判者は、その権力の概念規定の狭隘さが、多くの摩擦と妥協、そして都市の政策立案と実施計画を策定する他の政治的策略をあいまいにしていると主張してきた（Stone and Sanders, 1987）。彼らは、成長連携理論における素朴な権力観、つまり成長連携は財源と人びとを管理する能力があると想定する見方では、この権力を創成し、形成する過程は評価できないと主張する。これは、多くの点で、マルクス主義の社会関係論に依存しており、都市の政治活動において明らかな文化的創造性と交渉を無視して都市の政治を骨抜きにしてきたと非難されてきた（Collinge and Hall, 1997）。恐らく、連携の形式の多様性と、その構成員の動機づけは、成長連携理論で認められるものよりはるかに多様である（Stone, 1989; Stoker, 1995）。その結果、成長連携理論では、さまざまな都市で見られる連携の多様性を説明できないことがしばしばである（Ward, 1996; Hubbard and Hall, 1998）。たとえば、イギリスでは、すべての町役場が企業家的であるわけではないし、非成長、低成長、反成長の発展戦略を支持する地方当局および連携関係の実例が多数存在するが、一方では、経済発展を

第2部　理論地理学の実践

犠牲にして福祉サービスの提供に行政の重点を置く戦略を支持してきたものもある（Hall, 2001）。かくして、ローガンは「20年間の研究の後、成長の機械が都市の発展に差異をつくり出すかどうかについては依然として確信がない」と認めてきた（Logan *et al*., 1997, p.624）。

1980年代の後期に合衆国で始まって以来、北アメリカその他ではレジーム論（regime theory）がリチャード・エルキン（Richard Elkin, 1987）と**クラレンス・ストーン**（Clarence Stone; **コラム7.1**）の先駆的研究を通して都市政治を分析する代替のアプローチとして隆盛になった。権力を固定したものとみるエリート理論とは違って、レジーム理論は権力を拡散する源泉と見なし、政治権力は協議して決定され、拡散されるものと見なす、政治学における（社会学者マックス・ヴェーバーの業績に由来する）多元論の伝統的手法を用いている。ここでは、異なる「権力者群（power clusters）」（Dahl, 1961）は都市生活の異なる領域を支配し、（投票箱に現れる）人びとの同意によって活動する権力が認められる。特定の都市についての詳細な事例研究での経験に基づくレジーム論は、成長連携理論以上に都市政治を巧みに説明すると主張している。レジーム論は、都市の意思決定は拡散し、分裂し、階層分化せず、統治領域内に行政府と非行政府の両方のアクターがもたらす「利権の絡みあい」を認める（Ward, 1996）。それは、また、地方統治における地方企業の利権の重要性を認めるが、これは成長連携理論の経済決定主義や構造主義に屈服することではない。

> 明確なことは、[レジーム分析論は] 私的に管理される投資の巨大な政治的意味を認めるが、経済決定論を受け入れることなく、それを認める。政治経済学は、政治学と経済学との関係に関するものと考えて、レジーム分析者は一方では多元論の立場を、他方では構造論の立場の中間領域を探究することになる。（Stone, 1993, p.2）

レジーム論は、多種多様な集団が一層強力な集団的体制を形成するために結合することによって、個別の権力の不足を補い合うという方法に集中すること

で、多元論(実証主義)の考え方とは大きく異なる。このような体制は最初からつくられていることは稀で、絶えず変化している現象であって、資本主義の構造が変化するにつれて形態が推移する。フォーディズム生産からポスト・フォーディズムへの生産の移行は、決定的推移の正にその実例である。政治経済は規模の経済(economies of scale)に基づくものから範囲の経済(economies of scope)に基づくものに移行してきた(Swyngedouw, 1989)。

　レジーム論の決定的に重要な主張は、政治権力は特定の個人や機関に本来備わっていて利用できるものではなく、一致した目的を達成するのに必要な能力を生み出すために、彼らの資源と技能と目的を合わせて一緒になって長期的な連携になる体制の構成員によって創出されなければならないというものである。これは、権力を「創造的産物」と考える考え方であり、エリートと多元論学派の間に論争を焚きつけた、権力を「支配(control)」と見る見解からの転換を意味する。

　　論争になるのは支配と従属よりもむしろ行動し、目標を達成する能力である。権力闘争は支配と抵抗に関与するのではなく、行動する能力を獲得して融合することであり、**対する**権力(power to)であって、**支配する**権力(power over)ではない。(Stone, 1989, p.229)

　レジーム論では、政治はエリート層による支配行動や被支配層からの同意および抵抗行動に限定されない。複雑に分断された社会では、唯1つの集団がその環境を完全に支配することはできないし、行政組織を含むすべての集団は、政策目的を達成するために不可欠な手段をもっている可能性がある他の集団と協力するように迫られる。行政の課題は現代の「ネットワーク社会」ではますます複雑になるので(第8章参照)、効率的な行政機関はより多くの非行政的アクターと協力し、能力を融合しなければならない。かくして、実現可能な体制の確立は、ガバナンスの新しいシステムの状況における権力の究極の行動である(Stoker, 1988)。それゆえ、レジーム論の論争点に絞っての「能力構築」問題

(issue-focused capacity dimension) と、都市の提携関係形成の「可能性」についての現代の傾向とは明らかな共通点がある (7.2 節参照)。

コリンジとホール (Collinge and Hall, 1997) は成長連携理論とレジーム論との根本的な差異について簡潔な要約を提出している。彼らは両理論を比較対照して次のように結論づけている。

> ヘゲモニーについての新マルクス主義理論（成長連携理論）とレジーム論との間には根本的な差異がある。前者は実証的研究を無視し、国家と資本と階級の構造との関係を分析する。一方、後者は実証的研究を非常に重視するが、国家機構の形態とその経済的利益に対する構造的関係を無視して、政治過程について幅広く研究する。(Collinge and Hall, 1997, p.135)

彼らは、有益な教訓がレジーム論から引き出されると指摘する。レジーム論は政治が戦略と構造の間を、あるいは都市統治の方針と形態の間を仲介する方法を具体的に説明することによって、政治的活動力の強調が成長連携理論に対して有益なものとなる。ストーカー (Stoker, 1995) も類似の主張で、レジーム論が提供する分析のフレームワークは、権力と政治が重なった層からなる概念で、成長連携理論と「超多元論的 (hyperpluralist)」アプローチを含む競合する諸理論が提出するものよりも、政治についてより巧妙な理解をもたらすとしている。ただし、超多元論的アプローチの場合には、ポスト・モダン期を評価して理論的発展よりも経験的記述が優先されている（第 3 章参照）。研究と分析の目的のために発見的 (heuristic) に利用できるレジーム論は、また、多種多様なタイプの体制の複雑な分類のために役立っている（ストーンは実際に役立つ分類行列〈classification matrix〉を提出してきた）。しかし、ストーンでさえ、それはさらなる開発が必要な理論であることを認めている。とりわけ、彼はレジーム論が「地方中心主義」のわなを避けることが必要であることと、広い政治的環境にそのミクロ政治的分析を位置づけることが必要であると主張してきている。

この批判は都市政治学における議論の核心を非難するものである。多くの点

で、レジーム論は実証主義の社会科学の伝統に根ざして、機能を強力に重視している（第 2 章参照）。多くの人びとにとって、これは広義のマルクス主義政治経済学の枠組みにガバナンスを適切に関連づけて考えることができない無批判のアプローチである（Le Galés, 1998）。構造主義政治経済学の見地からの批判者は、また、説得力のある理論的枠組みの欠如を批判し、より説明的な文脈のないレジーム論は「理念型」に基づく体制の類型を構築しただけだと主張してきた(Cox, 1991; Ward, 1996)。コリンジとホールはこのように主張しながら、レジーム論を広範な「ネオ・マルクス主義」の説明的枠組みと結びつけることによって、レジーム論を改良する必要性に批判を転化している。

> ［成長連携］理論は都市のガバナンスを理解するための強力な包括的フレームワークを提供する。しかも、このアプローチはレジーム論が提起した諸問題に取り組むことによって有効に拡大し、発展させることができる。これは、政治の諸問題、能力構築と事例調査への関心を説明することによって可能となる。地域的にネットワーク化された状態の解明と「フォーディスト」と「ポスト・フォーディスト」という包括的な見出しのもとに要約されるパターンの解明は、ネオ・マルクス主義と新多元論との対話を始めることで進展されよう。(Collinge and Hall, 1997, p.140)

何人かのレジーム理論家は、かくして、レジーム論がヴェーバー伝統の権力の多元論的研究（地域共同体において認知される「現状」の調査に焦点を置く）と、地方文化の微妙な差異を無視するマルクス主義の行きすぎた分析との溝を埋めることを要求する（Le Galés, 1998）。しかし、レジーム論が実施した事例研究の大部分は依然として都市中心で、支配的な体制の内部の活気ある動態や、関連する周辺の諸力との協力に関心が集中する傾向にある。それに対して、ある人びとは、レジーム論を退け、国家形成（state formation）の全体論的説明を発展させようとする初期の試みを刷新する、ネオ・マルクス主義のレギュラシオン構造論を支持してきた（Jonas and Wilson, 1999; Laurin, 1997; Mayer, 1995）。次の節で

第2部　理論地理学の実践

はこのような理論をいくつか検討する。

> ### コラム7.1　クラレンス・ストーン（Clarence Stone 1935-　）
>
> 　アメリカ合衆国の政治学者クラレンス・ストーンは、アーバン・レジーム論（urban regime theory）の1980年代における先駆者の1人である。以来アーバン・レジーム論は、都市の政治権力研究の主要なアプローチの1つとなっている。レジーム論は時空間を越えてさまざまな統治体制で重視され、事例研究（ケーススタディー）による実証的調査の研究手段として広く用いられている。アメリカ合衆国ジョージア州アトランタの詳細な事例研究にはレジーム論についてのストーンの独創的な考察が展開されている（Stone, 1989）。ストーンは、1980年代に右翼と左翼の両方の批評家が提出した都市政治についての経済学的な説明に失望した。彼はピーターソンの *City Limits*〔都市の限界〕（Peterson, 1981）が提起した経済決定論に直接反応するレジーム論を展開した。彼は、都市内のすべての人びとのためになる経済発展を促進することによって、市域内の全ての人びとに一様に利益をもたらすというピーターソンの主張に異議を唱えた。ピーターソンの経済的必要性モデルには政治的対立は考慮されていなかった。国家と政治の資本主義からの相対的独立を論証することによって、ストーンはまた、国家を経済の生産様式の付属物と描く、単純なマルクス主義の説明を一掃しようとした。要するに、彼は、経済学的なアプローチによって中心的な場からはずされていた政治を都市の研究課題に復活させようとしたのである。彼は、官民の提携としての政治体制の概念を活用できるようにすることによってこれを行った。それによって、彼は「政治的なもの」を政治経済学において強調することができ、援用し尽くされたヴェーバー流の静態的な共同体権力研究の伝統と政治経済学者のマルクス主義の経済決定論とのギャップを埋めることができた。ストーンは、特定の都市問題について都市政策と政策が協議され、妥協点が探られる国家、市場、市民部門における制度と行為者を特定するためにレジーム論を用いた。彼の見解では、都市政策の策定を理解するためには、公務員が使用する限定的な資源がどのようにして統治能力を生み出す民間の行為者のそれらと融合するかを考察することが必要である。このような連携がつくり出される協定は運営体制と呼ぶことができる。都市地域の場合には、都市体制と呼ばれる（Stone *et al.*, 1994, pp.223-4）。このレジーム論の形成によって、都市権力の性質についての理論を拡大させながら、都市のガバナンスの分野でのさまざまなエージェント（機関）の間で違いがある関係についての重要な本質的問題の、詳細な実証的調査が可能になった。
> **さらに詳しく学ぶための文献**：Stone, 1996; Stoker, 1995

7.4　レギュラシオン理論

　特定の地域を取り上げることは、都市政治（学）に独特の地理学的な考察法を適用することになるが、メイヤー（Mayer, 1995）によれば、地方の政治の状態と形態を理解するには、グローバリゼーションがもたらした諸変化との関係を考慮しなければならない（第8章参照）。とくに、彼女は、ガバナンスにおける他の諸変化の原因になるもの、つまり都市的なものの力のさらなる強化、企業家主義の競合の増進、新しい形の複雑な協力活動の出現は、国境がますます多孔性を帯びていく時代の特徴である、と示唆している。それらの特徴の第一は、国家の主権に「穴があけられる」時代に政治の役割が縮小することに関係がある。このことの重要な兆候は、国際通貨の供給を管理する国家の能力が不足することである（第6章参照）。これは、中央政府の伝統的役割が「グローバルに考え、ローカルに行動する」ことの必要性に取って代わられることを意味する。言い換えれば、都市は国民国家以上にグローバリゼーションに先導される高速時代に容易に対応でき、したがって超流動的な世界資本を利用する好位置を占めていると認められている（Krugman, 1991; Kresl, 1995）。国家の都市の伝統的階層構造は、ヨーロッパ連合（EU）や北米自由貿易協定（NAFTA）地域などの新しい経済的・政治的巨大地域の重要な「世界都市」に集中する投資と流れ（フロー）の新しいネットワークに取って代わられるので、競合する準国家的領域（subnational area）、とくに都市の調整のとれた発展は明白であると見なされる。

　これらの変化の第二のものに関して、メイヤーは、グローバリゼーションが「企業家的」なガバナンスを一層助長してきたと主張し、その理由として伝統的な政策領域は、うわべは柔軟性を要求するグローバル時代において落ち着いていて、保守的であると見なされることを挙げている。この新しい「柔軟な」政策の舞台では、社会政策は、競争力のある地域の発展を追求する経済政策と労働政策ほど重要ではないのが一般的である。第三に、メイヤーは競合力を損なうことなく、ますます複雑に拡散する政策の領域を統合することの重要性に

第 2 部　理論地理学の実践

ついて説明してきたが、先に 7.1 節で説明したように、地方政治の活動領域は、従来の地方行政機構の領域を越えて民間と半公共の利害関係の範囲を含むほどに拡大してきている。この傾向は新しい取引制度と新しい官民協力の形式を伴い、地方の官僚制度の役割はビジネスの利権と不動産利権（それらは地方的であると同時にグローバルでもある）との関連で定義を改められる。

　この見地から見ると、地方スケールのガバナンスの複雑な形態の出現は、グローバリゼーションによって誘発された難題に対する適切な対応なのである。それゆえ、研究者にとって重要な研究の手段は、世界の資本主義経済を効果的に調整できる社会組織の探求に地方政治が関与する仕方を検証することになる（Amin and Hausner, 1997; Jessop, 1997b; Stoker, 1998）。グローバルな変化が成長連携理論とレジーム論が示唆する地方の変容を駆りたてるという粗雑な考えを拒否するこの考え方は、「パリの」レギュラシオン学派の思想と関連がある。この学派はネオ・マルクス主義の著述家集団で、支配的なフォーディズムから柔軟なポスト・フォーディズムの調整様式への推移を理論化しようとしてきた。大まかに言えば、レギュラシオン理論は、国家が社会的規制やガバナンスの新しい形態を発展させることによって、大量生産と大量消費というフォーディズム様式の崩壊に対処してきたと主張している。

　レギュラシオン理論〔調整理論〕によると、国家は新ポスト・フォーディズムによる富の蓄積と分配の新しい論理への移行に沿って自らを再構成しつつある（Le Galés, 1998）。すでに見てきたように、国家の新しい調整機能のリストには、企業との密で、協力的な関係と、福祉に対する責任を民間企業部門と市民部門で分担すること、公共的行政目的に対応する新しい「企業家」の経営スタイルの発展が含まれた（Stoker, 1998）。この国家の組織改革は、新しいガバナンスのパッケージの一部として、新しい地域的なネットワーク、つまり地方主義（localism）に機会を開く。多くの評論家は、ポスト・フォーディズムの調整様式と新しい地方主義の一部としての企業家主義の興隆との間の結びつきの強さには慎重で、この結びつきそのものを探究する一連の文献が存在する（Mayer, 1995; Painter, 1995; Newman and Thornley, 1996）。

第7章　ガバナンスの地理学

　レギュラシオン理論はマルクス主義の考え方で活動する（第2章参照）が、固定した経済的、社会的、政治的構造の存在を前提としないことで、多くの構造主義的解釈とは異なる。その代わり、グッドウィンとペインター（Goodwin and Painter, 1996）が主張しているように、レギュラシオン理論は、国家がどのようにして資本主義の危機に巻き込まれるかを探ろうとしている。国家の変容や危機は、資本蓄積の性質における広範な変化への単純な反応であるどころか、資本蓄積の危機につながると考えられる。結果的に、ガバナンスの再編成（地方政府を含む）は新しい安定した資本蓄積様式の出現および「成果のある」調整様式の実現をもたらすかもしれない。グッドウィンとペインター（Goodwin and Painter, 1996, p.638）は、レギュラシオン理論の指針のあらましを次のように示している。

- 社会システムは複雑で、矛盾をはらんでおり、資本主義固有の危機を受けやすい性質というマルクス主義者の説明を反映して、そこには破裂と危機に向かう固有の傾向がある。
- 社会システムの調整とは、時間と空間における矛盾の危機を排除し、矛盾をやわらげるプロセスを指す。
- 調整は不可避のものではなく、「当然の」ものでもない、意図的、計画的な活動である（ただし、このような活動は予想外の結果を生じることがある）。
- 調整は社会システムの創発的特色であり、したがって有効な調整（安定した調整様式の出現）は、そのシステムの多数の個別要素の相互作用を通じてのみ行われる。
- 調整は社会的過程であって、依然として矛盾と危機を生じやすい傾向があり、確立した諸調整様式の土台を突き崩す傾向がある。
- 諸調整様式が失敗する時には、再調整、つまり調整様式を復活させる試みが必要であり、もしくは新しい調整様式を生み出すために新しい社会システムを構築することが必要になる。

第2部　理論地理学の実践

　ペインター（Painter, 1995）はアラン・リピエッツ（Alain Lipietz）の研究を引用して、レギュラシオン理論家の見解では、戦後の「ケインズ流」福祉国家の運命は、フォーディズムの資本蓄積様式の放棄と結びついていると主張している。この見解はハーヴェイ（Harvey, 1989b）のネオ・マルクス主義政治経済学アプローチに影響を与えている。ハーヴェイは管理者的ガバナンスから企業家的ガバナンスへの変化をフォーディズムの硬直的な大量生産からポスト・フォーディズムの柔軟な蓄積へのパラダイム・シフトと関連づけている（8.2節参照）。それは**ボブ・ジェソップ**（Bob Jessop; **コラム 7.2**）の主張にも反映されている。ジェソップは、大量生産に基づく経済的生産システムと蓄積体制および調整様式として、フォーディズムを理論化することが可能であると主張しているのである。ジェソップが描くフォーディズムの調整様式の場合には、国家的経済空間は基本的な地理的組織単位であって、国内での富の蓄積と賃金の関係を管理する主権を国家が持っている。フォーディズムの国家はしたがって、地域と地方は国家のマクロ経済の安定と中央政府の再配分優先権に従属させられていたので、高度に中央集権的な政治的規制および空間の統合によって特徴づけられていた。同時に、国家は資本蓄積の過程を支える工業製品に対する需要を支えつつ、一定の生活水準を保障する責任を負った。

　ジェソップ（Jessop, 1994）によれば、レギュラシオン理論はフォーディズムの危機分析に限定されず、社会の団結と資本対労働の関係の問題にも焦点を合わせている。この議論は他のことにも影響を与えている。

> レギュラシオン理論によるアプローチの主要な寄与は、おそらく政治的・社会的諸関係と役割（国家の活動と立法、社会制度、行動規範と慣習、政治的実践）、いわゆる「社会的調整様式」（MSR: mode of social regulation）を資本主義的再構築と危機の概念に統合させたことにある。（Tickell and Peck, 1992, p.192）

　ジェソップやその他の人びとにとってポスト・フォーディズムの調整様式へ

の変容は、フォーディズムの生産過程の崩壊、国際的金融の安定（第6章参照）を支えたブレトン・ウッズ体制の崩壊、あるいは経済活動と空間の「グローバリゼーション」（第8章参照）に対するのと同じように、行政府の矛盾への対応として理解されるべきものである。国家はフォーディズム時代のいくつかの危機の回避には成功したけれども、他の危機をつくり出したことはほぼ間違いない。これは国家の経済管理問題と社会の正統性の危機（とくにスタグフレーション〈物価のインフレーションと経済の停滞が結びついたもの〉）、遅行する産業、拡大する公共部門に対する課税、労使関係の混乱を解決できない国家の能力を含んでいた。

　たとえば、イギリスのフォーディズムの危機は、1970年代にイギリスがもがいていた経済を取り巻く諸問題の一部であったという点で、国家が招いたものであると見なされるであろう。同様に、他の諸国に存在する社会システムもフォーディズムを持続的方法で調整できなかったが、それがポスト・フォーディズムへ移行するきっかけになったと思われる。これは、国家の方針転換および20世紀最後の数十年の間に広く普及したガバナンスの自由市場指向の「新自由主義」モデルの採用で具体化された。かくして、新自由主義体制下で伝統的な福祉国家は「後退し」、委譲された管理形態、個人消費、規制が撤廃されたサービス提供、新しい柔軟な労働慣行との間での相乗効果を創出する。旧来の福祉国家の高いコストを伴った再分配主義政策は、減税と公共部門の財源の減少という選択的介入手段に取って代わる。公共部門の予算は、競争優位性を支持する柔軟な政策と同調して、福祉部門から経済の再建と振興に回されている。

　戦後の「ケインズ主義」の干渉主義的福祉国家の「衰退」についてのこのような説明に対して、**アッシュ・アミン**（Ash Amin; **コラム7.3**）とナイジェル・スリフト（Nigel Thrift, 1994c）は次のような見解をとっている。それは、空間経済への国家の影響がグローバリゼーションや他の市場の推進力によって弱められているという見解で、国家的広がりに及ばない地域化した諸機関ばかりか統合された超国家的企業集団の創出を指摘している。彼らは、これらは国家的規制の衰退あるいは交替を示すのではなく、新しい形態の国家介入と見なされるか

第2部　理論地理学の実践

もしれないと示唆しているのである。マーティンとサンレイ（Martin and Sunley, 1997）も同様に、レギュラシオン理論に関するガバナンスの文献の多くについては批判的で、彼らの主張によれば、レギュラシオン理論の概念は漠然としており、理論が誇張されていて、経験的内容を欠いている。彼らは、国家の規制は変わりつつあるが、出現しつつあるものは、ポスト・フォーディズム国家の単純化されたモデルの提案者が描く全体像より、経験に基づいており、はるかに複雑で混乱していると指摘している。国家は社会経済生活の特定の領域に干渉する権力を失うかもしれないが、他の領域ではその権力を拡張し、強化している。国々は新しい形の政治と経済の権力を空間的に行使するために新しい権能と組織を発展させている。彼らは、ガバナンスの変化を行政府の撤退や弱体化ではなく、国家の介入**様式**における変化として特徴づけるのがより正確であろうと述べている。

　マーティンとサンレイ（Martin and Sunley, 1997）は、いくつかの実例を参考にして、将来の議論のためのモデルになると考えられる国家と経済の関係の2つの相補的なタイプを認めている。その第一は、影響力のある**ミクロ社会関係モデル**（micro-social-relations model）で、北イタリアで見られる社会システムの「ボトムアップ」方式を実例に挙げている。イタリア北部では、諸都市と諸地域が労働者と公共団体と企業の間の活気に満ちたミクロ・ネットワーク関係（micro-network connection）を伴って存在している。これらの「第三のイタリア」における柔軟な生産活動の結節点（ノード）は、繊維業（コモ）、窯業（サッスオーロ）、製靴業（アンコーナ）の生産で知られており、密に集積する企業によって競合する諸地域を技術的に凌駕している（Amin and Thrift, 1992）。第二のモデルは、最も成功している経済は、ミクロ・レベルとマクロ・レベルの両方でうまく機能するように計画的に配置された政策であるという見解である。この**調和のとれたネットワークで結ばれた国家モデル**（coordinated networked state model）は、ドイツ、スウェーデン、スイス、日本ばかりか、後発的に工業化した、高い競争力のある東アジアやヨーロッパの虎経済（タイガーエコノミー）〔訳注：急速に経済成長を遂げ、たいてい生活水準の上昇を伴っている国の経済〕の国々にも当てはまる（Holtham and Kay, 1994;

Sheridan 1993)。このモデルの典型的な概念は、国家を官僚の機構ではなくむしろ、持続的な公式と非公式のチャネルを通じて、公的、私的、非営利部門のアクター（行為者）を結びつける、政策ネットワークの濃密な構造を下から支える能力の造成者と見なす（Weiss and Holson, 1995）。

　かくして、ガバナンスの変化を干渉の縮小や国民国家の消滅や国家権力の縮小の点から記述している評論家もいるが、それらを干渉の大小ではなく、質の**変化**や**方向転換**と見なす評論家もいる（O'Neill, 1997）。確かに、グローバルな競争の再編成の勢いに従った国家の中心組織による干渉システムの廃止と分解は、国内の地域と地方に対する国家的援助の他の形態を隠してはならない。われわれはレギュラシオン理論の用語を用いながら、国家が中央にあって依然として、多数の調整の場（たとえば、労働市場、金融制度、サービス供給、消費慣習など）におけるその介入を通じて安定した社会システムの構築を促進するのに適し、あるいは可能にさせるエージェンシー（公的機関）であることを想起することが必要である。現地固有の産業の成長と地方のガバナンスは経済学と政治学の新しい流行語であるかもしれないが、計画に基づいてこれらの発展を図り、調整様式を形成する点での中央国家の役割は依然としてきわめて重大である（Amin and Tomaney, 1995）。確かに、多くの評論家にとって、国家間と国内の資本主義の競合実績の差異を説明するものは、国家レベルでの投入資本の質的差異である（Hutton, 1995; Newlands, 1995; Berger and Dore, 1996）。それによって、調整様式が国ごとに著しく異なる形態をとるという事実が明らかになる。いずれにしても、多くの批評家の批判の重要な関心は、福祉支出の削減や再構成に伴って特定の地域の振興によって社会的空間的な不平等を拡大させ、それによって福祉国家によって達成された地理的統合（geographical integration）と社会的結合が崩壊することである（Moulaert, 2000; Swyngedouw, 2000）。

第2部　理論地理学の実践

コラム7.2　ボブ・ジェソップ（Bob Jessop 1946-　）

　ボブ・ジェソップはランカスター大学の社会学の教授である。彼の研究は、第二次世界大戦後のイギリスの政治経済学についての実証的調査と並んで、政治経済学、とくにフォーディズムからポスト・フォーディズムへの移行に対する広範な関心を発展させた。彼の最近の研究は、主に3つの分野を扱っている。1つはグローバリゼーションと知識主導型の経済に結びついた資本主義経済、2つ目は福祉国家の再編成、そして3つ目はガバナンスの諸問題、「メタ・ガバナンス」および調整の失敗の問題である。ポスト・フォーディズムの安定した蓄積のための条件を確保する際の国家の役割についてのジェソップの主張は、「勤労福祉制度」の国家の出現に関する彼の著作と重なる。このような説明において国民国家は、経済活動規模の縮小および競争形態を反映する、介入権力と責任の上方、下方あるいは横への移転によって「影響力を減少させる」ように見える。彼はこれをフォーディズムからポスト・フォーディズムへの推移の重要な部分と見なしている。これは、社会的制度と政治的制度を緊張させ、そしてフォーディズム・モデルに伴う自由主義の経済と福祉を徐々に崩壊させる資本主義の構造的危機を伴っていた。社会福祉体制は、労働力の柔軟性を高め、生産費用と見なされる社会的賃金（訳注：市民生活の便益のために公的財源から支出される費用）を圧縮することを目指す政策に変えられると主張する。これに関連する変化には、一般的な福祉保護からさまざまなスケール、たとえば三幅対（triad）、つまり、EUと地方と都市をも含む競争の増進への国家政策の方向転換が含まれている。これは、企業家中心主義の重視の増進に反映している。これらの傾向の本質と変わりやすさについては意見の相違が続いているが、ジェソップ（Jessop, 1994, 1997a）は、それらは出現しつつあるポスト・フォーディズムの蓄積体制（accumulation regime）という制度上の論理で生み出されるものである、と主張する。それでもやはり、新自由主義が支配的な現代においても、国による差異を反映する勤労福祉制度体制が存在する。ごく最近、ジェソップ（Jessop, 1997b）は複雑性のガバナンスとガバナンスの複雑性に対する経済的指向の限界を述べている。全体としてジェソップの研究は、1つの調整様式から他の様式への移行に示されているガバナンスの構造への地理学的感受性を実例で説明している。レギュラシオン理論についての彼の独特な立場が地理学者に頻繁に引用されている理由である（Hall and Hubbard, 1996）。

さらに詳しく学ぶための文献：Jessop, 1994, 1997a, 1997b, 1999

コラム7.3 アッシュ・アミン（Ash Amin 1955－ ）

　ダラム大学の地理学教授アッシュ・アミンは、構造の変化による都市と地域の変化や、ヨーロッパの統合と国際化について研究し、多数の出版物を世に出した。これらがまとまって、ポスト・フォーディズムやグローバリゼーションや政治表現の新しい形態について地理学的理解を発展させた。とくに、ポスト・フォーディズムについての彼の研究は、製造業の衰退と「情報経済」の興隆に伴う「空間的転換」と再編成についての、ほぼ決定的な説明と見なされている。ごく最近、彼の研究は多文化で多民族の欧州連合（EU）の社会経済と参加政治に取り組んでいる。これらのさまざまな研究の領域全体を通して、アミンが強調したことは、ガバナンスの形態の変化であった。重要な動機は、ポスト・フォーディズムへの移行によって提出された課題への適応性のある対処を示す複雑なガバナンスの様式を認識したことであった。かくして、アミンの調査の主要な方法はポスト・フォーディズムの集積空間における企業と市場の経済生活を定着させるのに必要な**公共施設設置の緻密さ**を解明することであった。アミンは、この「緻密さ」はシティ・オブ・ロンドンの歴史的遺産から第三のイタリアにおける新マーシャルプランの近年の結節点の形成に至るまで、異なる空間で多様に構築されていることに気づき、それらを１つの理論で説明しようとして、現代の複雑なガバナンスを簡略化しすぎるアプローチにそれゆえ批判的である。その代わり、ガバナンスはさまざまな規模の異なる空間を結合する網状組織を含んでいるという考え方に従って、都市の多様な地理的事象を探究するためにネットワークの観点を用いてきた（Amin and Graham, 1997）。アミンはまた、ポスト・フォーディズム国家の現在の傾向は、明白で不可抗力な道をたどっていると主張する評論家たちとは意見が異なり、このような傾向は避けられないものではなく、熟慮した、可逆的な政策の結果であると主張している（Amin and Tomaney, 1995）。彼はまた、国家と市場と市民社会を結びつける連合型の都市ガバナンスが出現する可能性について楽観的である（Amin and Graham, 1997）。
さらに詳しく学ぶための文献：Amin and Thrift, 1992; Amin and Hausner, 1997

7.5 行為者(アクター)と政策ネットワーク

　実践としてのガバナンスそのものは一貫して永続しているように見えるが、リン（Ling, 2000）は、ガバナンスの理論的文献は、結局、混乱した方法論と不明確な定義の山以外の何ものでもないと指摘している。確かに、成長連携理論とレジーム論とレギュラシオン理論は、国家についてのある種の重要な考え方に支えられているけれども、それらはその権力の概念ばかりか分析のスケールにも大きな違いがある。もう1つの共通の特徴は、たとえ、突然変異したガバナンスのるつぼで融解してしまって、それらの特徴のあらゆる部分が次第に不鮮明になってしまっても、国家と市場と市民社会の三者の間の相違が、すべてのアプローチに認められることである。この3つのカテゴリーは、ガバナンスが能力増進を容易にする制度と関係、すなわち提携協力（partnership alliance）をつくり出すにつれて絡み合い、重なり合うようになる。このような協力関係の増殖は、成長連携理論とレジーム論とレギュラシオン理論を援用する地理学的研究にとって成果の多い領域であるが、ただ、このような協力関係の不安定さが次第にその仕事を難しくしている。確かに、多数の協力関係が、さまざまなスケールで重なり合い、網状に絡み合って共存するような複雑な様相を詳細に説明することは、ますます変わりやすくて、研究対象を絞ることが困難な課題を地理学者につきつけることになる。

　政策と意思決定が多種多様な相互関係のスケールでどのように**つくり出される**かを理解するための重要な理論的刺激の1つは、アクター・ネットワーク理論（Actor Network Theory、以下ではANTと略称する）である。ビンガムとスリフト（Bingham and Thrift, 2000）は、ANTは科学的研究とフランスの知的文化（intellectual culture）、とりわけミシェル・セール（Michel Serres）と**ブリュノ・ラトゥール**（Bruno Latour；**コラム7.4**）の著作に始まる、と主張している。ラトゥール（Latour, 1993）はミクロ・レベルの分析とマクロ・レベルの分析という「両極端」よりも、それらの中間レベルの分析の方がはるかに興味深いということを根

拠にしてネットワークの考察を展開した。彼は、特定の研究では、非人間的要素も人間的要素と同じように重要な要素となりうるということを根拠に、非人間的要素を行為者(アクタント)として組み入れるネットワークの考察を展開することは本質的なこともも主張した。ラトゥールの著作では、権力とは特定の個人あるいは組織にある影響力の蓄積であるより、むしろ人びとを行動させる「実行」力と見なされている。それは、抵抗できないほどの力の必然的結果ではなく、(ある) ネットワークの行為媒体(エージェント)（agent）間での相互作用を通して目的を達成するために結集する能力の変わりやすい結果である。権力は変わらない構造や組織によってではなく、相互作用のネットワークの繰り返される実績を通して創造的に構成され、再構成されるものである。このようにして形成されてくるパターンは、本来、不安定で変わりやすいものであるが、それらは、次々と再生される権力形態が生じることによって認識できる経路に固定することが可能である。一定の経路の持続性は、明らかに安定した秩序立った行動パターンを支持し、造り出すアクタントの加入によって維持される。

　ANT の観点からは、このような「緊密に結びついた」権力の形態（coherent power configuration）の安定と変容の鍵は、行為者(アクター)がそれらの中でどのように事を成し遂げるかを理解することである。ラトゥールのガバナンス分析研究の適切さと潜在的な魅力は明確にされなければならない。彼が強調するネットワーク化された相互作用は、ガバナンスについての協力関係アプローチの一層の促進に対応しており、それは、関与の新しい関係とパターンの重視を伴っている。それはつまり、ネットワークの形成、交渉、遂行規範、交渉体制、連携によって、行政機関に属していない行為者(アクター)を政策の策定と調整体制に編入させることである (Stone, 1993)。

　ANT は、本質的に、あらゆる種類の社会的関係や争いを理解するための分析の枠組みを提示するが、それは社会を形成する提携を記述するために過度の一般化や「深層」構造の探究を避けるためである（たとえば、Latour, 1987, 1993; Law, 1992）。これは、権力は特定の集団や政治家や個人に「属する」ものではなく（たとえ、権力がそれらの１つにあるとしても）、異質なものの結びつきで構

第2部　理論地理学の実践

成されるネットワークがつくり出した合成物であることを示唆している。マードックとマースデン（Murdoch and Marsden, 1995）は、権力のあるものは政治的権力を保持する人びとではなく、彼らの政策を実施させるネットワークと組織に人びとと物を集め、人びとを協力させ、支配して、組み入れてしまう人びとである、と主張している。このようなネットワークは、空間の制約を受けない。したがって、特定の政策が一定の都市で遂行されるネットワークは、地方の共同体の集団、世界的企業、国家の報道機関、訪問者などの代理人を含んでおり、世界的に拡大が可能である。地元に根ざしていない行為者（アクター）はしばしば、遠方で権力を行使でき、ネットワークの中心に位置する人びとが、関係している人びとから物理的に遠く離れているようなこともある。ネットワークは、「太っている」ことも「やせている」こともあるし、「深く」なったり、「浅く」なったりすることもできる。それらの有効性は規模や形状ではなく、それらのつくり出す「行動能力」の及ぶ範囲次第である。

　この行動能力は、そのネットワークにおける異なる行為者（アクター）間の関連の種類と強さに関係がある。それは、ネットワークの人びとにアイディンティや目的に意味を与える**言説**（第5章参照）と表象の存在に依存するものである。このことは、素材と技術とテクストがネットワークのきわめて重要な部分であり、ネットワークにおける「アクタント」が人間ばかりか非人間でもあり得ることを強調する。たとえば、「都市計画」は、都市計画家と同じように計画ネットワークに組み入れられる。ANTは、変化を促したり、安定を維持したりする能力は人間に限定されないことと、多種多様な事物が世界に出現し、それを維持できることを認める。したがって、ネットワークをめぐる事物と人びとの循環の検討はANTの本質的な特徴である。ネットワークに含まれると、アクタントは、主体／客体のアイディンティと、行動能力を互いに維持する立場になる（Murdoch, 1997）。これは、政治の世界では、人びとの間の社会的関係についての考慮を含むばかりか、ネットワークの管理と情報の流れと言説、記録、アイディア、表象をも考慮することも含んでいる。地理学の他の領域でも、ANTは客体／主体間の区別の急進的な変化を生じさせている。動物も行為主体となることを認め

る「動物地理学」の革新的分析はその例である（Whatmore, 1999）。

　ANT は「不変の可動性（immutable mobiles）」のネットワークに新しい世界を生み出す「アクタント」という新しい用語を加える先がけとなった。それゆえ、ANT は、複雑な観念に門戸を開き、世界は絶えず変化しており、生成の過程にあるという事実を常に念頭においており、異なる主張を要約することを拒否する（それはまさにポスト・モダンの考え方であり、そして、恐らくポスト構造主義の考え方とも大筋で一致している。3.4 節参照）。ワットモア（Whatmore, 1999, p.27）が主張しているように、ANT で研究している人びとにとって、「行為主体（暗に権力）は、まとまった意図の表現と見なされるよりもむしろ、社会的行為者（アクター）の間に分散されている」。そのうえミシェル・セールとブリュノ・ラトゥールはその研究でしばしば地理学的隠喩を用いてきたが、これは、ANT は世界を理解するのではなく、世界を記述し、明確化する明らかに空間的手法を提案していると思われるからである。

　都市の政治に関しては、このような洞察は主に、政策ネットワーク研究でなされてきたが、政策ネットワーク研究は都市政策の策定の際に実際に何が重要となるかを特定する試みで、行為媒体と政治家と制度の関係の詳細な、時には計量的な分析を結びつける（Rhodes, 1997）。現地と非現地の行為者（アクター）間の関連が考えられるばかりではなく、ネットワークを生じさせる販売パンフレット、計画書類、ビデオ、ウェブサイト、電子メールによるコミュニケーションの力の検討を含んできた。市議会のような行為者（アクター）が、重要な組織（商工会議所、観光局、職業訓練・企業協議会、地域開発局）、個人（地方の名士、お偉方、訪問者、住民）、および集団（共同体集団、自治会、商業者組合）を、都市を代弁して、都市のために働くネットワークにどのように参加させるかを考えることは、かくして都市のガバナンス研究のための重要な方法となる。同時に、このようなネットワークには注意が必要になる。すなわち不断の注意と維持が不可欠であることを認め、ANT は、1 つの調整様式から他の様式への明白な移行がもたらされる仕方についてわれわれの注意を喚起する。この移行は、「上部」から、あるいは「下部」からではなく、織りと、編むという網織（weaving and pleating）の

第2部　理論地理学の実践

方法でネットワーク化する行動を通して、生成されるものである（Bingham and Thrift, 2000）。

　アクター・ネットワーク理論は、地理学において当然と思われるスケールと有界性（boundedness）を問題にする際にとくに重要であると認められてきた。エイミンとグレアム（Amin and Graham, 1997）はこのことを都市の「内」「外」のことに言及する時に、都市は、異なるスケールで同時に存在する複数のネットワークが絡みあってつくられている多面的な構成物であることを説明している。ANTは、新しくネットワーク化されたガバナンスの実践がどのように特定の行為者（アクター）を「弱体化」させると同時に、他の行為者（アクター）を強化させるかを説明するためにも用いられる（Hubbard and Hull, 1998; Lauria, 1997）。マクガーク（McGuirk, 2000）は地方行政が弱体化している最近の例を提供している。彼女は、ダブリンにおける地方当局の計画家の影響がどうして新たに出現した政策ネットワークから締め出されたために減少したかを説明している。このような事情のために、この計画家たちは新しいガバナンスから出現した地方強化のチャンスを捉えることが不可能になった。マクガークは、特定の目的のための機関（agency）と、中央政府の奨励策と公民提携による新しいガバナンスのネットワークが都市発展のために新しい都市復興を目指すアプローチを成立させるために設けられたと指摘している。マクガークは、ラトゥール流の権力概念を適用することによって、ダブリンの計画家たちが新しいネットワークから排除された理由は、計画の役割を官僚の規制行動と見なし、また計画を非能率と失敗の歴史と見なして狭く規定したことにあったことを確認したのであった。彼女は、また、ラトゥール流のアプローチによって、なぜ地方当局の計画家たちがガバナンスの変革によって与えられた機会を活用できなかったかをも説明できた。彼らの伝統的な計画の「シナリオ」と反企業的言説への傾倒は、彼らがこれらの新しい態勢に参加するチャンスを活用するのを妨げた。マクガークはその調査結果から、どうすれば地方の計画当局は、新しいガバナンスの形式を象徴する相互作用の「強化」ネットワークに参入してガバナンスの効果を高めることができるかを示唆している。

第7章　ガバナンスの地理学

コラム7.4　ブリュノ・ラトゥール（Bruno Latour 1947－　）

　ミシェル・フーコーの研究に触発されたフランスの理論家ブリュノ・ラトゥールは、科学的知識の種類と内容についての研究で最もよく知られている。彼の研究は、科学の実践と、科学者がその活動と研究結果を表現する仕方を探り、科学的発見の過程について新しい考え方を提示し、1987年に著書『科学がつくられているとき』（Science in Action）を公表した。本書は科学者たちを学問的業績で称賛するばかりか、政治的、経済的影響に積極的に関わる企業家としても描いた。彼らがこのことを実行する1つのやり方は、自明のこととして示される単純化された知識の領域を創りだすことである。ラトゥールは議論の余地のない領域を「ブラックボックス」と呼ぶ。彼にとって、このアプローチは科学に過度な権威と地位を与え、科学に議論の余地のない「真理」の生産をまかせておくことであった。ブラックボックス原理は、おそらく、自動車を例に説明できる。自動車は、ドライバーが行きたいところまで行くことができる社会技術システムで、検査を要しないブラックボックスとして最も有効に機能するエンジンを装備している。このブラックボックスの内容と働きは信頼されており、検査されるまでもない。ブラックボックス化こそは、利用者と革新者が思い通りに活動ができるように世界を単純化するやり方なのである。ブラックボックスが封印されているかのように、行為者が活動する限り、「知識」と「真理」の構築は継続することができる。ラトゥールは、最大のそして最も成功する科学的構築は、したがって、ブラックボックスを集積することであり、最大で最も野心的な科学的プロジェクトは、多数のブラックボックスを基にして組み立てられる、と主張した。しかし、ラトゥールにとって、ブラックボックスの認識論を通しての知識の構築は、科学的試みの成功を確実にするには十分ではなかった。同じビジョンや目標を共有することを納得させることによって科学者が仲間と提携することも必要であった。かくするためには一連の多くの戦略的な処置と戦術的行動が必要になる（これらの広範で、詳細な選択肢のリストについては、Latour, 1987, 参照）。ラトゥールは、また、他の社会的研究分野における研究の方法をより一般的にするために、このような科学的活動についての洞察を利用した。要するに、ラトゥールは、世界を事物と人びとと表象（世界に関する知識を含む）からなる「関連するネットワーク」と見る社会現象の研究に「開かれた(オープン)」アプローチを取り入れた。これは、ネットワークにアクタントの参加が含まれると見るネットワークの相互作用を通じて権力を遂行的に創出しつつ、行為主体(エージェンシー)（agency）の概念を人間以外のものにまで拡張する。これは権力を「活動する能力（capacity to act）」と定義する政治理論家（たとえば、Stone, 1993）に若干似ており、権力はネットワーク化されていること、アクタントは「自身の」

ネットワークに他のアクタントを加えることによってのみ世界を変化させる能力を発揮できることを示唆する。かくして、ラトゥールの研究はしばしばアクター・ネットワーク理論（ANT）で研究する人びとによって引用される。彼の研究はこの用語を明瞭に用いたことがなく、その核心的概念になっていないが、ANT で研究している人びとの多くは、彼の著作に影響を受けていると主張している。この理論的貢献と並んで、科学の本質主義的概念に対する彼の取り組み方は、地理学者の知識生産も、地理学の自明の理である当然の「ブラックボックス」を見えにくくするよう維持するネットワークの形成に基づいていることを、地理学者に忘れないようにさせるに違いない。

さらに詳しく学ぶための文献：Latour, 1987, 1993; Kendall and Wickham, 1999

7.6 市民権とガバナンスと社会的公正

多くの地理学者は公的な統治制度とネットワークからレジーム論と成長連携理論とレギュラシオン理論が研究対象とする国家中心の政治理念の批判に焦点を移してきた。とりわけ、彼らは、社会の内部と社会を横断する政治的関係（市場と協力して活動する場合とそうでない場合がある）が、国家の決定によって主として形成されると思われる仕方を無視する傾向に対して批判的である。彼らは、とくに、いわゆる市民社会と呼ばれるところの都市政治の実施状態を理解するため、しばしば国家と市場の領域を越えて見ることを切に望んでいる。公共領域に相当するものとしてしばしば概念化される（Habermas, 1989）この市民社会という用語は、行政（ビジネス関係業務を含む）以外の社会のすべての要素を表していると理解するのがおそらく、最良である。しかし、この用語の定義には問題がないわけではない。確かに、ハーバーマス（Habermas, 1989）は、公共領域を国家および市場に政治的に対応するものと見なしたが、公共領域は、時にはさまざまな社会的慣習によって社会と個人のアイデンティティが再生産される非政治的領域と見なされる（Johnston, 2000）。それゆえ市民社会は、比較的おおざっぱな用語で、公的な政治機構の外側の広範な活動と集団を含むことができ、(一方で) 私的な居住空間と（他方で）政府の空間の間に存在する空間を含む

ことができる。しかし、いずれの場合にも、市民社会は、しばしば、社会の再生産が実際に協議される舞台であり、人種やジェンダーや階級や年齢が異なる集団間の関係が演じられる場として位置づけられる。つまり、市民社会は、国家と市場と市民の間に新しい関係が構築される交渉の空間なのである（Yeates, 2001）。

　ハーバーマスにとっては、市民社会の構成員は平等に認められるのではなく、個人は私的な生活の領域を離れて権利と義務と責任の公共領域に入ることが必要である。たとえば、公共領域は、言論の自由、集会の権利、法の下での平等、暴力からの自由、私有財産の保護という政治的権利および投票の権利を含んでいる。このような権利は必ず犠牲を伴うことになる。市民社会の構成員と認められるためには人は税金を払わなければならないし、法律を尊重し、行動の規範を守らなければならない。これらの権利と義務が日常生活で果たされる仕方は、まさしく「権力の回廊」〔訳注：政治において陰の力が働く場所〕で行われる決定と政策と全く同じで、完全に政治的である。ロウ（Low, 2001）は、活発で非公式な政治は常に政党政治の組織的策謀を伴っていると示唆している。

　フーコーにならって権力を拡散し（diffuse）、市民と関係ある（relational）ものと概念化すると（第3章参照）、ここでの重点は、「日常生活」の政治が特定の集団に政治的正統性を認めるやり方にあり、これは、経済と社会に対して権利を主張する重要な手段と思われる公共領域利用の権利を伴っている。鍵となるものは**市民権**の概念である。市民権という用語は多様に（そしてさまざまなスケールで）解釈されるが、主として、国民国家と市民社会の構造を下支えする（社会的、経済的、政治的）権利と責任を示すために用いられる。ここで、最も重要な概念は、国家が価値観、意識、慣習に基づいて、ある行動を奨励し、他の行動を認めないということである。個人は国家の規準と規範に同意することができない場合には、完全な市民権の授与と恩典に値しないと考えられる。スーザン・スミス（Susan Smith, 1989b）は、市民権は国境を越えると非常に異なる形に制度化され、想像されることを示唆している。そこで広く認められる傾向としては、都市的西洋における国家の市民権は、自由と平等が社会的に構築される

第2部 理論地理学の実践

ビジョンを基礎にしているが、それでも女性、少数民族、障害者などは疎外されているのである（Bennet, 1993; Whelan et al., 1994; Clarke and Staeheli, 1995; Ferman, 1996; Ramsay, 1996）。

　政治の分析が日常生活の**文化政治学**（cultural politics）を包含するように拡大されるようになって、市民権の研究は、以前無縁であった概念に結びつけようとする地理学者の熱意を示した。その1つの例は性の市民権（sexual citizenship）に関する研究であり、その研究で地理学者は、政治的規範と期待が異性愛者のアイデンティティをどのように強化するかを批判的に評価してきたことがあった。スミス（Smith, 1989b, p.151）はとりわけオーストラリアの事例に注目している。オーストラリアでは、市民権の概念は「マイトシップ（mateship）」〔訳注：オーストラリアにおける助け合いの意識〕と「友愛（fraternity）」の考え方に基づいて構築されていたが、それらは同時に人種とジェンダーと性的特質を差別する考え方を伴ってきた。このことは結果として、オーストラリア人にとっては、慣習、性差、民族からの解放ではなく、性、ジェンダー、人種の不平等の制度化を示す市民権をもたらした、と彼女は主張している。ここでスミスは、キャロル・ペイトマン（Carole Patemen）が発展させた性と社会契約の理論を引き合いに出している。それは、市民社会が実際には公共領域における女性の参加と権利を制限する役割を果たす家父長制の構造であることを指摘している。ペイトマン（Pateman, 1998, p.20）にとって「社会的自然状態（social state of nature）」は、孤立した個人ではなく、「家族」で住んでいるという考え方が、市民生活の「天与の」基礎としての家族の重要性を決定する際にとくに重要であると思われる。その結果、彼女は市民社会の歴史は、私的空間とセクシュアリティと欲望の独特の結びつきを中心にして展開してきたと断言している。もし、個人の利害関係が広範な国益に比べて重要でない場合には、国家の契約と民主主義の理論を用いて、個人はこの空間を去ることしかできず、諸々の権利と財産所有権と市民権が存在する公共空間に入ることになる、と彼女は主張している。したがって、市民社会は**異性愛的**構造（そればかりか家父長制的な構造）として明確に概念化することが可能であるように見える。この構造は、その性生活が不道徳と

判断される人びとが公共領域に参入するのを非常に難しくしている。たとえばベル（Bell, 1995）は、国家は支配的な性的規範および期待に従わない男性と女性をともに権利の授与の点で（義務の点からではなく）、実質的に考慮の対象にしなくなっているが、一方、性的に善良な市民は反対に、医療、福祉、住居の供給の点で有利な立場にあることに注目している（「クィア理論」については3.3節を参照）。

多くの共同体と個人は、（そのセクシュアリティや宗教や民族性によって明確にされる）生活スタイルゆえに、政治的に疎外される。そのうえ、富裕者層は私的年金と保険の給付金をますます多く用意して、公的福祉から離脱し、福祉国家が次第に衰退するときに、「不良」市民の汚名をしばしば着せられるのは、豊かでない人びとである。高賃金雇用に就いている人びとは、失業者に対する財政援助を行う必要から生じる国庫の「福祉」支出（と彼らの税の負担）に対して苦情を強める。この議論は、**勤労福祉制度**〔訳注：福祉給付金を受ける者が仕事をしたり、職業訓練を受けたりすることを義務づけること〕によって福祉の代替を要求する場合には、失業と貧困は、仕事の不足に関係する構造的問題ではなく、働く**意欲**の欠如に関係する個人的問題として、別個に説明される（Painter, 1995; Peck, 1996）。

特定の集団の**社会からの排除**と国家の役割の変化とを明確に関連づけている著作者もいる（Byrne, 1999; Ferguson and Hughes, 2000）。家父長主義的な国家の協調組合主義（corporatism）と、その「顧客と市民との」関係（client-citizen relationship）の重視がより市場指向的な関係に取って代わられることによって、善良な市民は自分の責任で選択する知識を備えた「自立的な」消費者であると見なされる。この新しい協調組合主義モデル（corporatist model）では、国家は分裂状態の「非消費者」の共同体への介入を正当化するために、社会的排除の美辞麗句を用いながら、新しい管理の役割を引き受ける。地域発展のために地域を基盤とする新しいアプローチの多くは、市民の支配的な模範に順応しない人びとを「社会から疎外する」ことに取り組むように計画されたアプローチに分類される（Delanty, 2000）。概念的には、このような戦略は重要な社会構造を創出する

ことによって、貧困に取り組む伝統的アプローチの弱点を回避すると主張する（Room, 1995）。パーキンソン（Parkinson, 1998）は、共同体を基盤とする協力関係と社会的包摂（social inclusion）の間には正の相関があり、協力関係の柔軟さと国家の官僚機構の慣性を克服するその革新的能力が「地方の」市民に活気を与える効果をもたらすと主張している。国営企業の民営化と規制緩和と都市の再生に関する文献には、親近感をベースにした共同体と領域をベースにした共同体の両者が、国家と市民社会の間の関係を再構築するために動員される仕方について、具体的で複雑な例が数多く挙げられている（Amin and Hausner, 1998; Byrne, 1999）。しかし、また、義務と責任を果たすための成功あるいは失敗が諸集団を政治的に包摂するため、あるいは「主流」社会から政治的に排除するために利用されるので、地方の協力関係による共同体の結集は、貧困な近隣地区における官僚支配の新たな手段となりうるかもしれないという懸念が表明されてきた（Mohan, 2000）。これは、このような「共同体」が個別の共同体と集団的共同体の存在を管理する新しい領域として再編成されることを暗示する。ここは人びとの間の道義が管理される領域である（Rose, 1996）。

　現在、政治地理学者は市民社会と市民権に関心を広げつつあり、さまざまな集団が、抵抗や市民の不服従行動によって、どのように市民の諸権利を主張しようとしているかを探究している。ここでの明瞭な関心は「新社会運動（New Social Movement）」の隆盛、つまり同性愛者の権利、環境保護主義、道路建設、動物の利己的利用（animal exploitation）、身障者用設備、人種差別主義などの諸問題に関心を向けさせようとする単一争点圧力集団（single-issue pressure groups）の興隆に向けられてきた。これには、しばしば、たとえば「暫定的自治権のある地帯（Temporary Autonomous Zone）」の形成のような高度に象徴的な公共空間の使用が含まれる。そこでは、支配的なイデオロギーと慣習に逆らうことができる（Routledge, 1997）。共同体集団と慣習的に結びついたものをはるかに越える術策（すなわち、政府、立法府への請願、政治家への陳情、公共的集会の組織など）を採用することによって、これらの活動家たちは、その価値観が支配的な思想と活動様式に反対する「新種族」に個人を結びつけるかもしれない活動形式を用い

る（Maffesoli, 1998）。いくつかの事例では、さまざまな階級、民族、生活スタイルの関係者がすばやく一緒になり、特定の共同体に脅威となるようなものに反対するため、思いもよらない提携をもたらした。たとえば、イギリスでは高速道路建設に対する最近の抗議行動は、環境保護活動家と新時代旅行者（ニューエイジトラベラー）と退役軍人たちが、イギリスの地方の牧歌的で、理想的と考えられる田園風景を「冒瀆する」ものとして阻止しようとして、ブルドーザーの前に立ちはだかっているのを目撃してきた（Cresswell, 1996）。さらに一層広範な運動、反グローバル化の抗議集会（たとえば世界貿易機関〈WTO〉に対する反対）が、コミュニケーションと反対意見の国際的ネットワークの創成に関与してきたことは注目すべきものである（Routledge, 1997）。

　民衆の行動主義と草の根政治がどうして爆発的に急増しなければならなかったか、その理由は、学界の研究課題であるばかりか、多くの民衆が憶測するテーマでもあった。一つのレベルでは、自分でやる（DIY）行動主義は、社会‐空間的摩擦の解決手段としての伝統的な政党政治と国家支援の計画制度に対する民衆の不満の表現と言われてきた（McKay, 1996）。しかし、広義には、この不満は安全と確実性と秩序を欠いているグローバル化しつつある世界の一側面にすぎないと主張されてきた（第8章参照）。それゆえ、経済と政治の混乱に直面して、(近代)国家によってかつて保障されてきた秩序が崩壊しつつあることについて、多くの批評家たちは、現代社会は偶発する多種多様な事件や、不安定さや身の周りに存在する危険によって特徴づけられると主張してきた。この議論で多分、最も説得力があって、広範に引用される意見は、ウルリッヒ・ベック（Ulrich Beck）の著書『危険社会』（*Risk Society*, 1986）の記述に含まれている。この著書はポスト・モダン以上に「最近の」特徴を示しており、前例をみない水準の不安の種をまき散らしてきた。

　ベックは、グローバル・メディアがリスクが絶えず増加していることを知らせるので、大衆は絶えずさらされている恐怖に対処せざるを得ない、と述べている。このような環境では、危険は社会生活のすべての領域に明らかに広がっていて、さまざまな社会性の形態を形成する支配的な動機になってきた、と彼

第2部　理論地理学の実践

は示唆している。彼は風刺的に、これは産業資本主義の過程に伴う社会的規制の安定した様式の崩壊と、脱工業化の蓄積過程 (accumulation process) に伴う、より拡散し無定形で高い適応能力を要求する生産体制への移行の結果であると主張した。(国民) 国家の規制と財政的管理と福祉主義の諸形態は、グローバルな変動と不安定性に直面して、確実性と秩序を与えることがますますできにくくなるが、一方、国連、世界銀行、国際労働機関 (ILO) といった超国家的組織は、遠くて、漠然としており、手が届かないように見える (Doel and Clarke, 1997)。産業社会の人びとのために危険を処理する組織と法律と手続きの「崩壊」と破裂のこの認識は、地域の諸問題に**反射的**に対処するよう個人に促し、絶え間ないグローバルな変化と流動性と不確定性が特徴である時代に新しい確信がもてるものをつくり出すよう促してきた、とベックは主張している (第8章)。かくして、成長と再編にまとわりつかれ悩まされている公の政治よりも、非公式の政治の方が認知と権利への適切な道のように見えるときには、市民の結集は、危険と社会の分裂に立ち向かう試みを示すのである。

　多くの集団は現在では、市民権を拡張しようとしているが、ロウ (Low, 2001) は、新しい社会運動に対する大きな反動と、絶え間なく続く市民権の拡張という考えに対する反対は大きくなってきている、と主張している。この多くは社会的差別に対するニューライト (新右翼) と新自由主義の反対運動に結びついているが (ニューヨークの報復主義者〈revanchist〉については、第3章参照)、性的マイノリティ、「偽りの」亡命者、シングルマザー、旅行者そしてホームレスの人びと市民権および公民権について異議が申し立てられているのを見るので、新左翼 (ニューレフト) もまた、市民権が与えられる人を限定していることが明白である (イギリスにおける労働党の新労働運動〈New Labour〉の多文化主義の限界については、Cooper, 1998 参照)。市民権の明白な差異、その結果としての生活の質の差異は、かくして民主主義の限界について重大な問題を提起し続けている。結局、社会的経済的運命を形づくる意思決定のメカニズムから特定の人びとと場所を排除することは、社会的排除の基本的形式の1つである (Winchester and White, 1988)。それゆえ、**社会的公正** (social justice) の諸問題は政策とガバナ

ンスの構築の公正と包括に関する議論の中心になる。

　メリフィールドとスヴィンゲダウ（Merrifield and Swyngedouw, 1996）が主張しているように、社会的公正の理想は、公正な社会とはどのようなものであるべきかに関わっている。ところが社会的公正には、人びとは功利論的自由主義（社会の幸福は個人の要求に勝る）から社会的平等主義（ここでは各個人には平等な権利があると見なされる）までの幅があるので、何が社会的公正を形づくるかについては多くの見解があることがはっきりするときに問題が生じるのである（D. M. Smith, 1994）。ポスト・モダン思想が地理学者に特定の集団と個人によって支持される道徳と公正の意味の違いについて考えるよう要求する時代には（第3章参照）、このことは興味をそそる問題を提起する。メリフィールド（Merrifield, 2000c）のニューヨークの街頭で行った政治の調査は、この問題についての信頼できる実態を提供する。多国籍企業とニューヨーク市警察と企業改善協会と市の統治者との提携で法制化された寛容度ゼロ方式（zero tolerance technique）〔訳注：一切の例外を認めず、規則を厳格に適用するという方式〕について議論しながら、彼は街路の「浄化」に対する左派の共通の反応を残念がり、不満と説明している。しかし、彼はこれに、「道徳観を欠く奴」を実際よりも美化して話すことは危険であると認識することを加えている。また、好ましくないものを除去した都市の景観（個性のないオフィス企業、MTV〔訳注：音楽番組専門のケーブルテレビ放送〕、ファストフード店そしてヴァージン・メガストア〔訳注：CD、DVD、ゲーム、書籍、衣料、電子製品の販売店〕によって特徴づけられる、社会的搾取、対立、侵害の典型とされていた）は、それが取って代わったむさくるしい都会風よりも「ベター」とは言えないが、とりたてて「悪く」もないという主張を付け加えている。

　デイヴィッド・ハーヴェイ（David Harvey, 1996, 2000a）と**デイヴィッド・スミス**（David Smith; **コラム7.5**）を含む地理学者たちは批判理論に手をつけながら、ポスト・モダン相対主義は、社会的公正の探求を無価値とすべきではなく、公正と公平の言説がガバナンスを通して構築される仕方に注意を払い、それらを生き返らせなければならないと示唆してきた。彼らは、異なる状況に適用され

る社会的公正の概念は1つではなく（Harvey, 1992a）、地理学者はそれらの状態を生み出した政治的過程と社会的過程の公正に立ち向かうことが必要であると主張している。それゆえ、公正は与えられるものではなく、ガバナンスの過程で社会の成員によって構築され、協議されるべきものと見なされる。これは、社会の働きがどうあるべきかについて協議されるので、法律が変わるし、権利も空間の中で変わる理由でもある。

> 空間と時間と自然と同様に、「公正」は、社会的に構築された一連の信念、言説、制度であり、社会関係の表現であって、場所における物質的な社会的慣習を規制し、秩序づけることに関係する、すべてを争った権力の形態である。（Harvey, 1996, p.330）

この慣習化され、規制されるものとしての社会的公正の概念は、地理学者に新しい政治の形態に含まれる（不）公平と（不）平等についての考察を義務づける。これは福祉を基礎とする再配分の政策が土台を崩されて、成長政策に転換されてきた状況では、とくに差し迫っている課題である。たとえば、多くの西洋の都市では、企業家のガバナンスの様式は過激な地理的再編成の形態を可能にして、貧富の間の壁が、獄舎のような都市空間（carceral city space）とポスト・モダンの新しい夢のような消費景観とを隔てる堅固な障壁になっており、分極化過程の原因だと指摘されている（Dear, 2000）。同様に、裕福でない人びとから都市のエリートへ富を移動させたことこそ、まさに多くの企業家的政策の最終的な結果であった（Harvey, 1989a）。都市の政治に関する研究は、都市政策のこのような不公平な結果を強調し続けてきたが、一方で都市における生活水準を低いままに留めながら、地方の経済発展に取り組む政策を主張した。これは、搾取を少なくし、差別される集団を解放し、抑圧された人びとを力づけるメカニズムの提案を含んでいる。現代の政治のプロセスと結果の両方に気を配るガバナンスの地理学的研究は、かくして、政策論争の情報を伝え、批判地理学の研究課題を継続させることに寄与する格好の立場にある（第3章参照）。

コラム7.5　デイヴィッド・M・スミス（David M. Smith 1936-　）

　デイヴィッド・スミスはロンドン大学クイーン・メアリー校名誉教授で、30年にわたって不平等、社会的公正、道徳哲学および規範的倫理（normative ethics）の諸問題を地理学的観点から検討してきた。彼の初期の研究は社会福祉の地理学を中心としていた。「誰が何を、**どこで**、どのように得るか（Who gets what, where, and how）」(Smith, 1977, p.7)、という問いで、これらの制度（arrangement）における不平等や、それらはどうしたら資源の配分と計画によってより平等化されるだろうか、ということに集中していた。デイヴィッド・ハーヴェイ（David Harvey, 1973）の研究と同じように、これは、それは何かと並んで、いかに**あるべき**かという議論を活発にした。それから、スミスは社会的公正のモデルの系統的探究を追究し、それに関与することになった。スミスは最近、倫理と道徳の哲学の地理学における意味に関する研究を *Moral Geographies* (2000) という著書にまとめた。この研究で、彼は景観、立地と場所、近接性と距離および共同体、空間と領域、公正と自然の概念に含まれる道徳的意味を検証している。その次に彼は、これらの概念がどのように政治や計画や開発などで使用されているかを探究した。彼の分析の核心にはいくつかの重要な疑問が存在する。たとえば、距離は責任を減らすか。われわれは知らない人たちの生活に干渉すべきか。私的空間と公共空間との間には区別される特質があるか。もしあるとすれば、どんな価値と道徳が絶対的なものであり、どんな価値や道徳が文化的なものであり、共同体的なものであり、また個人的なものなのか。そして普遍的な権利は差異を尊重することと矛盾しないのか、という問いである。このような疑問が、ホロコーストにおける大虐殺と救助、イスラエルとパレスチナの間の土地をめぐる紛争、またアパルトヘイト時代後の南アフリカの社会的緊張に関連する事例研究によって探究されている。彼の研究はガバナンス自体よりも政策の分配効果にもっと関心があると言われるかもしれないが、彼の研究は、地理学者がさまざまな状況における「公正さ」をどのように評価できるか論証し続けているのである。

さらに詳しく学ぶための文献：Smith, 1994, 2000; Proctor and Smith, 1999

7.7　本章のまとめ

　われわれは、この章でガバナンス様式の現代の変化を強調し、それらを理解するためにいくつかの理論が展開されたのを見てきた。その変化の第一は、中

央集権化され、官僚化された行政がさまざまな空間のスケールで相互に作用しあい、自己編成して、共存するネットワークと協力関係の多様性へ変容したことであった。出現しつつあるこれらの発展を説明するために、地理学者たちは政治学、社会学、経済学からアイディアを引き出し、マルクス、ウェーバー、ダール（Dahl）、フーコー、ラトゥールなどさまざまな重要人物の著作に始まる理論的構成を援用してきた。ここで、われわれは、これらのアイディアを3つの重要な表題に沿って考察した。それらの第一は、政治学者の著作から引用された成長連携理論とアーバンレジーム論の効用の検証を含んでいた。ここでは、提携関係の調和が現代のガバナンスの核心的特徴になってきた範囲と方法を検討するために増加してきた一連の研究を生み出しつつある、と私たちは主張した。ガバナンスを説明する第二の試みは、レギュラシオン理論を援用したことである。そこでは地域と世界との連結性により多くの重点が置かれている。このアプローチは柔軟なポスト・フォーディズム社会の出現をめぐる諸理論の影響を受けている。それは、近代資本主義の変容の一部としての制度改革と複雑なガバナンスの分析によって、変化の矛盾と複雑さを強調している。これは、フォーディズム下で資本主義を規定した大量生産と階層的政治組織が、資本と労働との関係が修正されるにつれて、多種多様な仕方で生み出されてきたことを示唆した。地理学者にとってガバナンスに関して拡大しつつある第三の研究領域は、ネットワークと協力関係との相互作用と役割を理解する基礎としてアクター・ネットワーク理論の利用である。これは、協力関係とネットワークが変貌しつつある政策環境に対応して自分自身を構成要素とし、自分自身を表現するためである。

　新しいガバナンスの様式と構造についてのこれら3つの非常に異なる理論を論評することで、私たちはスケールの問題に対する地理学者の途切れることのない関心も強調した。たとえば、私たちは、ガバナンスが「新しい地方主義」の構築に関係する程度を探ることに地理学者が興味を示すことについでながら注目した。新しい地方主義は、グローバリゼーションの市場攻勢の強化に関連する危険と不確実さに結びついているらしいのである。私たちは、都市ガバナン

スについての研究の検討によってこのことを示した。ただし、類似の議論は農村の政治的環境においても行われつつある（Murdoch and Marsden, 1995）。同時に、私たちは、地理学者がある見方によって地方ガバナンスと国家ガバナンスとグローバル・ガバナンスの差異を問題視しつつあるのを見た。その見方とは、地方のガバナンスは、「場所に束縛されない」多国籍企業のいくつかを含んでいて、グローバル・アクターを含むことを示唆している（もちろん、逆の場合も明らかで、地元の「アクター」がグローバルな政治に関与している例もある。このことは次章の中心課題の1つである）。私たちは、また、最新のガバナンスのモデルは市民権に重要な影響を持っていて、現代の（西洋の）ガバナンスの中心である権力の付与、協力関係、権限委譲のレトリックで常に容易に定着するとは限らないことも学んだ。ポスト・モダンの考え方の受容が進行するにつれて、近代性に関連した市民権の「社会的」と「政治的」な概念は多くの点で「文化的」問題によって地位を奪われてきた。いくつかの場合には、この「文化論的転回」は社会的なものや政治的のものの排除に至る場合もあり、社会的次元と政治的次元を社会のより広範囲な「文化的」理解に再統合する試みに反映できる場合もある。ガバナンスの空間性にユニークな地政学的焦点を置くことで、地理学者はこれらの変化についての議論でも重要な役割を果たしている。要するに、私たちは、経済理論と社会理論のように、政治理論もまた重要な（しかし、ほとんど思いがけなく）「空間論的転回」を経験してきたことを見てきたのである。

第2部 理論地理学の実践

第8章

グローバリゼーションの地理学

8.1 はじめに

> グローバリゼーションの途上で空間に思いがけないことが起こった。それは、一方では重要性を失ったが、他方ではますます重大な意味をもつようになっている。(Bauman, 2000, p.110)

　グローバリゼーションは今はやりの専門用語で、現代世界における社会と経済と政治と文化の途方もない変貌を簡潔に表現するのに用いられている。たとえば、ベルリンの壁の崩壊が象徴する冷戦の終結以後、世界中に広がりつつある政治的状況を描くのに、グローバリゼーションという用語はますます広く用いられつつある。それは、共産主義と西洋の資本主義とのイデオロギー戦争が、新自由主義のグローバル行動計画(アジェンダ)に道を譲った時からであった。また、国境と境界が通過可能になってしまって、ますます国家間の結びつきが深まりつつあることから、グローバリゼーションは即時交流と情報交換を容易にし、世界の「グローバルヴィレッジ」(地球村)観〔訳注：マスメディアと交通手段の発達により世界を1つの社会と見る見方〕を世に広めやすくしてきた。そのうえ、グローバリゼーションは、真に相互依存的な世界経済において国民国家の役割に取って代わる超国家的企業による資本主義的世界システムの支配を強化していると見なされる。個々のケースでは、世界のあらゆる部分が同種の影響を受けやすくなりつつあるという事実は、なぜそこに事象が生じるのかについての適切な説明のように思われる。これは、事象が地元のこと、日常的なことを考え

るときでも「グローバルに考える」よう要求しているように見えるからである（Halloway and Hubbard, 2001）。

　この意味で、グローバリゼーションは新しい巨大な物語（meta-narrative）に、すなわち、現代世界における多くの変化を説明すると思われる当世風の「グランドセオリー」になってきた。しかし、グローバリゼーションは同時にそれ自身で説明し、理論化されることが要求されるものである。この用語が実際に意味することについても一致した定義は無いし、その概念について競合する説明が文献で増殖している。したがって、グローバリゼーションは、近代世界（後期）の世界主義（コスモポリタニズム）の特徴や、逆に、標準化されたグローバル文化に直面して文化的差異が消失したことの両方を説明するために展開された一貫性のない統合失調症的概念である（Bauman, 2000）。それはまた、空間の均質化や、混淆性の増進による空間の分化を示すのに、即座に利用できる（Friedman, 1999）。要するに、グローバリゼーションは盛んに議論される、漠然とした、不明確な概念なのである（Markusen, 1999 参照）。確かにグローバリゼーション言説がカバーする議論と問題は非常に広範にわたっているので、それらのすべてをここで論じることは不可能である。それゆえここでは、グローバリゼーションについてのいくつかの地理学的解釈に集中し、経済生活と社会生活の再編成に関わるグローバリゼーションの重要性に注目する（政治の領域におけるグローバリゼーションに関するいくつかの問題については第7章で議論されている）。

　この章では、地理学および関連する分野における、グローバリゼーション研究へのいくつかの重要な貢献に注目する。両者はグローバリゼーションの過程との結果の両方を解明しようとしてきた。われわれは、空間と時間の関係は大きく変化してはいないとしても、少なくとも世界を形づくる諸々のプロセスの規模と速度に関しては地理学者に慎重な考察を求める方向に変化してきたという考えから出発する。この章の最初の節では、したがって、多くの人びとがグローバリゼーションの基礎と認めている諸活動の加速と伝播と関連の状態を記述し、説明する。この章の第2節では、このようなグローバリゼーションの過程が世界システムの進展における重要な推移、すなわち真にグローバルな経済の

出現によって支持されているという考え方を検討する。ここでは「領土を越えた」グローバル・エリートの経済力に焦点が置かれるが、次の節では、グローバリゼーションを経済現象としてよりむしろ文化現象として説明してきた人びとの議論が検討される。文化の多様性の消滅を予見する人びとと、一層の「場所の漸進的意味（progressive sense of place）」を主張する人びととの緊張に注目しながら、研究者がどのようにローカルとグローバルの関連を理解しようとしているかに光を当てる。これは新しい流れ（フロー）の空間を創成するグローバリゼーションを考察することにつながる。つまり、これは多数の小規模のネットワークがつくる唯一の権力のネットワークであり、それぞれ慎重な分析と検証を要求する。結局この章は全体で、特定の時と場所で始まる地理学の諸理論がいかにして世界に目を転じ、新しい時間と新しい場所の意味を理解するために利用されるようになったかを検証する。

8.2 空間と時間と移動性

グローバリゼーションについては意見に違いが多いけれども、ほとんどの解説者の意見は、少なくとも最近数十年ほどの期間は、世界の大「スピードアップ」期であったことで一致しているように見える。このことは、距離が移動と交通・通信に対する障害として小さくなってきたことを意味している。異なる場所間の距離の重要性は減少してきている。結果として、**距離の摩擦**（friction of distance）は技術革新と交通機関の進歩によって効果的に減少した。ハーヴェイ（Harvey, 1989a）によれば、これは2つの時期に主として行われた。第一の時期は、19世紀の末期で、電信、無線通信、電話、汽車、汽船などの新しい「革新的」技術が財の流れを加速し、通信の高速化を可能にした（Schivelbusch, 1986 参照）。このことは国際貿易の増大を直ちにもたらしたが、真に**グローバル**な交通・通信の革命がもたらされたのは、1980年代と1990年代の技術進歩であった。この革命の中心には、インターネットとワールドワイドウェブ（World Wide Web）そして「インフォバーン」〔訳注：インターネットなどの高速ネットワーク〕の発

第8章　グローバリゼーションの地理学

展があり、それによって文書（テクスト）、画像、音声を世界中に瞬時に伝達することが可能になった（Kitchin, 1998; Dodge and Kitchin, 2000）。同時に、今や多くの人びとは携帯電話を所有し、世界中の人びとと接触できるようになり、しかも、その料金は彼らの両親の世代の人びとが支払わなければならないと考えていた料金より格段に安くなった。人工衛星の増加と光ファイバーケーブルによる高速電話回線は、「重さのない」財と製品（たとえば情報）を、電子の流れとしてほとんど瞬時に地球の反対側に送ることができるようになり、20世紀の後半には手頃な飛行機旅行時代も到来し、高速国際列車、高速自動車道路網の爆発的増加とともに、人と財の長距離移動時間は短縮してしまった。

かくして、異なる地域と異なる国家との結びつきは近年劇的に緊密になり、世界中をめぐる財と情報と人びとがかつてない速さで流れる状況をつくり出している。文化理論家のマーシャル・マクルーハン（Marshal McLuhan; コラム8.3）は、1960年代に「グローバルヴィレッジ（世界村）」時代の到来をもっともらしく語った。このグローバルヴィレッジ時代は、1990年代までに実現してしまったと思われる。今や、われわれは、世界の重大事件の情報が衛星通信によって自宅に「生で」送られてくる世界に生きており、海外の製品と考えがわれわれの生活に日常的に組み入れられており、われわれの運命を方向づける政治的決定が、われわれの政府内で行われるのと同様、海外諸国で議論されそうであり、多くの人びとは長期にわたって出生国を離れて活動することが予想されている。要するに、われわれは、あらゆる種類の相互作用（影響）が、かつて自律的であった国家や地方がお互いに接触する状態に近づく状態にまで空間的に「広がってきた」世界に生きていると思われるのである。

ドナルド・ジャネル（Donald Janelle, 1969）は、この世界の明らかな「収縮」についいて書いた最初の人であり、**空間‐時間の収束**（space-time convergence）という概念をつくり出した。彼の判断では、移動を妨げるものとしての距離の意味の縮小は、空間の広さの測定から所要時間の測定に代わったことを意味した（Leyshon, 1995aも参照）。この時間と空間の認識の変化は、その結果、地理学者に絶対的位置よりむしろ相対的距離（relative distance）を研究するよう促して

303

第2部　理論地理学の実践

きた。それは、「時は金なり」の世界では、相対的距離こそ真に重要なものであると判断されるようになったからであった（Castells, 1996）。このことは常に事実であり、世界は絶えず加速しているわけではなく、異なる意味の速さと遅さで特徴づけられているということを疑いもなく指摘する地理学者もいる（Thrift, 1999）。とはいうものの、最近の技術革新によって先導された時間と空間の一見目新しい弾力性は、地理学者が空間と時間の関係を認識する仕方に反映されている。次の3つの概念がその展開の軸になってきた。**時間‐空間の隔たり**（time-space distantiation）、**時間‐空間の圧縮**（compression）および**世界的インフラストラクチャーの整備**（global infrastructure provision）がそれである（Held and McGrew, 2000）。

　これらのうちの最初のものは、かつて無関係であった人びとと組織と場所が、今や新しいコミュニケーション技術のおかげで、日常的にリアルタイム（すなわち、同時）に広大な隔たりを克服して接触し、互いに影響しあっていることである（Giddens, 1991）。この新しく共有される社会空間（shared social space）は、かつて孤立の状態であった領域に存在していた経済的、社会的行為者（アクター）が互いに影響しあい、依存しあうことになるという点で、地域的空間（territorial space）で行われる面と向かっての相互作用とは異なる。人びとは「物理的に離れている」が、電子メールやインターネットのような遠距離通信技術によって非常に近づきやすい人びとと組織に定期的に、そして頻繁に関わるようになるので、面と向かっての相互作用はますます改良され、距離のある相互作用に取って代わられつつある。その結果、ますます多くの人びとが、近くに住んでいる家族や友人や知人とよりも、新技術を通して世界の遠方の友人や同僚や「同業者」と頻繁に接触している。これから見ていくように、この結びつきは、共通の規範や言語や慣行が世界中に拡散し採用されて、一層の均一性が出現する可能性をつくり出す。

　ギデンズ（Giddens, 1991, p.29）は、社会関係のこの拡大について論じる際、場所を同時に結びつけることは、事件と人びととさまざまな問題がわれわれの日常生活に入ってくる「世界中からのプレゼント」をもたらしていると主張して

いる。アーリ（Urry, 2000）は、これがモンタージュやコラージュの効果を生じ、その結果、われわれの経験と意識は、近くと遠く、ごく近いものと非常に遠いものが混ざったものになったと主張している。それは、世界中から家庭にさまざまな話題をしばしば**ハイパーリアル**に伝えるテレビのニュース番組がよい例である。世界中に中継された「(実際には)起こらなかった」スペクタクル——少なくとも中東における現実の死と苦難の代わりに、はっきりと記憶に残る視覚上の場面だけで「起こったこと」——としての湾岸戦争についてのボードリヤール（Baudrillard, 1995）の分析は、このような象徴のやり取りの最中における空間の崩壊の、刺激的な事例を提供しているのである（第5章参照）。この曖昧模糊とした空間の経験は、**瞬間的時間**（instantaneous time）の出現の当然の結果であるとアーリは主張する。瞬間的時間は、工業化と近代化に関連した日常的な（そして国家の）時刻とは異なる以下のような特徴をいくつも含んでいる（Urry, 2000b, p.129）。

- 世界時間の重要性の増大。
- 生産物、場所、イメージの廃棄可能性の増大。
- ファッション、スタイル、製品、アイディア、イメージの変動性の進展。
- 新しい技術の変化がもたらす生活と労働の仕方の変化による、昼と夜、平日と週末、家庭と職場などの区別の崩壊。
- 24時間社会という考え（したがって、夜間経済および24時間金融取引が重要性を増す）。
- 家族の日常的慣習（たとえば食事の時間）の重要性の減少。
- 「ジャストインタイム」生産方式の発展。そのため労働者にはその労働時間が一層フレキシブルであることの期待（そして企業は、賃金を支払っている時間だけではなく、労働者の全生活に対する権利を主張する）。
- 生活のペースはスピードアップしつつあり、あまりにも速くなりすぎて、リスクが生じているという感覚。

第2部　理論地理学の実践

　このリストは関連する事項をすべて挙げているわけではないが、整然と統制された国家の時刻が世界的時間によって土台を徐々に崩されてきて、人びとは活動を変化させ、結果として生活の仕方をより柔軟に多様に変化させてきている、とアーリは主張している。これは、多くの点で、世界が「スピードアップ」しているという考え方を言い換えているのであるが、しかし、ここで決定的に重要なことは、このスピードアップによって、人びとが空間と時間を新しい方法で利用し、そして経験することになると見なされるということである。ここでの言外の意味は、人びとは世界全体についての認識に従って、その生活をつくりあげつつあるということである。これは逆に言えば、言うまでもなく、これらの人びとがその労働と休息と遊びの仕方を通して、とくにさまざまな国ぐにの人びととの交流を通して、よりハイスピードな世界をつくりつつあるということなのである。

　瞬間的時間の影響の可能性についての有力な考察は**ポール・ヴィリリオ**（Paul Virilio; **コラム 8.1**）が詳しく述べている。ヴィリリオの遠慮のない、時には黙示的な文言は、スピードが人間の想像力と合理的な熟慮と正常な意識を退化させると提唱する（Luke and O'Tuathail, 2000）。「地理は歴史である」という命題の支持者であるヴィリリオ（Virilio, 1991, p.15）は、「古典的な」ユークリッド空間の消滅はポストモダンのグランドナラティヴ〔大きな物語〕批判に相当すると考えている（第 3 章参照）。彼の見解では、現実をシミュレートするために技術を用いる現代の風潮は、意味を見損なうことになる間接的情報を優先している。それは、物理的な空間の消去と、瞬時の移動が標準である「偶然で不均質な空間」への交代に寄与するのは、時間の優先とその速さのための緊急性を重視する、まさにこの技術(テクノロジー)そのものである。彼がそれを概観する際、新しい「技術的時間」を優先するのは、かくして、行事予定表や集団的記憶(メモリー)の意味とは全く関係がない。これらの新しい時間の重視は、媒介される流動の永続的存在、つまり「ますます退化する社会のテンポを破壊している、無限の、そして時間を超越した強さを構成する（Virilio, 1991, p.12）」。アーリの瞬間的時間と同様に、これは時間の意味の変化と世界への帰属意識（world belongingness）の過度にさら

された意味を表現している（Shurmer-Smith and Hannam, 1994 参照）。ジェイムソン（Jameson, 1984）は、これをポストモダニズムと同じものだとしており、われわれは新しい認知地図とメンタルマップを発達させて（第2章参照）、これらの「高速」時間を理解することが必要であると主張している。

コラム8.1　ポール・ヴィリリオ（Paul Virilio 1932-　）

　フランスの都市計画家ポール・ヴィリリオは、現代都市の成長と人間社会の進化についての「戦争モデル」で最もよく知られている。彼はまた、速度の「論理」に適用される**速度学**（dromology）という用語の発明で功績があると認められ、速度の理論家としてもよく知られている。ヴィリリオは、通信と交通の分野における技術の発展は自然界の力を低下させ、空間はもはや資源ではなく、重荷となるほどまでに劣化したと断定した。それは、
コラム8.1　ポール・ヴィリリオ（Paul Virilio 1932-　）
　フランスの都市計画家ポール・ヴィリリオは、現代都市の成長と人間社会の進化についての「戦争モデル」で最もよく知られている。彼はまた、速度の「論理」に適用される**速度学**（dromology）という用語の発明で功績があると認められ、速度の理論家としてもよく知られている。ヴィリリオは、通信と交通の分野における技術の発展は自然界の力を低下させ、空間はもはや資源ではなく、重荷となるほどまでに劣化したと断定した。それは、いわゆる「地理（学）は歴史（学）である」という彼の主張につながっている。この議論は本質的に、伝統的空間は、自然の支配的な存在が瞬間的な電子空間によって失われるにつれて、危機を経験する、ということである。インターネットとサイバースペースとグローバルな大衆メディアの時代には、速さ（スピード）の距離は、距離の物理的次元を消滅させ、自然的境界は電子通信と監視のシステムに入れ替わり、「ここ」と「かしこ」の観念はその伝統的な価値を失う。土地の境界、壁、フェンスの重要性は、恒久的な物理的障害がテレマティクス〔訳注：コンピューターと移動体通信技術を組み合わせて無線で情報を送受信する仕組み〕開始による無限の可能性に道を譲るにつれて減少する。場所に限定されない**テレビ放送**の画面が個人の部屋の窓や公共の都市広場の集会場に取って代わり、新しい接触や相互作用や管理のゾーンになってきた。コンピューターやテレビやテレビ会議のスクリーン・インターフェースの時代には、人びとは、物理的に居住する空間の代わりに交通と通信の時間を使用する。宇宙衛星技術のおかげで、彼らの居住空間は「どこでも」瞬時に利用できる世界の放送スタジオの形態に変換される。パソコン画面のインターフェース（操作）を通して、あらゆる場所とすべての位置は圧縮され、古い地籍図の信頼性は消滅する。ス

第2部　理論地理学の実践

> ピードによる空間の消滅は、予想した支配と予見の失敗に関わり合ってきた。それは、流動と適応と危険の世界である。われわれは常にわれわれが知っている世界を破壊しており、われわれが知らない世界をつくり出している。それは幾何学的な話題としての〈空間〉次元の危機が全体の危機になる、不断の危機の世界である。社会科学で広く読まれているが、ヴィリリオの説は、彼の考え方に身体の有形物体性（corporeality）に関する十分な関心が欠けていることで批判されてきた（第4章参照）。また、彼のグローバル・コミュニケーションの同質化についての説明が、没場所性の創出を強調しすぎていることも指摘されている。新しい技術（テクノロジー）は、反発と自然な場所の特性についての賞賛をよみがえらせる逆効果があるかもしれない。
>
> **さらに詳しく学ぶための文献**：Virilio, 1991; Armitage, 2000; Luke and O'Tuanthail, 2000

　レイスホン（Layshon, 1995a）にとって、デイヴィッド・ハーヴェイ（David Harvey; コラム 6.2）が提唱した**時間‐空間の圧縮**（time-space compression）の概念は、この物理的距離の消滅と、その速度距離（speed distance）による代替の説明に必要な要因（つまり推進力）を用意しているものである。ハーヴェイは、それは近代的生活の加速を説明する資本の流れの根底にある原則であると主張する。すでに第2章で見てきたように、資本主義の本質は、利潤の追求である。ハーヴェイは、空間は労働力を再生産する一方で、生産活動の成長を促進することによって、資本の利潤を最大化するよう組織される、と主張する。ハーヴェイがポスト・フォーディズムと名づける資本主義の最終段階は、時間と空間の両方の極端な変容を伴う。その兆候の1つは、ギデンズ（Giddens, 1991）が確認した社会生活の伸縮性（stretching of social life）である。資本はそれによって世界中の新しい（利潤を得ることができる）市場にますます広く循環していく。もう1つは、アーリ（Urry, 2000b）が確認した時間の崩壊である。そこでは、生活のペースが加速され、資本の回転時間（投資が利潤を生み出すために必要とする時間）が短縮すると見られる。

　世界的変容に関するハーヴェイの見解で最も明確な主張は、彼の著書『ポストモダニティの条件』（*The Condition of Postmodernity*, 1989a）の中にある。時間と空間

第8章　グローバリゼーションの地理学

の圧縮をもたらしている新しい通信技術を詳細に述べることから始まり、ハーヴェイ（Harvey, 1989a, p.240）は、この変化が「われわれの世界理解の仕方」をどのように変化させるのかを鮮やかに思い起こさせる。それによって彼は、われわれは世界が動く仕方についての認識の変化に従って行動し、この圧縮の意味にうまく対応することを学ぶ仕方を説明することになる。その兆候の1つは、すでに第6章で見てきたように、金融取引のスピードの加速化である。これは、「時は金なり」がトレーダーとディーラーに重要な取引のチャンスを逃さないように、経済交流の過程を延ばしたり、加速したりするよう促すアイディアを伴っている（Leyshon and Thrift, 1996）。同様に、経済的交換は迅速であるべきだという考え方も消費習慣に加速を招く（それゆえ、ファストフード、家庭への配達、「待っている間の」サービスなど）。両方の変化は、政治経済学に対して、また文化生活にも社会生活にも同様に、方向を見失わせたり、混乱させたりする影響を与えている。それゆえ、ハーヴェイはグローバリゼーションの近代的「合理的」生産過程と「非合理的」消費主義の成果を区別し、増進した消費者の選択と対応の神話が、どのようにより一層柔軟で「ソフト」な資本主義の形成に含まれるかを示す（ポストモダン都市については第3章参照）。

　重要なことは、資本の空間的転換はますます急ピッチで行われるけれども、これは空間の重要性が減少しつつあることを意味するわけではない、とハーヴェイが主張していることである。皮肉にも、空間的障壁は重要性が小さくなるので、場所の価値は一層認識されるようになると主張されてきた（Swyngedouw, 1989）。たとえば、空間的障壁の消失に伴って競合の度合いが高まったことは、資本家に立地の相対的な優位性に対して非常に綿密な注意を払うよう強いるが、それは今や彼らが場所の間の小さな差異を活用する能力をもっているからである。しかし、もし資本家のエリートたちが世界の地理が空間的に分化している性質についてもっと敏感になっていけば、その時には「現地の」エリートも、彼らの場所の「特異な」性質が金持ちの投資家にとって一層魅力的なものになると宣伝をするようになる。第7章で説明したように、場所の景気刺激策（place packaging）、再びのイメージアップ、ブランド化という企業形態は、グローバリ

第2部　理論地理学の実践

ゼーションへの対応と見なされよう。ハーヴェイはさらに、このような政治的行動が空間−時間の圧縮を促進するような方法で空間を分化させていることを示唆している。新しい経済政策と社会政策が、相次いで採用されており、新しいガバナンスのスタイルが、流動性の選択を非常に高く評価して絶えず移動している資本を呼び寄せるための競争における場所の競合的地位を高める取り組みで盛んである。

> かくして、われわれは主要な矛盾に取り組むことになる。空間の障害が重要でなくなればなくなるほど、空間における場所の多様性に対する資本の感度が高まり、資本を惹きつける方法で識別される場所の誘因は大きくなる。その結果もたらされてきたものは、資本の流れが高度に統合された世界の空間経済における場所の細分化と、不安定で短命で一様でない発展を生み出したことであった。（Harvey, 1989, p.197）

再生産のためにさらに一層多くの利益を生む場所を探すことが資本にとって必要であるというマルクスの考えを、ハーヴェイは空間の文化的生産と社会的生産についての理論（とくに Jameson, 1984; Bourdieu, 1990; Lefebvre, 1991）との対話によって、グローバリゼーションを、あらゆる場所を資本の支配下に置くと同時に空間的、社会的差異を創出し、搾取する資本主義的プロセスの成果として描く。企業家的政策に関する研究（たとえば、ボルティモアのインナー・ハーバーの再開発、Harvey, 1989b 参照）において、資本の差別化傾向と一般化傾向との対話が明確に描かれた。ハーヴェイは、特定の領域を良好なビジネス環境として際立たせるため、見応えのある一連の建築計画が策定されたことを説明した（Olds, 1995; Short and Kim, 1999）。

ハーヴェイは、それゆえ、グローバリゼーションを資本主義の「空間的回避」の最新のもの、すなわちグローバル・フォーディズムの危機を克服し、柔軟な資本生産（すなわちポストフォーディズム）の新しいラウンドの実現を可能にする時間と空間の圧縮と見ている。これに付随してきた美辞麗句（たとえば、「リス

第8章　グローバリゼーションの地理学

クのある」、「迅速に」に動いている世界では柔軟性を高める必要性があるという「グローバルに考え、ローカルに行動する」言説）を攻撃目標にして、グローバリゼーションはダーウィニズムの最も古くて、最も陰険なアイディアのいくつかを魅力的にし、正当化するために用いられる強力な考え方で、それは進化する社会には勝者と敗者が「当然」いるという考え（したがって資本主義は当然であるという考え）が含まれている、と彼は主張する。それゆえ、彼は柔軟なグローバル資本の影響が人間生活にとって有害であるかもしれないという可能性を説明することを切望している（抽象的資本主義空間については Lefebvre, 1991 を、「不生産的」資本が生活で生きている仕方については Lyotard, 1993 を参照）。彼が説明しているように、グローバリゼーションの過程が提供すると言われている自由は、われわれをますます死に向かって駆りたてるだけなのである。グローバル資本主義のポストモダン世界は心のよりどころのない世界で、常に日和見主義的であり、競争的な存在であるペースを維持するストレスは、健康と生活の質を大きく損なう。われわれはモダニストのビジョンが約束した解放を目指すいかなる自由にも向かっていないが、短命のもの、当世風のもの、新しいものを受け入れつつある、と彼は主張する。確かに、人間の生活のあらゆる様相は、それゆえ、一層浅薄になり、変わりやすくなってしまった。ハーヴェイは、変化はめまぐるしい使い捨てと無常の世界にふさわしい唯一のもので、そこでは流行にものよりも高い真の評価が与えられている、と結論づけている。

　ハーヴェイの研究は、文化と経済が絡み合って自然ではあるが不安定なグローバル経済の社会的通念がどのようにつくり出されるかを明らかにしており（Gibson-Graham, 1996 も参照）、グローバリゼーションの**反射的**性質（reflexive nature）（それは結局、世界中の個人の共同行動によって支えられている）に向けられた批判的関心のために、グローバリゼーションの理論家たちに大きな影響を与えてきた。彼が研究し始めたことは、グローバル経済は高度な成果であり、グローバル資本主義を統合するために適切な**世界的インフラストラクチャーの整備**（global infrastructure provision）、つまり中枢神経系が必要であることを示すことである。ヘルドとマクグリュー（Held and McGrew, 2000）は、ハーヴェイの説を

311

第2部　理論地理学の実践

利用して、人と財と移動の世界的な動きを管理する中心地を取り巻く空間の再編成が、時間－空間の圧縮の重要な結果であることを示唆している。これらは組織化されたものと他のインフラストラクチャーが決定的に密集していることを示す空間である。このインフラストラクチャーのいくつかの例は、ISDNネットワーク（統合デジタル通信サービス網）とサーバーを含み、それらはグローバル・エリートに長距離通信を可能にしている。24時間世界中で株式取引が行われているグローバル金融市場（第6章参照）や国際空港などが存在するのはその結果なのである（Graham and Marvin, 2001）。

　おそらく最も重要なことは、これらの世界的管理の中心地に知識の豊かな人びとが集中していることであり、彼らの仕事はグローバルな金融機関のコンピューターシステムに毎日「注意を払い」、世界的危機や沈滞の時には景気を回復させるよう専念することである。スリフト（Thrift, 1994b, 1996）の世界経済理解の中心にあるものは、したがって反射性（reflexivity）とネットワーク構築（networking）であり、それとともに世界的な流れを確立させ、維持するために不可欠な、知識豊かな労働者と企業と制度である（第6章参照）。新しいテクノロジーは、これらの「知識共同体（epistemic community）」〔訳注：環境、人口、核などの世界的問題について専門性をもち、かつ提言を行う能力のある世界中の専門家によって形成されるネットワーク〕を見えなくし、分散させる遠心力をもっており、もし労働者が電子的に結びつけられれば、どんなところにもそれらは立地が可能になるが、新しい世界的支配管理の形態が出現し、特定の場所に集中してきたので、対抗する求心的傾向は明瞭である（グローバル・フローの表現できわめて重要な世界都市については、8.5節で若干議論される）。このことは、グローバリゼーションの理論家たちが取り組む重要な矛盾を明白にしている。それは、なぜ場所は空間－時間の圧縮の時代にも依然として重要なのかという疑問である。結局、それはグローバリゼーションについての多くの議論の中心にある難問であり、そしてローカルとグルーバルとの間の緊張なのである。ローカルとグローバルとのこの関係が、どのように理論化されてきたかを次の節で明らかにし、そしてグローバルな生産活動と消費の経済地理学を探究する。

第8章　グローバリゼーションの地理学

8.3　グローバル化する経済の地理学

　交通通信と移動性に関する研究が明らかにするように、グローバリゼーションは抽象的なシステムでも、経済的、社会的、政治的過程の最終的結果でもない。どちらかと言えば、グローバリゼーションは資本と人と財と知識の大量移動を伴って進行しつつある**プロセス**である。ハーヴェイが言い、何人もの人びとが示唆しているように、このプロセスこそ真にグローバルな経済・統合されたグローバルな社会・共有のグローバル政治をもたらしてきたものであると主張されたが、他の人びとは、これらの流れはグローバルどころか、特定の場所にしか上陸していないと主張している。たとえば、アーリ（Urry, 2000b, p.13）は、「グローバルなもの」の出現レベルには地域的な差異があることについて語り、その衝撃波は世界の一部から他の部分へ無秩序に拡散しており、世界にはグローバリゼーションを受け入れやすくない諸地域が依然として存在すると言っている。この主張は確かに経済のグローバリゼーションについての議論で明瞭であり、そこでは国際資本は発展途上国をほとんどバイパスしてしまい、依然として核心諸国、とくに都市的西洋諸国に留まったままであることが認められている。たとえば、ハーストとトンプソン（Hirst and Thompson, 1999）は、グローバリゼーションに関連しているとされている統合活動の多くから、アフリカとアジア大陸の大部分を含む世界のかなりの部分が欠落することによる地理的不均等を指摘して、グローバル経済という考え方をとくに否定しているのである。資本の流れと貿易の情報についての彼らの分析は、資本は世界中に雇用その他の機会を拡散するよりも、むしろ先進国に集中しつつあることを明らかにしている。世界の現行の秩序は、支配的な国民国家と組織された主要なスーパー連合（アメリカ合衆国、日本および選ばれたヨーロッパ諸国の三幅対に支配されている）に統制され、国際化された経済である、と彼らは主張している。

　これは、**イマニュエル・ウォーラーステイン**（Immanuel Wallerstein, 1984; **コラム 8.2**）が世界は、西洋の核心と非常にみすぼらしい周辺と、これらの経済的

第2部　理論地理学の実践

両極の間で政治力を安定させている新興の半周辺との3層に分化していることを確認していることを思い起こさせる。ウォーラーステインの「世界システム理論」は、それゆえ、国際的関係における空間の重要性について政治経済的見解を採用する。したがって、地政学における伝統的見解は真に重要なハートランド地域を戦略的に支配するための闘争や、権力関係の世界的階層構造における国家の地位に焦点を当てていたが、ウォーラーステイン（Wallerstein, 1984）は、資本主義的世界経済の動態の見地から国際関係を解釈する。地政学的分析は国別に進めることが不可能であるが、このアプローチは世界的スケールで存在する分業を考慮することが必要であることを示唆する（Massey, 1994 と比較せよ）。ウォーラーステインの説明では、世界経済において国ぐにに特定の役割を課すものは、資本主義の構造論理とリズムである（しかしアグニュー〈Agnew, 1998〉はこの政治経済モデルを修正して、より複雑で層化した世界の領域的階層性の形成における社会文化的と政治的なプロセスの形成上の影響を認め、それを「地政学的経済論」と呼んでいる）。

　もちろん、このタイプの分析は、経済のグローバリゼーションが進行しつつあるということや、最近20年から30年の間に世界中で経済的取引の量が増大してきたという考え方を疑ってはいない。しかし、ここでもわれわれは慎重に対処しなければならない。それはポール・ノックス（Paul Knox, 1996）が、グローバリゼーションは必ずしも新しい現象ではないと提唱していることである。彼は、統一された国民国家の世界的基盤、国際的な機関と組織、交通・通信の世界的形式、世界標準時、国際的競争と国際的褒賞、市民権と人権の共有は、すべて19世紀の中期までに確立されたと主張しているが、これは15世紀と16世紀の重商主義に前例があった（近代の世界システムが市場の論理に基づいて成長したことについては、Wallerstein, 1974 を参照）。

　ごく最近のグローバリゼーションの特徴は、ノックスによれば、世界の経済活動の中で国境を越える割合が決定的に増加してきたことである。このことは、企業の内外で起こる財と資本と情報の流れが、国家間の輸出入よりも一層重要になりつつあるという事実に関係している。行動の見地から見ると（第2章）、

第8章　グローバリゼーションの地理学

　これは企業エリートの意思決定過程との関連で説明される。それは、全体的世界（グローバル・ワールド）の認識と、世界中の地表に広がる生産施設が利潤を高める方法であるという考えによって形づくられる。そのうえ、これらの企業エリートは、しばしば柔軟で大規模な企業集団を経営するが、この事実は、彼らが本能のままに行動することができ、グローバルな企業をつくることを意味する。

　それゆえ、商品と産物は数百年どころか数千年もの間、国家の**間で**（between）取引されてきたが、今日では国際的取引のかなりの割合は1つの企業の**中で**（within）行われる。あるものにとって、グローバリゼーションを支える決定的な要因は、超国家企業（transnational corporations, TNCs）が世界貿易に占める割合の上昇にあるということである。広い意味で、超国家企業は、国境を越えて投資と活動を行い、複数の国々に生産施設（製造工場、組み立て工場）と事務所および研究施設を所有する企業である。最大級の超国家企業の多くは世界中でよく知られた名称で通っているが、それはいわゆる**グローバル製品**（global products）を生産しているためである。グローバル製品は、世界中で同じブランド名で生産され、流通され、販売される、よく知られた消費財を指すために使用される。その著名な例には、コカコーラ、ベネトンの衣服、マールボロのタバコ、ナイキのスポーツ用品、ソニーのウォークマン、マイクロソフトのウィンドウズ・オペレーティング・システム、フォードの自動車などがある。確かに、広く注目される傾向は、市場に出荷されるこれらの製品が、グローバリゼーションのイメージと言説を用いていることである。特定の商品を買うことは、消費者を世界の文化に結びつけるというアイディアを消費者に売ることなのである（G. Myers, 1998）。これはしばしば、環境への関心や差異の尊重や、（多分逆説的にではあるが）誇示的消費の賞賛からなる西洋の理想をもとにした広告業者が明示していることである（8.4節参照）。

　消費財を大量生産する製造業者をはるかに越える最も強大な超国家企業は、石油精製、石油化学製品生産、医薬品生産、航空宇宙産業に関わっている。しかし、多くの超国家企業はサービス部門を基にして、毎日莫大な金額の株式、債

第2部　理論地理学の実践

券、先物が取引される、世界的に統合された金融システムを維持するうえで重要な役割を演じていることに注目することも重要である。20世紀の後期には金融の同質化が進展し、各国の金融システムは次第に類似になりつつある。短期の利率の均等化と市場規制の標準化の導入 (Leyshon and Thrift, 1997)、そしておそらくいくつかの通貨（とくにUSドル）のグローバリゼーションと、ヨーロッパ連合における新しいヨーロッパ通貨の創出がその証明である。このことを示す一層の実例はバーチャル・マネーの出現である。バーチャル・マネーは特定の国に属するとは考えられない。ビザとマスターカードとアメリカン・エキスプレスが発行するクレジット・カードによって、われわれの多くは金融取引のスピード化と伸展から利益を得ることが可能になる。これはATM（自動預払機）を利用するたびに世界の金融のネットワークを利用することが完全に可能になり、世界のどこにいても（ATMがそこにあれば）現地の通貨を得ることができることを意味する。かくして、紙幣を1つの通貨から他の通貨に替える必要性はほとんどなくなってしまった。これらのバーチャル・マネーの流動を管理する金融会社と機構、ナットウエスト (NatWest)（訳注：ロイヤル・バンク・オブ・スコットランドの子会社）、シティコープ (Citicorp)、J.P. モルガン (J.P. Morgan)、ソロモン・インク (Salomon Incorporation)、香港上海銀行 (Hong Kong Shanghai Bank: HSBC) は、今では世界で最大級の雇用主に属する（第6章も参照）。

　しかし、それらがどんな事業に携わっていようとも、大多数の超国家企業はいくつかの理由、つまり供給指向と市場指向の両方の理由で、グローバル市場において戦略上重要な存在を維持するように心がけている。ここでは、その製品を製造するために最も利益のあがる場所を探す企業の要求（すなわち、原材料、労働力、インフラストラクチャーの供給が、商品を最も安く生産するのに最適である立地を探すこと）と、その製品のために新しい利益のあがる市場を開拓する企業の願望との相違を見分けることが必要である。ここで作用する諸要因を説明するのに役立つ実例は、ナイキ社 (Nike) の例である。ナイキ社は世界の主導的なスポーツ用品会社であり、紹介するまでもない。1996年の年間総収益は65億ドルと報告されており、この数字はいくつかの小国のGDPに匹敵する。ナ

第8章 グローバリゼーションの地理学

イキ社が 1965 年にオレゴン州ビーバートンで創立された企業にすぎないことを考えると、これは驚くべき発展の見本である。この会社の成功の一部は、その海外での生産活動との関連で説明される。その経営方針によって、現地の生産コストが変化するにつれて、靴の製造の労働集約的工程を国から国へと移動させることが可能になった。これは、現在この会社の靴のほとんどすべてが極東で製造されている理由を説明している。極東の低賃金は明らかに魅力である (Schoenberger, 1996)。ナイキ社の主要な海外生産活動は、それゆえ、アジアの5カ国、中国、韓国、台湾、ベトナム、インドネシアで行われており、これらの国々では女性と若年者の雇用は極端に低賃金で、それによってナイキ社は利益を蓄積し、さらなる投資の加速を可能にしている。もちろん、将来、このようにして加速される発展が他の場所でもっと容易に達成される可能性は十分にあり得ることである。それは、費用のかからない場所の方を選んで、現在の生産活動が放棄されるかもしれないことを意味する。この意味で、ナイキ社のような超国家企業は利益を追求して、ますます**立地条件非制約**（footloose）となると言われており、彼らの活動は罰を受けることもなく、国境を越えて展開することができる。

　超国家企業は「世界経済の主たる形成者」と広く認められており（Dicken, 1998, p.177）、新しい千年紀におけるグローバリゼーションをめぐる多くの恐怖と希望の焦点である（Waters, 2001）。その理由は、多くの超国家企業のとてつもない大きさ（その多くは売上高が個々の国々の GDP を超える）ばかりか、それらの見かけ上の立地条件非制約性にも関係している。バーフ（Barff, 1995）は次のように主張する。超国家企業は彼らの企業ネットワークを絶えず再編成することによって投資（対象）を国から国へと変更し、その結果、国際的、全世界的なスケールでの生産（活動）の連鎖が地理的に急速に変化する。場所に対する義務感が乏しいので、超国家企業は市況が変動するにつれて、突然、生産（活動）をある国から他の国へ移動させる決定をするが、それは超国家企業に結びついている「現地の」下請け業者と生産者サービス業との関係に有害なインパクトを与えると指摘される。この立地条件非制約性の論理の例外は、超国家企

317

第2部　理論地理学の実践

業の研究と開発、技術、金融、マーケティングなどの部門である。超国家企業のこれらの部門は核心的諸国（とくに北米、日本、ヨーロッパ連合）に深く留まる傾向がある。これは超国家企業を新国際分業の形成に関与させることであり、周辺地域は組み立て工業や通常のデータ入力のような低熟練の規格化された操業を発展させ、グローバルな核心は高度な技術的知識や技術の豊富な工業を保持する（Sayer and Walker, 1992; Barff, 1995）。この背景には、最大級の超国家企業100社の本社のうち97が核心的国家にあるが、このことは注目すべきことなのである（Short and Kim, 1999）。

　これらの理由から、超国家企業のインパクトに関する議論では、それらを寄生的なものと見なす人びとと、それらを肯定的なものと見る人びととに批評家が分極化する傾向がある。日本の著者、大前研一（Ohmae, 1990, 1995）は後者の陣営に属し、「国境なき世界（論）」（borderless world）の主導的提唱者である。彼はグローバリゼーションを西洋の自由市場理想の地球全域への拡大を必然と見ており、雇用創出の新しい機会であり、そして世界全域で大量の消費と豊かさをつくり出すとみている。新しい「消費者民主主義」では、国境を越える消費者優先の拡大は、国家の「経済的境界」を融解させ、世界市場を創出する、と大前は主張する。無国籍の企業、つまり超国家企業は、ますます連結した経済の最も重要な牽引者として、次第に国内に本拠を置く多国籍企業に取って代わりつつある。この経済は今や非常に強力なので、大部分の消費者と企業を吸収して、従来の国境をほとんど消滅させ、旧型の政治、官僚主義、軍隊を衰退産業の状態に追いやってきたとも彼は主張する。この「新しい」世界にあっては、国民国家はグローバルに競合するのに必要な柔軟性を欠いていると思われ（多くの現代的目的のためには小さすぎ、他の目的のためには大きすぎる）、グローバリゼーションを推進するために新しい空間的形態に代わられつつある。大前の見解では、われわれは「国境なき世界」の出現を目の当たりに見ており、伝統的国民国家の国境は時代遅れになり、都市国家が政治力と経済力の主要な場になってきており、そのうえ、われわれは最大級の超国家企業100社のうち41社はその本社がパリ、ニューヨークあるいは東京にあることに注目するとよいだろう

(Short and Kim, 1999)。

　大前の著作は、投資を惹きつけようとしている商社と場所との間の激しい競争の時代に直面する課題に関心がある「推進主義」政治家および公共部門の管理者の間で、また企業経営の諸領域において非常に影響力があった（第7章参照）。しかし、多くの地理学者（たとえば、Leyshon, 1997b; Roberts, 1995）はグローバリゼーションの経済についての大前の解釈に否定的である。彼らにとって、大前の考え方が経営戦略家と政治のリーダーによって慣例に従ってうまく使用されていることは重要である。そして、彼らは超国家企業の成長を生み出す潜在的可能性を支持する人びとの多くがビジネスの指導者で、新自由主義の支持者であることを不思議に思わない。彼らが主張するのは、これらの人びととはまさに政治的含みのある方法でグローバリゼーションのパロディー版を展開することから利益を得る人びとであると主張する。ケヴィン・コックス（Kevin Cox, 1997）は、大前のグローバリゼーション言説のような無批判な言説を「詳細に分析する」際に、同様な点を指摘している。彼が主張するのは、大前の言説は必然的で避けられない情勢として新自由主義的資本主義に「順応する」効用を覆い隠しているということである。コックスの見解では、無批判なグローバリゼーション言説は国際的な階級闘争の一部であり、初期の領域的抵抗を克服することによって超国家的資本と提携する人びとの利益に寄与することを意図している。そのうえ、彼は、これらの言説は危険なものであるが、それは、それらが実際の傾向から関心をそらし、支配的な巨大な圏域の支配権の容赦のない新自由主義の行動方針を隠しているからである、と示唆している。

　コックスにとって、経済的グローバリゼーションの仮定と文言を採用することは、この概念がもたらす避けられないものに本質的に身をまかせることである。彼は、かくして、現実（ありのままの世界）と現実になることを目指す言説とを区別することが必要なことを警告する。ロバーツ（Roberts, 1995）は、グローバリゼーションは神話であるという主張を退けるが、コックスと同様に、グローバリゼーションは言説的であるばかりか唯物論の次元であると繰り返し言って、グローバリゼーション言説のヘゲモニーを批判する。ロバーツにとって、グロー

第2部　理論地理学の実践

バリゼーションは反復される一連の言説と社会 - 空間的実践によってスカラー〔訳注：長さ・面積などの大きさだけで定まる数量〕関係（scalar relations）の物的再編成（material reshaping）を含んでいる。これらのグローバリゼーション言説は自己確認と自己宣伝と考えられ、ありのままの世界と行動の慣例に従った計画の説明の両方を含んでいる。したがってロバーツは、政治経済における見せかけの定着との関連では全く取るに足りないとして、グローバリゼーションの言説的根拠を退ける傾向のある地理学者に対して辛辣な非難を浴びせ始めながら、グローバリゼーションという考え方の発生と拡散についてもっと詳細に検討するよう主張している。

　コックスとロバーツにとって、新自由主義の企業指導者たちが提案したグローバリゼーションの考え方を受け入れることは、きわめて危険と考えられる。その言説は説明の適切な枠組みとなるよりもむしろ、グローバリゼーションの永続に関与すると見られる。それゆえ、何人かの理論家はかかる言説を直ちに退けることをしぶり、新しい世界秩序建設について議論の余地のあるこの言説の役割をじっくり考えて認める（たとえば、Mitchell, 1995; Barnes, 1996; Gibson-Graham, 1996; Agnew, 1999）。フーコー、デリダ、ラトゥール、ロウその他（第3章参照）のポスト構造主義思想の影響を受けて、これらの理論家たちは、大きな変化が進行していると考えるが、グローバリストの言説が予想する結果は明快であるとも、確定的であるとも認めない。コックスのような人びとは、資本は社会生活の最も多くの側面を形づくる支配的な要因であるかもしれないが、それらは言説の介入による屈折と抵抗を認めていると信じている（具体的な状況における活動と抵抗はもちろんである。Routledge, 1995 参照）。これは、大前のグローバル・プロセスの楽観的な評価を否定する言説が、ナイキ社によってもたらされた不平等と搾取の説明のように（Schoenberger,1996）、グローバリゼーションの進路にも影響を及ぼすかもしれないことを意味する。

　ここで注目に値することは、大前の「国境なき世界（論）」の主張に異議を唱える地理学者に事欠かないことである。たとえばディッケン（Dicken, 1997）は、超国家企業が世界経済の管理者として国民国家の権力を侵害してきたと想

第8章　グローバリゼーションの地理学

定することは大きな間違いであると述べてきた。ディッケンは、経済活動の国際化に向かう傾向があるのを認め、それを「グローバル・シフト」と見なすが、超国家企業が国民国家の規制を回避する力には依然として議論の余地があると主張している。彼が考える証拠は、最近数十年間に真にグローバルな企業の創出に向かう大きな変化がないことを示している。ほとんどの企業は依然として、真に超国家的（TNCs）というよりむしろ多国籍的（すなわちMNCs）である。彼は、真に立地条件非制約企業の概念は神話であり、ほとんどのグローバル化された企業でさえ歴史的に**つくられた**もので、特定の国に本拠を置いている、と主張する。もちろん、超国家企業の立地行動はグローバリゼーションの過程で、超国家企業を重要なアクターにするが、政府の活動は国家の比較優位性を確立し、維持することで非常に重要である、とディッケンは主張する。多国間協定に基づいて超国家的統合市場を形成するのはその例である（たとえば、北米自由貿易協定やヨーロッパ連合）。

　ディッケン（Dicken, 1997）は、また現代の生産（活動）に関係した組織形態の当惑させられるほどの多様性にも注目し、多様性は近い将来も続くだろうと結論づける。しかし、彼は「世界的」企業の操業において明瞭に認められる傾向をいくつか認め、その最も注目すべきものは世界的なネットワークを重要視する傾向の増大であるとしている。超国家企業はその地理的に分散した操業を、世界的都市を中心にして緊密に組織されたネットワークに再編成しつつあるように見える、と彼は主張している（Taylor, 2001 も参照）。超国家企業**内部**でのこの複雑な組織のネットワークの発展には、他の企業との外部的提携の数の急増を伴ってきた。かくして、アメリカ、ヨーロッパ、日本における大手の自動車製造会社は、戦略的なグローバル複合企業体（コングロマリット）として提携し、フォードとボルボとマツダは提携して、ゼネラル・モーターズとトヨタに対抗している。コングロマリットと提携を創出する類似の傾向は、銀行と金融のサービス部門（Daniels and Lever, 1996; Wood, 1991）とメディア（Robins and Cornford, 1994; Robins, 1995b）でも明瞭である。これらの再構成と戦略的提携は、ともにグローバル経済で生じている変化を表しており、つまり競合の増大、技術の変化、そ

321

第2部　理論地理学の実践

して新しい製品の生産とマーケティングがそれらの変化である。

最後にディッケン（Dicken, 1997）は、超国家企業をいずれも同じ方法で類似の目的を追求する巨大企業の等質的集団と見なすことは、全く不適当であると主張している。ディッケンは、均一性ではなく多様性を強調することによって、超国家企業とその母国との間の関係から（その多くの分工場を受け入れる国との関係からも同様）多様性の多くが生じると結論づける。ディッケンは、彼の著書『グローバル・シフト』（*Global Shift*, 1998）で、超国家企業がさまざまな国へ与える影響（そして国々が超国家企業へ与える影響）が非常に多様であることを示す詳細な経験的証拠を提示しており、グローバル経済において国民国家はもはや重要ではないという主張に疑問を呈している（Allen, 1995; Dunning, 1993 も参照）。ディッケンの研究が傑出している点は、国家の政策と法的枠組みが超国家企業の実践を侵害する仕方についての考察である。これは、超国家企業と受け入れ国（現地にしっかりと根づくようになる立地条件非制約企業のいくつかをもっている）の間でつくり出される相互依存関係に対してわれわれに注意を喚起する。超国家企業に関する研究の多くはしたがって、グローバル資本主義の中心にある労働－資本／供給－需要関係に焦点があるけれども、研究者たちは超国家企業の社会と文化の慣習に合わせた説明をつくり始めつつある。それはグローバル言説とビジネスの実践が特定の方法で特定の企業を「グローバル化する（go global）」よう促す仕方を探りながらである（たとえば、Gertler, 1997; Schoenberger, 1996）。グローバル経済について、この文化に適応した見解は、地理学の「文化論的転回」のもう1つの兆候である（第3章参照）。

コラム8.2　イマニュエル・ウォーラーステイン
（Immanuel Wallerstein 1930-　）

イマニュエル・ウォーラーステインは、世界を1つの経済システムと見る最も影響のある主張を提出した。ウォーラーステインの分析の最も重要な単位は世界システムである。世界システムは、それを構成する社会あるいは国家の諸々の社会過程の関係を越えて、独自の発展能力をもっていると見なされる単位である。ウォーラーステインにとって、世

界システムには3つのタイプがあった。**世界帝国**（world empires）と**世界経済**（world economics）と**世界社会主義**（world socialism）がそれである。世界帝国は古代と中世の歴史において顕著な特徴を示していた国際的通商帝国であり、世界経済では国民国家がたった1つの資本主義経済で統一されており、世界社会主義は国民国家と資本主義に将来取って代わる未完成の政治経済体制である。現代の世界システム（すなわち世界経済）は、これらのシステムの第2番目に相当する。世界経済は競合する諸国民国家からなる1つの世界市場であるというウォーラーステインの解釈は、明らかに政治経済学的なアプローチであり、資本主義発展についてのマルクス主義的分析と多くの点を共有している。これらの類似性には、市場（資本主義）の力についての批判的見解と、経済的不平等を永続させる豊かな国と貧しい国との対外的関係の重要性に対する批判的見解が含まれている。彼は、豊かな国（核心）と貧しい国（周辺）との関係を、本質的に搾取と見なしている。貧しい国家にはその関係において従属的な役割が与えられている。しかしウォーラーステインによれば、長期間の歴史的記録は、諸国の相対的な強さと弱さが時とともに世界システムへの適応をもたらし、国家が核心と周辺に出たり入ったりする状態を示す、という。彼は半周辺という中間的カテゴリーに気づき、それが核心諸国の降格地帯と成功した第三世界諸国の昇格地帯になることを認めた。これらの3つの地帯の間での国々の移動を説明し、新国際的分業（NIDL）をつくりだす主要な要因は、大規模な企業の実践と個々の国民国家の規制された活動であるとウォーラーステインは主張した。ウォーラーステインの「世界システム論」は、アンソニー・ギデンズ（Anthony Giddens, 1990, pp.68-70）など何人もの評論家によって、グローバリゼーション理論の初期の見解として称賛されてきた。しかし、他の評論家は、経済的基盤だけで統合される世界システムの存在は世界的統一を意味しないし、政治的と文化的な統合はウォーラーステインにとって、世界社会主義についての彼の夢物語で、かすかな可能性しかないと主張している（Water, 2001）。

さらに詳しく学ぶための文献：Wallerstein, 1974, 1984; Taylor and Flint, 1999; Taylor, 1999b

8.4 場所のグローバル的意味

　グローバリゼーションは経済に多大の影響を及ぼしてきたが、「時間による空間の消滅」も、**グローバル文化**（global culture）が世界中に広がって行く仕方について考えるよう地理学者に促してきた。この過程における重要なアクターは、

第2部　理論地理学の実践

世界のメディアを支配する西洋の新聞、映画、ラジオ・テレビ放送会社である。世界の6大メディア組織（第5章で詳しく説明した）はすべて世界的存在であり、子会社の衛星放送を経由して、世界の聴衆に放送している。それゆえ、世界の放送には均質化が認められる。

> どこに住んでいるかに関係なく、世界中の視聴者はテレビが放映する類似の番組を見ている。同じ日の同じ時刻に同種の番組が予定されている。メロドラマやクイズ番組が昼間の番組の大部分を占めており、夕方には幼児向けの番組が圧倒的に多い。その後にファミリー向け番組、夜のニュース、ドラマ、スポーツ、成人向け番組が続く。この標準的な番組構成の重要性は、それが特定のタイプの番組の需要を喚起するようになり、タイプの多くが国際的起源をもつということである。(Clark, 1997, p.126)

評論家たちの中には、人びとが国境を越えてくる生活様式や行動や価値観にさらされるにつれて、このおなじみのイメージが文化的同一化（cultural identification）の新しい形態を生み出している、と主張する人びともいる。アパデュライ（Appadurai, 1990）は、印刷物、テレビ、音楽、映画でのイメージと情報の流れによって生まれる**グローバル・メディアスケープ**（global mediascape）〔訳注：マスメディア的なシステムや商品によって生み出される世界〕の出現を説明している。すでに、第5章で見たように、このようなイメージは特定のライフスタイルと場所の価値を高めるのに役立つ。それは、貨幣と情報と財の世界的な流れを理論化する際に、政治経済と文化経済の絡み合いの考察が不可欠なことを示している。

アパデュライのグローバル・メディアスケープについての考え方は、グルーバル・メディアの同質化を適切に捉えていると思われるが、コミュニケーション革命の空間的影響に注目するよう警告した人として称賛されているのは、**マーシャル・マクルーハン**（Marshall McLuhan; **コラム8.3**参照）である。1960年代に形成されつつあった新しい地理とコミュニケーションの秩序を記述するために、

第8章　グローバリゼーションの地理学

当時「グローバルヴィレッジ」という用語を最初につくり出したのはマクルーハンであった。

> 断片的で機械的な技術によって人口が爆発的に増加した3000年を過ぎて、西洋世界は内部崩壊しつつある。機械時代の間に、われわれは身体を空間に拡大してきた。今や、電子技術が1世紀以上も発展した結果、われわれは、われわれの惑星に関する限りでは、空間と時間の両方をなくしながら、中枢神経系を全世界に拡大してきた。（McLuhan, 1964, p.16）

コラム8.3　ハーバート・マーシャル・マクルーハン
（Herbert Marshall McLuhan 1911-80）

カナダの著述家マーシャル・マクルーハンは、1960年代以来、現代のメディアがグローバルヴィレッジのイメージで世界を造り替える、という考え方を通して非常に大きな影響を与えてきた。彼の著書『メディアの理解』（Understanding Media, 1964）と『メディアはマッサージである』（The Medium is the Massage, 1967）は、現代世界に関する次の2つの重要な疑問を提出した。コミュニケーションとは何か、そしてコミュニケーションは人間にどのように影響するか、という疑問である。これらに対する彼の答えは、印刷機の発明から電子時代までのコミュニケーションの全過程をたどったものであった。彼の主張の核心は、コミュニケーションの内容によるよりも人びとがコミュニケートするその情報伝達手段の性質によって、社会はますます形づくられてきているということであった。最も大きな影響力のあるものは情報伝達手段そのものであって、情報伝達手段が広めるアイディアと情報ではない。要するに**メディアはメッセージである**。マクルーハンは、耳よりも目を使うことを重視する印刷機の発明は、人びとを内観的、個人主義的、自己中心的になるよう助長してしまったと主張した。かくして、それは団結性があって相互依存している社会の形成と維持にとっては有害な「孤独にする」技術になった。これに対して電子メディアは、「結びつける」技術であって、多数の場所と根源から他人との関わりに直ちにわれわれを触れさせ、結びつけることによって社会的相互作用と相互依存のパターンを形づくり、再編成する。それらはグローバルヴィレッジに住み、グローバルヴィレッジに起こる出来事に同時に参加するように強制することによって、また印刷言説に関連する個人主義信仰を衰えさせることによって、地球規模に関する言説を再構成してきた。その結

第 2 部　理論地理学の実践

> 果は、関係のある、相互依存の 1 つの場所とイメージすることによる世界の再定義である。それは「グローバルヴィレッジ」という新しい世界共同体意識の出現である。
> **さらに詳しく学ぶための文献**：McLuhan, 1964; McLuhan and Fiore, 1967

　マクルーハンの主張は主として、社会関係との距離を保つことと伸展によってもたらされる脱伝統化の傾向に関与していた。彼の重要な考え方の 1 つは、言語は即時の意思伝達の必要性によって標準化されるということである。書かれ、印刷されたコミュニケーションは、世界の反対側の人びととの同時的対話方式によって取って代わられる（その結果、「新しい部族」間交流に基づくグローバルヴィレッジの形成を彼は予測している）。マクルーハンのグローバリゼーションに伴う文化変化の予測は、コミュニケーション革命で起こりうる結果についての驚くほど正確な洞察として広く好評を博してきた。しかし彼の研究は、地域のコミュニケーション様式の脱伝統化についての彼の予感が「地理の終わり (end of geography)」を予感したものであるとして評論家の何人かが飛びついたことによって誤解されがちとなった。このタイプの解釈は、人と財と情報のグローバルな流れが地理的境界と多様性を解消しつつあり、したがって結果として生じるグローバルヴィレッジには地理学的分析に値する差異はなくなるだろうと示唆する (O'Brian, 1991)。しかし、地理学の消滅は他の多くの人びとによって猛烈に拒否された。彼らは、世界的均一性を脅かす過程そのものによって新しい差異が生まれつつあると主張するのである (Allen and Hannett, 1995)。

　マクルーハンとは異なる他の見解は、政治経済学者によって出された。彼らは西洋の資本主義の広まりと、西洋の資本主義が現代のグローバル・システムの形成で果たす役割を検討する。たとえば社会学者レスリー・スクレア (Leslie Sklair, 1991) は、グローバリゼーションが世界の差異を消滅させつつあるという見解を検討し、資本主義がもたらす搾取と不平等にしっかり関与しているグローバル・メディアによって、世界はグローバルな経済システムに再編成されつつあるという考えを主張している。

第8章　グローバリゼーションの地理学

この革命を特徴づけているのはメッセージではなく、メディアであると主張する人びととは全く違っている。重要なメッセージは依然として強力な資本主義のグローバル・システムのメッセージである。マクルーハンの有名な「メディアはメッセージである」という言葉は、彼自身時折認めているように、ますます超国家企業となっている企業が、**企業の**メッセージを広めるためにメディアを支配しているという限りでは真実なのである。(Sklair, 1991, p.74)

　メッセージがメディアを完全に圧倒してしまっているのでメディアはメッセージ**である**と結論づけることによって、スクレアはマクルーハンの考え方を完全に解釈し直す（Sklair, 1991）。マスメディアは、現代資本主義の支配的な機関のための文化操作と帝国主義の手先と説明されるが（すなわち、超国家企業は西洋に本拠を置いている）、それは、超国家企業が西洋の商品と生活スタイルを欲する市場をつくり出し、「恵まれた生活」の説明に対する効果的な抵抗の可能性を制限するからである。地理学者ケヴィン・ロビンズ（Kevin Robins, 1995b）もまた、メディアの世界的到達範囲の変化を資本主義の移り変わりに結びつける。ロビンズは、コングロマリットが顧客の必要性を満たしているとしても、コングロマリットの電子通信網は顧客を「管理し、メッセージを送って」おり、文化とメディアは成長の要請に隷属させられている、と主張する。ついでに言えば、われわれはここで、これらの考え方と、テクストとテクスト性〔書き言葉としての言語特性〕のイデオロギーの土台に触れさせようとする文化唯物論の間の重要な結びつきに注目したい（第5章参照）。たとえば、ホッジとクレス（Hodge and Kress, 1988, p.3）にとって、「支配的な集団が、自身の利益、その権力の利害関係を反映する形で世界を表現しようとしていることは明らかである」。

　この見地からみると、文化のグローバリゼーションとは、西洋で具体化した資本主義的生産と消費の実践に、世界のすべての部分を編入させることを含む拡大と見なすことができる。したがってそれは、グローバリゼーションを世界文化の「西洋化」、あるいはそれどころか「アメリカ化」を表していると考え

第2部 理論地理学の実践

ることがおそらく適切である。この過程によってすべての国は、西洋型の資本主義の恩恵を受けると信じさせられてきたようである。この主張を考察する際、われわれはグローバルな資本主義を促進し、再生産するように意図された現代の消費者の慣行を積極的に促す景観について考え始めるかもしれない。たとえば、外国を旅行してきた人は、人がどんな国にいようとも、同じように見える場所が数多く存在することに気づいてきた。フランスの人類学者マルク・オジェ（Marc Augé, 1995）は、空港の出発ラウンジ、鉄道の終着駅、ショッピング・モールの例を示している。同じような方法で装飾された環境は、同じ商店や食品販売店をもち、国際的背景に関係なく同じ有線放送の音楽に包まれている。そういうところには同じような服装をした人びと（若い人はジーンズ、ブランドネーム入りのTシャツ、スポーツ・ウェア、年配の人びとはビジネス・ウェアとカジュアル・ウェア）、世界中で販売される雑誌や漫画を読む人びと、あるいは世界中でどこでも同じビデオ・ゲームをするために一休みしている人びとがいる。オジェにとって、これらの環境はホテル、スポーツ・センター、レストラン、さらに高速道路の景観とともに、資本主義の消費者の価値観を世界の果てまで広げ、同時にスピードと効率、そして世界資本主義の中心を占める**超現代性**（supermodernity）の意味を象徴している。

　しかし、世界の景観で最も頻繁に引き合いに出される例は、おそらくファストフード・レストラン、とくにマクドナルド（90カ国に18,000以上の店舗がある）である。マクドナルドが最近旧共産主義圏に数多く出店したことで、何人かの評論家はグローバリゼーションを社会の**マクドナルド化**と名称変更したほどであった。これはファストフード・レストランが、日常生活と地域の個性の領域に消費者資本主義のプロセスを示し、拡張する組織的な力になってきたことを示している。

> マクドナルド化とは……ファストフード・レストランの原理が世界のその他の地域だけではなく、アメリカ社会のますます多くの領域をも支配するようになりつつあるプロセスである。（Ritzer, 1993, p.1）

第8章　グローバリゼーションの地理学

　リッツァ（Ritzer）は、ピザからアイスクリームまで、アルコール類からフライドチキンまで、あらゆるものがマクドナルドの考え方に支配されている、と主張する。どうやらわれわれは、もはやそのチェーン店に行かざるを得ないどころではない。むしろそれらは近くにやって来て、都市の中心部やショッピング・モールにも、自動車専用道路のサービスエリアにも、学校や軍事基地にも、さらに病院や空港にも、そして飛行機やサッカー場にもある。さらにリッツァは、マクドナルド化はその影響の範囲がファストフードビジネスの中心(センター)からますます離れた領域にまで明瞭に拡大し、書店、服飾店、保育所、スポーツ、ニュース制作などの場にまで広がったと主張している。彼のこの主張の論拠は、マクドナルドがグローバルな資本主義の中心において堅持している5つの行動原理にある。能率、計算可能性（calculability）、予測可能性（predictability）、技術的進歩（technological advancement）、および管理がそれである。これに関連しているものは、「マック・ジョブ（McJobs）」の増殖である。これは、ダグラス・クープランド（Douglas Coupland, 1991）が、消費社会についての風刺小説『ジェネレーション X』（*Generation X*）に登場する人物が、地位の低い非熟練・低賃金の仕事に就いていることを示すためにつくった用語なのである。

　評論家の何人かは、マクドナルド化は、「土着」の地元の文化がアメリカの消費者の価値観によって規定される一見合理的で**超現代的な**グローバル文化に取って代わられる1つの明瞭な兆候であると主張してきた（Featherstone, 1990; Rojek, 1995）。しかし、このような説明を資本主義のプロセスを通して空間的差異が形成されることに関する構造理論に照らして考えれば、それらの限界は明瞭になる。実際、グローバリゼーションの結果、現地の場所の独自性が失われてきたことを指摘する地理学者はほとんどいない。それどころか、彼らが熱心に強調してきたことは、ただ1つのグローバルな文化があるだけでもなければ、閉鎖的な地域文化があるわけでもなく、至る所で地域文化とグローバル文化が複雑に相互に影響しあっているということである。この点で、彼らは国際と国家と地域の生活様式の交雑から生まれる文化の**混成**を強調するため、ポスト・コロニアル理論（第3章参照）を援用してきた。過去においては、文化の異種混

第 2 部　理論地理学の実践

渚性／雑種性（hybridity）は、言語や儀礼やファッションが混じり合って新しい文化形態を形成する国境地域で主として注目されたものであった（アメリカ合衆国とメキシコの国境地域と関連しているテキサスとメキシコの混淆したテクス・メクスミュージック〈Tex-Mex music〉やファッションや食物がその実例であった）。今日では、グローバルとローカルが時には思いがけない仕方で混ざり合うので、どこでも異種混淆性／雑種性文化が生まれているのを見ることができる。

　この雑種性論は、グローバルな変化についてのグランド・セオリーには、グローバリゼーションがさまざまな人びとの生活に与える影響を単純化しすぎる危険性がある理由を強調する考え方である。結局、たとえマクドナルドの店はどこでもよく似ているとしても、それらは同じであることを意味しているわけではない（たとえば東京のマクドナルドではてりやきマックバーガーを売っている）。またマクドナルドの店は、立地場所に関係なく同じような人びとによって同じように利用されているわけでもない。バーバ（Bhabha, 1994）はかくして、文化のグローバリゼーションが西洋の他者化（Othering）過程に異議を唱え得る方法について語る際に、雑種性論についてのこの批判的概念を利用する。ここでは主要な文化の真正性（authenticity）には議論の余地があると見られ、集団への帰属性に基づく「帰属意識の政治学（identity politics）」をかき立てる（Barber, 1995; Friedmann, 1999）。グローバリゼーションの重要性は、ここでは、国籍を弱めてきただけではなく、共同体の地理を混乱させてきたことにある。共同体の力としての国家意識の役割の縮小は、一層多面的、流動的で、不安定な連帯感に代わる新しいフレームワークの発展を可能にし、容易にする（Scholte, 2000）。皮肉にも、このような離散的で多国籍的な共同体は、人種やジェンダーや性との関係で定義されたとしても、国民国家の概念に固有の市民権の概念に対してばかりか、グローバリゼーションに対しても大きな難問を課する（第 7 章参照）。

　同様に異種混淆性（雑種性）の楽天的な解釈は、「場所の漸進的意味（progressive sense of place）」についてのドリーン・マッシー（Doreen Massey, コラム 1.2）の研究で促進された。ハーヴェイ（8.2 節）と同じ様にマッシー（Massey, 1991, 1993）は、空間と場所の間の緊張を解明することによって、ローカルとグローバルの

第8章　グローバリゼーションの地理学

相互作用を探究している。彼女は、人文主義（人間中心主義）の、場所は住民に強く結びつけられており、その安定性と永続性は存在に堅固な場所を与えるという主張を批判することから始める（第2章参照）。彼女の考えは、場所は多様な個性をもっており、独自の性格を示すというハイデガーの要約と並行している。彼女は人びとの日常的な経験（たとえば、イギリスの都市の商店街を歩く経験のようなもの）を記述しながら、場所は常に多様で、変わりやすく、境界のないものであることを主張し、（そこで見られる多種多様な産物と人びとから、どこか他の場所に人びとを連れて行く交通の流れまで）そのような場所と世界の他の場所とがつながっていることを強調する。この観察によって、場所とはグローバリゼーションの多くの事物や特性がそこに集まり、そして結びついてユニークな様相を見せているところであると、彼女は提唱するようになるのである。シームレスで、首尾一貫した独自性が欠けている、このような場所は複数の個性をもつことができ、それらの複数の個性の共存は豊かさや争いの原因にもなりうる。Massey（1991）にとって、特定の場所は静的な、あるいは世界的なものの受け身の受容体ではない。それらはローカルなものとグローバルなものを統合する、「関係」過程（プロセス）（relational process）の一部であり、広い世界との結びつきの自覚を醸成しているのである。

　空間‐時間の圧縮の力の幾何学的形状に関する不平等を認めるマッシーは、場所の内部に限定された経験よりも、「場所の意味」をつくる多くのものがあると主張する。したがってマッシーは、ローカルを理想化すべきではなく、動きと流れに開かれた、関係のある相関的な概念として含むべきであると示唆する。このアプローチは、グローバリゼーションが同質化をつくり出すこと、あるいは現地の生活様式を脅かすということを主張する説明に対して反対する。しかし同時にそれは、グローバリゼーションはあいまいで、はっきりしなくて、潜在的に漸進的な方法で、地域性を再考慮することを認める。類似の概念はアミンとスリフト（Amin and Thrift, 1994a）が発展させている。彼らは、グローバルとローカルを対立する力として分けて考えることを拒絶する。彼らは、場所を区別する公的な試みには問題が多いが（たとえば、場所の振興を通して。第7章参

331

照)、グローバルな経済におけるローカルの成功は、グローバルなものを受容するそれらの能力に依存するであろう、と指摘する。彼らは、「場所がローカルをそのままの状態で抑えることができるのは、適用できる制度を混ぜ合わせた構成を通してだけ」（Amin and Thrift, 1994a, p.260）であると主張する。これは、適切なローカルのインフラストラクチャー（あるいは「厚さ」）を備えた適応力のある地方がグローバルなものと効果的で漸進的なつながりをつくることができること、ローカルとグローバルを調和させようとしている政策立案者との重要な関わりがあることを意味する。「場所のグローバル的意味」が明確に表明されていることは、地理学の終末の前兆であるという見解と、逆にグローバル時代には地理学の重要性は高まるという見解を、2つとも克服しようとしている地理学者にとってきわめて重要な課題である（McDowell, 1997 参照）。このような考え方は、グローバル化したネットワークにおいて「連結された節目」として場所を理論化し始め、地理学者にグローバルな「流れの空間」の中に巻き込まれるものとして場所を考えるよう促す（Castelle, 1996）。

8.5 流れ(フロー)の地理学に向かって

　日常生活の平凡な行動はグローバリゼーションの副産物ではなく、グローバルなものの本来的な構成要素であると理解することは、空間と場所をより創意に富んだ方法（more imaginative way）で考えるよう地理学者を促すうえで重要である（Flusty, 2001）。実証主義、人間中心主義、行動主義、マルクス主義の理論家は、場所を原子論的に（すなわち、個別の空間的実体として）論じる傾向があったが、グローバリゼーションは、多くの人びとに世界のさまざまな部分を結びつける現実の結びつきを分析するよう促している。この連結性（connectivity）、流動（flow）、「ものの運送量（traffic in thing）」の重視は（Jackson,1999）、移動、運動、速度についての議論によって影響されたが、とくにヴィリリオ（Virilio）の考え方に基づいているだけでなく、アクター・ネットワークに関する研究（第7章参照）にも基づいている。残念ながら地理学者は、場所を通りすぎるものより

第8章　グローバリゼーションの地理学

も、場所の中に存在するものに焦点を当てる傾向があるので、これらのグローバルな流れの本質に関するデータは著しく不足している（Taylor, 2000）。それにもかかわらず、国際移動する労働者、国際的銀行業務を経由する資本、輸出／輸入による生産物、学術研究者と文化の解説者の移動による思想、さらに廃棄物処理に伴う汚染物質の量と方向に関する情報は、「流動の世界的空間」の存在を示し始めている（Smith and Timberlake, 1995）。

　多くの解説者にとって、グローバリゼーションを構成する要素は、まさにこれらの移動と流動（フロー）である。「内部」と「外部」の区別（たとえば、場所はその運命を定めるグローバルな世界に含まれるという考え）を捨てることによって、これは、流れが最も大切なものになるというポスト構造論的説明になる。たとえば、世界経済は流れでできているというより、むしろこれらの流れが世界経済なのである。それゆえ、場所について興味深いことは、内部崩壊しつつあるグローバル・ネットワークにおける固定した位置ではなく（Virilio, 1999）、その中で流れが流入したり、流出したり、流れの速度が上がったり、遅くなったり、収縮したり、拡大したりする仕方である（Jameson, 1984）。要するに、グローバル・ネットワークの構成は、常に速さと遅さ、収縮と拡大という2種の運動に左右される（Doel, 1999）。この「相関的唯物論（relational materialism）」（Law and Mol, 1995, p.277）は、人間と非人間のアクタント（関係者）がこのグローバル・ネットワークに統合されている仕方と、このネットワークが連帯的行動によって維持される仕方についての考察を要求する（Beaverstock *et al.*, 2002 参照）。

　これに対して、他の人びとは結びつきのさらなる構造論的な解釈に固執する。とくに世界的都市の形成を研究する人びとはそうである。世界都市は、世界資本主義の構造によって特定の任務を果たすよう求められている。これらの世界的構造に関する中心的な理論家は**マニュエル・カステル**（Manuell Castells; **コラム 8.4**）で、彼はその著書 *The Information Age*〔情報時代〕（1996, 1997, 1998）で、グローバル・ネットワークをグローバル**情報資本主義**（informational capitalism）の重要部分と認めている。彼は、このネットワークは資本主義の新しい組織と管理の原理（あるいは「社会形態学」）になりつつあるが、それは社会全体にネット

ワーク形成原理を拡散させるための物質的インフラストラクチャーを提供する情報技術の最近における進歩によると主張する。ネットワークの論理が人間の活動のあらゆる領域に拡散していく限り、空間の生産と消費と経験を急激に改変している、とカステルは主張する。彼によれば、1970年代まで近代社会は国家、都市、地域といった「場所の空間」として構成されていた。一方、現代のネットワーク社会は流れ（フロー）の空間として構成され、空間全体に及ぶ連関（linkage）、接続（connection）、関係（relation）が絡まった集まりである（Taylor et al., 2001）。カステルは、この「流れ（フロー）の空間」を3つの水準をもつものとして説明する。それらはインフラストラクチャーの空間、組織的空間、そして社会的空間である。第一の水準はグローバル・コミュニケーションを可能にするハードとソフトの技術を、第二の水準はそのネットワークを機能させる中心と結節を、第三の水準は情報時代において最も重要なグローバル・エリートのネットワークを指す。これらの3つの水準はすべて独特の地理をもっており、これらのネットワークの有無が「現代社会における支配と変化の決定的な根源である」（Castells, 1996, p.469）。

　政治地理学者ピーター・テイラー（Peter Tylor）は、世界都市とモダニティー（現代性）と世界システムへの自分の関心とカステルの業績について、調和させて明らかにしようとしてきた（ウォーラーステインの1974年の世界システム論をかなり参考にして）。テイラーは、カステルの「指揮・管理センター」の取り扱いは、たとえば、ロンドン、ニューヨーク、東京を世界都市階層のトップと認めるサッセン（Sassen, 1991）のグローバル都市論を踏襲しているが、それはきわめて便宜的であると見ている。テイラー（Taylor, 1999a）によれば、世界都市とグローバル都市に関する文献へのカステルの主要な貢献は、世界の都市ネットワークを豊かで、より包括的な理論的枠組みに位置づけ、それを情報時代の新しい空間論理としての流れ（フロー）の空間の特定の層における1つの重要なネットワークにしていることである。情報時代の新しい空間論理における中心と結節の最も直接的な説明として世界都市を認めることによって、カステルはグローバル・フローの不均等の明瞭化を明示することが可能になり、それを

彼は「世界における富と権力の分布にとって最も重要なものと理解している」(Taylor, 1999a)。

テイラーはこの総括に同意するけれども、カステル（Castells, 1996）が世界都市（world city）と超巨大都市（mega-city）の概念を合体したことには依然として懸念を持ち続けている。テイラーにとって、これらの2つの現代の大都市概念には非常に異なる起源がある。世界都市の場合には基準は経済的、機能的なものであり、超巨大都市のそれは人口学的、統計的なものである。しかし、カステルは超巨大都市を定義する特質として規模を利用せず、超巨大都市を情報時代の新しい都市形態の1つと記述することによって混乱をさらに悪化させた。そして超巨大都市の成長を「世界中の都市形態の最も重要な変容」と述べる（Castells. 1996, p.403）。彼はまた超巨大都市を「結節点と見なし、そこを情報時代、つまり流れの空間の新しい空間形態／プロセスの権力の中心と見なす」（Castells, 1996, p.410）。このカステルによる超巨大都市という用語の使用は、彼の世界都市（グローバルシティ）という用語と相当重複している。テイラーは、この統合はカステルの研究の明瞭さを減じており、彼はこの2つの用語を理論的、経験的に明らかにする必要があると続けて主張する（Taylor, 1999c, 2000, 2001 参照）。

しかし、テイラーもまた、カステルの世界都市の概念が場所よりむしろ「埋め込まれた流れの過程（embedded flow process）」を根拠としていることは、関心を都市が含んでいるもの（事例研究のアプローチ〈case study approach〉）からそれらと他の都市との関連（関係論的アプローチ〈relational approach〉）に実質的に向ける、と主張する。同様に、彼は、カステルが空間と場所について重要な点をいくつか提起していることを強調する。これは、要するに「場所の空間」は「流れの空間」の到来で消滅しなかったという考えになる。たとえば、世界都市は独特の場所としてだけではなく、ネットワークの結節点として活動することになる（Taylor et al., 2001）。こうして、世界都市は現代の世界経済における特権的な場所になってきた。ノックス（Knox, 1995）によれば、経済的成功のためにきわめて重要になってきた経済的反射性（economic reflexivity）を必要とする知識エリートが住むのは世界都市である。ノックス（Knox, 1995, p.236）はそれゆえ、世界

都市を「ともにグローバリゼーションを支え、維持している、物質的、金融的、文化的フローが相互依存的に錯綜している管理中心地として機能する結節点」と呼んでいる。ストーパー（Storper, 1997, p.222）も同じように、世界都市を「特権的場所（privileged sites）」と呼び、世界資本主義を永続させるために重要な場所であると主張している。世界都市は経済的、文化的、組織的な基礎構造を備えていると思われ、それらが国と地方の資源を世界の経済に送り、グローバリゼーションの刺激を国と地方の中心に伝達する。

　グローバリゼーションについてのカステルの構造論的立場は、世界都市に関する研究でとりわけ影響力があった。「世界都市形成」の最初の認知（Friedmann and Wolff, 1982）は、1970年代における世界経済の大規模な再構成に続いたものであった。フローベルら（Frobel *et al.*, 1980）は、新しい「世界的活動領域」を開発してきた大企業が採用した世界的規模の生産戦略を反映した「新国際分業（New International Division of Labour）」を概観した（8.3節参照）。この「新しい」グローバル経済には、効率的に機能するために指揮と管理の拠点が必要であった。世界都市はこのような拠点であると思われた。したがって世界都市は、超国家企業が本拠を置き、そこから新国際分業が組織される場所と見なされた。カステル（Castells, 1996）はこれらの考え方を更新し、世界都市のネットワークは、この流れ（フロー）の空間における1つの重要な層であるが、それは1970年代と1980年代のように、これらの流れを明瞭に表現する役割をもはや果たさなくなったと主張した。それゆえ企業の本社は、西洋の主要都市に置かれた。今や新しい通信技術によって、本社機能は最大級の都市だけで遂行されなければならないわけではないのである。そのうえ1990年代には、いわゆる「新興成長市場」内での資本の流れが重要性を増し、都市的西洋の企業本社をバイパスするのが見られた。それに応じて超国家企業の本社は、地代が高いのが特徴の世界都市中心から離れたところに新しくて安価な場所を求めて、しばしば分散してきた。それに関連して、世界最大級の超国家企業100社のうち、ロンドンにはわずか3社だけしか本社を置いていないのに（Short and Kim, 1999）、ロンドンは依然として一般的に世界都市と呼ばれていることは興味深いことである。

第8章　グローバリゼーションの地理学

　しかし、企業の本社の存在が世界都市を識別する重要な特徴でないとしたら、世界都市の特徴とはいったい何だろうか。サスキア・サッセン（Saskia Sassen, 1994）は、電子通信による分散可能性にもかかわらず、いくつかの経済的機能が都市に集中し続けている理由を説明すると同時に、可能性のある解答を提出している。サッセンにとっては、公的企業と私的企業に与えられる専門家の援助によって、世界的経済の活動を可能にする企業活動として定義される、**先進的な生産者サービス業**（advanced producer services）の役割を考察することが重要なのである。銀行、会計事務、保険、広告業、広報活動、法律・経営コンサルタントなどの諸活動を網羅するこれらのサービス業活動は、その主要な顧客である超国家企業がグローバルになったのと同じ時に「グローバル」になった。しかし、先進的な生産者サービス業のグローバル化は、超国家企業の「グローバル・サービス」以上のものを含み、多くの先進的生産者サービス業はその本来的な価値で超国家企業になった。その最も明瞭な例は銀行業務部門であり、それは最大級の超国家企業をいくつか包含しており、法律部門の提携などの高度な先進的な生産者サービスを受けている。これらの高度な生産者サービス業である超国家企業は、世界都市の顧客を追ってグローバル戦略を進めることで始めてきたが、彼らの相次ぐ成功には、事前の対策の戦略が必要であった。グローバルサービス企業は、かくして新しい金融商品を含む彼ら独自の商品をつくり出すことに精通していた。新しい広告パッケージ、複数の地域に関係する新しい形式の法律などがそういうものである（Beaverstock *et al.*, 2000 参照）。

　これらのすべてのものが共有する1つのことは、専門的知識への依存である。最先端の商品は、顧客の特定の要求に応えるためにさまざまな種類の専門的知識を集めることによって生み出される。このようなパッケージにまとめることができるためには、企業は知識が豊かな環境に拠点を置くことが必要である。サッセン（Sassen, 1996）は、世界都市はこのような環境を提供するし、都市には知識の豊富な人物が集まっているので、専門家たちの直接的接触が容易であると主張している。皮肉にも、このような世界都市はグローバル時代に衰退しているどころか、さらに重要になりつつある。環太平洋諸国の地位が上昇し、

第2部　理論地理学の実践

シンガポール、バンクーバー、ロサンゼルスなどの諸都市が新しい戦略的重要性を帯びてきたけれども、ロンドン、ニューヨーク、東京が世界の中心都市として、その傑出した地位を維持していることは疑いもない（Taylor, 2001）。結局、これは資本主義の領域を縮小させる遠心的推進力（それは移動性の利益のために場所のアイデンティティを脅かす）と、高度に専門分化した場所を世界につくり出す求心力の領域再編傾向（その結果、いくつかの場所は他の場所より有利であり、強力になる）との緊張状態を再起させているのである。

コラム8.4　マニュエル・カステル（Manuel Castells 1942-　）

　多くの研究分野で影響力のある著者、博識のマニュエル・カステルはカリフォルニア大学バークレー校の社会学と都市計画の教授である。1942年スペインに生まれ、アメリカ合衆国以外の20以上の大学で教育と研究に携わり、20冊以上の著書を出版してきた。都市社会学とネオマルクス主義の領域でのカステルの早期の研究は空間の重要性を強調し、都市地理学が新しい方向に向かうのを助けた。彼の著書『都市問題』(Urban Question, 1972, 英訳1977)と『都市・階級・権力』(City, Class and Power, 1978)は、マルクス主義理論を援用して、都市生活と都市空間は資本主義下の工業システムの産物であって、結局、階級対立によって形成されたと主張した。1980年代には、カステルは彼の初期の厳格な構造主義的アプローチから離れた。都市抗議運動に関する著書、『都市とグラスルーツ』(The City and the Grass Roots, 1983)では、経済的発展と階級管理の計画は空間に刻印される分かりやすいものではないことを認めた。その代わり、カステルは自分のマルクス主義理論の構成に人間の行為主体性を考慮に入れ、一連の事例研究によって、空間的関係は支配的な経済諸力とエリート階級が遭遇する、反対と抵抗のタイプとパターンを反映すると主張した。1990年代におけるカステルの研究は、台頭する情報社会の重要性を確証しようとした。彼は、情報主義時代への移行は工業中心主義からの重大な急変を示すと主張した。工業中心主義自体は、かつての農業中心主義の時代に重大な急変をもたらしていた。情報主義は資本主義発展の連続する波がもたらす技術革新の最新の（コンドラチェフ）周期をはるかにしのぐものであった。カステルのその後の研究の主たる目的は、情報技術の現代世界への根本的影響を考慮して、情報社会の体系的理論を組み立てることであった。彼の最も多く読まれた著書、The Rise of the Network Society（1996）は、「情報時代」の経済と社会と文化に関する全3巻の研究の第1巻で、新しい情報時代の経済と

第8章　グローバリゼーションの地理学

社会の動態についての考察である。それは、世界の経済は今や加速することで特徴づけられており、ある場合には情報と資本とコミュニケーションの瞬間的流れと交換で特徴づけられている、と主張する。この情報時代の新しい空間的論理は「流れの空間」と名づけられる。この新しい空間は、カステルによれば、「流れ(フロー)によって効果が現れる時間共有(タイムシェアリング)の実行の実質的組織である」(p.412)。この空間には3つの層がある。ネットワークにおける電子的刺激、ネットワークの結節点と中心を構成する場所、そして職場と遊びと移動の点からのコスモポリタン・エリートの空間組織がそれである。これらの流れは生産と消費の両方を形づくり、それらのネットワークは特有の文化を反映し、そして特有の文化を創出する。新しい情報の流れの形態に依存することがますます増大し、規制が難しくなり、それらをコントロールする人びとに巨大で、もしかすると説明ができないほどの権力を与える。カステルは情報主義をグローバリゼーションのプロセスに結びつける。彼の主張によれば、グローバリゼーションの進展はグローバルなネットワークから排除される場所と人びとを疎外し、新たにはっきりと分断された社会と空間の構造を形成するという。
さらに詳しく学ぶための文献：Castells, 1996, 2000

8.6　本章のまとめ

　この章では、地理学者がグローバリゼーションの意味を明らかにしようとしてきた仕方を探ってきた。これまで見てきたように、この試みはグローバリゼーションが非常に異議の多い用語であるという事実により、依然として難題のままである。ある人たちにとっては、それは地理学の終わりと場所の死の前兆であるが、他の人たちにとっては、社会生活、経済生活、政治生活における場所の特徴に対する意識を高めるものになってきた。さらに、グローバリゼーションは世界中を大混乱に陥れる破壊力と見る人たちもいるが、グローバリゼーションを因習から解放する善意に満ちた可能性と見ている人たちもいる。一般的に意見が一致しているように見えることは、グローバリゼーションが空間と時間についての新しい理論を必要としていることと、多くの既存の理論ではグローバルな変化のプロセスと結果の意味を理解するのに不十分であるということである。時間・空間の圧縮が、速度と距離についての大衆の理解を変化させてい

第2部　理論地理学の実践

る世界では、学問上の理論も変わらなければならないと思われる。「きわめて活動的な（hyperactive）」世界を理解することに関する議論の多くを効果的に要約して、スリフトは、世界はますます複雑になり、理解が難しくなってきているが、このことは地理学者が批判的に介入することを妨げるものではないと結論づけている。

> 確かに流れの電子的空間（electronic space of flow）が存在する。もちろん世界は速度を上げてきた。世界を理解することが一層難しくなったからといって、理解が可能なものが何もないというわけではない。流れの空間は、すべての人に及ぶというものではない。速度がすべてだというわけでもない。このストーリーには、そこに存在するものと同じほど、これらの説明からもれているものが多数存在するのである。（Thrift, 1995, p.24）

このことから、グローバル時代を理解するために、適切な理論的ツールを適用する革新的試みをいくつか示してきた。そして企業のリーダーと新自由主義の政治家が提唱したグローバリゼーションの理解に異議を唱えてきた。テイラーら（Taylor et al., 2001）は、異なるスケールで発生する諸々の問題を探究するために、地域的あるいは国家的な環境で発展した既存の理論的ツールを適用することは、ただ単に地理学者だけの問題ではないと強調している。それどころか、それは地理学研究におけるスケールの意味の問題に関わっており、ローカルとグローバルとの複雑な相互関係（articulation）の新しい理解をもたらす。それゆえ、グローバリゼーションについての地理学的議論は異種混淆性／雑種性、超現代性、グローカリゼーション、「流れの空間」といった新語で満ちており、それらは時には、空間と場所に関して確立された地理学的概念として、世界が活動する仕方を理解するために重要なものとなるかもしれない。

これまでの諸章のように、このことが示すのは、地理学者が援用する哲学的視角と彼らが用いる概念的ツールが、彼らの研究対象に関与する仕方を変える際に、きわめて重要ということである。さらに重要なことは、それが研究対象とす

るものを実際に変えることである。ピータース（Pieterse, 2000, p. xvi）は、グローバリゼーションが必然的に「言語と認識論によって組み立てられる」ことを支持している。たとえば、地理学者は特定の哲学思想に忠実に従い、脱構築が必要な言説や、共感を必要とするグローバル意識や、説明が必要な態度や、批判が必要な一連のプロセスや、地図化が必要な流れ（フロー）の空間としてグローバリゼーションにアプローチできる。おそらく最後の分析では、これらの事柄が最も大事なことで、どの事例でも人間中心主義的、行動論的、実証主義的、ポスト構造論的、アクター・ネットワーク、マルクス主義の視角は（フェミニズム理論や、クィア理論やポスト・コロニアル理論は言うまでもない）、いずれもグローバリゼーションについて何らかの説明ができるかもしれない。他方、これらの理論化のいくつか（あるいはすべて）を無視しようとする人がいるかもしれない。明らかにされるのを待っている研究上のポイントも1つではないし、また1つの空間的論理的なことでもないという理由で、定められているグローバルな秩序を明らかにすることを約束するこれらの理論をはねつける（Barnes, 1996）。このポストモダンの立場は、もう1つの見方を提供する。グローバリゼーションには唯一の定義などあり得ないという見方である。グローバリゼーションの概念は捉えがたいものであるが、依然として現代世界についての地理学研究にとって重要である。おそらく、われわれが確信できることは、地理学は死んではいないということである。地理学は時代とともに移り変わっているだけである。今やわれわれはグローバルな時代に生きているのである。

第 3 部
結　論

第3部　結　論

第 9 章

結　び

9.1　地理学的に考えること

> われわれは探究をやめないだろう。そしてすべての探究の終わりには、出発した場所に帰り着き、初めてその場所のことを知ることになるだろう。
> （T・S・エリオット「リトル・ギディング」）

　本書の主なねらいは、地理学的知識が生み出される仕方に必然的に（そして根本的に）影響を及ぼす考え方について実例を挙げながら、理論に関わることの重要性を力説することであった。そのため、最初に地理学特有の理論的アプローチのいくつかを概観し、次に地理学の基本的な 5 つの概念がこれらのアプローチとの関連でどのように理論化されてきたかを見てきた。それゆえ、地理学思想の歴史と、現代の人文地理学の「〇〇論」とか「〇〇主義」を包括的に概観しようとはしなかった。それよりも、理論との関わりがなぜ地理学者にとって重要であり、必要で、刺激的なものであるかを説明しようとしてきた。本書の論題の中心は「地理学的に考えること」であるが、それがわれわれ自身と、われわれが生活している世界を理解するための基礎的出発点であるという考えである。世界とその中にあるわれわれの場所について知れば知るほど、われわれの理解の根拠についてますます疑問が湧き上がってくる。結局、世界は常に変化しているので、それゆえ、理論を考え出すわれわれの努力も絶えず変化しているのである。
　読者は恐らくすでに理解されていると思うが、変化しつつある世界を理解す

第9章　結　び

るために絶えず努力をしていれば、理論というものの最も明瞭な特徴の1つに到達する。それは意見が一致していないことである。地理学の理論に関する文献を見ても、知識の状態に関する広範な哲学的議論を見ても、基本的概念と考え方についての意見はいずれも一致していないことがはっきりとしている。いくつかの理論は、ある点では互いに矛盾するように見えるが、他の点では互いに補い合っている。これは社会理論に関しては、ごく普通のことである。異なる理論的伝統で研究している人びとが明らかに反発しあっているにもかかわらず、たとえば、ののしりあいの対立が目撃されるにもかかわらず、人間中心主義地理学者と行動主義地理学者の間、マルクス主義地理学者と人間中心主義地理学者の間、マルクス主義地理学者とポスト構造主義地理学者の間には、しばしばある程度の重なり合いが見られるのである。理論家の主な仕事は、しばしば対立する領域に多くの「批判の爆弾」を投げつけながら、批判に対して自分の立場を強化することであるように見える。それゆえ、特定の理論で目立った弱点は不意に現れることはない。弱点は他の理論的伝統で活動している人びとによって暴露されたり、また外部からの批判的攻撃を回避したりしようとする防御的改善の結果として内部的に生じる。たとえば、マルクス主義の伝統の擁護者の多くは、ポストモダニズムとポスト構造主義の理論からの多くの批判に直面しても、マルクス主義の伝統を放棄しなかった。その代わり、彼らはその理論的枠組みを洗練し、補足し続けた。それゆえ、マルクス主義は依然として彼らにとっては少なくとも、有用な分析の手がかりになっている（3.2.1項参照）。

　本書を読み進む間に気づかれたと思うが、ここから他の問題が持ち上がる。それは、異なるさまざまな理論が特定の時期に「盛んになった」だけではなく、地理学の議論を支配するようになったということである。これは、それらが特定の時に地理学者に受け入れられた**唯一の**理論上の立場になったというわけではない。1つのアプローチが理論の議論における推進力であったというだけであって、他の伝統の中にいる地理学者はこの「優勢な」アプローチに対して、彼ら自身のアプローチを正当化しなければならないと感じたという意味でしかない。しかし、特定の時に特定のアプローチに関心が向かうのは一連の要因に対する

第3部 結論

反応であり、理解を進める新しい、あるいは異なる可能性を提供するアプローチの能力への反応だけではないことに注目することが最も大切なのである。たとえば、ある理論の人気は現代の社会問題に対する顕著な効用や、研究者の理解力を引きつける能力や、専門分野においてその利用と発展を促進する重要な個人の役割や、その理論の「必要最小限の研究者集団」の形成などにも関係がある。これらはすべて、変化する高等教育の制度文化との関係で理解されるべきことである。この後者に関して、ジョン・ゴールド（John Gold, 1992）は、たとえば、行動主義は1970年代の末期に地理学における際立った地位を失い始めたが、それは、行動主義が人間中心主義と構造主義から批判を受けたためだけではなく、この時期の政治・経済的状況の結果として行動主義的アプローチを選択する大学院生が大学のポストを獲得できず、最低限必要とする研究者の数を確保できなかったためでもある、と主張している。その結果、行動主義地理学者の世代は、後輩に行動主義思想を推奨し、発展させ、教える機会を奪われ、次世代の大学院生と大学に残った人びとは他の理論に転向する傾向があった。第2章で注目したように、専門分野としての地理学は、かくして、知識と理論の相次ぐ発展段階を通過してきた。その複数性は、地理学は今や**まれにみる多様性**（singular diversity）で特徴づけられ、さまざまな理論と考え方が創造力に富んだ緊張をもって共存し、混在と交流によって新しい理論的見解をつくり出しているという示唆を導くのである。

　地理学のまれにみる多様性を念頭に置き、本書の説明は最初から最後まで、特定のアプローチに特権を与えないように配慮し、さまざまな理論的アプローチの構築と導入がどのように地理学者の特定の現象の理解を形づくるかを明らかにするために、立場を比較し、対照しようとしてきた。これは、著者である私たち自身のための慎重な方策であった。たいていの専門書はわれわれを取り巻く世界を理解し、説明するために特定のアプローチの長所を読者に理解させようとして、筋の通った理論的主張を展開しようとするが、私たちはただ、このようなテクストに批判的に関わり、それらの主張の評価を始めるのに必要な概念的ツールを提供しようとしてきただけである。私たちは、地理学的に考え

第9章 結 び

るのに最も適切で価値ある手段について、私たち自身の意見を進めたくなるが、世界の説明にどのアプローチが最も妥当と思われるかを自ら判断するよう努力することは、教育上建設的であると感じている。

　自信のある読者には、この方策はアプローチを選択できる刺激的なメニューを提示する。しかし、知識の乏しい初学者にとっては、(良くても) まごつかせるような対照的なアプローチのコレクションか、あるいは (最悪の場合には) 関係のない考え方の寄せ集めでしかないと思われるであろう。このメニューから有効に選択するためには、時間をかけて選択肢を理解し、互いに比較することが必要である。人はさまざまな考え方を比較し、対照することによって、それらの関係の相対的強さと弱さをよく理解できるようになる。これに関する技能と洞察力が向上すればするほど、人はその主題について賢明に対応できることになる。私たちがここで意味することを、テレビのリモコン操作になぞらえるとうまく説明できそうだ。最初はリモコンで、20以上ものチャンネルを次々に変えながら選択していくことができる。実際の自分の関心を確かめずに、この表面的なチャンネル切り替えのレベルで留まることもできる。それに代わって、さまざまなチャンネルが提供することを自分で判断できるようになるまで、それぞれのチャンネルの表現形式と内容を比較するために努力をすることもできる。最後には、どれが大好きなチャンネルか、他のチャンネルをどの程度見たいと思うかについて、自ら十分な情報をもとに、賢明な選択をすることができるだろう。もしかすると後の段階では、チャンネルを再び切り換えたり、あるいは消したりするかもしれない。いずれにしても、人文地理学における理論的アプローチを比較しながら概観することは、きわめて有益なのである。

　ここで重要なことは、理論的枠組みがそれぞれ1.1節で説明した4つの軸、すなわち存在論、認識論、イデオロギー、方法論との関係で別々に系統的に説明されたことを思い出すことである。これらの軸はそれぞれ、理論的なアプローチの特徴と価値を評価する際よく考えてみることが必要である。これらの軸を検討し、それぞれをどのように概念化するかを考え始める1つの方法は、以下の諸々の問題を自問することである (Kitchin and Tate, 2000)。

第3部　結　論

- **自分は自然主義者だろうか、それとも反自然主義者なのだろうか？**

　これは認識論の問題で、われわれがどうしたら世界を知ることができるようになるかを問う問題である。自然主義者は、地理学者もたいていの自然科学者が自然界を研究するのとほとんど同じ方法で社会や経済や政治の世界を研究できると主張する。たとえば、生物学や化学や物理学で用いられる科学の方法は、人文地理学にも適用できる。しかし反自然主義者は、その名称が示すように、このような適用は無効であると主張する。一般に自然主義者は、経験主義、実証主義、現実主義、行動主義などのアプローチを支持し、広い世界を説明しようとする傾向がある。ところが、反自然主義者は、より解釈的なアプローチを支持し、人間中心主義、フェミニズム、ポストコロニアリズムなどを通して意義を探究する。

- **研究は価値判断に影響されてはならないのだろうか？　それとも行動指向でなければならないのだろうか？**

　これはイデオロギーに関連する問題であり、また研究は積極的に世界を変えることを目指すべきものと考えるか、世界を理解することだけを目指すべきものと考えるか、その度合いの問題でもある。一般に、実証主義、行動主義、人間中心主義などのアプローチは価値判断に影響されないことが原則であるが、それに対して、マルクス主義やフェミニズムなどの理論構成（フレームワーク）は、しばしば批判的であり、行動指向的であると理解されている。

- **研究は客観的なものだろうか、それとも状況に左右されるものだろうか？**

　これは、知識が客観的で中立的に獲得されるかどうかに関連する認識論上の問題である。自然主義者と反自然主義者のアプローチは、ともに認識論の立場を採用でき、研究者は世界を客観的に記録し、観察する人と考えられる。この立場は、フェミニズム、ポストモダニズム、ポスト構造主義のアプローチを支持する人びとによって異議が唱えられ、彼らは、知識は研究者個人の価値観と研究が行われる環境事情によって影響される状況に左右されるものである、と主張してきた（1.2節参照）。

第9章 結び

- １つの地理学が存在するのだろうか？ それとも多数の地理学が存在するのだろうか？

　これは、何を知ることができるかに関する存在論と、いかに知ることができるかに関する認識論の問題である。ポストモダニズムとポスト構造主義の多くの支持者（フェミニズムの支持者も含む）は、社会の複雑性を十分説明できる理論は１つもないと主張するが、地理学においても世界の多次元の性質を捉えるために多数の理論が必要とされている（3.3節参照）。これに対して、ある人たちは学問的研究の課題は、世界についての**唯一無比**の真理を明らかにできる理論を構築することであると信じて、グランド・セオリーを信じている。

- 自分は現実主義者(リアリスト)なのだろうか、それとも理想主義者(イデアリスト)なのだろうか？

　これは、まさに存在論上の問題で、あるものが存在すると主張する正当性の問題である。現実主義者は、「現実」の世界はその概念に関係なく存在する、すなわち世界とそこで生活している人間は、われわれが世界について考えることを超える明確な存在であると主張する。反自然主義者（あるいは形而上学的観念論者）は、世界は心の中に存在するだけであり、現実は思想と言語で構成されており、世界がわれわれの思想を超えた実質的存在（material existence）であると主張する論理的根拠は存在しないと主張する。つまりこの問題は、われわれが知ること（そして測ること）ができる現実世界が実在するのか、それとも、われわれは人がどのように自分たちの世界を構築するようになるかを研究できるだけなのかということである。人文地理学では実証主義と現実主義とマルクス主義が一般的に前者に、人間中心主義的アプローチとポスト構造主義的アプローチが後者により深く関連している。

- 人文地理学を最もよく理解させるのは行為主体論(エージェンシー)だろうか、それとも構造論だろうか？

　少し方針を変えて、どのアプローチが自分の考えに最も適合するかを評価する他の方法は、社会がどのように機能しているかについての自分の理解を検討することである。構造か行為主体かの議論は、本質的に、社会活動が社会構造によって束縛される程度に関係している。いくつかのアプローチは、社会活動

第3部　結　論

は高度に構造化されており、(たとえばマルクス主義は) ほとんど個人によって制御されてはいない、と考える。他のアプローチは個人を完全に自立しているものと見なし、好きなように活動していると考えている（たとえば行動主義)。さらに他のアプローチは構造と行為主体（エージェンシー）の間には競り合いが存在することを認め、個人は自分で決定するが、その決定は規模の大きい構造に組み込まれると認識している（たとえば構造化理論と現実主義)。

　これらの質問は、複雑な諸問題をいささか単純に提示しすぎているが、それらを綿密に検討することによって、どのようなアプローチが自分の世界観察にふさわしいかを判断できるようになるだろう。他のアプローチについては、周りの世界に対してそれぞれのアプローチを順次適用して、どれが分析のツールとして役立つかをよく検討すべきである。たとえば、それは日常生活の学習と理解に適用することからなっているかもしれないし、時事問題、地方政治、人種関係、失業と貧困、性差と買い物、愛や憎悪のどれにも関係している。このような諸々の問題について考え、また単に毎日を「生きていく」につれて、理論が世界の理解の仕方を教え、世界における自分の場所の理解を可能にすることを見つけるだろう（スリフト（Thrift, 1999, p.334）は、それゆえ、理論を「理解するため」の実践的方法と描写している)。とくに、理論は学生の研究課題や学位論文のための研究に関わる。そこでのねらいは、収集のためだけのデータ収集であってはならず、たとえば、仮説の検証、確立された考え方の否定あるいは既存の概念の改善を通じて、世界がいかに機能しているかについての仮説に関与することであるべきである。

　ここで重要なことは、個人の理論的見解もまた、研究のために選択するトピックとそのトピックに対する取り組み方にも影響することを思い起こすことである。それは、理論は研究されるテーマと研究のされ方を変えることができるからである。たとえば、構造主義やポスト構造主義や実証主義や人間中心主義の理論のレンズを通して消費者行動などの主題にアプローチすることは、研究者に一定の要因を優先させ、非常に異なる方法で消費の概念を研究し、骨折って

第9章　結　び

つくりあげるように導く（たとえば、使用価値を上回る交換の成功によってもたらされる利潤の見かけのプロセス、記号やシンボルの購入によるアイデンティティの獲得手法、会合の必要性の合理的過程あるいは自分自身を世界において表現する仕方など）。これらの解釈はどれも興味深く、どれも「間違い」とは思えない。しかし、どの理論を支持するかによって、われわれは非常に異なる地理学を「行う」。これは私たちが後半の5つの章でまさに試みてきたことであって、それらはそれぞれ、地理学者が特定の主題／対象を見る方法に理論が必然的に影響を与えていることを示している。同じように、ある人のトピックは、採用される理論的アプローチに当然影響を与える。たとえば、多文化主義への関心はおそらく、ポスト・コロニアル理論への関与を招く。かくして、**反射的**であることが必要である。つまり、自分のアプローチを常に内部的に批判するように努めながら、理論と実践との相互関係の反映や、それがどのように自分の理解を形づくるかを反映すること、そして自分の知識生産が**状況化されていること**（situatedness）（1.2節参照）を認識することが不可欠である。

　どのアプローチにも主観的な長所が認められるけれども、地理学的に考えることには適切なものも、不適切なものもないことを認めなければならない。アプローチにはそれぞれ批判者がおり、教育や研究や行動や政策を通して、道徳と政治に影響がある。遠慮なく言うと、どんな思想にも理論にも純粋なものなど存在しないのである。本書の冒頭で述べたように、理論と実践との関係には、純粋の思想を配慮する余地はない。理論と実践の関係はあまりにも複雑である。人文地理学における5つの基本的概念が異なる理論のレンズを通して見られてきた仕方についての私たちの探究によって、それをはっきりとした焦点にしてきた。率直に言って、これらの概念を研究する人びとは、理論を回避することができなかった。身体、テクスト、貨幣、ガバナンス、グローバリゼーションの地理学を狭い経験的用語で記録しようとする人びととでさえ、必然的に世界が活動する仕方についての独自の理解を研究対象とせざるを得ない。同様に、これらの概念をより抽象的な感覚で記述する人びとは、実践（praxis）によって教えられる考えを発展させる。地理学の実践には、したがって、常に理論が注入

されている。このような書物を書く目的のために理論と実践を切り離すことは容易な仕事ではない。

　理論とは何かを的確に理解することは難しいことではあるが、われわれが望むことは結局、「地理学的に考える」ことが必要なことを読者に納得してもらいたいだけなのである。地理学の考え方に批判的に関わることは（抽象的に関わるか、具体的に関わるかどちらであっても）、地理学者になるためには不可欠なことである。このようなことを正しく理解することは、容易ではない。とくに著者が、しばしばアイディアを説明するのに聞き慣れない語彙を用いる場合にはそうである。しかし、それは努力に値すると思われる。なぜなら、それは過去と現在の考え方を豊かに備えているからである。豊富な読書は、特定の地理学学派の思想の微妙な変化に精通することであり、彼らが世界の理解のためにどのような提案をしているかを知るうえで重要である。「もし理論が地理学の糧ならば、読書を続けなさい……」。読書によって、新しいアイディアとその根拠が明らかになり、人びとの考えと思想は進化する。そして時には、新しい解釈が構築されると、最初の見解は捨てられる。すべての地理学は恒常的に推移している状態にあり、絶えず新鮮な証拠と批判を検討してそれらの理論を洗練し、修正している。それゆえ、地理学者がある時期に援用している諸概念、（たとえば、場所、空間、立地、権力、流れ、抵抗、景観、消費、テクスト、欲求、資本、組織体、生産など）は、次の時期には有用とも、重要とも見られないかもしれない。古い概念を新しい方法で批判し、そして新しい概念を創出することによって、理論的素材を組み立て、世界を理解するために役立てたり、少なくとも新しい考えを構築したりする。それゆえ、理論は決して固定していない。理論は、学問内容（や世界）が変化するにつれて、再検討されたり、再構築されたり、修正されたりするのである。

9.2　将来の地理学的思考とは？

　本書を通じて詳しく説明してきたように、地理学は理論的に多元的であり、総合的であり、絶えず進化している学問分野である。確かだと思われることは、新しい理論が創出され、地理学の語彙に組み込まれるにつれて、その思想は進化し続けていくということである。しかし、この進化がどのように展開するかを予想することは非常に難しい。私たちは第3章で批判理論とポスト・モダン理論とポスト構造主義理論は、長年続いてきたフェミニズムやマルクス主義などの他のアプローチとともに、これからの数年の間、理論的発展を推進するだろうと述べた。これらのアプローチが批判に直面し、そして新しい理論の構想が生まれるときには、それらをより一層堅固にする試みで絶えず刷新されることはほぼ疑いない。あるアプローチが流行すると、他のアプローチは魅力がなくなり、はやりでなくなり、次第に重要性を失ってしまう。しかしそれらは、もはや人気がなくなったというだけで、そのアプローチの核心を支持する人びとにとっては、価値がなくなったとは言えないのである。これは、知識生産の単純なパラダイム的理解を擁護することではない。そこでは諸々の理論学派が優劣を競っているのであるが（第2章参照）、しかしこれは、それよりむしろ、地理学の理論の領域の混乱と多士済々ぶりを認めることである。

　変化のための推進力のいくつかは、地理学の内部から現れるだろうけれども、多くは人文諸学と社会科学からの思想の導入に由来するものであろう。確かに社会理論との広範な交流が続くだろうし、他の学問分野との理論的経験的なつながりも続くだろう。しかしわれわれは、少なくとも当分の間、これがポスト・ディシプリナリー領域（post-disciplinary landscape）を生じさせることはなさそうだと感じている。せいぜい、このような領域は部分的なものであろう。というのは、学問分野の独自性が、行政と政治の両方の理由のために維持され続けるからである。われわれはしたがって、別個の、境界を定められた学問分野を持ち続けるであろう。ここでは、広義の言い方ではいくつかの学問分野は多様な

第3部　結　論

見方から同じ焦点にアプローチすることが認められ、したがって説明には類似性が認められるけれども、洞察には異なる点がある。この点での人文地理学のユニークな貢献は、空間、場所、人間と自然との関係の顕著な特徴を認識することを強調した点にある。これらは、他の学問分野ではしばしば「忘れ去られたり」、無視されたりする諸要因である（もっとも、第3章で注目した通り、これは変化しつつある）。地理学思想は理論を基礎とすること、そして空間がつくる差異を真剣に考察する理論を開発することによって、社会と経済と政治の仕組みへの明瞭な空間的影響の見方を発展させることを強調する点で、ユニークさを留めている。結局、事物は空間と時間の外では生起せず、常に**場所**で起こる（take place）。常に「地理学的に考える」べき場所があるのである。

用語解説（訳者作成）　五十音順

アクター・ネットワーク理論（actor network theory）
　ネットワーク（構造）や自然‐社会関係とその変化を捉えるにあたって、人間だけではなく、人間以外の機械や動物といったものも同様に行為者（アクター）と考える理論。この人間と自然そして物質的な生成物の入り混じった異種混合体が社会関係を変えていくエージェントであり、その関係性は脱中心化され、偶発的である。

アルゴリズム（algorithm）
　問題を解決する定型的な手法。

一望監視施設（panopticon）
　ジェレミー・ベンサムが提唱した刑務所のモデルで、中央の監視塔からすべての囚人を継続的に監視できるようにしたもの。現在の社会で人びとが調査され、管理される過程を記述するのに用いられる。

インナーシティ（inner city）
　低所得者が密集する都心周辺部。

インフォバーン（infobahn）
　インターネットなどの高速ネットワーク。

周縁都市（edge city）
　大都市の外部において、中心部から分散してきた、あるいは機能的に独立したオフィスや商業が集中し、発展している地域。

街区破壊商法（block busting）
　黒人の転入を吹聴して白人に不動産を安く売り急がせること。

ガバナンス（governance）
　社会が統治されるすべての方法。この用語は政府による経済と社会の階層的

官僚支配の管理からさまざまな非政府組織による間接的な管理への移行を示すのに用いられる。

カルチュラル・スタディーズ（cultural studies）
文化の価値と意味の複雑性に関心をもつ社会分析。

キーノ資本主義（keno capitalism）
さまざまな断片のランダムな集合からなる都市構造。

器官なき身体（Bodies-without-Organs）
個々の器官を統一する高次元の有機体、全体を支配する組織体を否定し、それぞれの部分に多様な組み合わせの可能性を開き、常に流動的で、新たな接合を求めていこうとする考え方。

勤労福祉制度（workfare）
福祉給付金を受ける者が仕事をしたり、職業訓練を受けたりすることを義務づけること。

クィア理論（queer theory）
ジェンダー研究の中で、LGBTなどの性的少数者の立場から異性愛者の考え方が正しいかどうかを疑ったり、歴史上性的少数者がどのように扱われてきたかを分析する理論。

空間性（spatiality）
社会的に生産された物質的空間、社会空間性ともいわれる。

空間的回避（spatial fix）
資本主義経済における生産と消費を結びつける問題の周期的な解決法。

空洞化（hollowing out）
国民国家の権力がその下位にあるレベルの政治単位に委譲されること、また、地方政府の権力が民間部門の組織に委譲されることも含む。

グラウンド・トゥルース（ground truth）
リモートセンシングの結果を検証するための地上の調査で得た情報。

グローバルヴィレッジ（global village）
マスメディアと交通手段の発達により世界を1つの社会と見る見方。

用語解説（訳者作成）

ゲイテッド・コミュニティ（gated community）
　都市において、好ましくない人びとや危険な人びとを排除するために防壁、フェンス、門、警備員などの防御対策をしている住宅地域。

行為者（アクター）（actor）
　行為を行う単位。社会学では人間個体を意味することが多いが、国家や企業などが行為主体とされることもある。

構造化理論（structuration theory）
　社会過程は構造を条件として成立するが、構造は社会過程を通じて再生産されるという双方向理論。

構造主義（structuralism）
　ソシュールの言語学を基にし、人間活動の表面的現象の下にあるものを調査して人間の行動に影響を与える関係の構造を検討する理論的アプローチ。

獄舎のような都市（carceral city）
　ミシェル・フーコーの造った造語で、都市において権力が分散し、人びとがさまざまな制度（家族、学校、牢獄、病院など）に見られるような多様な言説（医学、社会学、心理学など）に囚われ、そして支配されていることを表現する。

差延（différance）
　「異なる」と「遅延させる」という意味を同時に示唆するデリダの造語。記号は他の記号との「間」が空けられることで区別可能となる。記号は他の記号を示すことでしか意味を示すことはできない。記号で意味されるものは、記号による差異化、そして時間的な差異化によって意味をなすということ。

ジェントリフィケーション（gentrification）
　インナーシティ地区において裕福な中産階級専門職の人びとが流入することによって衰退地区が再開発されること。

自己の技法（techniques of the self）
　人びとが自分自身を行動規範に従うようにするだけではなく、独特の存在として自分自身を変えようとし、また自分自身の生活をある種の美的価値をもち、ある種の流行の基準をもっているものに組み込もうとする思慮深く、かつ自発

的な実践。

時間地理学（time-geography）
　ヘーエルストランドの考案した研究方法で、時間と空間が結合して人びとの日常生活に影響を与えるという考え方。

社会的賃金（social wage）
　市民生活の便益のために公的財源から支出される費用。市民の福祉を維持するために国や州が行う公共サービスや活動（たとえば労働市場の規制緩和）。

状況論的アプローチ（situated approach）
　あらゆる著作と表象は、時と場所が異なる文化の下で特定の価値観をもった人から出てくる、ということを認めるアプローチ。

新時代運動の旅行者（new age traveler）
　イギリスで一般社会の価値観を拒絶してトレーラーハウスなどで各地を転々とする人。

新自由主義（neoliberalism）
　民営化や規制緩和を含むさまざまなニューライト政策によって経済を競争力のあるものにしようとする戦略のこと。

身体投射（body projection）
　人間の身体を物体に投射（写像）することによって、対象物を簡便的に理解したり特別な感情（愛着など）を抱いたりする現象。

遂行行為（performance）
　アイデンティティは生物学的な本質の結果ではなく、独特の行為によって形成され、社会的に構築されるという考え。

虎経済（タイガーエコノミー）（tiger economy）
　急速に経済成長を遂げ、たいてい生活水準の上昇を伴っている国の経済。

脱構築理論（deconstruction theory）
　西洋の哲学はしばしば「善／悪」、「自然／人工」、「精神／物質」、「男／女」などのように、二項対立に構成されている。一般に、二項対立においては、前項が後項に対して優位にあると考えられる。この二項対立を解体しようとする

用語解説（訳者作成）

のが脱構築である。

テクスト（text）
　社会の意味を伝えるあらゆる形態の表象。書かれた言葉だけではなく絵画、景観、建築も含む。

テレマティクス（telematics）
　コンピューターと移動体通信技術を組み合わせて無線で情報を送受信する仕組み。

認識（知的）共同体（epistemic community）
　環境、人口、核などの世界的問題について専門性をもち、かつ提言を行う能力のある世界中の専門家によって形成されるネットワーク。

ハビトゥス（habitus）
　個人が日常生活において蓄積するが、個人に自覚されない知覚、思考、行為を生み出す性向。

反射性（reflexivity）
　人びとが直面する状況に関する知識をもつ能力とこの知識によって選択する能力。

フォーディズム（Fordism）
　20世紀初期にアメリカ合衆国のデトロイトでヘンリー・フォードが確立した自動車の大量生産のための工業組織。

文化資本（cultural capital）
　人びとに独特なもの、そして優位性と支配性を与える生活様式と消費パターン。

文化政治学（cultural politics）
　文化の問題は美学や趣味や品格だけに関係することだけではなく、競合する生活様式と結びついた権力と物質的報酬に関わっていることを示す。

文化論的転回（cultural turn）
　多くの社会科学と人文学が文化の問題に関心をもつようになる傾向。

文化唯物論（cultural materialism）
　文化と経済の領域は密接に関連していて、どちらかが他を支配しているものではないと認める理論的見方。

憎悪犯罪〔ヘイト〕（hate crime）
　人種、宗教、性的嗜好などの属性に対する偏見から、その属性をもつ人物や集団に対して行われる差別的犯罪。

歩道バレエ（pavement ballet）
　歩道を歩く人びとの一見無秩序に見える動きには、街路の治安と都市の自由を維持するための複雑な秩序が隠されていること。

報復都市（revanchist city）
　従前の体制下で労働者階級が努力して確保した土地使用権に対して中産階級が報復を行使する都市。

ポスト構造主義（poststructuralism）
　分析のタイプ。記号表現と記号内容との間に密接な関係があると考える構造主義とは異なり、ポスト構造主義はこれらは関係がなく、絶えず変動している状態にあるとする見方。

ポスト・コロニアル理論（postcolonial theory）
　植民地時代と現代のテクストで非西洋社会を表象する西洋社会の言説を検討するアプローチで、これらの著作で西洋の思想が優れているという考え方を否定しようとする。

ポスト・モダニズム（postmodernism）
　多くの意味を持つ用語：世界を理解するのに優れた方法があるという考え方の否定。脱構造主義として知られる分析のタイプ。折衷技法論、反語法、模倣技法が特徴となる表現様式。

没場所性（placelessness）
　現代の都市の空間は他の場所を基にして造られ、一様で特徴のない模倣を生み出す傾向。

用語解説（訳者作成）

欲望する機械（desiring machines）
　欲望エネルギーを原動力として作動する、諸器官の系統的な結合体（機械）をさす。

欲望する生産（desiring-production）
　ドゥルーズ＝ガタリの世界観において欲望の一切の活動を「生産」と捉える。このように捉えられた欲望の活動を広く「欲望する生産」という。

レギュラシオン理論（regulation theory）
　マルクス主義からの影響を受けている考え方で、経済構造、利益集団、階級といった経済の枠組みがどのように変化し、調整（レギュラシオン）されていくかを解明しようとする。

レジーム論（regime theory）
　都市において目的を達成するためにさまざまな利害関係者がいかに連携して一体となるかを調査する方法。権力は自動的に来るものではなく、積極的に獲得するものだと主張する。

連携理論（coalition theory）
　都市と地域の経済発展を推進させるための戦略を実施する私的部門と公的部門の利害関係者の連携に関する理論。

ロフト居住（loft-living）
　屋根裏スペースを居住用に利用する居住様式。

参考文献

Abler, R., Adams, J. and Gould, P. (1971) *Spatial Organisation: The Geographer's View of the World.* New Jersey, Prentice Hall.

Adams, P. (1992) 'Television as gathering place', *Annals, Association of American Geographers*, 82, 117–35.

Adams, P. (1995) 'A reconsideration of personal boundaries in space-time', *Annals, Association of American Geographers*, 85, 267–85.

Adorno, T. and Horkheimer, M. (1972) [1947] *Dialectic of Enlightenment.* New York, Continuum.〔ホルクハイマー、アドルノ著、徳永恂訳『啓蒙の弁証法』（岩波文庫、2007年）〕

Agnew, J. (1987) *Place and Politics.* Boston, Allen and Unwin.

Agnew, J. (1994) 'The territorial trap: the geographical assumptions of international relations theory', *Review of International Political Economy*, 1, 53–80.

Agnew, J. (1998) *Geopolitics: Revisioning World Politics.* London, Routledge.

Agnew, J. (1999) 'The new geopolitics of power', in D. Massey, J. Allen, and P. Sarre (eds), *Human Geography Today.* Cambridge, Polity Press.

Agnew, J. and Corbridge, S. (1989) 'The new geopolitics: the dynamics of geopolitical disorder', in R.J. Johnston and P. J. Taylor (eds), *A World in Crisis?* Oxford, Blackwell.

Aitken, S. (1991) 'A transactional geography of the image-event: the films of Scottish director, Bill Forsyth', *Transactions, Institute of British Geographers*, 16, 105–18.

Aitken, S. (1992) 'Person-environment theories in contemporary perceptual and behavioural geography II: the influence of ecological, environmental learning, society/structural transactional and transformational theories', *Progress in Human Geography*, 16, 553–62.

Aitken, S. (1997) 'Analysis of texts: armchair theory and couch-potato geography', in R. Flowerdew and D. Martin, (eds), *Methods in Human Geography: A Guide for Students Doing a Research Project.* London, Longman.

Aitken, S. and Zonn, L. (eds) (1994) *Place, Power, Situation, Spectacle.* Lanham, MA, Rowman and Littlefield.

Allen, J. (1995) 'Crossing borders: footloose multinationals?', in J. Allen and C. Hamnett (eds), *A Shrinking World: Global Unevenness and Inequality.* Oxford, Oxford University Press.

Allen, J. and Hamnett, C. (eds) (1995) *A Shrinking World: Global Unevenness and Inequality.* Oxford, Oxford University Press.

Allen, J. and Pryke, M. (1994) 'The production of service space', *Environment and Planning D—Society and Space*, 12, 453–76.

Amin, A. and Graham, S. (1997) 'The ordinary city', paper presented to the Institute of British Geographers/Royal Geographical Society Annual Conference, University of Exeter, January.

Amin, A. and Hausner, J. (1997) 'Interactive governance and social complexity', in A. Amin and J. Hausner, (eds), *Beyond Market and Hierarchy: Interactive Government and Social Com-*

plexity. Cheltenham, Edward Elgar.
Amin, A. and Thrift, N. (1992) 'Neo-Marshallian nodes in global networks', *International Journal of Urban and Regional Research*, 16, 571–87.
Amin, A. and Thrift, N. (1994a) 'Holding down the global', in A. Amin and N. Thrift (eds), *Globalisation, Institutions and Regional Development in Europe*. Oxford, Oxford University Press.
Amin, A. and Thrift, N. (1994b) 'Living in the global', in A. Amin and N. Thrift, (eds), *Globalisation, Institutions and Regional Development in Europe*. Oxford, Oxford University Press.
Amin, A. and Thrift, N. (1997) 'Globalisation, socio-economics, territoriality', in R. Lee and J. Wills (eds), *Geographies of Economies*. London, Arnold.
Amin, A. and Tomaney, J. (1995) 'The challenge of cohesion', in A. Amin andj. Tomaney (eds), *Behind the Myth of European Union: Prospects for Cohesion*. London, Routledge.
Anderson, J. (2002) 'Gambling politics or successful entrepreneurialism in a social-democratic city: Copenhagen', in F. Moulaert, E. Sywgedouw and A. Rodriguez (eds), *Urbanising Globalisation: Urban Redevelopment and Social Polarisation in the European City*. Oxford, Oxford University Press.
Anderson, K. (1988) 'Cultural hegemony and the race definition process in Chinatown, Vancouver', *Environment and Planning D—Society and Space*, 6, 127–49.
Anderson, K. and Gale, F. (eds) (1992) *Inventing Places: Studies in Cultural Geography*. Melbourne, Longman.
Appadurai, A. (1990) 'Disjuncture and difference in the global cultural economy', *Theory, Culture and Society* 7(2/3), 295–310.

Ardener, S. (1995) 'Women making money go round: ROSCAs revisited', in S. Ardener and S. Burman (eds), *Money-go-rounds: The Importance of Rotating Savings and Credit Associations for Women*. Oxford, Berg.
Armitage, J. (2000) *Paul Virilio—from Modernism to Hypermodernism and Beyond*. London, Sage.
Armstrong, D. (1993) 'Public health spaces and the fabrication of identity', *Sociology*, 27, 393–410.
Arrighi, G. (1994) *The Long Twentieth Century*. London, Verso. 〔ジョヴァンニ・アリギ著、土佐弘之監訳、柄谷利恵子・境井孝行・永田尚見訳『長い20世紀——資本、権力、そして現代の系譜』作品社、2009年〕
Asworth, G. J. and Voogd, H. (1990) *Selling the City: Marketing Approaches in Public Sector Urban Planning*. London, Belhaven.
Atkinson, P. (1990) *The Ethnographic Imagination: Textual Construction of Reality*. London, Routledge.
Auge, M. (1995) *Non-Places: An Introduction to the Anthropology of Supermodernity*. London, Verso.
Bale, J. (1993) *Landscapes of Modern Sport*. Leicester, Leicester University Press.
Bank for International Settlements (1992) *Recent Developments in International Interbank Relations*. Basle, Bank for International Settlements.
Baran, P. A. (1957) *The Political Economy of Growth*. New York, Monthly Review Press. 〔ポール・バラン著、浅野栄一・高須賀義博訳『成長の経済学』東洋経済新報社、1960年〕
Barber, B. (1995) *Jihad v. McWorld*. New York, Ballantine.
Barff, R. (1995) 'Multinational corporations and the new international division of labour', in

R.J.Johnston, P. J. Taylor, and M. Watts (eds), *Geographies of Global Change: Remapping the World in the Late Twentieth Century*. Oxford, Blackwell.

Barnes, T. (1995) 'Political economy I: "the culture, stupid"', *Progress in Human Geography*, 19, 423–31.

Barnes, T. (1996) *Logics of Dislocation: Models, Metaphors, and Meanings of Economic Space*. New York, Guilford.

Barnes, T. (2000) 'Political economy', in R. J. Johnston, D. Gregory, G. Pratt and M. Watts (eds), *The Dictionary of Human Geography*. Oxford, Blackwell.

Barnes, T. (200la) 'Retheorizing economic geography: from the Quantitative Revolution to the Cultural Turn', *Annals, Association of American Geographers*, 91, 546–65.

Barnes, T. (2001b) 'Lives lived and tales told: biographies of geography's quantitative revolution', *Environment and Planning D—Society and Space*, 19, 409–29.

Barnes, T. and Duncan, J. (eds) (1992) *Writing Worlds: Discourse, Text and Metaphor in the Representation of Landscapes*. London, Routledge.

Barnes, T. and Gregory, D. (eds) (1996) *Reading Human Geography: The Poetics and Politics of Inquiry*. London, Arnold.

Barnett, C. (1998) 'The cultural turn: fashion or progress in human geography', *Antipode*, 30, 379–94.

Barrell,J. (1982) 'Geographies of Hardy's Wessex', *Journal of Historical Geography*, 81, 347–61.

Barthes, R. (1957) [1972] *Mythologies*. London, Jonathan Cape. 〔ロラン・バルト著、篠沢秀夫訳『神話作用』現代思潮社、1967年〕

Barthes, R. (1967) *The Fashion System*. London, Jonathan Cape. 〔ロラン・バルト著、佐藤信夫訳『モードの体系——その言語表現による記号学的分析』みすず書房、1972年〕

Baudrillard, J. (1970) *The Consumer Society: Myths and Structures*. Paris, Doneul. 〔ジャン・ボードリヤール著、今村仁司・塚原史訳『消費社会の神話と構造』紀伊國屋書店、1979年〕

Baudrillard, J. (1988) *America*. London, Verso. 〔ジャン・ボードリヤール著、田中正人訳『アメリカ——砂漠よ永遠に』法政大学出版局、1988年〕

Baudrillard, J. (1995) *The Gulf War Did Not Take Place*. Sydney, Power. 〔ジャン・ボードリヤール著、塚原史訳『湾岸戦争は起こらなかった』紀伊國屋書店、1991年〕

Bauman, Z. (1998) *Globalization: The Human Consequences*. Cambridge, Polity. 〔ジグムント・バウマン著、澤田眞治・中井愛子訳『グローバリゼーション——人間への影響』法政大学出版局、2010年〕

Bauman, Z. (2000) *Community: Seeking Security in an Insecure World*. Cambridge, Polity. 〔ジグムント・バウマン著、奥井智之訳『コミュニティ——安全と自由の戦場』筑摩書房、2007年〕

Beaverstock, J. V, Doel, M., Hubbard, P. and Taylor, P. (2002) 'Attending to the world: competition, cooperation and connectivity in the world city network', *Global Networks*, 2 (2), 95–116.

Beaverstock, J., Smith, R. G., Taylor, P. J. (1999) 'The long arm of the law: London's law firms in a globalizing economy', *Environment and Planning A*, 31, 1857–76.

Beaverstock, J., Smith, R., Taylor, P., Walker, D. and Lorimer, H. (2000) 'Globalisation and world cities: some measurement methodologies', *Applied Geography*, 20, 43–63.

Beck, U. (1986) *Risk Society: Towards a Mew Mo-*

dernity. London, Sage.

Beemyn, B. (ed.) (1997) *Creating a Place for Ourselves: Lesbian, Gay and Bisexual Community Histories*. London, Routledge.

Bell, D. (1995) 'Pleasure and danger: the paradoxical spaces of sexual citizenship', *Political Geography*, 14, 139–53.

Bell, D., Binnie, J., Cream, J. and Valentine, G. (1994) 'All hyped up and no place to go', *Gender, Place and Culture*, 1, 31–47.

Bell, D. and Valentine, G. (1995) 'Introduction: orientations', in D. Bell and G. Valentine (eds), *Mapping Desire: Geographies of Sexuality*. London, Routledge.

Bell, D. and Valentine, G. (1997) *Consuming Geographies: We Are Where We Eat*. London, Routledge.

Bell, M. (1994) 'Images, myths and alternative geographies of the Third World', in D. Gregory, R. Martin and G. Smith (eds), *Human Geography: Society, Space and Social Science*. London, Macmillan.

Bell, M., Butlin, R. and Heffernan, M. (eds) (1995) *Geography and Imperialism 1820–1940*. Manchester, Manchester University Press.

Bender, B. (1992) *Landscape Politics and Perspectives*. Oxford, Berg.

Benjamin, W. (1955) *Paris—Capital of the Nineteenth Century*. Berlin, Suhrkamp Verlag.

Benko, G. and Strohmayer, U. (1997) *Space and Social Theory*. Oxford, Blackwell.

Bennet, L. (1993) 'Harold Washington and the black urban regime', *Urban Affairs Quarterly*, 28, 423–40.

Benton, L. (1995) 'Would the real/reel Los Angeles please stand up?', *Urban Geography*, 16, 144–64.

Berger, J. (1988) *Media Analysis Techniques*. London, Sage.

Berger, S. and Dore, R. (eds) (1996) *National Diversity and Global Capitalism*. Ithaca, NY, Cornell University Press.

Berman, M. (1982) *All That Is Solid Melts Into Air*. New York, Verso.

Berry, B. J. L. (1967) *Geographies of Market Centers and Retail Distribution*. Englewood Cliffs, Prentice Hall. 〔ブライアン・ベリー著、西岡久雄・鈴木安昭・奥野隆史訳『小売業・サービス業の地理学――市場センターと小売流通』大明堂, 1970年〕

Berthoud, R. and Kempson, E. (1992) *Credit and Debt: The PSI Report*. London, Policy Studies Institute.

Best, M. H. (1990) *The New Competition: Institutions of Industrial Restructuring*. Cambridge, Polity.

Best, S. and Kellner, D. (1991) *Postmodern Theory*. Basingstoke, Macmillan.

Best, S. and Kellner, D. (1997) *The Postmodern Turn*. New York, Guilford.

Bhabha, H. (1994) *The Location of Culture*. London, Routledge.

Bhaskar, R. (1978) *A Realist Theory of Science*. Brighton, Harvester. 〔ロイ・バスカー著、式部信訳『科学と実在論――超越論的実在論と経験主義批判』法政大学出版局, 2009年〕

Bingham, N. (1996) 'Objections from technological determinism towards geographies of relations', *Environment and Planning D—Society and Space*, 14, 635–58.

Bingham, N. and Thrift, N. (2000) 'Michael Serres and Bruno Latour', in M. Crang and N. Thrift (eds), *Thinking Space*. London, Routledge.

Binnie, J. and Valentine, G. (1999) 'Geographies of sexuality—a review of progress', *Progress in Human Geography*, 23, 175–87.

Bird, J. H. (1989) *The Changing World of Geog-*

raphy: A Critical Guide to Concepts and Methods. Oxford, Clarendon Press.

Black, I. (1996) 'Symbolic capital: the London and Westminster Bank headquarters, 1836–38', Landscape Research, 21, 55–72.

Blaikie, P. (1985) The Political Economy of Soil Erosion. Harlow, Longman.

Blaut, J. (1993) The Colonizer's Model of the World: Geographical Diffusionism and Eurocentric History. New York, Guilford.

Blum, V and Nast, H. (1996) 'Where's the difference? The heterosexualisation of alterity in Henri Lefebvre and Jacques Lacan', Environment and Planning D—Society and Space, 14, 559–80.

Blunt, A. and Rose, G. (eds) (1994) Writing Women and Space: Colonial and Post-colonial Geographies. New York, Guilford.

Blunt, A. and Wills, J. (2000) Dissident Geographies: An Introduction to Radical Ideas and Practice. London, Prentice Hall.

Bondi, L. (1992) 'Symbolism in urban landscapes', Progress in Human Geography, 16, 157–70.

Bondi, L. (1997) 'Sexing the city', in R. Fincher and J. Jacobs (eds), Cities of Difference. New York, Guilford.

Bonnett, A. (2000a) 'Trinh', in M. Crang and N. Thrift (eds), Thinking Space. London, Routledge.

Bonnett, A. (2000b) White Identities. Harlow, Prentice Hall.

Bordo, S. (1993) Unbearable Weight: Feminism, Western Culture and the Body. Berkeley, University of California Press.

Bourdieu, P. (1984) Distinction. London, Routledge. 〔ピエール・ブルデュー著、石井洋二郎訳『ディスタンクシオン1、2』藤原書店、1990年〕

Bourdieu, P. (1988) Homo Academicus. Cambridge, Polity. 〔ピエール・ブルデュー著、石崎晴己・東松秀雄訳『ホモ・アカデミクス』藤原書店、1997年〕

Bourdieu, P. (1990) The Logic of Practice. Cambridge, Polity. 〔ピエール・ブルデュー著、加藤晴久・石井洋二郎・三浦信孝・安田尚訳『実践理性――行動の理論について』藤原書店、2007年〕

Boyle, M. (1997) 'Civic boosterism in the politics of local economic development: institutional positions and strategic orientations in the consumption of hallmark events', Environment and Planning A, 29, 1975–97.

Brace, C. (1999) 'Finding England everywhere: regional identity and the construction of national identity, 1890–1940', Ecumene, 6, 90–109.

Bridge, G. (2001) 'Bourdieu, rational action and the time-space strategy of gentrification', Transactions, Institute of British Geographers, 26, 205–16.

Brook, C. and Goodrick, A. (1997) K Foundation Burn a Million Quid. London, Ellipsis.

Brosseau, M. (1994) 'Geography's literature', Progress in Human Geography, 18, 333–53.

Brotchie, J., Batty, M., Blakely, E., Hall, P. and Newton, P. (1995) Cities in Competition: Productive and Sustainable Cities in the Twenty-first Century. Melbourne, Longman.

Bruno, G. (1987) 'Ramble city: postmodernism and Blade Runner', 41 (October), 61–74.

Bryant, C. G. A. and Jary, D. (1997) Anthony Giddens: Critical Assessments. London, Routledge.

Bryant, R. L. (1992) 'Political ecology: an emerging research agenda in Third-World studies', Political Geography, 11, 12–36.

Buchanon, I. (2000) Deleuzism: A Metacommentary. Durham, Duke University Press.

Burchill, G., Gordon, C. and Miller, P. (eds)

(1991) *The Foucault Effect*. London, Harvester Wheatsheaf.

Burgess, J. (1982) 'Filming the fens', in J. R. Gold and J. Burgess (eds), *Valued Environments*. London, Allen and Unwin.

Burgess, J. (1985) 'News from nowhere: the press, riots and the myth of the inner city', in J. Burgess and J. R. Gold (eds), *Geography, the Media and Popular Culture*. London, Groom Helm.

Burgess, J. and Gold, J. R. (eds) (1985) *Geography, the Media and Popular Culture*. London, Groom Helm.

Burgin, V (1996) *In/different Spaces*. Albany, State University of New York Press.

Butler, J. (1990a) *Gender Trouble: Feminism and the Subversion of Identity*. New York, Routledge. 〔ジュディス・バトラー著、竹村和子訳『ジェンダー・トラブル――フェミニズムとアイデンティティの攪乱』青土社、1999年〕

Butler, J. (1990b) 'Gender trouble, feminist theory and psychoanalytic discourse', in D. Nicholson (ed.), *Feminism/Post-modernism*. London, Routledge.

Butler, J. (1993) *Bodies That Matter: On the Discursive Limits of Sex*. London, Roudedge.

Butler, J. (1999) *Subjects of Desire*. New York, Columbia University Press.

Buder, R. (1999) 'The body', in P. Cloke, P. Crang, and M. Goodwin (eds), *Introducing Human Geographies*. London, Arnold.

Butler, R. and Parr, H. (2000) (eds) *Mind and Body Spaces: Geographies of Illness, Impairment and Disability*. London, Routledge.

Buttimer, A. (1976) 'Grasping the dynamism of the lifeworld', *Annals, Association of American Geographers*, 66, 277–92.

Byrne, D. (1999) *Social Exclusion*. Buckingham, Open University Press.

Callinicos, A. (1990) *Against Post-modernism: A Marxist Critique*. New York, St Amrin's Press. 〔アレックス・カリニコス著、角田史幸監訳『アゲインスト・ポストモダニズム――マルクス主義からの批判』こぶし書房、2001年〕

Callinicos, A. (1991) *The Revenge of History: Marxism and the East European Revolutions*. London, Routledge.

Campbell, A. (1918) *Report on Public Baths and Wash-houses in the United Kingdom*. London, Carnegie United Kingdom Trust.

Castells, M. (1977) *The Urban Question*. London, Arnold. 〔マニュエル・カステル著、山田操訳『都市問題――科学的理論と分析』恒星社厚生閣、1984年〕

Castells, M. (1978) *City, Class and Power*. London, Macmillan. 〔マニュエル・カステル著、石川淳志監訳『都市・階級・権力』法政大学出版局、1989年〕

Castells, M. (1983) *The City and the Grassroots*. Berkeley, University of California Press. 〔マニュエル・カステル著、石川淳志監訳、吉原直樹ほか訳『都市とグラスルーツ――都市社会運動の比較文化理論』法政大学出版局、1997年〕

Castells, M. (1989) *The Informational City*. Oxford, Blackwell.

Castells, M. (1996) *The Rise of the Network Society: The Information Age: Economy, Society, and Culture Volume I*. Oxford, Blackwell.

Castells, M. (1997) *The Power of Identity: The Information Age: Economy, Society, and Culture Volume II*. Oxford, Blackwell.

Castells, M. (1998) *The End of Millennium: The Information Age: Economy, Society, and Culture Volume III*. Oxford, Blackwell.

Castells, M. (2000) 'Materials for an exploratory theory of the network society', *British Journal of Sociology*, 51, 5–24.

Castree, N. (1999) 'Envisioning capitalism: geography and the renewal of Marxian political economy', *Transactions, Institute of British Geographers*, 24, 137–59.

Castree, N. (2000) 'Nature', in R. Johnston, D. Gregory, G. Pratt and M. Watts (eds), *The Dictionary of Human Geography*. Oxford, Blackwell.

Castree, N. and Sparke, M. (2000) 'Professional geography and the corporatization of the academy', *Antipode*, 32, 222–9.

Chorley, R. and Haggett, P. (1967) *Models in Geography*. London, Methuen.

Chorley, R. and Haggett, P. (1969) *Network Analysis in Geography*. London, Methuen.

Chouinard, V and Grant, A. (1996) 'On being not even anywhere near "the project"', in N. Duncan (ed.) *Bodyspace*. London, Routledge.

Christopherson, S. (1993) 'Market rules and territorial outcomes: the case of the United States', *International Journal of Urban and Regional Research*, 17, 274–88.

Christopherson, S. (1995) 'Women's place in the world', in R. Johnston, P. Taylor and M. Watts (eds), *Geographies of Global Change*. Oxford, Blackwell.

Cixous, H. (1981) 'Castration or decapitation?', *Signs*, 7, 41–55.

Clark, D. (1997) *Urban World, Global Cities*. London, Routledge.

Clark, G. L. (1989) 'Remaking the map of corporate capitalism: the arbitrage economy of the 1980s', *Environment and Planning A*, 21, 997–1000.

Clarke, D. (ed.) (1997) *The Cinematic City*. London, Routledge.

Clarke, S. and Staeheli, L. (1995) 'Gender, place and citizenship', in J. Garber (ed.), *Gender in Urban Research*. London, Sage.

Cloke, P. (1993) 'Enculturating political economy: a day in the life of a rural geographer', in C. Philo, P. Cloke, N. Thrift, M. Doel and M. Phillips (eds), *Writing the Rural*. London, PGP Press.

Cloke, P. and Little, J. (1997) (eds) *Contested Countryside Cultures*. London, Routledge.

Cloke, P., Philo, C. and Sadler, D. (1991) *Approaching Human Geography*. London, PGP Press.

Collinge, C. and Hall, S. (1997) 'Hegemony and regime theory in urban governance: towards a theory of the locally networked state', in N. Jewson and S. MacGregor (eds), *Transforming Cities: Contested Governance and Mew Spatial Divisions*, London, Routledge.

Cook, I., Crouch, D., Naylor, S. and Ryan, J. (2000) 'Foreword', in I. Cook, D. Crouch, S. Naylor and J. Ryan (eds), *Cultural Turns/Geographical Turns*. Harlow, Prentice Hall.

Cooke, P. (1989) *Localities: The Changing Face of Urban Britain*. London, Unwin Hyman.

Cooper, D. (1998) 'Regard between strangers: diversity, equality and the reconstruction of public space', *Critical Social Policy*, 18, 465–92.

Corbridge, S. (1986) *Capitalist World Development: A Critique of Radical Development Geography*. Basingstoke, Macmillan.

Corbridge, S. (1992) 'Discipline and punish: the new right and the policing of the international debt crisis', *Geoforum*, 23, 285–301.

Corbridge, S. (1993a) 'Colonialism, post-colonialism and the political geography of the Third World', in P. J. Taylor (ed.), *Political Geography of the Twentieth Century: A Global Analysis*. New York, Guilford.

Corbridge, S. (1993b) *Debt and Development*. Oxford, Blackwell.

Corbridge, S. and Thrift, N. (1994) 'Money, power and space: introduction and overview', in S. Corbridge, R. Martin and N. Thrift (eds), *Money, Power and Space*. Oxford, Blackwell.

Cosgrove, D. (1984) *Social Formation and Symbolic Landscape*. Madison, University of Wisconsin Press.

Cosgrove, D. (1989) 'Geography is everywhere: culture and symbolism in human landscapes', in D. Gregory and R. Walford (eds), *Horizons in Human Geography*. London, Macmillan.

Cosgrove, D. (1994a) 'Contested global visions: one-world, whole-earth, and the Apollo space photographs', *Annals, Association of American Geographers*, 84, 270–94.

Cosgrove, D. (1994b) 'Postmodern tremblings: a reply to Michael Dear', *Annals, Asssociation of Amercian Geographers*, 84, 305–7.

Cosgrove, D. (1999) *Mappings*. London, Reaktion.

Cosgrove, D. and Daniels, S. (1988) *The Iconography of Landscape: Essays on the Symbolic Representation, Design and Use of Past Environments*. Cambridge, Cambridge University Press. 〔D・コスグローブ、S・ダニエルズ著、千田稔・内田忠賢訳『風景の図像学』地人書房、2001年〕

Cosgrove, D. and Jackson, P. (1987) 'New directions in cultural geography', *Area*, 19, 95–101.

Coupland, D. (1991) *Generation X*. London, Abacus.

Cox, K. (1981) 'Bourgeois thought and the behavioural geography debate', in K. Cox and R. G. Golledge (eds), *Behavioural Problems in Geography Revisited*. London, Methuen.

Cox, K. (1991) 'Questions of abstraction in studies in the new urban polities', *Journal of Urban Affairs*, 13, 267–80.

Cox, K. (1997) 'Globalisation and geographies of workers' struggles in the late twentieth century', in R. Lee and J. Wills (eds), *Geographies of Economies*. London, Arnold.

Cox, K. (1998) 'Spaces of dependence, spaces of engagement and the politics of scale, or: looking for local polities', *Political Geography*, 17, 1–23.

Cox, K. and Mair, A. (1988) 'Locality and community in the politics of local economic development', *Annals, Association of American Geographers*, 78, 307–25.

Cox, K. and Mair, A. (1989) 'Book review essay: urban growth machine and the politics of local economic development', *International Journal of Urban and Regional Research*, 13, 137–46.

Crang, M. (1998) *Cultural Geography*. London, Routledge.

Crang, M. and Thrift, N. (2000a) 'Introduction', in M. Crang and N. Thrift (eds), *Thinking Space*. London, Routledge.

Crang, M. and Thrift, N. (eds) (2000b) *Thinking Space*. London, Routledge.

Crang, M., Crang, P. and May, J. (eds) (1999) *Virtual Geographies*. London, Routledge.

Crang, P. (2000) 'Organisational geographies: surveillance display and the spaces of power in business organisations', in J. Sharp, P. Routledge, C. Philo and R. Paddison (eds), *Entanglements of Power*. London, Routledge.

Crary, J. (1990) *Techniques of the Observer*. Cambridge, MA, MIT Press.

Cream, J. (1995) 'Resolving riddles: the sexed body', in D. Bell and G. Valentine (eds), *Mapping Desire*. London, Routledge.

Cresswell, T. (1996) *In Place/Out of Place: Geography, Ideology and Transgression*. Minneapolis, University of Minnesota Press.

Cresswell, T. (1999) 'Embodiment, power and the politics of mobility: the case of female tramps

and hobos', *Transactions, Institute of British Geographers*, 24, 175–92.
Cresswell, T. (2000) 'Falling down: resistance as diagnostic' in J. Sharp, P. Routledge, C. Philo and R. Paddison (eds), *Entanglements of Power*. London, Routledge.
Crowther, G. B. (1940) *An Outline of Money*. London, Thomas Nelson and Sons.
Crush, J. (ed.) (1995) *The Power of Development*. London, Routledge.
Culler, J. (1997) *Literary Theory: A Very Short Introduction*. Oxford, Oxford University Press.〔ジョナサン・カラー著、荒木映子、富山多佳夫訳『文学理論』岩波書店、2003年〕
Curry, M. (1991) 'Postmodernism, language and the strains of modernism', *Annals, Association of American Geographers*, 81, 210–28.
Curry, M. (1995) 'On space and spatial practice in contemporary geography' in C. Earle, K. Mathewson and M. Kenzer (eds), *Concepts in Human Geography*. Lanham, MA, Rowman and Littlefield.
Dahl, R. (1961) *Who Governs?* New Haven, Yale University Press.〔ロバート・A・ダール著、河村望・高橋和宏監訳『統治するのはだれか――アメリカの一都市における民主主義と権力』行人社、1988年〕
Daly, M. and Walsh, J. (1988) *Moneylending and Low Income Families*. London, Combat Poverty Agency.
Dandeker, C. (1990) *Surveillance, Power, Modernity: Bureaucracy and Discipline from 1700 to Present*. Cambridge, Polity.
Daniels, P. W. (1986) 'Foreign banks and metropolitan development: a comparison of London and New York', *Tijdschrift voor Economische en Sociale Geografie*, 77, 269–87.
Daniels, P. W. and Lever, W. F. (eds) (1996) *The Global Economy in Transition*. Harlow, Addison-Wesley Longman.
Daniels, S. (1993) *Fields of Vision: Landscape Imagery and National Landscapes in England and the United States*. Cambridge, Polity.
Darby, H. C. (1948) 'The regional geography of Thomas Hardy's Wessex', *Geographical Review*, 38, 426–43.
Davidson, J. (2000) 'A phenomenology of fear: Merleau-Ponty and agoraphobic life-worlds', *Sociology of Health and Illness*, 22, 640–60.
Davies, G. (1994) *A History of Money: From Ancient Times to the Present Day*. Cardiff, University of Wales Press.
Davis, T. (1995) 'The diversity of queer politics and the redefinition of sexual identity and community in urban spaces', in D. Bell and G. Valentine (eds), *Mapping Desire: Geographies of Sexuality*. London, Routledge.
Davoudi, S. (1995) 'Dilemmas of urban governance', in P. Healey, S. Cameron, S. Davoudi, S. Graham and A. Madani-Pour (eds), *Managing Cities: The New Urban Context*. Chichester, John Wiley and Sons.
De Abaitua, M. (1995) 'K Sera', *The Observer*, 5 November 1995, Preview Magazine.
Dear, M. (1988) 'The postmodern challenge: reconstructing human geography', *Transactions, Institute of British Geographers*, 13, 262–74.
Dear, M. (2000) *The Postmodern Urban Condition*. Oxford, Blackwell.
Dear, M. and Flusty, S. (1998) 'Post-modern urbanism', *Annals, Association of American Geographers*, 88, 50–72.
Dear, M., Wilton, R., Gaber, S. and Takahashi, L. (1997) 'Seeing people differendy: the sociospatial construction of disability', *Environment and Planning D—Society and Space*, 15, 455–80.
Debord, G. (1967) *The Society of the Spectacle*. London, Rebel Press.〔ギー・ドゥボール

著、木下誠訳『スペクタクルの社会』ちくま学芸文庫、2003年〕
de Certeau, M. (1981) *The Practice of Everyday Life*. Berkeley, University of California Press.
Del Casino, V J. and Hanna, S. P. (2000) 'Representations and identities in tourist map spaces', *Progress in Human Geography*, 24, 23–46.
Delanty, G. (2000) *Modernity and Postmodernity: Knowledge, Power and Self*. London, Sage.
Deleuze, G. and Guattari, F. (1983) *Anti-Oedipus: Capitalism and Schizophrenia*. London, Athlone. 〔ジル・ドゥルーズ、フェリックス・ガタリ著、宇野邦一訳『アンチ・オイディプス——資本主義と分裂症』上・下、河出書房新社、2006年〕
Deleuze, G. and Guattari, F. (1987) *A Thousand Plateaus*. London, Athlone. 〔ジル・ドゥルーズ、フェリックス・ガタリ著、宇野邦一・小沢秋広・田中敏彦・豊崎光一・宮林寛・守中高明訳『千のプラトー——資本主義と分裂症』河出書房新社、1994年；〔文庫版〕2010年〕
Demeritt, D. (1998) 'Science, social constructivism, and nature', in B. Braun and N. Castree (eds), *Remaking Nature: Nature at the Millennium*. New York, Routledge.
Department of Education and Science and the Welsh Office (1990) *Geography Working Group's Interim Report*. London, HMSO.
Derrida, J. (1976) *On Grammatology*. Baltimore, John Hopkins University Press. 〔ジャック・デリダ著、足立和浩訳『根源の彼方に——グラマトロジーについて』上・下、現代思潮新社、1972年 （フランス語版は1967年出版）〕
Derrida, J. (1990) *Limited Inc*. Paris, Galilee. 〔ジャック・デリダ著、高橋哲哉・増田一夫・宮崎裕助訳『有限責任会社』法政大学出版局、2002年〕

Derrida, J. (1991) *A Derrida Reader: Between the Blinds*. Brighton, Harvester Wheatsheaf.
Derrida, J. (1994) *Specters of Marx*. London, Routledge. 〔ジャック・デリダ著、増田一夫訳『マルクスの亡霊たち』藤原書店、2007年〕
Desforges, L. and Jones, R. (2001) 'Bilingualism and geographical knowledge: a case study of students at the University of Wales, Aberystwyth', *Social and Cultural Geography*, 2(3), 333–46.
Dicken, P. (1997) 'Transnational corporations and nation states', *International Science Journal*, 151, 77–89.
Dicken, P. (1998) *Global Shift: Transforming the World Economy*, 3rd edn. London, Paul Chapman. 〔ピーター・ディッケン著、宮町良広監訳、今尾雅博・鹿嶋洋・富樫幸一訳『グローバル・シフト——変容する世界経済地図』上・下、古今書院、2001年〕
Dillon, M. (2000) 'Post-structuralism, complexity and poetics', *Theory, Culture and Society*, 17, 1–26.
Dixon, D. P. and Jones III, J. P. (1996) 'For a supercalifragilisticexpialidocious scientific geography', *Annals, Association of American Geographers*, 86, 767–79.
Dodd, N. (1994) *The Sociology of Money: Economics, Reason and Contemporary Society*. Cambridge, Polity.
Dodds, K. (2000) *Geopolitics in a Changing World*. Harlow, Prentice Hall.
Dodge, M. and Kitchin, R. (2000) *Mapping Cyberspace*. London, Routledge.
Doel, M. (1999) *Post-structuralist Geographies: The Diabolical Art of Spatial Science*. Edinburgh, Edinburgh University Press.
Doel, M. (2000) 'Un-glunking geography: spatial science after Dr Seuss and Giles Deleuze', in

M. Crang and N. Thrift (eds), *Thinking Space*. London, Routledge.

Doel, M. and Clark, D. B. (1997) 'Transpolitical urbanism: suburban anomaly and ambient fear', *Space and Culture*, 2, 13–37.

Domosh, M. (1991) 'Towards a feminist historiography of geography', *Transactions, Institute of British Geographers*, 16, 95–115.

Donald, J. (1999) *Imagining the Modern City*. London, Athlone.

Douglas, M. (1966) *Purity and Danger*. Harmondsworth, Penguin. 〔メアリ・ダグラス著、塚本利明訳『汚穢と禁忌』思潮社、1972年〕

Driver, F. (1992) 'Geography's empire: histories of geographical knowledge', *Environment and Planning D—Society and Space*, 10, 23–40.

Driver, F. (1995) 'Geographical traditions: thinking the history of geography', *Transactions, Institute of British Geographers*, 20, 403–4.

du Gay, P. (2000) 'Identity, sociology, history', in P. du Gay, J. Evans and P. Redman (eds), *Identity: A Reader*. London, Sage.

du Gay, P., Evans, J. and Redman, P. (2000) *Identity: A Reader*. London, Sage.

Duncan, J. (1990) *The City as Text: The Politics of Landscape Interpretation in the Kandyan Kingdom*. Cambridge, Cambridge University Press.

Duncan, J. (2000) 'Place', in R.Johnston, D. Gregory, G. Pratt and M. Watts (eds), *The Dictionary of Human Geography*. Oxford, Blackwell.

Duncan, J. and Duncan, N. (1988) '(Re)reading the landscape', *Environment and Planning D—Society and Space*, 6, 117–26.

Duncan, J. and Ley, D. (1993) *Place/Culture/Representation*. London, Routledge.

Duncan, N. and Sharp, J. (1993) 'Confronting representation(s)', *Environment and Planning D—Society and Space*, 11, 473–86.

Dunford, M. (1981) *Historical Materialism and Geography*. Research Paper in Geography, No. 4. Falmer, University of Sussex.

Dunning, J. (1993) *Globalisation, Economic Restructuring and Development*. Mimeograph, Department of Economics, University of Reading.

Dwyer, C. (1999) 'Veiled meanings: young British Muslims and the negotiation of differences', *Gender, Place, Culture*, 6, 5–26.

Dyck, I. (1997) 'Dialogue with difference: a tale of two studies', in J. P. Jones, H. Nast and S. Roberts, (eds), *Thresholds in Feminist Geography: Difference, Methodology, Representation*. Lanham, MA, Rowman and Littlefield.

Dymski, G. A. and Veitch, J. M. (1992) 'Race and the financial dynamics of urban growth: L.A. as Fay Wray', in G. Riposa and G. Dersch (eds), *City of Angels*. Los Angeles, Kendal/Hunt Press.

Dymski, G. A. and Veitch, J. M. (1995) 'Taking it to the bank: race, credit, and income in Los Angeles', in R. D. Bullard, J. E. Grigsby and C. Lee (eds), *Residential Apartheid: The American Legacy*. Los Angeles, Centre for Afro-American Studies, UCLA.

Dymski, G. A. and Veitch, J. M. (1996) 'Financial transformation and the metropolis: booms, busts, and banking in Los Angeles', *Environment and Planning A*, 28, 1233–60.

Eagleton, T. (1996) *The Illusions of Post-modernism*. Oxford, Blackwell. 〔テリー・イーグルトン著、森田典正訳『ポストモダニズムの幻想』大月書店、1998年〕

Edensor, T. (2000) 'Moving through the city', in D. Bell and A. Haddour (eds), *City Visions*. Harlow, Prentice Hall.

Edgely, C. and Brissett, D. (1990) 'Health nazis and the cult of the perfect body', *Symbolic In-*

teraction, 13, 257–79.

Elias, N. (1978) *The Civilising Process: The History of Manners*. New York, Pantheon Books. 〔ノルベルト・エリアス著、赤井慧爾・中村元保・吉田正勝訳『文明化の過程（上）ヨーロッパ上流階層の風俗の変遷』法政大学出版局、1977年／新装版2004年）〕

Elkin, S. (1987) *City and Regime in the American Republic*. Chicago, University of Chicago Press.

Ellis, J. M. (1989) *Against Deconstruction*. Princeton, NJ, Princeton University Press.

Entrikin, N. (1991) *The Betweenness of Place*. Baltimore, John Hopkins University Press.

Eyles, J. and Smith, D. M. (1988) *Qualitative Methods in Human Geography*. London, Polity.

Featherstone, M. (ed.) (1990) *Global Culture: Nationalism, Globalisation and Modernity*. London, Sage.

Ferguson, R. and Hughes, G. (2000) 'Welfare: from security to responsibility', in G. Hughes and R. Ferguson (eds), *Ordering Lives: Family, Work and Welfare*. London, Routledge.

Ferrnan, B. (1996) *Challenging the Growth Machine: Neighbourhood Politics in Chicago and Pittsburg*. Lawrence, KS, University of Kansas Press.

Ferrell, R. (1996) *Passion in Theory: Conceptions of Freud and Lacan*. London, Routledge.

Fielding, S. (2000) 'Walk on the left! Children's geographies and the primary school', in S. L. Holloway and G. Valentine (eds), *Children's Geographies*. London, Routledge.

Fischer, B. and Poland, B. (1998) 'Exclusion, risk and social control: reflections on community policing and public health', *Geoforum*, 29, 187–97.

Flowerdew, R. and Martin, D. (1997) *Methods in Human Geography*, Harlow, Longman.

Flusty, S. (2001) 'Adventures of a barong; a worm's eye view of global formation', in C. Minca (ed.), *Postmodern Geography: Theory and Praxis*. Oxford, Blackwell.

Foord, J. and Gregson, N. (1986) 'Patriarchy: towards a reconceptualisation', *Antipode*, 18, 186–211.

Ford, J. (1988) *The Indebted Society: Credit and Default in the 1980s*. London, Routledge.

Ford, J. (1991) *Consuming Credit: Debt and Poverty in the UK*. London, Child Poverty Action Group.

Ford, J. and Rowlingson, K. (1996) 'Low-income households and credit: exclusion, preference, and inclusion', *Environment and Planning A*, 28, 1345–60.

Forest, B. (1995) 'West Hollywood as symbol: the significance of place in the construction of a gay identity', *Environment and Planning D: Society and Space*, 13, 133–57.

Forgacs, D. (1984) *Formations: Of Nations and Peoples*. London, Routledge.

Forgacs, D. (2000) *The Gramsci Reader: Selected Writings, 1916–1935*. New York, New York University Press.

Foucault, M. (1967) *Madness and Civilisation*. London, Tavistock. 〔ミシェル・フーコー著、田村俶訳『狂気の歴史——古典主義時代における』新潮社、1975年〕

Foucault, M. (1977) *Discipline and Punish*. Harmondsworth, Penguin.

Foucault, M. (1981) *The History of Sexuality, Volume One*. Harmondsworth, Penguin. 〔ミシェル・フーコー著、渡辺守章訳『知への意志』〈性の歴史1〉新潮社、1986年〕

Foucault, M. (1988) *The Care of the Self: The History of Sexuality, Volume Three*. Harmondsworth, Penguin. 〔ミシェル・フーコー著、田村俶訳『自己への配慮』〈性の歴史3〉

新潮社、1987年〕

Freidberg, A. (1993) *Window Shopping: Cinema and the Postmodern*. Berkeley, University of California Press.

Freire, P. (1970) *Pedagogy of the Oppressed*. Harmondsworth, Penguin. 〔パウロ・フレイレ著、三砂ちづる訳『被抑圧者の教育学』亜紀書房、2018年〕

Friedmann, J. (1999) 'The hybridisation of the bush and the abhorrence of the roots', in M. Featherstone and S. Lash (eds), *Spaces of Culture*. London, Sage.

Friedmann, J. and Wolff, G. (1982) 'World city formation: an agenda for research and action', *International Journal of Urban and Regional Research*, 6, 309–44.

Frisby, D. (1984) *Georg Simmel*. London, Tavistock.

Frobel, E, Heinrichs, J. and Kreye, O. (1980) *The New International Division of Labour*. Cambridge, Cambridge University Press.

Fuller, D. (1998) 'Credit Union development: financial inclusion and exclusion', *Geoforum*, 29, 145–58.

Fuller, D. (1999) 'Part of the action, or "going native"? Learning to cope with the politics of integration', *Area*, 31, 221–7.

Fuller, D. and Jonas, A. E. G. (2002a) 'Institutionalising future geographies of financial inclusion: national legitimacy versus local autonomy in the British Credit Union Movement', *Antipode*, 34(1), 91–117.

Fuller, D. and Jonas, A. E. G. (2002b) 'Constructing and contesting "alternative economic spaces": community credit unions and the British Credit Union Movement', in R. Lee, A. Leyshon and C. Williams (eds), *Alternative Economic Spaces: Rethinking the 'Economic' in Economic Geography*. London, Sage.

Fyfe, N. (1998) *Images of the Street*. London, Routledge.

Gaffikin, F. and Warf, B. (1993) 'Urban policy and the post-Keynesian state in the United Kingdom and the United States', *International Journal of Urban and Regional Research*, 17, 67–84.

Gale, F. (1992) 'A view of the world through the eyes of a cultural geographer', in A. Rogers, H. Viles and A. Goudie (eds), *The Student's Companion to Geography*. Oxford, Blackwell.

Gane, M. (1994) *Baudrillard: Critical and Fatal Theory*. London, Sage.

Garrison, W. (1956) 'Applicability of statistical inference to geographical research', *Geographical Review*, 46, 427–9.

Gauntlett, D. and Hill, A. (1999) *TV Living: Television, Culture and Everyday Life*. London, Routledge.

Gentle, C. J. S., Marshall, J. N. and Coombes, M. G. (1991) 'Business reorganization and regional development: the case of the British building societies movement', *Environment and Planning A*, 23, 1759–77.

Gertler, M. (1997) 'Between the global and the local: the spatial limits to productive capital', in K. Cox (ed.), *Spaces of Globalisation: Reasserting the Power of the Local*. New York, Guilford.

Gibson-Graham, J. K. (1996) *The End of Capitalism*. Oxford, BlackweU.

Gibson-Graham, J. K. (2000) 'Poststructural interventions', in T. Barnes and E. Sheppard (eds), *A Companion to Economic Geography*. Oxford, Blackwell.

Giddens, A. (1984) *The Constitution of Society: An Outline of the Theory of Structuration*. Cambridge, Polity. 〔アンソニー・ギデンズ著、門田健一訳『社会の構成』勁草書房、2015年〕

Giddens, A. (1990) *The Consequences of Modernity*. Cambridge, Polity.

Giddens, A. (1991) *Modernity and Self-identity*. Cambridge, Polity.〔アンソニー・ギデンズ著、秋吉美都・安藤太郎・筒井淳也訳『モダニティと自己アイデンティティ——後期近代における自己と社会』ハーベスト社、2005年〕

Gill, S. (1992) 'Economic globalization and the internationalization of authority: limits and contradictions', *Geoforum*, 23, 269–83.

Gill, S. (1993a) 'Global finance, monetary policy and cooperation among the group of seven, 1944–92' in P. Cerny (ed.), *Finance and World Politics: Markets, Regimes and States in the Post-Hegemonic Era*. Aldershot, Edward Elgar.

Gill, S. (1993b) 'Gramsci and global politics: towards a post-hegemonic research agenda', in S. Gill (ed.), *Gramsci, Historical Materialism and International Relations*. Cambridge, Cambridge University Press.

Gleeson, B. (1996) 'A geography for disabled people?', *Transactions of the Institute of British Geographers*, 21, 387–96.

Gleeson, B. (1998) 'The social space of disability in colonial Melbourne', in N. Fyfe (ed.), *Images of the Streets*. London, Routledge.

Gleeson, B. (1999) *Geographies of Disability*. London, Routledge.

Goffman, E. (1959) *The Presentation of Self in Everyday Life*. Harmondsworth, Penguin.〔E・ゴッフマン著、石黒毅訳『行為と演技——日常生活における自己呈示』誠信書房、1974年〕

Gold, J. R. (1980) *An Introduction to Behavioural Geography*. Oxford, Oxford University Press.

Gold, J. R. (1992) 'Image and environment: the decline of cognitive-behaviouralism in human geography and grounds for regeneration', *Geoforum*, 23, 239–47.

Golledge, R. G. (1981) 'Misconceptions, misinterpretations and misrepresentations of behavioral approaches in human geography', *Environment and Planning A*, 13, 1325–44.

Golledge, R. G. (1991) 'Cognition of physical and built environment', in T. Garling and D. Evans (eds), *Environment, Cognition, Action*. Oxford, Oxford University Press.

Golledge, R. G. (1993) 'Geography and the disabled: a survey with special reference to vision impaired and blind peoples', *Transactions, Institute of British Geographers*, 18, 63–85.

Golledge, R. G. (1996) 'A response to Imrie and Gleeson', *Transactions, Institute of British Geographers*, 21(2), 404–11.

Golledge R. G. and Stimson, R. J. (1997) *Spatial Behavior: A Geographic Perspective*. New York, Guilford.

Goodey, B. and Gold, J. R. (1985) 'Behavioural and perceptual geography—from retrospect to prospect', *Progress in Human Geography*, 9, 585–95.

Goodwin, M. and Painter, J. (1996) 'Local governance, the crisis of Fordism and the changing geographies of regulation', *Transactions, Institute of British Geographers*, 21, 635–48.

Goux, J. (1989) *Symbolic Economies after Marx and Freud*. New York, Cornell University Press.

Graham, E. (1995) 'Postmodernism and the possibility of a new human geography', *Scottish Geographical Magazine*, 11, 175–8.

Graham, S. and Marvin, S. (2001) *Splintering Urbanism: Networked Infrastructures, Technological Mobilities and the Urban Condition*. London, Routledge.

Gramsci, A. (1971) *Selections from the Prison Notebooks of Antonio Gramsci*, ed. and trans. by Q. Hoare and G. Nowell-Smith. London,

Lawrence and Wishart.

Greed, C. (1993) *Creating Gendered Realities*. London, Routledge.

Green, A., Owen, D. W. and Winnett, C. M. (1994) 'The changing geography of recession: analyses of local unemployment', *Transactions, Institute of British Geographers*, 19, 142–62.

Gregory, D. (1978) *Ideology, Science and Human Geography*. London, Hutchinson.

Gregory, D. (1982) 'A realist conception of the social', *Transactions, Institute of British Geographers*, 7, 254–6.

Gregory, D. (1984) 'Space, time and politics in social theory: an interview with Anthony Giddens', *Environment and Planning D—Society and Space*, 2, 123–32.

Gregory, D. (1994a) *Geographical Imaginations*. Oxford, Blackwell.

Gregory, D. (1994b) 'Social theory and human geography', in D. Gregory, R. Martin and G. Smith (eds), *Human Geography: Society, Space and Social Science*. London, Macmillan.

Gregory, D. (1997) *Explorations in Critical Human Geography* (Hettner Lecture 1997). University of Heidelberg, Department of Geography.

Gregory, D. (2000a) 'Said', in M. Crang and N. Thrift (eds), *Thinking Space*. London, Routledge.

Gregory, D. (2000b) 'Post-colonialism', in R. J. Johnston, D. Gregory, G. Pratt and M. Watts (eds), *The Dictionary of Human Geography*. Oxford, Blackwell.

Gregory, S. (1963) *Statistical Methods and the Geographer*. London, Longman.

Gregson, N. and Crewe, L. (1998) 'Dusting down second-hand Rose: gendered identities and the world of second-hand goods', *Gender, Place, Culture*, 5, 77–100.

Grierson, P. (1977) *The Origins of Money*. London, Athlone.

Grosz, E. (1992) 'Bodies-cities', in B. Colomina (ed.), *Sexuality and Space*. London, Routledge.

Grosz, E. (1994) *Volatile Bodies: Towards a Corporal Feminism*. Indiana, Indiana University Press.

Guelke, L. (1974) 'An idealist alternative to human geography', *Annals, Association of American Geographers*, 63, 19–202.

Habermas, J. (1988) *On the Logic of the Social Sciences*. Cambridge, Polity. 〔ユルゲン・ハーバーマス著、清水多吉・波平恒男・木前利秋・西阪仰訳『社会科学の論理によせて』国文社、1991年〕

Habermas, J. (1989) *The Structural Transformation of the Public Sphere*. Cambridge, MA, MIT Press. 〔ユルゲン・ハーバーマス著、細谷貞雄訳『公共性の構造転換』未來社、1973年／〔新版〕細谷貞雄・山田正行訳『公共性の構造転換——市民社会の一カテゴリーについての探究』未來社、1994年（ドイツ語版は1962年発行）〕

Hägerstrand, T. (1975) 'Diorama, path and project', *Tijdschrift voor Economische en Sociale Geografie*, 73, 323–39.

Haggett, P. (1965) *Locational Analysis in Human Geography*. London, Arnold. 〔ピーター・ハゲット著、野間三郎監訳、梶川勇作訳『立地分析』大明堂、1976年〕

Haggett, P. (1975) *Geography: A Modern Synthesis*. London, Heinemann.

Haggett, P. (1981) 'Geography', in R. J. Johnston (ed.), *The Dictionary of Human Geography*. Oxford, Blackwell.

Haggett, P. (1990) *The Geographer's Art*. Oxford, Blackwell.

Haggett, P. (2001) *Geography: A Global Synthesis*. Harlow, Prentice Hall.

Halfacree, K. (1993) 'Locality and social representations: space discourse and alternative definitions of the rural', *Journal of Rural Studies*, 9, 23–8.

Halford, S. and Savage, M. (1993) 'Changing the culture of the organization: gender and cultural restructuring in banking and local government', paper presented to the Urban Change and Conflict Conference, University of Sheffield, 14–16 September.

Hall, S. (1990) 'Encoding/decoding', in S. During (ed.), *The Cultural Studies Reader*. London, Routledge.

Hall, S. (1996) 'Introduction', in S. Hall (ed.), *Representation: Cultural Representations and Signifying Practices*. London, Sage.

Hall, T. (1997) 'Images of industry in the post-industrial city: Raymond Mason and Birmingham', *Ecumene*, 4, 46–68.

Hall, T. (2001) *Urban Geography*, 2nd edn. London, Routledge.

Hall, T. and Hubbard, P. (1996) 'The entrepreneurial city: new urban politics, new urban geographies?', *Progress in Human Geography*, 20, 153–74.

Hambleton, R. (1998) 'Competition and contracting in UK local government', in N. Oatley (ed.), *Cities, Economic Competition and Urban Policy*. London, Paul Chapman.

Hamnett, C. and Randolph, W. (1988) *Cities, Housing and Profit*. London, Hutchinson.

Hannah, M. (1997) 'Imperfect panopticism' in G. Benko and U. Strohmayer (eds), *Space and Social Theory*. Oxford, Blackwell.

Hanson, S. (1992) 'Geography and feminism: worlds in collision?' *Annals, Association of American Geographers*, 82, 569–86.

Haraway, D. (1985) 'A manifesto for cyborgs: science, technology, and social feminism in the 1980s', *Socialist Review*, 80, 65–107.

Haraway, D. (1991) *Simians, Cyborgs and Women*. London, Free Association Press. 〔ダナ・ハラウェイ著、高橋さきの訳『猿と女とサイボーグ——自然の再発明』青土社、2000年〕

Harley, B. (1988) 'Maps, knowledge and power', in D. Cosgrove and S. Daniels (eds), *The Iconography of Landscape: Essays on the Symbolic Representation, Design and Use of Past Environments*. Cambridge, Cambridge University Press.

Harley, B. (1992) 'Deconstructing the map', in T. Barnes and J. Duncan (eds), *Writing Worlds*. London, Routledge.

Hartshorne, R. (1939) *The Nature of Geography: A Critical Survey of Current Thought in the Light of the Past*. Chicago, Rand McNally. 〔リチャード・ハーツホーン著、野村正七訳『地理学方法論——地理学の性質』朝倉書店、1957年〕

Hartshorne, R. (1959) *Perspective on the Nature of Geography*. Chicago, Rand McNally. 〔リチャード・ハーツホーン著、山岡政喜訳『地理学の本質』古今書院、1975年〕

Harvey, D. (1969) *Explanation in Geography*. Oxford, Blackwell. 〔ディヴィッド・ハーヴェイ著、松本正美訳『地理学基礎論——地理学における説明』古今書院、1979年〕

Harvey, D. (1970) 'Behavioural postulates and the construction of theory in human geography', *Geographica Polonica*, 18, 217–45.

Harvey, D. (1972) 'What is theory?', in N. Graves (ed.), *New Movements in the Study and Teaching of Geography*. London, Maurice Temple Smith.

Harvey, D. (1973) *Social Justice and the City*. London, Edward Arnold. 〔ダヴィド・ハーヴェイ著、竹内啓一・松本正美訳『都市と

社会的不平等』日本ブリタニカ、1980年〕

Harvey, D. (1974) 'Class, monopoly rent, finance capitals and the urban revolution', *Regional Studies*, 8, 239–55.

Harvey, D. (1977) 'Government policies, financial institutions and neighbourhood change in United States cities', in M. Harloe (ed.), *Captive Cities: Studies in the Political Economy of Cities and Regions*. London, John Wiley and Sons.

Harvey, D. (1982) *The Limits to Capital*. Oxford, Blackwell. 〔デイヴィド・ハーヴェイ著、松石勝彦・水岡不二雄訳『空間編成の経済理論——資本の限界』上・下、大明堂、1989年、1990年〕

Harvey, D. (1985a) *The Urbanization of Capital: Studies in the History and Theory of Capitalist Urbanization*. Oxford, Blackwell. 〔デイヴィド・ハーヴェイ著、水岡不二雄監訳『都市の資本論——都市空間形成の歴史と理論』青木書店、1991年〕

Harvey, D. (1985b) *Consciousness and the Urban Experience*. Oxford, Blackwell.

Harvey, D. (1989a) *The Condition of Postmodernity: An Enquiry into the Origins of Cultural Changes*. Oxford, Blackwell. 〔デヴィッド・ハーヴェイ著、吉原直樹監訳『ポストモダニティの条件』青木書店、1999年〕

Harvey, D. (1989b) 'From managerialism to entrepreneurialism: the transformation of governance in late capitalism', *Geografiska Annaler*, 71B, 3–17.

Harvey, D. (1989c) *The Urban Experience*. Oxford, Blackwell.

Harvey, D. (1992a) 'Social justice, postmodernism and the city', *International Journal of Urban and Regional Research*, 16, 588–601.

Harvey, D. (1992b) 'Postmodern morality plays', *Antipode*, 24, 300–26.

Harvey, D. (1996) *Justice, Nature and the Geography of Difference*. Oxford, Blackwell.

Harvey, D. (1999) 'On fatal flaws and fatal distractions', *Progress in Human Geography*, 23, 556–78.

Harvey, D. (2000a) *Spaces of Hope*. Edinburgh, Edinburgh University Press.

Harvey, D. (2000b) 'Reinventing geography (interview)', *New Left Review*, 4, 75–97.

Harvey, D. and Chatterjee, L. (1974) 'Absolute rent and the restructuring of space by government and financial institutions', *Antipode*, 6, 22–36.

Healey, P., Cameron, S., Davoudi, S., Graham, S. and Madani-Pour, A. (eds) (1995) *Managing Cities: The New Urban Context*. Chichester, John Wiley and Sons.

Hebdidge, D. (1979) *Subcultures: The Meaning of Style*. London, Routledge. 〔ディック・ヘブディジ著、山口淑子訳『サブカルチャー——スタイルの意味するもの』未來社、1986年〕

Heidegger, M. (1927) [1987] *Being and Time*. Oxford, Blackwell. 〔マルティン・ハイデガー著、細谷貞雄訳『存在と時間』上・下、ちくま学芸文庫、1994年〕

Held, D. and McGrew, A. (2000) 'The great globalisation debate: an introduction', in D. Held and A. McGrew (eds), *The Global Transformations Reader: An Introduction to the Globalisation Debate*. Cambridge, Polity.

Hellenier, E. (1993) 'The challenge from the East: Japan's financial rise and the changing global order', in P. Cerny (ed.), *Finance and World Politics: Markets, Regimes and States in the Post-Hegemonic Era*. Aldershot, Edward Elgar.

Herbert, S. (1997) *Policing Space*. Minneapolis, University of Minnesota Press.

Herbert, S. (2000) 'For ethnography', *Progress in Human Geography*, 24, 550–68.

Herman, E. and McChesney, R. (1997) *The Global Media: The New Missionaries of Corporate Capitalism*. London, Cassell.

Higgins, J. (1999) *Raymond Williams: Literature, Marxism and Cultural Materialism*. London, Routledge.

Higson, A. (1987) 'The landscapes of television', *Landscape Research*, 12, 8–13.

Hill, M. R. (1981) 'Positivism: a "hidden" philosophy in geography', in M. E. Harvey and B. P. Holly (eds), *Themes in Geographic Thought*. London, Groom Helm.

Hirst, P. and Thompson, G. (1992) 'The problem of "globalization": international economic relations, national economic management and the formation of trading blocs', *Economy and Society*, 21, 357–96.

Hirst, P. and Thompson, G. (1999) *Globalisation in Question*, 2nd edn. Cambridge, Polity.

HM Government (1999) *A Better Quality of Life: A Strategy for Sustainable Development for the United Kingdom*. London, HMSO.

HM Treasury (1999) *Credit Unions of the Future*. Report of the Credit Union Taskforce, November 1999.

Hodge, R. and Kress, G. (1988) *Social Semiotics*. Cambridge, Polity.

Holland, E. W. (1999) *Deleuze and Guattari's Anti-Oedipus: An Introduction to Schizoanalysis*. London, Routledge.

Holloway, L. and Hubbard, P. (2001) *People and Place: The Extraordinary Geographies of Everyday Life*. Harlow, Prentice Hall.

Holtham, G. and Kay, J. (1994) 'The assessment: institutions of economic policy', *Oxford Review of Economic Policy*, 10, 1–16.

Hood-Williams, J. and Harrison, W. (1998) 'Trouble with gender', *Sociological Review*, 49, 73–92.

hooks, b. (1991) *Yearning: Race, Gender and Cultural Politics*. Chicago, South End Press,

hooks, b. (1992) *Teaching to Transgress: Education As the Practice of Freedom*. London, Routledge.〔ベル・フックス著、里見実監訳、里見実・堀田碧・朴和美・吉原令子訳『とびこえよ、その囲いを——自由の実践としてのフェミニズム教育』新水社、2006年〕

Hoskins, W. G. (1955) *The Making of the English Landscape*. London, Penguin.

Hubbard, P. (1996) 'Urban design and city regeneration: social representations of entrepreneurial landscapes', *Urban Studies*, 33, 1441–61.

Hubbard, P. (1999) *Sex and the City: Geographies of Prostitution in the Urban West*. Aldershot, Ashgate.

Hubbard, P. (2000) 'Desire/disgust: mapping the moral geographies of heterosexuality', *Progress in Human Geography*, 24, 191–218.

Hubbard, P. (2004) 'Going Out (of Town): New Geographies of Cinema-Going in the UK', *Scope: An Online Journal of Film Studies*, 2004

Hubbard, P. and Hall, T. (1998) 'The entrepreneurial city and the "new urban polities"', in T. Hall and P. Hubbard (eds), *The Entrepreneurial City: Geographies of Politics, Regime and Representation*. New York, John Wiley and Sons.

Hunter, T. (1993) 'Banks shutting their doors to the poor', *Guardian*, 18 September, 33.

Hussey, A. (2001) 'Spectacle, simulation and spectre: Debord, Baudrillard and the ghost of Marx', *Parallax*, 7, 63–72.

Hutton, W. (1995) *The State We're In*. London, Vintage.

Imrie, R. (1996) 'Ableist geographers, disablist spaces: towards a reconstruction of Golledge's "Geography and the disabled"', *Transactions, Institute of British Geographers*, 21(2), 397–

403.

Ingham, G. (1994) 'States and markets in the production of world money: sterling and the dollar', in S. Corbridge, R. Martin and N. Thrift (eds), *Money, Power and Space*. Oxford, Blackwell.

Jackson, P. (1985) 'Urban ethnography', *Progress in Human Geography*, 9, 157–76.

Jackson, P. (1987) 'The idea of "race" and the geography of racism', in P.Jackson (ed.), *Race and Racism*. London, Allen and Unwin.

Jackson, P. (1989) *Maps of Meaning*. London, Routledge.

Jackson, P. (1994) 'Social geography', in R. J. Johnston, D. Gregory and S. Smith (eds), *A Dictionary of Human Geography*. Oxford, Blackwell.

Jackson, P. (1999) 'Commodity cultures: the traffic in things', *Transactions, Institute of British Geographers*, 24, 95–109.

Jackson, P. (2000) 'Re-materializing social and cultural geography', *Social and Cultural Geography*, 1, 9–14.

Jackson, P. and Penrose, J. (eds) (1993) *Constructions of Race, Place and Nation*. London, UCL Press.

Jacobs, J. (1961) *The Death and Life of Great American Cities*. New York, Random House. 〔ジェイン・ジェイコブズ著、山形浩生訳『アメリカ大都市の死と生』鹿島出版会、2010年新版〕

Jagose, A. (1996) *Queer Theory: An Introduction*. New York, New York University Press.

Jameson, F. (1984) 'Postmodernism or the cultural logic of late capitalism', *New Left Review*, 146, 378–83.

Jameson, F. (1991) *Postmodernism, or the Cultural Logic of Late Capitalism*. London, Verso.

Janelle, D. (1969) 'Spatial reorganisation: a model and concept', *Annals, Association of American Geographers*, 59, 6–348.

Jarosz, L. (1992) 'Constructing the dark continent: metaphor as geographic representation of Africa', *Geografiska Annaler*, 74B, 105–15.

Jenkins, R. (1992) *Key Sociologists—Pierre Bourdieu*. London, Routledge.

Jervis, J. (1999) *Transgressing the Modern*. Oxford, Blackwell.

Jessop, B. (1994) 'Post-Fordism and the state', in A. Amin, *Post-Fordism: A Reader*. Oxford, Blackwell.

Jessop, B. (1995) 'The regulation approach, governance and post-Fordism: alternative perspectives on economic and political change?', *Economy and Society*, 24(3), 307–33.

Jessop, B. (1997a) 'The entrepreneurial city: reimagining localities, redesigning economic governance, or restructuring capital?', in N. Jewson and S. MacGregor (eds), *Transforming Cities: Contested Governance and New Spatial Divisions*. London, Routledge.

Jessop, B. (1997b) 'The governance of complexity and the complexity of governance: preliminary remarks on some problems and limits of economic guidance', in A. Amin and J. Hausner (eds), *Beyond Market and Hierarchy: Interactive Government and Social Complexity*. Cheltenham, Edward Elgar.

Jessop, B. (1997c) 'A neo-Gramscian approach to the regulation of urban regimes: accumulation strategies, hegemonic projects and governance', in M. Lauria (ed.), *Reconstructing Urban Regime Theory: Regulating Urban Politics in a Global Economy*. London, Sage.

Jessop, B. (1999) 'Globalisation and the nation state', in S. Aronowitz and P. Bratsis (eds) *Rethinking the State: Miliband, Poulatsas and State Theory*. Minneapolis, MN, University of

Minnesota Press.

Johnson, N. (1996) 'Where geography and history meet: heritage tourism and the big house in Ireland', *Annals, Association of American Geographers*, 86, 551–66.

Johnston, R. J. (1986) *Philosophy and Human Geography: An Introduction to Contemporary Approaches*. London, Arnold.

Johnston, R. J. (1991) *Geography and Geographers: Anglo-American Geography since 1945*, 4th edn. London, Edward Arnold.

Johnston, R. J. (2000) 'Authors, editors and authority in the postmodern academy', *Antipode*, 32, 271–91.

Johnston, R. J., Taylor, P. J. and Watts, M. (eds) (1995) *Geographies of Global Change: Remapping the World in the Late Twentieth Century*. Oxford, Blackwell.

Jonas, A. and Wilson, D. (1999) *The Urban Growth Machine: Critical Perspectives Two Decades Later*. Albany, NY, State University of New York Press.

Jones, A. (1999) 'Dialectics and difference: against Harvey's dialectic post-Marxism', *Progress in Human Geography*, 23, 529–55.

Jones, J. P., Nast, H. and Roberts, S. (eds) (1997) *Thresholds in Feminist Geography: Difference, Methodology, Representation*. Lanham, MA, Rowman and Littlefield.

Jones, J. P. and Natter, W (1999) 'Space and representation', in A. Buttimer, S. D. Brunn and U. Wardenga (eds), *Text and Image: Social Construction of Regional Knowledges*. Leipzig, Institut fur Landerkunde Leipzig.

Kaern, M., Phillips, B. S. and Cohen, R. S. (1990) *Georg Simmel and Contemporary Sociology*. Dordrecht, Kluwer Academic Publications.

Kearns, G. (1997) 'The imperial subject: geography and travel in the work of Mary Kingsley and Halford Mackinder', *Transactions, Institute of British Geographers*, 22, 450–72.

Kearns, G. and Philo, C. (eds) (1993) *Selling Places: The City as Cultural Capital, Past and Present*. Oxford, Pergamon.

Keith, M. and Pile, S. (1993) (eds) *Place and the Politics of Identity*. London, Routledge.

Kendall, G. and Wickham, G. (1999) *Using Foucault's Methods*. London, Sage.

Kennedy, C. and Lukinbeal, C. (1998) 'Towards a holistic approach to geographic research on film', *Progress in Human Geography*, 21, 33–50.

Kenney, J. (1995) 'Climate, race, and imperial authority: the symbolic landscape of the British hill station in India', *Annals, Association of American Geographers*, 85, 694–714.

Kerr, D. (1965) 'Some aspects of the geography of finance in Canada', *Canadian Geographer*, 9, 175–92.

Kinsman, P. (1995) 'Landscape, race and national identity: the photography of Ingrid Pollard', *Area*, 27, 300–10.

Kirk, W. (1963) 'Problems of geography', *Geography*, 48, 357–71.

Kitchin, R. M. (1996) 'Increasing the integrity of cognitive mapping research: appraising conceptual schemata of environment-behaviour interaction', *Progress in Human Geography*, 20(1), 56–84.

Kitchin, R. M. (1998) *Cyberspace: The World in the Wires*. Chichester, John Wiley and Sons.

Kitchin, R. M. (1999) 'Ethics and morals in geographical studies of disability', in J. Proctor and D. Smith (eds), *Geography and Ethics: Journeys through a Moral Terrain*. London, Routledge, pp.223–36.

Kitchin, R. and Kneale, J. (2002) *Lost in Space: Geographies of Science Fiction*. London, Continuum.

Kitchin, R. and Tate, N. (2000) *Conducting Research in Human Geography*. Harlow, Prentice Hall.

Kneale, J. (1999) 'The media', in P. Cloke, P. Crang and M. Goodwin (eds), *Introducing Human Geographies*. London, Arnold.

Knopp, L. (1995) 'Sexuality and urban space: a framework for analysis', in D. Bell and G. Valentine (eds), *Mapping Desire: Geographies of Sexuality*. London, Routledge.

Knox, P. (1991) 'The restless urban landscape', *Annals, Association of American Geographers*, 81, 181–209.

Knox, P. (1993) *The Restless Urban Landscape*. Englewood Cliffs, Prentice Hall.

Knox, P. (1994) *Urban Social Geography*. Harlow, Longman.

Knox, P. (1995) 'World cities in a world system', in P. L. Knox and P. J. Taylor (eds), *World Cities in a World System*. Cambridge, Cambridge University Press.

Knox, P. (1996) 'Globalisation and the world city hypothesis', *Scottish Geographical Magazine*, 112(2), 124–6.

Kong, L. (1993) 'Negotiating conceptions of sacred space', *Transactions, Institute of British Geographers*, 18, 342–58.

Kresl, P. K. (1995) 'The determinants of urban competitiveness: a survey', in P. K. Kresl and G. Gaert (eds), *North American Cities and the Global Economy*. London, Sage, pp.45–68.

Kristeva, J. (1982) *Powers of Horror*. Vancouver, Columbia University Press. 〔ジュリア・クリステヴァ著、枝川昌雄訳『恐怖の権力──〈アブジェクシオン〉試論』法政大学出版局、1984年〕

Krugman, P. (1991) *Geography and Trade*. Cambridge, MA, MIT Press. 〔ポール・クルーグマン著、北村行伸ほか訳『脱「国境」の経済学──産業立地と貿易の新理論』東洋経済新報社、1994年〕

Kuhn, T. (1970) *The Structure of Scientific Revolutions*. Chicago, Chicago University Press. 〔トーマス・クーン著、中山茂訳『科学革命の構造』みすず書房、1971年〕

Kynaston, D. (1994) *The City of London: Volume One—A World of its Own 1815–1890*. London, Pimlico.

Kynaston, D. (2001) *The City of London: Volume Three 1945 Onwards*. London, Pimlico.

Laclau, E. and Mouffe, C. (1985) *Hegemony and Socialist Strategy: Towards a Radical Democratic Politics*. London, Verso. 〔エルネスト・ラクラウ、シャンタル・ムフ著、山崎カヲル・石澤武訳『ポスト・マルクス主義と政治──根源的民主主義のために』大村書店、1992年〕

Langer, M. M. (1989) *Merleau-Ponty's Phenomenology of Perception: A Guide and Commentary*. Basingstoke, Macmillan.

Lash, S. and Urry, J. (1994) *Economies of Signs and Space*. London, Sage.

Latour, B. (1987) *Science in Action: How to Follow Engineers in Society*. Milton Keynes, Open University Press. 〔ブルーノ・ラトゥール著、川崎勝・高田紀代志訳『科学が作られているとき──人類学的考察』産業図書、1999年〕

Latour, B. (1993) *We Have Never Been Modern*. Hemel Hempstead, Harvester Wheatsheaf. 〔ブルーノ・ラトゥール著、川村久美子訳『虚構の「近代」──科学人類学は警告する』新評論、2008年〕

Lauria, M. (1997) *Reconstructing Urban Regime Theory: Regulating Urban Politics in a Global Economy*. London, Sage.

Laurie, N., Dwyer, C., Holloway, S. and Smith, E

(1999) *Geographies of New Femininities*. Harlow, Longman.

Laurier, E. (1999) 'Geographies of talk: Max left a message for you', *Area*, 31, 36–45.

Law, J. (1992) 'Notes on the theory of the actor-network', *Systems Practice*, 5, 379–93.

Law, J. and Mol, A. (1995) 'Notes on materiality and sociality', *Sociological Review*, 43, 274–94.

Law, L. (1997) 'A matter of choice: discourses of prostitution in the Philippines', in L. Manderson and M. Jolly (eds), *Sites of Desire/Economies of Pleasure: Sexualities in Asia and the Pacific*. Chicago, University of Chicago Press.

Lee, R. (1996) 'Moral money? LETS and the social construction of local economic geographies in southeast England', *Environment and Planning A*, 28(8), 1377–94.

Lee, R. (1999) 'Local money: geographies of autonomy and resistance?', in R. Martin (ed.), *Money and the Space Economy*. Chichester, John Wiley.

Lee, R., Leyshon, A. and Williams, C. (eds) (2002) *Alternative Economic Spaces: Rethinking the Economic in Economic Geography*. London, Sage.

Lee, R. and Wills, J. (eds) (1997) *Geographies of Economies*. London, Arnold.

Lees, L. (1996) 'In pursuit of difference: representations of gentrification', *Environment and Planning A*, 28, 453–70.

Lees, L. (1997) 'Ageographica, heterotopia and Vancouver's new public library', *Environment and Planning D—Society and Space*, 15, 321–47.

Lees, L. (2001) 'Towards a critical geography architecture: the case of an ersatz Colosseum', *Ecumene*, 8, 51–86.

Lefebvre, H. (1991) *The Production of Space*. Oxford, Blackwell. 〔アンリ・ルフェーヴル著、斎藤日出治訳『空間の生産』青木書店、2000年〕

Leftwich, A. (1993) 'Governance, the state and the politics of development', *Third World Quarterly*, 14, 363–83.

Le Galés, P. (1998) 'Regulations and governance in European cities', *International Journal of Urban and Regional Research*, 22, 482–506.

Lévi-Strauss, C. (1969) *The Raw and the Cooked*. London, Nicholson.

Lewis, C. and Pile, S. (1996) 'Women, body, space: Rio carnival and the politics of performance', *Gender, Place and Culture*, 3, 45–78.

Ley, D. (1983) *Urban Social Geography*. London, Unwin Hyman.

Ley, D. and Samuels, M. (1978) *Humanistic Geography*. London, Groom Helm.

Leyshon, A. (1995a) 'Annihilating space?: the speed-up of communications', in J. Allen and C. Hamnett (eds), *A Shrinking World: Global Unevenness and Inequality*. Oxford, Oxford University Press.

Leyshon, A. (1995b) 'Geographies of money and finance 1', *Progress in Human Geography*, 19, 531–43.

Leyshon, A. (1995c) 'Missing words: whatever happened to the geography of poverty?', *Environment and Planning A*, 27, 1021–8.

Leyshon, A. (1997a) 'Geographies of money and finance 2', *Progress in Human Geography*, 21, 381–92.

Leyshon, A. (1997b) 'True stories? Global nightmares, global dreams and writing globalisation', in R. Lee and J. Wills (eds), *Geographies of Economies*. London, Arnold.

Leyshon, A. (1998) 'Geographies of money and finance 3', *Progress in Human Geography*, 22, 433–46.

Leyshon, A. (2000) 'Money and finance, geography of', in R.J.Johnston, D. Gregory, G. Pratt and M. Watts (eds), *The Dictionary of Human Geography*. Oxford, Blackwell.

Leyshon, A., Matless, D. and Revill, G. (1998) *The Place of Music*. New York, Guilford.

Leyshon, A. and Thrift, N. (1993) 'The restructuring of the UK financial services industry in the 1990s: a reversal of fortune?', *Journal of Rural Studies*, 9, 223–41.

Leyshon, A and Thrift, N (1995) 'Geographies of financial exclusion - financial abandonment in Britain and the United States', *Transactions, Institute of British Geographers*, 20(3), 312–41.

Leyshon, A. and Thrift, N. (1996) 'Financial exclusion and the shifting boundaries of the financial system', *Environment and Planning A*, 28, 1150–6.

Leyshon, A. and Thrift, N. (1997) *Money/Space: Geographies of Monetary Transformation*. London, Routledge.

Linehan, D. and Gruffudd, P. (2001) 'Bodies and souls: psycho-geographical collisions in the South Wales coalfield, 1926–1939', *Journal of Historical Geography*, 27, 377–94.

Ling, T. (2000) 'Unpacking partnership: the case of health care', in J. Clarke, S. Gerwitz and E. McLaughlin, *New Managerialism, New Welfare?* London, Sage.

Livingstone, D. (1992a) *The Geographical Tradition: Episodes in the History of a Contested Enterprise*. Oxford, Blackwell.

Livingstone, D. (1992b) 'A brief history of geography', in A. Rogers, H. Viles and A. Goudie (eds), *The Student's Companion to Geography*. Oxford, Blackwell.

Logan, J. and Molotch, H. (1987) *Urban Fortunes*. Berkeley, University of California Press.

Logan, J., Whaley, R. B. and Crowder, K. (1997) 'The character and consequences of growth regimes: an assessment of 20 years of research', *Urban Affairs Review*, 32, 603–30.

Longhurst, R. (2000a) 'Geography and gender: masculinities, male identity and men', *Progress in Human Geography*, 24, 439–44.

Longhurst, R. (2000b) *Bodies: Exploring Fluid Boundaries*. London, Routledge.

Lösch, A. (1949) 'Theorie der Wahrung', *Weltwirtschaftliches Archive*, LXII, 35–88.

Lösch, A. (1954) *The Economics of Location*. New Haven, Yale University Press. 〔アウグスト・レッシュ著、篠原泰三訳『レッシュ経済立地論』（新訳）、大明堂、1991年〕

Lovering, J. (1995) 'Creating discourses rather than jobs: the crisis in the cities and the transition fantasies of intellectuals and policy makers', in P. Healey, S. Cameron, S. Davoudi, S. Graham and A. Madani-Pour (eds), *Managing Cities: The New Urban Context*. Chichester, John Wiley and Sons.

Low, M. (2001) 'States, citizenship and collective action', in P. Daniels, M. Bradshaw, D. Shaw and J. Sidaway (eds), *Human Geography: Issues for the 21st Century*. Harlow, Prentice Hall.

Lowenthal, D. (1961) 'Geography, experience and imagination: towards a geographical epistemology', *Annals, Association of American Geographers*, 51, 241–60.

Lowenthal, D. (1991) 'British national identity and the English landscape', *Rural History*, 2, 205–30.

Lowman, J. (1992) 'Street prostitution control: some Canadian reflections of the Finsbury Park experience', *British Journal of Criminology*, 32, 1–16.

Luke, T. and O'Tuathail, G. (2000) 'Thinking geopolitical space: the spatiality of war, speed and vision', in M. Crang and N. Thrift (eds), *Think-

ing Space. London, Routledge.

Lukinbeal, C. and Aitken, S. (1998) 'Sex, violence and the weather: male hysteria, scale and the fractal geographies of patriarchy', in H. J. Nast and S. Pile (eds), *Places Through the Body*. London, Routledge.

Lurie, A. (1992) *The Language of Clothes*. London, Bloomsbury.

Lynch, K. (1960) *The Image of the City*. Massachusetts, MIT Press. 〔ケヴィン・リンチ著、丹下健三・富田玲子訳『都市のイメージ』岩波書店、新装版2007年〕

Lyod, B. and Rowntree, L. (1978) 'Radical feminists and gay men in San Francisco: social space in dispersed communities', in D. Lanegran and R. Palm (eds), *An Invitation to Geography*. New York, McGraw-Hill.

Lyon, D. (1994). *Post-modernity*. Buckingham, Open University Press. 〔デイヴィッド・ライアン著、合庭惇訳『ポストモダニティ』せりか書房、1996年〕

Lyotard, J.-F. (1984) *The Postmodern Condition*. Manchester, Manchester University Press. 〔ジャン=フランソワ・リオタール著、小林康夫訳『ポストモダンの条件——知・社会・言語ゲーム』書肆風の薔薇、1986年〕

Lyotard, J.-F. (1993) *Libidinal Economy*. London, Athlone. 〔ジャン=フランソワ・リオタール著、杉山吉弘・吉谷啓次訳『リビドー経済』法政大学出版局、1997年〕

McCormack, D. (1999) 'Bodyshopping', *Gender, Place and Culture*, 6, 155–177.

McDowell, L. (1983) 'Towards an understanding of the gender division of urban space', *Environment and Planning D—Society and Space*, 1, 59–72.

McDowell, L. (1991) 'Life without father and Ford', *Transactions, Institute of British Geographers*, 16, 400–18.

McDowell, L. (1995) 'Bodywork: heterosexual performance in city work', in D. Bell and G. Valentine (eds), *Mapping Desire: Geographies of Sexualities*. London, Routledge.

McDowell, L. (1997) *Capital Culture: Gender at Work in the City*. Oxford, Blackwell.

McDowell, L. (1999) *Gender, Identity and Place: Understanding Feminist Geographies*. Cambridge, Polity Press.

McDowell, L. (2000a) 'Acts of memory and millennial hopes and anxieties: the awkward relationship between the economic and the cultural', *Social and Cultural Geography*, 1, 15–24.

McDowell, L. (2000b) 'Learning to serve? Employment aspirations and attitudes of young working class men in an era of labour market restructuring', *Gender, Place & Culture*, 7, 389–416.

McDowell, L. and Sharp, J. (eds) (1997) *Space, Gender, Knowledge*. London, Arnold.

McDowell, L. and Sharp, J. (eds) (1999) *A Feminist Glossary of Human Geography*. London, Edward Arnold.

McEwan, C. (2001) 'Geography, culture and global change', in P. Daniels, M. Bradshaw, D. Shaw and J. Sidaway (eds), *Human Geography: Issues for the 21st Century*. Harlow, Prentice Hall.

McGuirk, P. (2000) 'Power and policy networks in urban governance: local government and property-led regeneration in Dublin', *Urban Studies*, 37, 651–72.

MacHill, M. (1997) 'Beyond Foucault: towards a contemporary theory of surveillance', in C. Norris, J. Moran and G. Armstrong (eds), *Surveillance, CCTV and Social Control*. Aldershot, Ashgate.

McKay, G. (1996) *Senseless Acts of Beauty*. London, Verso.

MacKenzie, S. (1989) 'Women in the city', in R. Peet and N. Thrift (eds), *New Models in Geography*. London, Unwin Hyman.

Mackinder, H. (1887) 'On the scope and methods of geography', *Proceedings of the Royal Geographical Society*, 9, 141–60.

McLuhan, M. (1964) *Understanding Media*. London, Roudedge and Kegan Paul.〔マーシャル・マクルーハン著、栗原裕・河本仲聖訳『メディア論――人間の拡張の諸相』みすず書房、1987年〕

McLuhan, M. and Fiore, Q. (1967) *The Medium is the Massage*. London, Allen Lane.〔マーシャル・マクルーハン、クエンティン・フィオーレ著、南博訳『メディアはマッサージである』河出書房新社、1995年〕

McRobbie, A. (1994) *Post-modernism and Popular Culture*. London, Roudedge.

Maffesoli, M. (1996) *The Time of the Tribes*. London, Sage.

Mair, A. (1986) 'Thomas Kuhn and understanding geography', *Progress in Human Geography*, 10, 34–369.

Malbon, B. (1998) *Clubbing*. London, Roudedge.

Marcus, G. E. (2000) 'The twisting and turnings of geography and andiropology in winds of millennial transition', in I. Cook, D. Crouch, S. Naylor and J. Ryan (eds), *Cultural Turns/Geographical Turns*. Harlow, Prentice Hall.

Markus, T. (1993) *Buildings and Power*. London, Roudedge.

Markusen, A. (1999) 'Fuzzy concepts, scanty evidence and policy distance: the case for rigour and policy relevance in critical regional studies', *Regional Studies*, 33, 869–84.

Martin, G. J. and James, P. E. (1993) *All Possible Worlds: A History of Geographical Ideas*. New York, John Wiley and Sons.

Martin, R. (1999) *Money and the Space Economy*. Chichester, John Wiley.

Martin, R. and Sunley, P. (1997) 'The post-Keynesian state and the space economy', in R. Lee and J. Wills (eds), *Geographies of Economies*. London, Arnold.

Marx, K. (1977) *Capital*. London, Lawrence and Wishart.〔カール・マルクス著、向坂逸郎訳『資本論』1～9、岩波文庫、1969～70年〕

Massey, D. (1973) 'Towards a critique of location theory', *Antipode*, 5, 33–49.

Massey, D. (1984) *Spatial Divisions of Labour*. London, Macmillan.〔ドリーン・マッシィ著、富樫幸一・松橋公治監訳『空間的分業――イギリス経済社会のリストラクチャリング』古今書院、2000年（1995年第2版の翻訳）〕

Massey, D. (1991) 'A global sense of place', *Marxism Today*, 24–9 June.

Massey, D. (1993) 'Power geometry and a progressive sense of place', in J. Bird, B. Curtis, T. Putnam, G. Robertson and L. Tickner (eds), *Mapping the Futures*. London, Routiedge.

Massey, D. (1994) *Space, Place and Gender*. London, Methuen.

Massey, D. (1995) 'The conceptualisation of place', in D. Massey and P.Jess (eds), *A Place in the World: Places, Cultures and Globalisation*. Buckingham, Open University Press.

Massey, D. (1997) 'The political place of locality studies', in L. McDowell (ed.), *Undoing Place? A Geographical Reader*. London, Arnold.

Massey, D. (1999a) 'Spaces of polities', in D. Massey, J. Allen and P. Sarre (eds), *Human Geography Today*. Cambridge, Polity.

Massey, D. (1999b) 'Space-time, science and the relationship between physical and human geography', *Transactions, Institute of British Geographers*, 24, 261–76.

Massey, D. and Allen, J. (1984) *Geography Matters!* Cambridge, Cambridge University Press.

Matless, D. (1992) 'An occasion for geography: landscape, representation and Foucault's corpus', *Environment and Planning D—Society and Space*, 10, 41–56.

Matless, D. (1995) 'The art of right living: landscape and citizenship 1918–1939', in S. Pile and N. Thrift (eds), *Mapping the Subject: Geographies of Cultural Transformation*. London, Routledge.

Matless, D. (1998) *Landscapes of Englishness*. London, Reaktion.

Matless, D. (2000) 'Five objects, geographical subjects', in I. Cook, D. Crouch, S. Naylor and J. Ryan (eds), *Cultural Turns/Geographical Turns*. Harlow, Prentice Hall.

May, T (1997) *Social Research: Issues, Methods, Process*. Buckingham, Open University Press.

Mayer, M. (1995) 'Urban governance in the post-Fordist city', in P. Healey, S. Cameron, S. Davoudi, S. Graham and A. Madani-Pour (eds), *Managing Cities: The New Urban Context*. Chichester, John Wiley and Sons.

Mayhew R. J. (2001) 'The effacement of early modern geography (c. 1600–1850): a historiographical essay', *Progress in Human Geography*, 25, 383–401.

Meinig, D. (1983) *The Interpretation of Ordinary Landscapes*. Oxford, Oxford University Press.

Merleau-Ponty, M. (1940) [1962] *The Phenomenology of Perception*. London, Routledge and Kegan Paul. 〔モーリス・メルロ＝ポンティ著、中島盛夫訳『知覚の現象学』法政大学出版局、1982年〕

Merrifield, A. (2000a) 'Flexible Marxism and the metropolis', in G. Bridge and S. Watson (eds), *A Companion to the City*. Oxford, Blackwell.

Merrifield, A. (2000b) 'Henri Lefebvre: a socialist in space', in M. Crang and N. Thrift (eds), *Thinking Space*. London, Routledge

Merrifield, A. (2000c) 'The dialectics of dystopia: disorder and Zero Tolerance in the city', *International Journal of Urban and Regional Research*, 24, 473–89.

Merrifield, A. and Swyngedouw, E. (1996) *The Urbanisation of Injustice*. London, Lawrence and Wishart.

Michie, R. C. (1992) *The City of London: Continuity and Change*. London, Macmillan.

Milbourne, P. (1997) *Revealing Rural Others: Diverse Voices in the British Countryside*. London, Pinter Press.

Miller, D. Jackson, P., Thrift, N., Holbrook, B. and Rowlands, M. (1998) *Shopping, Place and Identity*. London, Routledge.

Mills, C. (1993) 'Myths and meanings of gentrification', in J. Duncan and D. Ley (eds), *Place/Culture/Representation*. London, Routledge.

Mitchell, D. (1995) 'There's no such thing as culture: towards a reconceptualisation of the idea of culture in geography', *Transactions, Institute of British Geographers*, 20, 102–16.

Mitchell, D. (2000) *Cultural Geography: A Critical Introduction*. Oxford, Blackwell.

Mitchell, J. (1990) *Access to Basic Banking Services: The Problems of Low-income American Consumers*. Providence, RI, Rhode Island Consumers Council.

Mitchell, W. J. T. (1994) *Landscape and Power*. London, University of Chicago Press.

Mohan, J. (2000) 'Geographies of welfare and social exclusion', *Progress in Human Geography*, 24 (2), 291–300.

Monk, J. and Hanson, S. (1982) 'On not excluding half of the human in human geography', *Professional Geographer*, 34, 11–23.

Moran, M. (1991) *The Politics of the Financial*

Services Revolution. London, Macmillan.

Mordue, T. (1999) 'Heartbeat country: conflicting values, coinciding visions', *Environment and Planning D—Society and Space*, 31, 629–4.

Mort, F. (1998) 'Cityscapes: consumption, masculinities and the mapping of London since 1850', *Urban Studies*, 35, 889–907.

Moulaert, F. (2000) *Globalisation and Integrated Area Development in European Cities*. Oxford, Oxford University Press.

Mugerauer, R. (1994) *Interpretations on Behalf of Place: Environmental Displacements and Alternative Responses*. New York, SUNY Press.

Mulvey, L. (1989) *Visual and Other Pleasures*. Basingstoke, Macmillan.

Murdoch, J. (1995) 'Middle-class territory? Some remarks on the use of class analysis in rural studies', *Environment and Planning A*, 27, 1213–30.

Murdoch, J. (1997) 'Towards a geography of heterogeneous associations', *Progress in Human Geography*, 21, 321–7.

Murdoch, J. and Marsden, T. (1995) 'The spatialisation of politics: local and national actor spaces in environmental conflict', *Transactions, Institute of British Geographers*, 20, 368–80.

Murdoch, J. and Pratt, A. (1993) 'Rural studies: modernism, post-modernism and the post-rural', *Journal of Rural Studies*, 8, 429–36.

Myers, G. (1999) *Ad Worlds*. London, Arnold.

Myers, G. A. (1998) 'Intellectual of empire: Eric Button and hegemony in British Africa', *Annals, Association of American Geographers*, 88, 1–17.

Myrdal, G. (1957) *Economic Theory and Underdeveloped Regions*. London, Gerald Duckworth.〔グンナー・ミュルダール著、小原敬士訳『経済理論と低開発地域』東洋経済新報社、1959年〕

Nash, C. (1993) 'Remapping and naming: new cartographies of identity, gender and landscape in Ireland', *Feminist Review*, 44, 39–57.

Nash, C. (1999) 'Landscape', in P. Cloke, P. Crang and M. Goodwin (eds), *Introducing Human Geographies*. London, Arnold.

Nash, C. (2000) 'Performativity in practice: some recent work in cultural geography', *Progress in Human Geography*, 24, 653–64.

Nast, H. (1998) 'Unsexy geographies', *Gender, Place and Culture*, 5, 191–206.

Nast, H. (2000) 'Mapping the unconscious: racism and the Oedipal family', *Annals, Association of American Geographers*, 90, 215–55.

Nast, H. and Pile, S. (1998a) 'Introduction: Making places bodies', in H. J. Nast and S. Pile (eds), *Places Through the Body*. London, Roudedge.

Nast, H. and Pile, S. (1998b) (eds) *Places Through the Body*. London, Roudedge.

Natter, W. (ed.) (1995) *Objectivity and Its Other*. New York, Guilford Press.

Netdeton, S. and Watson, J. (1998) *The Body in Everyday Life*. London, Roudedge.

Neumann, R. (1995) 'Ways of seeing Africa: colonial recasting of African society and landscape in the Serengeti national park', *Ecumene*, 2, 149–69.

Newlands, D. (1995) 'The economic role of regional governments in the European Community', in S. Hardy, M. Hart, L. Albrechts and A. Katos (eds), *An Enlarged Europe: Regions in Competition?* London, Jessica Kingsley.

Newman, P. and Thornley, A. (1996) *Urban Planning in Europe: International Competition, National Systems and Planning Projects*. New York, Roudedge.

North, P. (1999) 'Explorations in heterotopia: Local Exchange Trading Schemes (LETS) and the micropolitics of money and livelihood', *Environment and Planning D*, 17(1), 69–86.

Oadey, N. (ed.) (1998) 'Cities, economic competition and urban policy', in Cities, *Economic Competition and Urban Policy*. London, Paul Chapman.

O'Brien, R. (1991) *Global Financial Integration: The End of Geography*. London, Pinter.

Ogborn, M. (1995) 'Discipline, government and law: separate confinement in the prisons of England and Wales, 1830–1877', *Transactions, Institute of British Geographers*, 20, 295–311.

Ohmae, K. (1990) *The Borderless World: Power and Strategy in the Global Marketplace*. London, Collins. 〔大前研一著、田口統吾訳『ボーダレス・ワールド　日本語版』プレジデント社、1990年〕

Ohmae, K. (1995) *The End of the Regional State: The Rise of the Regional Economies*. London, Collins. 〔大前研一著、山岡洋一・仁平和夫訳『地域国家論——新しい繁栄を求めて』講談社、1995年〕

Olds, K. (1995) 'Globalization and the production of new urban spaces: Pacific Rim megaprojects in me late twentieth century', *Environment and Planning A*, 27, 1713–43.

Oliver, M. (1990) *The Politics of Disablement*. Basingstoke, Macmillan.

Olsson, G. (1980) Birds in Egg: *Eggs in Bird*. London, Pion.

O'Neill, M. (1996) 'Researching prostitution and violence: feminist praxis', in L. Hester, L. Kelly and J. Radford (eds), *Women, Violence and Male Power*. Buckingham, Open University Press.

O'Neill, P. M. (1997) 'Bringing the qualitative state into economic geography', in R. Lee and J. Wills (eds), *Geographies of Economies*. London, Arnold.

Pacione, M. (1999) 'Applied geography: in pursuit of useful knowledge', *Applied Geography*, 19, 1–12.

Painter, J. (1995) *Politics, Geography and Political Geography: A Critical Perspective*. London, Arnold.

Painter, J. (1997) 'Local politics, anti-essentialism and economic geography', in R. Lee and J. Wills (eds), *Geographies of Economies*. London, Arnold.

Painter, J. (1998) 'Entrepreneurs are made, not born: learning and urban regimes in the production of entrepreneurial cities', in T. Hall and P. Hubbard (eds), *The Entrepreneurial City: Geographies of Politics, Regime and Representation*. New York, John Wiley and Sons.

Painter, J. (2000a) 'Critical human geography', in R. J. Johnston, D. Gregory, G. Pratt and M. Watts (eds), *The Dictionary of Human Geography*. Oxford, Blackwell.

Painter, J. (2000b) 'Pierre Bourdieu', in M. Crang and N. Thrift (eds), *Thinking Space*. London, Routledge.

Parkinson, M. (1998) *Combating Social Exclusion: Lessons from Area-Based Programmes in Europe*. London, Policy Press.

Pateman, C. (1989) *The Disorder of Women: Democracy, Feminism and Political Theory*. Cambridge, Polity. 〔キャロル・ペイトマン著、山田竜作訳『秩序を乱す女たち？——政治理論とフェミニズム』法政大学出版局、2014年〕

Peake, L. and Schein, R. (2000) 'Racing geography into the new millennium: studies of "race" and North American geographies', *Social and Cultural Geography*, 1, 133–142.

Peck, J. (1995) 'Moving and shaking: business elites, state localism and urban privatism', *Progress in Human Geography*, 19, 16–46.

Peck, J. (1996) 'Loose talk and tight fists', Manchester, *Guardian*, 17 August.

Peck, J. and Tickell, A. (1995) 'Business goes local: dissecting the business agenda in Manchester', *International Journal of Urban and Regional Research*, 19, 55–78.

Peet, R. (1998) *Modern Geographic Thought*. Oxford, Blackwell.

Peet, R. and Thrift, N. (1989) *New Models in Geography*. Oxford, Blackwell.

Peterson, P. (1981) *City Limits*. Chicago, University of Chicago Press.

Phillips, M. (1998) 'The restructuring of social imaginations in rural geography', *Journal of Rural Studies*, 14, 121–53.

Phillips, R. (1997) *Mapping Men and Empire: A Geography of Adventure*. London, Routledge.

Philo, C. (1987) '"Fit localities for an asylum": the historical geography of the "mad-business" in England viewed through the pages of the Asylum Journal', *Journal of Historical Geography*, 13, 398–415.

Philo, C. (1991) 'Introduction, acknowledgements and brief thoughts on older words and older worlds', in C. Philo (ed.), *New Words, New Worlds*. Lampeter, Social and Cultural Geography Study Group.

Philo, C. (1992) 'Neglected rural geographies: a review', *Journal of Rural Studies*, 8, 193–208.

Philo, C. (1995) 'Where is poverty? The hidden geography of poverty in the United Kingdom', in C. Philo (ed.), *Off the Map: The Social Geography of Poverty in the UK*. London, Child Poverty Action Group.

Philo, C. (2000a) 'Foucault', in M. Crang and N. Thrift (eds), *Thinking Space*. London, Routledge.

Philo, C. (2000b) 'More words, more worlds: reflections on the "cultural turn" and human geography', in I. Cook, D. Crouch, S. Naylor and J. Ryan (eds), *Cultural Turns/Geographical Turns*. Harlow, Prentice Hall.

Philo, C. and Wilbert, C. (eds) (2000) *Animal Spaces, Beastly Places*. London, Routledge.

Pickles, J. (1995) *Ground Truth: The Social Implications of Geographic Information Systems*. New York, Guilford.

Pierson, C. (1998) *Beyond the Welfare State*, 2nd edn. London, Hutchinson.

Pieterse, J. N. (ed.) (2000) *Global Futures: Shaping Globalisation*. New York, Zed.

Pile, S. (1991) 'Practising interpretative human geography', *Transactions, Institute of British Geographers*, 18, 122–39.

Pile, S. (1993) 'Human agency and human geography revisited: a critique of "new models" of the self, *Transactions, Institute of British Geographers*, 18, 122–139.

Pile, S. (1996) *The Body and the City: Psychoanalysis, Space and Subjectivity*. London, Routledge.

Pile, S. and Thrift, N. (eds) (1995) *Mapping the Subject: Geographies of Cultural Transformation*. London, Routledge.

Pinch, P. (1995) 'Governing urban finance: changing budgetary strategies in British local government', *Environment and Planning A*, 27, 965–83.

Ploszajska, T. (2000) 'Historiographies of geography and empire', in B. Graham and C. Nash (eds), *Modern Historical Geographies*. Harlow, Prentice Hall.

Plummer, K. (1983) *Documents of Life*. London, Unwin Hyman.

Pocock, D. (1981a) 'Place and the novelist', *Transactions, Institute of British Geographers*, 6, 337–47.

Pocock, D. (1981b) *Literature and Geography*.

London, Groom Helm.

Pollard, J. (2001) 'The global financial system: worlds of monies', in P. Daniels, M. Bradshaw, D. Shaw and J. Sidaway (eds), *Human Geography: Issues for the 21st Century*. Harlow, Prentice Hall.

Porteous, J. (1977) *Environment and Behaviour*. Harlow, Addison-Wesley.

Poster, M. (1990) *The Mode of Information: Poststructuralism and Social Context*. Cambridge, Polity. 〔マーク・ポスター著、室井尚・吉岡洋訳『情報様式論——ポスト構造主義の社会理論』岩波書店、1991年〈岩波現代文庫、2001年〉〕

Poster, M. (1995) *The Second Media Age*. Cambridge, Polity.

Pratt, A. (1995) 'Putting critical realism to work', *Progress in Human Geography*, 19, 61–74.

Pratt, D. J. (1995) *Re-placing Money: The Evolution of Banking Systems in Britain and Germany*. PhD thesis, Department of Geography, University of Hull.

Pratt, G. (1992) 'Feminist geography', *Urban Geography*, 13, 385–91.

Pred, A. (1977) 'The choreography of existence', *Economic Geography*, 53, 207–21.

Pred, A. (1984) 'Place as a historically contingent process: structuration and the time geography of becoming places', *Annals, Association of American Geographers*, 74, 279–97.

Preston, P. and Simpson-Housley, P. (1994) *Writing the City: Babylon and the New Jerusalem*. London, Routledge.

Prince, H. (1980) 'A review of humanistic geography', *Annals, Association of American Geographers*, 70, 294–6.

Probyn, E. (1996) *Outsider Belongings*. London, Routledge.

Proctor, J. and Smith, D. (eds) (1999) *Geography and Ethics: Journeys in a Moral Terrain*. London, Routledge.

Pryke, M. (1991) 'An international city going global: spatial change in the City of London', *Environment and Planning D—Society and Space*, 9, 197–222.

Pryke, M. and Allen, J. (2000) 'Monetized timespace: derivatives - money's "new imaginary"?', *Economy and Society*, 29(2), 264–84.

Pulido, L. (1996) *Environmentalism and Economic Justice*. Tucson, University of Arizona Press.

Quiggin, M. A. (1949) *A Survey of Primitive Money: The Beginnings of Currency*. London, Methuen.

Radcliffe, S. (1999) 'Embodying national identities: mesizo men and white women in Ecuadorian racial-national identities', *Transactions, Institute of British Geographers*, 24, 213–26.

Radcliffe, S. and Westwood, S. (1996) *Remaking the Nation: Place, Identity and Politics in Latin America*. London, Routledge.

Ragurman, K. (1994) 'Philosophical debates in human geography and their impact on graduate students', *Professional Geographer*, 46, 242–9.

Ramsay, M. (1996) 'The local community: maker of culture and wealth', *Journal of Urban Affairs*, 18, 95–118.

Reichert, D. (1992) 'On boundaries', *Environment and Planning D—Society and Space*, 10, 87–98.

Relph, E. (1987) *The Modern Urban Landscape*. London, Pion. 〔エドワード・レルフ著、高野岳彦・神谷浩夫・岩瀬寛之訳『都市景観の20世紀——モダンとポストモダンのトータルウォッチング』筑摩書房、1999年〕

Rendell, J. (1998) 'Displaying sexuality', in N. Fyfe (ed.), *Images of the Streets*. London, Routledge.

Rhodes, R. A. W. (1997) *Understanding Governance: Policy Networks, Governance, Reflexivity and Accountability*. Buckingham, Open University.

Rich, A. (1986) *Bread, Blood and Poetry: Selected Prose 1979–1985*. New York, W. W. Norton.〔アドリエンヌ・リッチ著、大島かおり訳『血、パン、詩。——アドリエンヌ・リッチ女性論 1979–1985』晶文社、1989年〕

Richardson, H. W. (1972) *Regional Economics: Location, Theory, Urban Structure and Regional Change*. London, World University.

Richardson, H. W. (1973) *Regional Growth Theory*. London, Macmillan.

Ritzer, G. (1993) *The McDonaldization of Society*. Thousand Oaks, CA, Pine Forge Press.〔ジョージ・リッツァ著、正岡寛司監訳『マクドナルド化する社会』早稲田大学出版部、1999年〕

Roberts, S. (1994) 'Fictitious capital, fictitious spaces: the geography of Offshore Financial Flows', in S. Corbridge, R. Martin and N. Thrift (eds), *Money, Power and Space*. Oxford, Blackwell.

Roberts, S. (1995) 'Global regulation and transstate organisation', in R. J. Johnston, P. J. Taylor and M. Watts (eds), *Geographies of Global Change: Remapping the World in the Late Twentieth Century*. Oxford, Blackwell.

Roberts, S. (2000) 'Realizing critical geographies of the university', *Antipode*, 32(3), 230–44.

Robins, K. (1995a) 'Global local times', in A. Anderson and M. Ricci (eds), *Society and Social Science: A Reader*, 2nd edn. Milton Keynes, Open University.

Robins, K. (1995b) 'The new spaces of global media', in R. J. Johnston, P. J. Taylor and M. Watts (eds), *Geographies of Global Change: Remapping the World in the Late Twentieth Century*. Oxford, Blackwell.

Robins, K. and Cornford, J. (1994) 'Local and regional broadcasting in the new media order', in A. Amin and N. Thrift (eds), *Globalisation, Institutions and Regional Development in Europe*. Oxford, Oxford University Press.

Robinson, G. (1998) *Methods and Techniques in Human Geography*. Chichester, John Wiley.

Robinson, J. (2000) 'Power as friendship: spatiality, femininity and noisy friendship', in J. Sharp, P. Routledge, C. Philo and R. Paddison (eds), *Entanglements of Power*. London, Routledge.

Rodaway, P. (1994) *Sensuous Geographies: Body, Sense and Place*. London, Routledge.

Rogers, A. (1992) 'The boundaries of reason: the world, the homeland and Edward Said', *Environment and Planning D—Society and Space*, 10, 511–26.

Rogers, A. (1996) 'A chronology of geography 1859–1995', in J. Agnew, D. N. Livingstone and A. Rogers (eds), *Human Geography: An Essential Anthology*. Oxford, Blackwell.

Rojek, C. (1995) *Decentring Leisure*. London, Sage.

Room, G. (1995) 'Poverty and social exclusion: the new European agenda for policy and research', in G. Room, *Beyond the Threshold*. Bristol, Policy Press.

Rose, G. (1993) *Feminism and Geography*. Cambridge, Cambridge University Press.〔ジリアン・ローズ著、吉田容子ほか訳『フェミニズムと地理学——地理的知の限界』地人書房、2001年〕

Rose, G. (1995) 'Tradition and paternity: same difference?', *Transactions, Institute of British Geographers*, 20, 414–16.

Rose, G. (1997) 'Situating knowledges: positionality, reflexivity and other tactics', *Progress in Human Geography*, 21, 305–20.

Rose, G. (2000) *Visual Methodologies*. London, Sage.

Rose, N. (1996) 'The death of the social? Refiguring the territory of government', *Economy and Society*, 25, 327–56.

Rosenau, J. N. and Czempiel, E. (eds) (1992) *Governance without Government. Order and Change in World Politics*. Cambridge, Cambridge University Press.

Rosenau, P. M. (1992) *Postmodernism and the Social Sciences: Insights, Inroads and Intrusions*. Princeton, NJ, Princeton University Press.

Routledge, P (1995) 'Resisting and reshaping the modern', in R. Johnston, P. Taylor and M. Watts (eds), *Geographies of Global Change*. Oxford, Blackwell.

Routledge, P. (1997) 'Pollock Free State and the practice of postmodern polities', *Transactions, Institute of British Geographers*, 22, 359–77.

Ryan, J. (1997) *Picturing Empire: Photography and Visualisation of the British Empire*. London, Reaktion.

Ryan, J. (2000) 'Introduction: cultural turns, geographical turns', in I. Cook, D. Crouch, S. Naylor and J. Ryan (eds), *Cultural Turns/Geographical Turns*. Harlow, Prentice Hall.

Said, E. (1978) *Orientalism*. New York, Vintage.〔エドワード・サイード著、今沢紀子訳『オリエンタリズム』平凡社、1986年〈平凡社ライブラリー、1993年〉〕

Said, E. (1990) 'Narrative, geography and interpretation', *New Left Review*, 180, 81–97.

Said, E. (1994) *Culture and Imperialism*. New York, Vintage.〔エドワード・サイード著、大橋洋一訳『文化と帝国主義』1・2、みすず書房、1998・2001年〕

Said, E. (2001) 'Comment', *The Observer*, Sunday 16 September, 26.

Sassen, S. (1991) *The Global City: New York, London, Tokyo*. Princeton, NJ, Princeton University Press.〔サスキア・サッセン著、伊豫谷登士翁監訳、大井由紀・高橋華生子訳『グローバル・シティ――ニューヨーク・ロンドン・東京から世界を読む』筑摩書房、2008年〕

Sassen, S. (1994) *Cities in a World Economy*. Thousand Oaks, CA, Sage.

Sassen, S. (1996) *Losing Control: Sovereignty in an Age of Globalisation*. New York, Columbia University Press.〔サスキア・サッセン著、伊豫谷登士翁訳『グローバリゼーションの時代――国家主権のゆくえ』平凡社、1999年〕

Sauer, C. [1925] (1963) 'The morphology of landscape', in J. Leighley (ed.), *Land and Life: Selections from the Writings of Carl Otwin Sauer*. Berkeley, University of California Press.

Saunders, H. and Stone, C. (1987) 'Development politics reconsidered', *Urban Affairs Quarterly*, 22, 521–39.

Sayer, A. (1976) 'A critique of urban modelling', *Progress in Planning*, 6, 187–254.

Sayer, A. (1992) *Method in Social Science: A Realist Approach*. London, Hutchinson.

Sayer, A. (2001) 'For a critical cultural political economy', *Antipode* 33, 687–708.

Sayer, A. and Duncan, S. (1977) 'The new behavioural geography - a reply to Cullen', *Environment and Planning A*, 9, 230–2.

Sayer, A. and Walker, R. (1992) *The New Social Economy: Reworking the Division of Labour*. Cambridge, Blackwell.

Schaefer, F. K. (1953) 'Exceptionalism in geography: a methodological examination', *Annals, Association of American Geographers*, 43, 226–49.

Schivelbusch, W. (1986) *The Railway Journey: The Industrialisation and Perception of Time and Space in the Nineteenth Century*. Leamington Spa, Berg.〔ヴォルフガング・シベ

ルブシュ著、加藤二郎訳『鉄道旅行の歴史——十九世紀における空間と時間の工業化』法政大学出版局、1982年（初版は1977年、University of California Press）〕

Schoenberger, E. (1996) *The Cultural Crisis of the Firm*. Oxford, Blackwell.

Scholte, J. A. (2000) *Globalisation: A Critical Introduction*. London, Macmillan.

Schutz, A. (1982) *Life Forms and Meaning Structures*. London, Routledge and Kegan Paul.

Seamon, D. (1979) *A Geography of the Lifeworld*. London, Groom Helm

Sennett, R. (1994) *The Flesh and the Stone: The Body and the City in Western Civilisation*. London, Faber and Faber.

Seymour, S. (2000) 'Historical geographies of landscape', in C. Nash and B. Graham (eds), *Modern Historical Geographies*. Harlow, Pearson.

Sharp, J. (1996) 'Hegemony, popular culture and geopolitics: Reader's Digest and the construction of danger', *Political Geography*, 12, 491–503.

Sharp, J. P., Routledge, P., Philo, C. and Paddison, R. (2000) 'Entanglements of power: geographies of domination/resistance', in J. P. Sharp, P. Routledge, C. Philo and R. Paddison (eds), *Entanglements of Power*. London, Routledge.

Sheppard, E. (2001) 'Quantitative geography: representations, practices, and possibilities', *Environment and Planning D—Society and Space*, 19, 535–54.

Sheridan, K. (1993) *Governing the Japanese Economy*. Cambridge, Polity Press.

Shields, R. (1991) *Places on the Margin*. London, Routledge.

Shields, R. (1997) 'Spatial stress and resistance: social meanings and spatialisation', in G. Benko and U. Strohmayer (eds), *Space and Social Theory*. Oxford, Blackwell.

Shields, R. (1998) *Lefebvre, Love and Struggle*. London, Routledge.

Short, J. R. (1991) *Imagined Country, Environment, Culture and Society*. London, Routledge.

Short, J. R. (1996) *The Urban Order*. Oxford, Blackwell.

Short, J. R. and Kim, Y.-H. (1999) *Globalisation and the City*. Harlow, Addison-Wesley Longman.

Shurmer-Smith, P. and Hannam, K. (1994) *Worlds of Desire, Realms of Power*. London, Arnold.

Sibley, D. (1990) 'Urban change and the exclusion of minority groups in British cities', *Geoforum*, 21, 483–8.

Sibley, D. (1995) *Geographies of Exclusion: Society and Difference in the West*. London, Routledge.

Sibley, D. (2001) 'The binary city', *Urban Studies*, 38, 239–50.

Sidaway, J. (1997) 'The production of British geography', *Transactions, Institute of British Geographers*, 22, 488–504.

Silverstone, R. (1994) *Television and Everyday Life*. London, Routledge.

Simmel, G. (1971) *On Individuality and Social Forms*. Chicago, Chicago University Press.

Simmel, G. (1978) [1900] *The Philosophy of Money*, trans. T. Bottomore and D. Frisby. London, Routledge. 〔ゲオルク・ジンメル著、居安正訳『貨幣の哲学』白水社、1999年（新訳）〕

Sinclair, D. (2000) *The Pound: A Biography*. London, Arrow Books.

Skelton, T. and Valentine, G. (1998) *Cool Places: Geographies of Youth Cultures*. London, Routledge.

Sklair, L. (1991) *Sociology of the Global System: Social Change in Global Perspective*. London,

Harvester Wheatsheaf.

Slater, D. (1998) 'Content analysis and semiotics', in C. Scale (ed.), *Researching Society and Culture*. London, Sage.

Slater, D. R. (1977) 'Geography and underdevelopment', *Antipode*, 5, 21–33.

Slater, D. R. (1995) 'Trajectories of development theory: capitalism, socialism and beyond', in R. Johnston, P. Taylor and M. Watts (eds), *Geographies of Global Change*. Oxford, Blackwell.

Slater, D. R. (1999) 'Situating geopolitical representations: inside/outside and the crisis of national development', in D. Massey, J. Allen and P. Sarre (eds), *Human Geography Today*. Cambridge, Polity.

Slater, D. R. and Taylor, P. (eds) (1999) *The American Century*. Oxford, Blackwell.

Smart, B. (1996) *Post-modernism*. London, Routledge.

Smith, D. (2001) *Norbert Elias*. London, Sage.

Smith, D. A. and Timberlake, M. (1995) 'Cities in global matrices: toward mapping the world-system's city system', in P. L. Knox and P. J. Taylor (eds), *World Cities in a World System*. Cambridge, Cambridge University Press.

Smith, D. M. (1977) *Human Geography—A Welfare Approach*. London, Arnold.

Smith, D. M. (1994) *Geography and Social Justice*. Oxford, Blackwell.

Smith, D. M. (2000) *Moral Geographies*. Edinburgh, Edinburgh University Press.

Smith, M. J. (2000) *Culture: Reinventing the Social Sciences*. London, Sage.

Smith, N. (1984) *Urban Development: Nature, Capital and the Production of Space*. Oxford, Blackwell.

Smith, N. (1996) *The New Urban Frontier*. London, Routledge. 〔ニール・スミス著、原口剛訳『ジェントリフィケーションと報復都市——新たなる都市のフロンティア』ミネルヴァ書房、2014年〕

Smith, N. (1998) 'El Nino capitalism', *Progress in Human Geography*, 22, 159–63.

Smith, N. (2000) 'Socializing culture, radicalizing the social', *Social and Cultural Geography*, 1, 25–8.

Smith, R. G. (1997) 'The end of geography and radical politics in Baudrillard's philosophy', *Environment and Planning D—Society and Space*, 15, 305–20.

Smith, S. (1989a) *The Politics of Race and Residence*. Cambridge, Polity.

Smith, S. (1989b) 'Society, space and citizenship: a human geography for the new times', *Transactions, Institute of British Geographers*, 14, 144–56.

Social Exclusion Unit (1998) *Bringing Britain Together: A National Strategy for Neighbourhood Renewal*. London, HMSO.

Soja, E. (1985) 'The spatiality of social life: towards a transformative retheorisation', in D. Gregory and J. Urry (eds), *Social Relations and Spatial Structures*. Basingstoke, Macmillan.

Soja, E. (1986) 'Taking Los Angeles apart: some fragments of a critical human geography', *Environment and Planning D—Society and Space*, 4, 255–72.

Soja, E. (1989) *Post-modern Geographies*. London, Verso. 〔エドワード・ソジャ著、加藤政洋・西部均・水内俊雄・長尾謙吉・大城直樹訳『ポストモダン地理学——批判的社会理論における空間の位相』青土社、2003年〕

Soja, E. (1996) *Thirdspace*. Oxford, Blackwell. 〔エドワード・ソジャ著、加藤政洋訳『第三空間——ポストモダンの空間論的転回』青土社、2005年〕

Sommers, J. (1998) 'Men at the margin: masculinity and space in downtown Vancouver 1950–86', *Urban Geography*, 19, 287–310.

Sparke, M. (1996) 'Displacing the field in fieldwork: masculinity, metaphor and space', in N. Duncan (ed.) *Bodyspace: Destabilising Geographies of Gender and Sexuality*. London, Routledge.

Sparke, M. (1998) 'A map that roared and an original atlas', *Annals, Association of American Geographers*, 88, 463–95.

Spivak, G. C. (1990) *The Post-colonial Critic: Interviews, Strategies, Dialogues*. London, Routledge.〔ガヤトリ・スピヴァック著、清水和子・崎谷若菜訳『ポスト植民地主義の思想』彩流社、1992年〕

Stoddart, D. (1986) *On Geography and its History*. Oxford, Blackwell.

Stoker, G. (1995) 'Regime theory and urban polities', in D. Judge, G. Stoker and H. Wolman (eds), *Theories of Urban Politics*. London, Sage.

Stoker, G. (1998) 'Public-private partnerships and urban governance', in J. Pierre (ed.), *Partnership in Urban Governance: European and American Experience*. New York, St Martin's Press.

Stone, C. (1989) *Regime Politics: Governing Atlanta*. Lawrence, KS, Kansas University Press.

Stone, C. (1993) 'Urban regimes and the capacity to govern: a political economy approach', *Journal of Urban Affairs*, 15, 1–28.

Stone, C. (1996) 'Urban political machines: taking stock', *Political Science and Politics*, 29(3), 446–50.

Stone, C., Orr, M. and Imbroscio, D. (1994) 'The re-shaping of urban leadership in U.S. cities: a regime analysis', in M. Gottdiener and C. Pickvance (eds), *Urban Life in Transition*. Beverly Hills, CA, Sage.

Stone, C. and Saunders, H. (1987) *The Politics of Urban Development*. Lawrence, KS, Kansas University Press.

Storey, J. (2001) *Cultural Theory and Popular Culture: An Introduction*. Harlow, Prentice Hall.

Storper, M. (1993) 'Regional worlds of production: learning and innovation in the technology districts of France, Italy and the USA', *Regional Studies*, 27, 433–55.

Storper, M. (1997) *The Regional World: Territorial Development in a Global Economy*. Cambridge, MA, Harvard University Press.

Straussfogel, D. (1997) 'Redefining development as humane and sustainable', *Annals, Association of American Geographers*, 87, 280–305.

Swyngedouw, E (1989) 'The heart of place: the resurrection of locality in an age of hyperspace', *Geografiska Annaler*, 71B, 31–42.

Swyngedouw, E. (1992) 'The mammon quest. "Glocalisation", interspatial competition and the monetary order: the construction of new scale', in M. Dunford and G. Kafkala (eds), *Cities and Regions in the New Europe: The Global-Local Interplay and Spatial Development Strategies*. London, Belhaven.

Swyngedouw, E. (2000) 'Authoritarian governance, power and the politics of rescaling', *Environment and Planning D–Society and Space*, 18, 63–76.

Taub, R. (1988) *Community Capitalism*. Boston, MA, Harvard Business School.

Taylor, P. (1991) 'The English and their Englishness: a curiously mysterious, elusive and little understood people', *Scottish Geographical Magazine*, 107, 146–61.

Taylor, P. (1999a)' "So-called world cities": the evidential structure within a literature', *Environment and Planning A*, 31, 1901–4.

Taylor, P. (1999b) *Modernities: A Geohistorical Analysis*. Cambridge, Polity.

Taylor, P. (1999c) 'Worlds of large cities: pondering Castells' space of flows', *Third World Planning Review*, 21(3), 3–10.

Taylor, P. (2000) 'World cities and territorial states under conditions of contemporary globalization', *Political Geography*, 19, 5–32.

Taylor, P. (2001) 'Urban hinterworlds: geographies of corporate service provision under conditions of contemporary globalization', *Geography*, 86, 51–60.

Taylor, P., Catalano, G. and Walker. D. R. L. (2001) 'Measurement of the world city network', *GaWC Research Bulletin*, No. 43 (www.lboro.ac.uk/gawc).

Taylor, P. and Flint, C. (1999) *Political Geography: World-economy, Nation-state and Locality*, 4th edn. Harlow, Longman. 〔ピーター・テイラー著、高木彰彦訳『世界システムの政治地理——世界経済、国民国家、地方』上・下、大明堂、1991・1992年〕

Teather, E. K. (ed.) (1999) *Embodied Geographies: Spaces, Bodies and Rites of Passage*. London, Routledge.

Thody, P. (1999) *Introducing Barthes*. Cambridge, Icon.

Thrift, N. (1977) *An Introduction to Time-geography: Concepts and Techniques in Modern Geography*. Norwich, Catmog 13.

Thrift, N. (1983) 'On the determination of social action in space and time', *Environment and Planning D—Society and Space*, 1, 23–57.

Thrift, N. (1994a) 'Globalisation, regulation, urbanisation: the case of the Netherlands', *Urban Studies*, 31, 365–80.

Thrift, N. (1994b) 'Money, geography of, in R. J. Johnston, D. Gregory and D. M. Smith (eds), *The Dictionary of Human Geography*, 3rd edn. Oxford, Blackwell.

Thrift, N. (1994c) 'On the social and cultural determinants of international financial centres: the case of the City of London', in S. Corbridge, N. Thrift and R. Martin (eds), *Money, Power and Space*. Oxford, Blackwell.

Thrift, N. (1995) 'A hyperactive world', in R. J. Johnston, P. J. Taylor and M. Watts (eds), *Geographies of Global Change: Remapping the World in the Late Twentieth Century*. Oxford, Blackwell.

Thrift, N. (1996) *Spatial Formations*. London, Sage.

Thrift, N. (1997) 'Cities without modernity, cities with magic', *Scottish Geographical Magazine*, 113(2), 138^19.

Thrift, N. (1999) 'Steps toward an ecology of place', in D. Massey, J. Allen and P. Sarre (eds), *Human Geography Today*. Cambridge, Polity Press.

Thrift, N. (2000a) 'Not a straight line, but a curve', in D. Bell and A. Haddour (eds), *City Visions*. Harlow, Prentice Hall.

Thrift, N. (2000b) 'Performing cultures in the new economy', *Annals, Association of American Geographers*, 90, 674–92.

Thrift, N. (2000c) 'Non-representational theory', in R. J. Johnston, D. Gregory, G. Pratt and M. Watts (eds), *The Dictionary of Human Geography*. Oxford, Blackwell.

Thrift, N. and Olds, K. (1996) 'Reconfiguring the economic in economic geography', *Progress in Human Geography*, 20, 311–37.

Tickell, A. (1999) 'Money and finance', in P. Cloke, P. Crang and M. Goodwin (eds), *Introducing Human Geographies*. London, Arnold.

Tickell, A. and Peck, J. (1992) 'Accumulation, regulation and the geographies of post-Fordism: missing links in regulationist research',

Progress in Human Geography, 16, 190–218.

Tuan, Y.-F. (1974) 'Space and place: a humanistic perspective', *Progress in Geography*, 6, 233–46 (excerpted in J. Agnew, D. Livingstone and A. Rogers (eds) (1996), *Human Geography: An Essential Anthology*. Oxford, Blackwell).

Tuan, Y.-F. (1975) 'Place: an experiential perspective', *Geographical Review*, 65, 151–165.

Tuan, Y.-F. (1977) *Space and Place: The Perspective of Experience*. Minneapolis, University of Minnesota Press.〔イーフー・トゥアン著、山本浩訳『空間の経験――身体から都市へ』筑摩書房、1988年〕

Tuan, Y.-F. (1978) *Landscapes of Fear*. Oxford, Blackwell.〔イーフー・トゥアン著、金利光訳『恐怖の博物誌――人間を駆り立てるマイナスの想像力』工作舎、1991年〕

Tuan, Y.-F. (1998a) *Escapism*. New York, John Hopkins University Press.

Tuan, Y.-F. (1998b) *A Life in Learning*. American Council of Science, Occasional Paper, No. 42.

Turner, B. (1988) *Status*. Buckingham, Open University.

Unwin, T (1992) *The Place of Geography*. Harlow, Longman.

Unwin, T. (2000) 'A waste of space? Towards a critique of the social production of space', *Transactions, Institute of British Geographers*, 25, 11–29.

Urry, J. (1994) *Consuming Places*. London, Routledge.〔ジョン・アーリ著、吉原直樹・大澤善信監訳『場所を消費する』法政大学出版局、2003年〕

Urry J. (2000a) 'Mobile sociology', *Sociology*, 51(1), 185–203.

Urry, J. (2000b) *Sociology Beyond Societies: Mobilities for the Twenty-first Century*. London, Routledge.〔ジョン・アーリ著、吉原直樹監訳『社会を越える社会学――移動・環境・シチズンシップ』法政大学出版局、2006年、〔改装版〕2015年〕

Valentine, G. (1993) 'Hetero-sexing space: lesbian perceptions and experiences of everyday spaces', *Environment and Planning D—Society and Space*, 9, 395–413.

Valentine, G. (1996) '(Re)negotiating the "heterosexual street": lesbian productions of space', in N. Duncan (ed.) *Body/Space*. London, Routledge.

Valentine, G. (1998) 'Sticks and stones may break my bones: a personal geography of harassment', *Antipode*, 30, 305–32.

Valentine, G. (1999) 'A corporeal geography of consumption', *Environment and Planning D—Society and Space*, 17, 329–51.

Valentine, G. (2001) *Social Geographies*. Harlow, Prentice Hall.

Veblen, T. (1934) *The Theory of the Leisure Class*. New York, Modern Library.〔ソースティン・ヴェブレン著、高哲男訳『有閑階級の理論』筑摩書房、1998年〕

Virilio, P. (1991) *The Lost Dimension*. New York, Semiotext(e).

Virilio, P. (1999) *Polar Inertia*. London, Sage.

Wagner, P. and Mikesell, M. (1962) *Readings in Cultural Geography*. Chicago, University of Chicago Press.

Walby, S. (1990) *Theorising Patriarchy*. London, Blackwell.

Wall, M. (1997) 'Stereotyped constructions of Maori race in the media', *New Zealand Geographer*, 53, 40–5.

Wallerstein, I. (1974) *The Modern World System*. New York, Academic Press.〔イマニュエル・ウォーラーステイン著、川北稔訳『近代世界システム――農業資本主義と「ヨーロッパ世界経済」の成立』1・2、岩波書店、1981年／岩波モダンクラシック

ス、2006年〕

Wallerstein, I. (1984) *The Politics of the World Economy*. Cambridge, Cambridge University Press. 〔イマニュエル・ウォーラーステイン著、田中治男・伊豫谷登士翁・内藤俊雄訳『世界経済の政治学――国家・運動・文明』同文舘出版、1991年〕

Walmsley, D. J. and Lewis, G. (1993) *People and Environment: An Introduction to Behavioural Approaches*. Harlow, Longman.

Ward, K. (1996) 'Rereading urban regime theory: a sympathetic critique', *Geoforum*, 27, 427–38.

Warf, B. (1994) 'Vicious circle: financial markets and commercial real estate in the United States', in S. Corbridge, R. Martin and N. Thrift (eds), *Money, Power and Space*. Oxford, Blackwell.

Waters, M. (2001) *Globalisation*. London, Routledge.

Watney, S. (1994) *Practices of Freedom: Selected Writings on HIV/AIDS*. London, Rivers Oram Press.

Watson, S. (1986) 'Housing the family', *International Journal of Urban and Regional Research*, 10, 8–28.

Watts, M. (1983) *Silent Violence*. Berkeley, University of California Press.

Watts, M. (1997) 'Black gold, white heat: state violence, local resistance and the national question in Nigeria', in S. Pile and M. Keith (eds), *Geographies of Resistance*. London, Routledge.

Watts, M. (1999) 'Collective wish images: geographical imaginaries and the crisis of national development', in D. Massey, J. Allen and P. Sarre (eds), *Human Geography Today*. Cambridge, Polity, pp.84–107

Watts, M. (2000) 'Political ecology', in R. Johnston, D. Gregory, G. Pratt and M. Watts (eds), *The Dictionary of Human Geography*, 4th edn. Oxford, Blackwell.

Weiss, L. and Hobson, J. (1995) *States and Economic Development: A Comparative Historical Analysis*. Cambridge, Polity Press.

Werlen, B. (1993) *Society, Action and Space: An Alternative Human Geography*. London, Routledge.

Whatmore, S. (1999) 'Hybrid geographies: re-thinking the human in human geography', in D. Massey, J. Allen and P. Sarre (eds), *Human Geography Today*. Cambridge, Polity.

Whatmore, S. and Thorne, L. (1997) 'Nourishing networks: alternative geographies of food', in D. Goodman and M. Watts (eds), *Globalising Food: Agrarian Questions and Global Restructuring*. London, Routledge.

Whelan, R., Young, A. and Lauria, M. (1994) 'Urban regimes and racial politics in New Orleans', *Journal of Urban Affairs*, 16, 1–21.

Whittle, S. (ed.) (1994) *The Margins of the City: Gay Men's Urban Lives*. Aldershot, Arena.

Williams, C. C. (1996) 'Local exchange and trading systems: a new source of work and credit for the poor and unemployed', *Environment and Planning A*, 28, 1395–415.

Williams, C. C. and Windebank, J. (2000) 'Modes of goods acquisition in deprived neighbourhoods' *International Review of Retail, Distribution and Consumer Research*, 10, 73–94.

Williams, R. (1973) *The Country and the City*. London, Chatto and Windus. 〔レイモンド・ウィリアムズ著、山本和平ほか訳『田舎と都会』晶文社、1985年〕

Williams, R. (1976) *Keywords*. London, Fontana. 〔レイモンド・ウィリアムズ著、岡崎康一訳『キイワード辞典』晶文社、1980年、レイモンド・ウィリアムズ著、椎名美智ほか訳『完訳キーワード事典』平凡社、2002年〈平凡社ライブラリー、2011年〉〕

Williams, S. and Bendelow, G. (1998) *The Lived*

Body: Sociological Themes, Embodied Issues. London, Routledge.

Williamson, J. (1986) *The Meaning of Fashion*. London, Marion Byars.

Wilson, A. G. (1972) 'Theoretical geography', *Transactions, Institute of British Geographers*, 57, 31–44.

Wilson, A. G. (1999) *Complex Urban Systems*. Harlow, Prentice Hall.

Wilson, E. (2001) *The Contradictions of Culture: Cities, Culture, Women*. London, Sage.

Wilton, R. D. (1998) 'The constitution of difference: space and psyche in landscapes of exclusion', *Geoforum*, 29, 173–85.

Winchester, H. and White, P. (1988) 'The location of marginalised groups in the inner city', *Environment and Planning D—Society and Space*, 6, 37–54.

Withers, C. (1996) 'Place, memory, monument: memorialising the past in contemporary Highland Scotland', *Ecumene*, 3, 325–44.

Wittgenstein, L. (1921) [1974] *Tractatus Logico-Philosophicus*, trans. by D. F. Pears and B. F. McGuinness. London, Routledge. 〔ルートヴィヒ・ヴィトゲンシュタイン著、藤本隆志・坂井秀寿訳『論理哲学論考』法政大学出版局、1968年、ルートヴィヒ・ヴィトゲンシュタイン著、山元一郎訳『論理哲学論』中央公論新社、2001年、ルートヴィヒ・ヴィトゲンシュタイン著、野矢茂樹訳『論理哲学論考』岩波文庫、2003年、ルートヴィヒ・ヴィトゲンシュタイン著、中平浩司訳『論理哲学論考』ちくま学芸文庫、2005年、ルートヴィヒ・ヴィトゲンシュタイン著、木村洋平訳『論理哲学論考』社会評論社、2007年〕

Wolch, J. and Emel, J. (eds) (1997) *Animal Geographies*. New York, Verso.

Wolfreys, J. (ed.) (1998) *The Derrida Reader: Writing Performances*. Edinburgh, Edinburgh University Press.

Women and Geography Study Group (1984) *Geography and Gender: An Introduction to Feminist Geography*. London, Hutchinson.

Women and Geography Study Group (1997) *Feminist Geographies: Explorations in Diversity and Difference*. Harlow, Longman.

Wood, P. (1991) 'Flexible accumulation and the rise of business services', *Transactions, Institute of British Geographers*, 16(2), 160–72.

Woodward, K. (1997) *Identity and Difference*. London, Sage.

Wright, J. K. (1947) 'Terrae incognitae: the place of imagination in geography', *Annals, Association of American Geographers*, 37, 1–15.

Wylie, J. (2000) 'New and old worlds: The Tempest and early colonial discourse', *Social and Cultural Geography*, 1, 45–64.

Yeates, M. (1968) *An Introduction to Quantitative Analysis in Economic Geography*. New York, McGraw-Hill.

Yeates, N. (2001) *Globalisation and Social Policy*. Thousand Oaks, CA, Sage.

Young, I. M. (1990) *Justice and the Politics of Difference*. Princeton, NJ, Princeton University Press.

Zelizer, V (1989) 'The social meaning of money: special monies', *American Journal of Sociology*, 95, 342–77.

Zelizer, V (1994) *The Social Meaning of Money*. New York, Basic Books.

Žižek, S. (1999) *The Ticklish Subject*. London, Verso. 〔スラヴォイ・ジジェク著、鈴木俊弘・増田久美子訳『厄介なる主体——政治的存在論の空虚な中心』1・2、青土社、2005年・2007年〕

Zukin, S. (1992) *Landscapes of Power*. Berkeley, California University Press.

索　引

人名は**太字**で、姓、名の順に掲載している。

あ〜え

アーバンレジーム論　298
アクター・ネットワーク理論　237, 259, 282, 286, 298
暗黒映画（フィルム・ノワール）199
アミン、アッシュ　277
イデオロギー　6, 13
意味の地図　84
印象操作　157
インナーシティ　92
ウィリアムズ、レイモンド　25, 189
ヴィリリオ、ポール　306
ウォーラーステイン、イマニュエル　313
エコフェミニズム　27
エル・ニーニョ資本主義　92
演繹的思考法　65

か

街区破壊商法（ブロックバスティング）66
解釈学　187
科学的アプローチ　9
カステル、マニュエル　333
価値中立性　44
ガバナンス　257, 258, 260
下部構造　60
家父長制　72, 73, 90

貨幣　214, 215, 225
　　貨幣価値　222
　　貨幣経済　218
　　貨幣資本家　239
環境可能論　39
環境決定論　33, 34, 39
環境中心主義　27
監視態勢　152
関税と貿易に関する一般協定（GATT）261
間テクスト的　200
寛容度ゼロ方式　295

き

キーノ資本主義　108, 109
器官なき身体　129
企業家主義　261, 263, 273
記号学　191
技術至上主義　26
帰納的思考法　65
客観的（実在的）環境　48
協調組合主義モデル　291
共同消費　67
距離の摩擦　302
キルケゴール、ゼーレン　52–53
金融　216
　　金融センター　235–237, 247
勤労福祉制度　291

く

クィア理論 80
空間 17–19
 空間科学 42–46, 54, 64
 空間経済 215
 空間性 18, 138
 空間的回避 66, 310
 空間的実践 19, 20
 空間的相互作用モデル 43
 空間伝播 46
 空間の表象 19, 20
 空間論的転回 80, 82, 86
空間・時間の収束 303
クーン、トーマス 31
具現化 170
グラムシ、アントニオ 98, 189
クリスタラー、ヴァルター 215
グローバリゼーション 300, 301, 309
グローバルヴィレッジ 300, 303
グローバル・シフト 321
グローバル文化 323, 329

け

景観 2, 204
経験主義 348
経済景観 215
経済資本 159
経済的反射性 335
ゲイテッド・コミュニティ 109
計量革命 35, 42, 45
ゲットー 113
言語論的転回 183, 195
原始貨幣 218, 219
現実主義 69, 348
現象学 54, 145
言説 127, 192
 言説分析 193
現存在 53, 187
現場 22

こ

行為者（アクタント）283
行為主体 105
 行為主体性 69, 188
行為遂行性 170, 209
行為媒体（エージェント）283
交換 218
構造化理論 69, 144
構造主義 35, 59, 89, 350
構造理論 59
構築主義 167
行動主義 35, 50, 81, 348
行動地理学 47–52, 58, 59, 64, 142, 146
行動的環境 48
国際金融市場 237
国際金融システム 247
国際信用通貨 238
国際通貨基金（IMF）260
国際的金融センター 240
誇示的消費 156
コスグローヴ、デニス 205
個性記述科学 16
コミュニケーション 325
ゴレッジ、レジナルド 50

さ

サイード、エドワード 116
サウアー、カール 83
差延 193, 204

索引

雑種性論 330
サバルタン地理学 118
サルトル、ジャン＝ポール 52
産業景観 215

し

ジェソップ、ボブ 276
ジェンダー 72, 92
ジェントリフィケーション 67, 90, 263
シカゴ学派 57, 113
時間‐空間地図 143
時間‐空間の圧縮 304, 308
時間‐空間の隔たり 304
時間地理学 143
自己の技法 164
自然 25, 26
　　自然主義 43, 348
時代思潮 37
実質性 189
実証主義 40, 44, 45, 64, 81, 348, 350
実存主義 52, 54
質的（定性的）方法論 56
シティ（・オブ・ロンドン） 240, 241
シブレー、デイヴィッド 174
資本主義体制 73
資本の蓄積 107
　　資本の蓄積過程 62
資本文化 242
市民権 289
社会的空間 20
社会的公正 294–296
社会的自然状態 290
社会的不平等 90
社会の空間化 18
社会理論 81–83, 99
ジャクソン、ピーター 84

周縁都市（エッジシティ） 109
周辺空間 217
状況論的アプローチ 9, 11
象徴的相互作用論 158
上部構造 60
女性と地理学研究グループ 74
進化論 33
新時代運動（ニューエイジムーブメント） 100
新自由主義 260, 277, 320
心象空間 20
深層生態学 27
身体 138, 139
身体投射 162
人文主義 35, 81, 331
　　人文主義地理学 47, 55, 56, 58, 59, 64
　　人文主義理論 56
人文地理学 37, 43
ジンメル、ゲオルク 221
信用貨幣 229

す

遂行行為（パフォーマンス） 167
随伴現象説 55
図像学 205
ストーン、クラレンス 268
スミス、デイヴィッド・M 295
スミス、ニール 92
スリフト、ナイジェル 236

せ

生活様式 83
　　生活様式論 34
政治経済学 108, 217, 230, 234, 309
政治生態学 94, 95
成長の機械 266

成長連携理論 266, 267, 270, 274, 282, 298
世界経済 323
世界システム理論 314
世界社会主義 323
世界帝国 323
世界都市 333
世界貿易機関（WTO）260
セクシュアリティ 73, 92, 96, 113, 149
先進国 85
センプル、エレン 33

そ

憎悪（ヘイト）犯罪 92
相関的唯物主義（論）130, 333
相互主観性 183
相対的距離 303
速度学 307
速度距離 308
組織構造論的アプローチ 245
存在論 5, 13, 76

た

他者化 116, 117
脱構築 76, 125, 126, 194
　脱構築理論 6, 122
探検 33
男性中心主義 11

ち

地域開発 215
地域主義 34
地域地理学 34, 38, 44, 63
地域通貨 252, 253
地域分化 34

知覚 48
蓄積戦略 156
地経済学 232
地誌学 34, 38, 44, 63
知識共同体 312
地政学 314
　地政学的経済論 230, 314
地方中心主義 270
チューネン、ヨハン・ハインリヒ・フォン 215
超現代性 328
超国家企業 300, 315–318, 322
超国家的組織 294

て・と

ディア、マイケル 105
テクスト 83, 84, 127, 180
　テクスト性 84
デリダ、ジャック 125
トゥアン、イーフー 54, 188
等価原理 222
統治機関 257
道徳（モラル）地理学 103, 167
ドゥルーズ、ジル 129
土地柄 186
トポフィリア 58, 188
トポフォビア 58
虎経済（タイガーエコノミー）278

な・に

内容分析 193
流れ（フロー）の空間 334, 335, 339
ニュー・ライト 260, 261
人間中心主義 35, 65, 144, 147, 156, 188, 348, 350
　人間中心主義地理学 47

人間中心主義的アプローチ 21
　　人間中心主義理論 186
認識論 5, 11, 13, 76
認知 48
ニンビー主義 175

は

ハーヴェイ、デイヴィッド 64, 228
バークレー学派 47, 83, 85, 205
バーミンガム学派 160
排除の地理学 171
ハイデガー、マルティン 52
ハイパーリアル 210, 212
ハゲット、ピーター 43
場所 21, 24
　　場所の意識 22
発展途上国 85
バトラー、ジュディス 114
パノプティコン 151
ハビトゥス 159
ハラウェイ、ダナ 28
パラダイム 31, 32, 36
バルト、ロラン 200
バレンタイン、ジル 164
反自然主義者 348
反射的性質 311
ハンチントン、エルズワース 33

ひ

比較優位性 321
批判地理学 88, 89, 94
批判理論 353
非表象理論 147, 246
表象空間 19, 20

ふ

不安定化 194
フーコー、ミシェル 149
フェミニズム 75, 76, 140
　　フェミニズム地理学 12, 72, 73, 76, 77
不均等発展 93
フッサール、エトムント 54
物象化 221
物々交換 217, 218
物理的空間 20
不平等発展 229
ブラーシュ、ヴィダル・ドゥ・ラ 34
プライベイトピア 109
フラヌール 202
フランクフルト学派 183
ブルジョアジー 62
ブルデュー、ピエール 158
ブレトン・ウッズ協定 231, 239
プロレタリアート 62, 63
文化経済 85
文化資本 158, 161
文化政治学 88, 92, 108, 156, 161, 192, 290
文化的環境 49
文化的規範 168
文化マルクス主義 189
文化論的転回 80, 83, 86, 88, 182, 195, 217, 234, 242, 322

へ・ほ

ヘゲモニー 99
弁証法 60, 65
法則定立科学 17
報復都市 93
方法論 7, 13

ボーヴォワール、シモーヌ・ド 74
ボードリヤール、ジャン 210
北米自由貿易協定（NAFTA）261, 273
ポスト構造主義 70, 80, 121–129, 350
 ポスト構造主義理論 353
ポスト・コロニアリズム 115
ポスト・コロニアル地理学 117
ポスト・コロニアル分析 116
ポスト・コロニアル理論 80, 116, 329
ポストモダニズム 105–107, 110–112, 122, 307, 345, 348, 349
ポスト・モダン 105, 212
 ポスト・モダン地理学 12
 ポスト・モダン理論 115, 353
没場所空間 198
没場所性 22
本質主義 140

ま〜も

マクドウェル、リンダ 74, 242
マクルーハン、マーシャル 324
マッシー、ドリーン 23, 74
マルクス、カール 61
マルクス主義 27, 67, 68, 98,
 マルクス主義地理学 64, 68, 70, 90
 マルクス主義理論 63, 91, 123
民営化 260
無国籍貨幣 231
メルロ＝ポンティ、モーリス 144
モダニスト 311
モダニズム 105

ゆ・よ

唯物史観 61
唯物論 65

ヨーロッパ連合（EU）273
欲望する生産 129

ら〜ろ

ラディカル地理学 35, 64
ラトゥール、ブリュノ 282
立地 22
 立地条件非制約 317
理論 30
リンチ、ケヴィン 49
ルフェーブル、アンリ 18, 20
ルント学派 144
レイスホン、アンドリュー 248
レギュラシオン理論 274, 275, 278, 282
レジーム論 268, 270, 274, 282
レッシュ、アウグスト 215
論理実証主義 40, 41, 45, 50

訳者あとがき

　訳者の1人山本はロンドンの書店で本書（原著 *Thinking Geographically: Space, Theory and Contemporary Human Geography*, 2002）に巡り合った。地理学とくに人文地理学の発展と人文地理学の諸部門の概要が記載されている一般的に見られる形式の教科書かと思いながら見ていくと、人文地理学の本質論が議論される諸章が展開されているように見えたので、読んでみる気になった。すると、とくに1980年代以降の人文地理学の展開とこれからさらに発展する様相が説明されている内容に、にわかに関心が高まり、真剣に読むつもりになったが、気楽に読めるものではないことがすぐ分かった。まず下読みをし、翻訳を試みたが、なかなか納得のいく翻訳には至らなかったので、アメリカ合衆国で地理学を身につけてきた類友の菅野に応援を求めることにし、共同で翻訳をすることにした。

＊

　地理学は、地表に存在する事物、事象、それらの関係、活動はすべてそれらの相互作用の結果として形成されているという根源的条件の下にあり、地表の至ることにある多種多様な現象を明らかにし、記述し、分析し、地表の多様性を確認することを目標に研究する学問であると言われる。人文地理学は地表上における人間に関係ある現象の土地の場所、地域、地方、国の状態を明らかにすることを目的にする学問分野である。

　地理学が考察する事象はすべて多様な要素の構造を形づくっており、その構造は何らかの力によって躍動する空間的特性を持っている。本書で取り上げられているテーマの活動する身体、言語機能とそれを用いたテクストと映像、貨幣を元にした経済活動、社会と空間の管理を行うガバナンス、グローバリゼーションなどの仕組みは地表の生きた姿である。本書はこのような立場から現代の人文地理学を説明しているのであるが、人文地理学のこの考え方は哲学、人文科学、社会科学思想に理論的影響を与えてきたと言っている。

　本書は地理学的知識が生み出される仕方に影響を及ぼすのは理論であるとの

説明から始まり、理論は世界を分析し、解釈し、概念化する仕方をまとめる実践の固有の部分であると説く。その理論を支えるのは哲学であり、哲学の考え方は、存在論と認識論とイデオロギーと方法論であるという。人文地理学には第二次世界大戦後、空間科学、マルクス主義、人文主義、フェミニズム、行動主義などがパラダイム支配を争ってきた。しかし、どの時代においても1つの考え方が支配的になったことはない。1980年代頃から空間がますます分析の中心となり（空間論的転回）、社会理論と文化理論が地理学的分析に統合されて文化論的転回もあった。さらにポストモダン地理学との対話が始まり、ポスト構造主義への関心を深めていったことを理論と研究の実践を結びつけて説明している。

奇しくも *Thinking Geographically* の出版後10年以上も経った2015年にアメリカ地理学会（Association of American Geographers）の当時の会長エリック・シェパード（Eric Sheppard）は *Thinking Geographically* と同じ言葉を用いて、"Thinking Geographically: Globalizing Capitalism and Beyond" と題する会長講演を行った（*Annals of the Association of American Geographers*, Vol. 105, pp.1113–1134）。彼は、この会長講演で知識生産の地理学において空間的に考察することの重要性を強調した。地理学的考察とは、グローバル化する資本主義の不均等な地理的発展と不均等な社会空間的位置性、およびグローバル化する資本主義が遭遇する条件について考察することであるという。

＊

本訳書の出版にあたり、明石書店編集部長の安田 伸氏にはお世話になった。また、同編集部の長島 遥氏にも大変お世話になった。同氏のきめ細かな編集作業と的確なアドバイスがなければ、本訳書の出版は成り立たなかったであろう。ここに深く感謝の意を表する。

　　2018年10月

山本　正三
菅野　峰明

著者略歴

フィル・ハバード（Phil Hubbard）
原著執筆当時、英国ラフバラー大学講師。

バーミンガム大学で Ph.D. を取得。ケント大学社会科学部副学部長などを経て、現在ロンドン大学キングズ・カレッジ教授。

著書に、*The Entrepreneurial City: Geographies of Politics, Regime, and Representation*（T. Hall との共著。John Wiley & Sons, 1998）、*Cities and Sexualities*（Routledge, 2011）、*The Battle for the High Street: Retail Gentrification, Class and Disgust*（Palgrave, 2017）など多数。

ロブ・キチン（Rob Kitchin）
原著執筆当時、アイルランド国立大学メイヌース校講師。

ウェールズ大学スウォンジー校で Ph.D. を取得。クイーンズ大学ベルファストなどを経て、現在アイルランド国立大学メイヌース校教授。小説家としても活動する。

著書に、*Conducting Research in Human Geography: theory, methodology & practice*（N. Tate との共著。Prentice Hall, 1999）、*Code / Space: Software and Everyday Life*（M. Dodge との共著。MIT Press, 2011）、*Digital Geographies*（J. Ash, A. Leszczynski との共編。Sage, 2018）など多数。

ブレンダン・バートレイ（Brendan Bartley）
原著執筆当時、アイルランド国立大学メイヌース校講師。

著書に、*Understanding Contemporary Ireland*（ロブ・キチンとの共著。Pluto Press, 2006）など。

ダンカン・フラー（Duncan Fuller）
原著執筆当時、英国ノーサンブリア大学講師。

ハル大学で Ph.D. を取得。2009 年歿。

著書に、*Introducing Social Geographies*（R. Pain, M. Barke, J. Gough, G. Mowl and R. J. MacFarlane との共著。Arnold, 2001）など。

訳者略歴

山本 正三（やまもと・しょうぞう）
　筑波大学名誉教授。理学博士。
　1928年生まれ。1951年東京文理科大学卒業。筑波大学教授、筑波大学附属高等学校長、獨協大学教授を歴任。
　著書に、『茶業地域の研究』（大明堂、1973、単著）、『ブラジル』〈文庫クセジュ〉（白水社、1975、翻訳）、『日本のブナ帯文化』（朝倉書店、1984、共編著）、『データファイル世界の国ぐに —— ロンドン・エコノミスト版1984』（原書房、1985、監訳）、『首都圏の空間構造』（二宮書店、1991、編著）、『人文地理学辞典』（朝倉書店、1997、共編）、『日本の地誌』全10巻（朝倉書店、2005～2012、編集委員長）など多数。

菅野 峰明（かんの・みねあき）
　埼玉大学名誉教授。Ph.D.（地理学博士）
　1944年生まれ。1977年ジョージア大学大学院博士課程地理学専攻修了。埼玉大学教授、放送大学埼玉学習センター所長を歴任。
　著書に、『都市地理学入門』（原書房、1984、共著）、『地理学講座〈2〉—— 地理的情報の分析手法』（古今書院、1987、共著）、『現代アメリカ社会地図』（東洋書林、1997、監訳）、『アメリカ大平原 —— 食糧基地の形成と持続性』（古今書院、2003、共編著）、『日本の地誌〈2〉—— 日本総論2（人文・社会編）』（朝倉書店、2006、共編著）、『日本の地誌〈5〉—— 首都圏I』（朝倉書店、2009、共編著）、『世界地名大事典〈7・8〉—— 北アメリカI・II』（朝倉書店、2013、共編著）など多数。

現代人文地理学の理論と実践
―― 世界を読み解く地理学的思考

2018年11月20日　初版第1刷発行

著　者　フィル・ハバード
　　　　ロブ・キチン
　　　　ブレンダン・バートレイ
　　　　ダンカン・フラー
訳　者　山　本　正　三
　　　　菅　野　峰　明
発行者　大　江　道　雅
発行所　株式会社明石書店
　　　　〒101-0021　東京都千代田区外神田6-9-5
　　　　電　話　03-5818-1171
　　　　ＦＡＸ　03-5818-1174
　　　　振　替　00100-7-24505
　　　　http://www.akashi.co.jp

装　丁　明石書店デザイン室
印　刷　株式会社文化カラー印刷
製　本　本間製本株式会社

(定価はカバーに表示してあります)

ISBN 978-4-7503-4741-7

地図でみる日本の健康・医療・福祉 オールカラー版

宮澤仁 編著

■B5判／並製／208頁 ◎3700円

地理情報システム（GIS）を活用して、日本の都道府県、市区町村レベルの健康・医療・福祉の水準を「見える化」する。地域別に色分けされた精緻な地図と統計データを用いて、効果的な地域ケアシステム構築に当たっての課題や条件を解説する。

●内容構成●

はじめに
解説 i：本書で用いた地図表現と分析手法
解説 ii：地図でみる日本の姿
第Ⅰ部 人口の状態と健康
第Ⅱ部 医療
第Ⅲ部 出産・子育て期の保健と福祉
第Ⅳ部 高齢期の福祉
第Ⅴ部 障害のある人の福祉
第Ⅶ部 保健・医療・福祉の担い手

ドローンの哲学 遠隔テクノロジーと〈無人化〉する戦争
グレゴワール・シャマユー著 渡名喜庸哲訳
◎2400円

人体実験の哲学 「卑しい体」がつくる医学、技術、権力の歴史
グレゴワール・シャマユー著 加納由起子訳
◎3600円

地図でみる世界の地域格差 OECD地域指標2016年版 都市集中と地域発展の国際比較
OECD編著 中澤高志監訳
オールカラー版 ◎5500円

地図でみる世界の女性
ジョニー・シーガー著 原民子、木村くに子訳
オールカラー版 ◎2500円

地図でみる日本の女性
武田祐子、木下禮子編著
中澤高志、若林芳樹、神谷浩夫、由井義通、矢野桂司著
オールカラー版 ◎2000円

地図でみるアイヌの歴史 縄文から現代までの1万年史
平山裕人著
◎3800円

地図でみる東海と日本海 紛争・対立の海から、相互理解の海へ
沈正輔著 オールカラー版
◎7200円

明治・大正・昭和 絵葉書地図コレクション 地図に刻まれた近代日本
鈴木純子著
◎2700円

〈価格は本体価格です〉

グローバル資本主義と〈放逐〉の論理
不可視化されゆく人々と空間

サスキア・サッセン 著　伊藤茂 訳

■四六判／上製／336頁　◎3800円

極端な富の集中の背後にかつてない規模で生み出されている貧困、難民、環境破壊。著者はグローバル資本主義の新たな段階をもたらす「放逐」の論理が出現していると仮説を提起し、現代社会の背景に潜む支配的論理を実証的・概念的に可視化しようと試みる。

──内容構成──
日本語版への序
序　過酷な選別
第1章　縮小する経済、拡大する放逐
第2章　新しいグローバルな土地市場
第3章　金融とその能力──システムの論理としての危機
第4章　死んだ土地、死んだ水
結語　システムの末端で

保育・子育て支援の地理学
福祉サービス需給の「地域差」に着目して
久木元美琴著
◎2800円

介護行政財政の地理学
ポスト成長社会における市町村連携の可能性
杉浦真一郎著
◎4500円

NGO・NPOの地理学
埴淵知哉著
◎5000円

ネオアパルトヘイト都市の空間統治
南アフリカの民間都市再開発と移民社会
宮内洋平著
◎6800円

新　移民時代
外国人労働者と共に生きる社会へ
西日本新聞社編
◎1600円

日本人と海外移住
移民の歴史・現状・展望
日本移民学会編
◎2600円

グローバル環境ガバナンス事典
リチャード・E・ソーニア、リチャード・A・メガンク編
植田和弘・松下和夫監訳
◎18000円

領土・権威・諸権利
グローバリゼーション・スタディーズの現在
サスキア・サッセン著　伊豫谷登士翁監修　伊藤茂訳
◎5800円

〈価格は本体価格です〉

オフショア化する世界

人・モノ・金が逃げ込む「闇の空間」とは何か？

ジョン・アーリ 著
須藤廣、濱野健 監訳

■四六判／上製／328頁 ◎2800円

1990年以降急速に進んだ新自由主義経済と移動に関する技術革新を背景に、国境を超えた労働・金融・娯楽・廃棄物・エネルギー・気候変動やセキュリティの移動が「富裕層の一人勝ち」を引き起こす「オフショア化」を分析し、そこからの脱却の道を探る。

●内容構成●

- 第1章 オフショアリングとは何か
- 第2章 秘密
- 第3章 仕事のオフショアリング
- 第4章 オフショアされた課税
- 第5章 オフショア化されたレジャー
- 第6章 エネルギーのオフショア化
- 第7章 廃棄物のオフショア化
- 第8章 セキュリティのオフショア化
- 第9章 海へ、視界の向こうへ
- 第10章 すべてをホームに戻す
- 監訳者あとがき——脱組織資本主義社会のディストピアから

新版 グローバル・ガバナンスにおける開発と政治
文化・国家政治・グローバリゼーション
笹岡雄一 著 ◎3000円

ツーリズムとポストモダン社会
後期近代における観光の両義性
須藤廣 著 ◎2000円

貧困の超克とツーリズム
江口信清・藤巻正己 編著 ◎2600円

世界と日本の移民エスニック集団とホスト社会
日本社会の多文化化に向けたエスニック・コンフリクト研究
山下清海 編著 ◎4600円

改革開放後の中国僑郷
在日老華僑・新華僑の出身地の変容
山下清海 編著 ◎5000円

エスニック・ワールド 世界と日本のエスニック社会
山下清海 編著 ◎2200円

パリ神話と都市景観
荒又美陽 著 ◎3800円

モンスーンアジアのフードと風土
マレ保全地区における浄化と排除の論理
横山智、荒木一視、松本淳 編著 ◎2500円

〈価格は本体価格です〉